Pluche

Femke Halsema

Pluche

Politieke memoires

Ambo|Anthos
Amsterdam

Voor Robert

MIX
Papier van verantwoorde herkomst
FSC® C004472

Eerste druk februari 2016
Tweede druk (dwarsligger®) maart 2016
Derde druk maart 2016
Vierde druk maart 2016

Deze uitgave kwam tot stand door bemiddeling van
Sebes & Bisseling literair agentschap.

ISBN 978 90 263 2806 0

Omslagontwerp Marry van Baar

Verspreiding voor België:
Veen Bosch & Keuning uitgevers nv, Antwerpen

Inhoud

INLEIDING

Afscheid van de politiek

Over het mintgroene tapijt loop ik naar de interruptiemicrofoon. De vertrouwde gang van een stap of vier vanaf mijn blauwe stoeltje. Ik heb geen haast. Ik kijk naar de voorzitter en zij naar mij. Ze is geërgerd, het debat duurt al te lang en wordt te vaak onderbroken. Ik lach verontschuldigend naar haar want ik ben een van de boosdoeners. Aan haar blik zie ik dat ze me deze interruptie zal toestaan en me niet vernederend berispt en wegstuurt. Maar ik weet ook dat ik het kort moet houden. Bij de microfoon, terwijl ik wacht tot de premier is uitgesproken, overvalt me even paniek. Zolang ik parlementariër ben, ken ik dit moment van verlamming net voordat ik ga spreken. Ik heb goed nagedacht over wat ik ga zeggen, de zinnen in mijn hoofd geformuleerd. De argumenten heb ik gestapeld klaarliggen. Ik breng het eerste punt in. Dan verweert de premier zich en volgt mijn tweede argument. Geïrriteerde reactie van de premier, hulp vragende blik naar de voorzitter. De voorzitter dwingend tegen mij: 'Mevrouw Halsema, de laatste keer...' Derde argument, verpakt als slotstatement. Zo moet het gaan. Maar, denk ik terwijl mijn hartslag versnelt, wat als ik het niet meer weet? Wat wilde ik eigenlijk zeggen? Mijn handen liggen klam op de houten richel waarop de microfoons zijn bevestigd. Gebruik ik zo meteen het voetpedaal om mezelf te versterken? Dan sta ik in het luchtledige te praten als ik mijn gewicht verplaats. Of houd ik met mijn hand het knopje op de microfoon ingedrukt? Maar dan is er die ene maaiende arm en dat staat zo onbeholpen, zag ik op televisie. 'Mevrouw Halsema, twee interrupties,' hoor ik de voorzitter zeggen. Ik begin.

Vanaf de eerste dag dat ik als Kamerlid de plenaire zaal betreed houd ik van het ritueel van het debat. De bodes die heen en weer lopen met ambtelijke stukken en handgeschreven briefjes van de minister. De ambtenaren in de loge achter in de zaal, die afhankelijk van het overwicht van de minister ontspannen tegen de muur hangen of voorovergebogen zitten te typen. De Kamerleden die met elkaar praten, altijd iets demonstratiever dan wanneer ze niet door televisiecamera's worden vastgelegd. En vooral de vele regels en procedures die gelden voor de volgorde van spreken, het indienen van moties en het aanvragen van debatten. Het lijkt een zinloze parlementaire bureaucratie, maar elk ervaren Kamerlid weet dat beheersing van de procedures macht in het debat betekent.

In de loop van de twaalf jaar dat ik Kamerlid ben, wordt de plenaire zaal mijn territorium. De helse nervositeit waarmee ik de eerste keren achter het spreekgestoelte sta maakt langzamerhand plaats voor prettige opwinding als er weer een debat begint. Ik word behendiger, zorg dat ik goed zit voor het oog van de camera, sluit zichtbare kongsi's om me van winst te verzekeren en geef de minister ontspannen een hand voordat we beginnen, net zoals zelfverzekerde sporters dat voor een wedstrijd doen. En ik leer mezelf te doseren. Niet te veel verontwaardiging over de tegenstanders uitstorten, zo nu en dan een grapje of een compliment, en mijn kwaadheid selectief inzetten, als iedereen die ook begrijpt.

Sommige zaken veranderen niet in de honderden debatten die ik in de loop van de jaren voer. De angst om met de mond vol tanden te staan, om vernederd en uitgelachen te worden als een tegenstander of een minister een goede grap ten koste van mij maakt, verdwijnt nooit helemaal. Net als het gevoel van triomf, van euforie, als ik terugloop naar mijn blauwe stoel en aan het geroffel op de Kamerbanken hoor dat ik het pleit heb gewonnen.

In alle jaren dat ik Kamerlid ben trek ik geen enkele keer met tegenzin de zware glazen toegangsdeur van de plenaire zaal open. Altijd heb ik zin om te gaan zitten op de blauwe stoel die de mijne is en op te gaan in het ritueel van het democratische debat.

Alleen is dat geen reden om politicus te blijven.

Op 17 december 2010 maak ik mijn onmiddellijke vertrek uit de politiek bekend.

En het is me menens. Ik ga niet de wachtkamer in van het politieke bestuur om na een paar jaar weer tevoorschijn te komen en een Senaatszetel te beklimmen of een burgemeestersketting om te hangen. Nee, het afscheid van de politiek is definitief.

En de reden is simpel. Ik heb er genoeg van.

In de zomer van 2010 onderhandel ik namens GroenLinks over de vorming van Paars Plus, een sociaalliberale regering onder leiding van VVD'er Mark Rutte. Die onderhandelingen lopen vast en Rutte vlucht naar de flank van de PVV. Voor mij breekt een nieuwe periode aan van oppositiepolitiek in harde gepolariseerde omstandigheden. Na dertien jaar oppositie ken ik het klappen van de zweep, bijna als geen ander. De harde toon, de wedloop in verontwaardiging met de collega's van andere partijen, de snedigheid, de minzaamheid over kabinetsvoorstellen waarmee je misschien in andere omstandigheden zelf akkoord was gegaan. En er wacht weer de confrontatie met de pers. De eeuwige vraag naar het bestaansrecht van GroenLinks nu de macht zich elders concentreert: het is vaak enkel een oppervlakkige pesterij bij gebrek aan werkelijke interesse, maar lang niet altijd onterecht.

Na het mislukken van Paars Plus trekt elke deelnemende partij de schuttingen op. De PvdA probeert de imagoschade van onderhandelingen met rechts te compenseren door bij de SP op schoot te kruipen. D66 ziet electorale winst in het verschiet op de linkerflank van de VVD, nu Mark Rutte er op rechts bijna afglijdt.

En wij van GroenLinks, ik als de leider van de club? Ik wil niet meer mee in de competitie om de stem van de progressieve minderheid. Daar heb ik schoon genoeg van. Jaar in, jaar uit kloppen wij de onderlinge tegenstellingen tussen PvdA, D66 en GroenLinks op, wetende dat wij vissen in dezelfde vijver van bijna vijftig procent van de stemmen als we het tij tenminste mee hebben. Winst voor de een is verlies voor de ander terwijl ondertussen de ene na de andere conservatieve regering aantreedt. En de onderlinge competitie houdt intellectuele vooruitgang tegen omdat een goed idee van de ene partij nooit of zelden op de uitgesproken steun van de andere kan rekenen.

Na het aantreden van het PVV-gedoogkabinet neem ik het initiatief om met D66 en PvdA over een progressieve doorbraak te praten. Pechtold is voorzichtig maar welwillend, Cohen is voornamelijk geërgerd. Ik introduceer een onderwerp waar hij niet om heeft gevraagd en dat onvermijdelijk tot discussie in de PvdA leidt. Als hij op mijn verzoek ingaat zal hij kritiek ontmoeten, als hij mij probeert te negeren evenzeer. Bovendien, wie denk ik dat ik ben? GroenLinks is klein, dat behoort mij tot zijn mindere te maken en de PvdA tot de leidende partij. Zo zijn de informele regels, zo is de hiërarchie op de apenrots. Dus drink ik met afnemende zin een paar maanden symbolisch koffie met een humeurige Cohen die daarbij een afhoudende Roemer uitnodigt en een geïrriteerde Pechtold die de SP geen gesprekspartner vindt.

Ik tel de knopen op mijn jas. Politicus ben je niet met tegenzin en al helemaal niet uit gewoonte. Eind september 2010 neem ik een definitief besluit. Twee maanden later maak ik dat publiek.

De verkiezingsuitslag van 2010, en de daaropvolgende vorming van het PVV-gedoogkabinet, hebben de beslissing om te vertrekken in een versnelling gebracht, maar deze kondigde zich al eerder aan.

Vanaf eind 2002, als ik plotseling lijsttrekker word, gaat aan elke verkiezing een moment van twijfel vooraf, op elke nederlaag volgt diezelfde twijfel. Ik ben zesendertig als ik Paul Rosenmöller opvolg als leider van GroenLinks. Op die leeftijd is een termijn van vier jaar een grote hypotheek op je leven. Een jaar later, op mijn zevenendertigste, krijg ik een tweeling. Ja zeggen op het leiderschap, verwijt ik mezelf telkens, is ook de beslissing om een afwezige ouder te zijn. Dat geeft hartzeer. Vooral in 2006, als mijn kinderen drie jaar oud zijn, voelt de keuze voor een hernieuwd lijsttrekkerschap als verraad aan hen.

Daarbij is het leiderschap in 2002 door omstandigheden in mijn schoot gevallen zonder dat er een diepe wens om 'het gezicht' van GroenLinks te zijn aan vooraf is gegaan. In de jaren die volgen wordt mijn leiderschap nooit werkelijk aangevallen, maar wel lang bekritiseerd. Niet alleen ben ik binnen de partij een relatieve buitenstaander die voor het oudere kader te snel naar roem rijst, dikwijls treft me ook het verwijt dat ik me te veel opstel als 'een beschouwer'. Jaar na jaar zegt Tom van der Lee, hoofd voorlichting van GroenLinks, dat ik te weinig 'Wille zur Macht' bezit. Ik lijk gewoon niet graag genoeg te willen winnen, en kiezers voelen dat. Ik maak de noodzaak om op GroenLinks of op mij te stemmen niet groot genoeg.

Het verwijt van te grote distantie is gegrond. Al die jaren ben ik parlementariër met hartstocht: de debatten, het minutieuze ontleden van wetgeving en de zorgvuldige demontage van kabinetsbeleid hebben mijn liefde en enthousiasme. Evenveel houd ik van de meer abstracte, intellectuele discussies over de toekomst van progressieve politiek, over de tekortkomingen van ons democratische bestel, over populisme of over de rechtsstaat. Dat geldt minder voor partijpolitieke activiteiten of de campagnestrijd. Ik deel niet in de emoties waarmee een partijlidmaatschap voor veel partijleden is omgeven. Als ik in 1997 de PvdA verlaat en overstap naar GroenLinks doe ik dat zonder veel schuldgevoel. Een partij is enkel een voertuig voor overtuigingen, vind ik, geen levend organisme. En het verwijt van PvdA-Kamerleden als ik net parlementariër ben geworden dat ik 'de beweging heb verraden' kaats ik altijd terug: 'De beweging heeft mij verraden.' Trouw ben je, vind ik, aan je opvattingen, en aan je vrienden en familie, maar niet aan een politieke organisatie.

In de talloze GroenLinks-zaaltjes waar ik verschijn en bij de vele partijcongressen die ik open met het wat gezwollen 'Partijgenoten, kameraden' is er altijd een zeker gevoel van schaamte, een notie van absurditeit die ook de toehoorders nauwelijks kan ontgaan. Zo zijn er tijdens de congressen van GroenLinks voor de partijtop altijd plaatsen gereserveerd op de eerste rij. Daar zit ik dan, opgeprikt, met aan mijn voeten de persfotografen die wachten om me te fotograferen bij de rituele hoogtepunten: de vaststelling van het verkiezingsprogramma en de kandidatenlijst, de uitverkiezing als lijsttrekker. Samen met mijn collega's uit de fractie keuvel ik me door de dag heen, vrolijk maar niet te, lachend maar niet te, gespannen wachtend maar niet te. Op dat soort momenten lukt het mij niet om geheel samen te vallen met de populaire leider te midden van haar partijgenoten. Als ik op het podium de toespraak van de dag houd en mijn gelijk haal voor de eigen parochie, aanschouw ik mezelf ook altijd vanuit de coulissen met verwondering en soms met tegenzin.

Tot 2010 valt de beslissing altijd ten gunste uit van blijven. Daarna wordt het anders. In dat voorjaar overlijdt Hans van Mierlo. Jaren eerder heb ik hem leren kennen na een discussiebijeenkomst in Groningen, waar wij tot diep in de nacht doorzakken in een hotellobby. Daarna zoek ik hem af en toe thuis op. We eten een taartje en bespreken dan de stand van het land. Zoals zovelen adoreer ik hem en zijn dood stemt me verdrietig. Samen met Robert, mijn partner, ga ik naar de uitvaartdienst in de Mozes en Aäronkerk in Amsterdam. Het is er druk en rumoerig. Oud-politici, bestuurders, de artistieke fine fleur begroeten elkaar, en ondanks de treurige aanleiding hangt in de kerk de verwachtingsvolle atmosfeer van een reünie. Familieleden spreken, net als Alexander Pechtold en Cees Nooteboom. Zij verhalen over zijn politieke carrière, zijn grote intellectuele nieuwsgierigheid en over hun liefde voor hem. Dan legt een van de sprekers uit waarom Van Mierlo ruim een decennium eerder de politiek verliet. Van Mierlo vond namelijk dat zijn denken en spreken geen gelijke tred meer hielden. Hij sprak als politicus aanhoudend, maar ontwikkelde zich intellectueel niet meer: hij sprak te veel en dacht te weinig.

Ik zit achter in de zaal, luister naar die woorden en dan daagt het me. Ik ben te routineus, een beheerste politicus geworden. Eén met vaste opvattingen en een herkenbare stijl die niet meer wordt verrast door een debat, meningen of politieke gebeurtenissen. Bijna gedachteloos kan ik reageren, zonder aarzeling en juist getimed. Ik zeg tegen Robert: 'Dit is waarom ik ook moet stoppen en niet lang meer moet wachten.' Ik moet weer gaan lezen, studeren, schrijven en ophouden opvattingen uit te venten. Denken en spreken moeten weer in gelijke tred worden gebracht.

Een halfjaar na mijn vertrek uit de politiek, op 30 augustus 2011, houd ik aan de universiteit van Groningen de jaarlijkse letterenlezing met als titel: 'Enge mensen. Politici in populaire verbeelding'. De stelling die ik daarin uitwerk is dat Nederland nauwelijks een traditie kent van politiek drama. De voorbeelden die er wel zijn getuigen meestal van een groot gebrek aan smaak en van nog minder inzicht. Dat is de verantwoordelijkheid van politici zelf, zeg ik, omdat zij niet schrijven of openlijk terugkijken. Nederland is klein en oud-politici willen liever niet uit de school klappen want ze hebben hun voormalige collega's later misschien weer nodig. Er worden weinig verhalen overgeleverd, waardoor de collectieve herinnering nauwelijks wordt gevoed. En dat is zonde, zeg ik: 'In de Nederlandse politiek zitten veel prachtige verhalen verborgen: over grote politieke conflicten over de oorlog in Irak, Afghanistan, over nooit tot stand gekomen coalities, over coalities die er wel kwamen maar aan onmin ten onder gingen, over politieke koerswijzigingen en de onvrede die deze veroorzaakten, over grote ontwrichtende machtsverschuivingen en over het al te menselijke leed van publieke vernedering, van in de steek gelaten worden. Het zijn fraaie en akelige verhalen. Het zou goed zijn als politici deze vaker zelf zouden vertellen, om de democratische cultuur te verrijken en kunstenaars te inspireren om de politiek te verbeelden.' Aan het einde van de lezing zeg ik dat ik me realiseer dat deze stellingname verplicht.

De eerste twee jaar na mijn vertrek voel ik enkel afkeer als de politiek ter sprake komt. Als vrienden en kennissen beginnen over GroenLinks en Den Haag vraag ik ze mij er niet mee lastig te vallen omdat ik er gedeprimeerd van raak. Door de chaos die na mijn vertrek ontstaat slaat ook de onzekerheid toe over mijn politieke loopbaan. Regelmatig vraag ik me af of die lange jaren van parlementair werk niet vergeefs zijn geweest. Van alle inzet om GroenLinks te professionaliseren, om de politieke opvattingen te moderniseren en de aantrekkingskracht van de partij te vergroten, is na twee jaar van ruzie en blunders nauwelijks iets over. GroenLinks is bij de verkiezingen in 2012 op sterven na dood en elke verwijzing ernaar, door vrienden of in het publieke debat, is een stomp in mijn maag.

Met het dramatische vertrek van mijn opvolger Jolande Sap in oktober 2012 bevrijd ik me van de laatste aanhankelijkheid van GroenLinks. Tot die tijd heb ik me met enige regelmaat laten verleiden om Jolande te souffleren en bel ik met Tofik Dibi en anderen als deze ontsporen. Door GroenLinks daarna echt naar de achtergrond van mijn bestaan te verbannen, krijg ik lucht en een realistischer perspectief op de politiek en mijn bijdrage eraan. Daarmee breekt ook het moment aan dat ik rekenschap wil gaan afleggen over mijn politieke jaren.

Toevallig valt mijn carrière samen met de meest gedenkwaardige historische periode sinds de Tweede Wereldoorlog die begon met de aanslag op de Twin Towers, de moord op Pim Fortuyn en de moord op Theo van Gogh. In de jaren dat ik elke dag van Amsterdam naar Den Haag reisde, van 1998 tot 2011, veranderden de samenleving en de politiek dramatisch. In mijn afscheidsbrief aan de Tweede Kamer stel ik dat ik deze in de twaalfenhalf jaar dat ik er verbleef heb zien veranderen van een besloten sociëteit in een publieke arena waar soms op het scherpst van de snede maatschappelijke conflicten worden uitgevochten. Deze politieke periode verdient reconstructie, ook door degenen die eraan deelnamen.

Minder opvallend is dat er in diezelfde jaren een jongere generatie politici is aangetreden, nadat de protestgeneratie, de babyboomers, met gepast lawaai in de jaren zeventig, tachtig en negentig de welvaartsstaat hadden gevormd, gevierd en laten uitdijen. De onderlinge verschillen tussen Jan Peter Balkenende, Wouter Bos, Alexander Pechtold, André Rouvoet en Mark Rutte zijn te groot om werkelijk van een politieke generatie te kunnen spreken, een gedeeld generatiebesef is er ook niet. Wel delen wij omstandigheden die niet alleen onze opvattingen maar ook onze vorming als politicus bepalen. Sinds de jaren negentig is de vanzelfsprekendheid van welvaartsstijging, economische groei en maatschappelijke harmonie verdampt. Veel minder dan in de decennia daarvoor geven politici de maatschappelijke ambities vorm. Nu moeten zij vooral grote, slecht functionerende overheidsbureaucratieën saneren en de onbedoelde neveneffecten van eerdere privatiseringen en marktwerkingsoperaties corrigeren.

Daarmee worden zij de brengers van slecht nieuws die zich doorlopend moeten verantwoorden over het wantrouwen dat de boodschap veroorzaakt.

Sinds ik een buitenstaander ben, word ik vaak getroffen door de harde oordelen over politici. Vanzelfsprekend verdient democratische politiek grondige, kritische beoordeling. Politici die falen of niet integer handelen mogen daarop worden aangevallen en zo nodig naar huis gestuurd. Iets anders is het als politici van hun menselijkheid worden ontdaan en voornamelijk worden gezien als een aparte kaste van zakkenvullende, egoïstische nietsnutten voor wie spot nog te mild is. Dat miskent de lastige opgaven waarvoor zij vaak gesteld zijn. Het doet ook onrecht aan de mensen die Den Haag bevolken en die ik, een enkele uitzondering daargelaten, heb leren kennen als ambitieuze, goed bedoelende en feilbare mensen. Natuurlijk is ijdelheid dicht gezaaid in de nationale politiek, net als opportunisme als dat de snelste weg is naar electorale winst. Maar ook opoffering en heel hard werken behoren tot de kenmerken van Haagse politici.

In het ontmenselijken van politici schuilt een democratisch gevaar. In zijn politieke memoires *Vuur en as* beschrijft Michael Ignatieff hoe je als politicus het 'eeuwige heden' betreedt. Hij schrijft dat je 'een welwillende wereld' verlaat 'waarin mensen bereid zijn fouten door de vingers te zien, je zinnen afmaken en accepteren dat je niet helemaal meende wat je zei'. In de plaats daarvan kom je in een wereld van 'gestoorde letterlijkheid' terecht 'waar iedere lettergreep die je ooit hebt geuit, elke tweet, Facebookpost, gênante foto en elk krantenartikel voor altijd blijven bestaan in cyberspace zodat je vijanden die tegen je kunnen gebruiken'.

Dit is ook mijn ervaring en het schept een angstig mensentype dat spontaniteit mijdt, zich sterker verlaat op spindoctors en een dagtaak heeft aan het bewaken van het imago. Politiek vergt juist moed, de bereidheid om te falen en af en toe flink in je hemd te staan. Dappere, stevige politici hebben dan wel publiek nodig dat een zekere acceptatie, of in ieder geval begrip aan de dag legt voor hun onmiskenbare menselijke tekorten. Dan durven zij meer risico's te nemen en vaker alleen te staan.

Ik schrijf dit boek vooral als een herinnering aan mijn politieke jaren, aan de hoogtepunten maar ook aan de dieptepunten, aan de momenten van triomf maar ook aan de vele fouten en tegenslagen die ertegenover stonden.

Dit boek heet *Pluche*, een titel die misschien verbaast omdat ik als oppositiepoliticus nooit op het regeringspluche heb gezeten. Er is alleen geen woord dat de vaak verfoeide machtsijver van politici zo kernachtig samenvat. Als fractievoorzitter huldigde ik het motto leiding te geven 'aan een ideeënpartij op zoek naar macht en niet aan een machtspartij op zoek naar ideeën'. Macht moet dus ten dienste staan van je inhoudelijke overtuigingen. Tegelijkertijd beschouw ik de strijd om het pluche als een kern van democratische politiek. Ik was geen oppositiepoliticus uit principe, maar door overmacht.

I

De aanloop

Als een passant in de politiek, zo heb ik me vaak gepresenteerd in interviews. Zelfs na twaalfenhalf jaar, als ik in december 2010 mijn vertrek aankondig in Nieuwspoort, noem ik mezelf 'een passant die behoorlijk lang is blijven hangen'. Het tekent de ambivalente verhouding tot mijn politieke werk. Al die jaren verzet ik me tegen populistische politici die antipolitiek bedrijven en afgeven op het parlement. Ik verdedig het Kamerlidmaatschap als een hoogstaand en moeilijk ambt en als een onderschat ambacht dat meer waardering verdient. Tegelijkertijd presenteer ik mezelf als een buitenstaander, als iemand die bij toeval in de politiek terechtkomt en een politieke carrière niet echt ambieert.

Het is een vorm van zelfontkenning die veel politici parten speelt. Zelden ben ik iemand tegengekomen die zich trots voorstelt als 'politicus', die, zoals een leraar, een journalist of een arts, zijn identiteit ontleent aan zijn dagelijkse bezigheden. Altijd geeft het ongemak om ten onrechte te worden ingedeeld in de klasse van wereldverbeteraars en moralisten, of – en dat is zo mogelijk nog erger – toegevoegd te worden aan een kliek van disfunctionerende, zakkenvullende carrièristen. Vaak gaat de erkenning politicus te zijn gepaard met een excuus of met de ongevraagde toevoeging zelf ook moeite te hebben met bijvoorbeeld 'de Haagse kaasstolp'.

In mijn geval is er het beeld van de passant die draalt voordat ze verder wandelt. Dat is al te koket. Hoewel ik een politieke carrière misschien niet bewust heb nagejaagd heeft mijn leven voor de politiek zich stap voor stap in die richting bewogen.

Ik kom uit een politiek nest. Lang voordat mijn moeder politiek actief wordt, staat mijn vader te boek als 'rode rakker'. Het zijn de misprijzende woorden van zijn kersverse schoonouders, nadat hij mijn moeder aan het begin van de jaren zestig met succes het hof heeft gemaakt. Mijn vader is niet politiek actief. 'Rood' is hij volgens mijn opa en oma vooral omdat hij zich als flierefluitende sportleraar weinig aan conventies gelegen laat liggen. In zijn eend rijdt hij naar Zuid-Frankrijk, leest tot hun afgrijzen *Vrij Nederland* en moderne romans, en houdt van jazz. Zijn schoonouders, mijn opa en oma, stemmen VVD: niet uit overtuiging, maar omdat dit netjes en verstandig is voor de fatsoenlijke verzekeringsbeambte die mijn opa is.

Haar ouders' afkeer weerhoudt mijn moeder er niet van om in de jaren zeventig, gesteund door mijn vader, lid te worden van de PvdA. Als keurige middenklassenburgers in Enschede worden ze nauwelijks aangeraakt door de wind van culturele bevrijding die hun leeftijdsgenoten aan de hasj en tot Bob Dylan brengt. Wel emancipeert mijn moeder zich, zoals veel van haar leeftijdsgenoten. Alleen verruilt zij nooit haar plooirok, pennyloafers en vers gestreken bloesjes voor de tuinbroek, patchoeliparfums en andere modeartikelen uit de jaren zeventig. Mijn ouders zijn uylianen. Zij worden gegrepen door de opvatting dat kennis, macht en inkomen beter kunnen worden gespreid, zoals PvdA-leider en premier Joop den Uyl met succes verkondigt. Met een sterke herinnering aan de armoede in de jaren van wederopbouw na de Tweede Wereldoorlog delen mijn ouders in het optimistische vooruitgangsgeloof van de jaren zestig en zeventig. Zij zijn ervan overtuigd dat elke navolgende generatie het beter krijgt dan zij, te beginnen met mijn broer en mij.

In de jaren zeventig profiteert ons gezin van de stijgende welvaart met een groter en later vrijstaand huis, een caravan en lange kampeervakanties in Frankrijk. Tegelijkertijd wordt het sociaaldemocratische adagium van 'eerlijk delen' vol overtuiging verkondigd. Mijn vader promoveert van gymleraar tot directeur van de gemeente-instelling Lichamelijke Opvoeding en Sport in Enschede. Hij is een fanatieke verdediger van verplichte zwem- en gymlessen voor alle kinderen. Hoewel hij nooit enige partijpolitieke activiteit ontplooit is hij een principiële sociaaldemocraat. Van eliteonderwijs kan voor zijn al zo bevoorrechte kinderen geen sprake zijn, mijn broer en ik gaan naar de openbare buurtscholen. Later, als ik ga studeren, zorgt mijn vader ervoor dat mijn studietoelage geen cent hoger is dan die van een beursstudent.

Mijn moeder gaat in diezelfde jaren zeventig buitenshuis werken. Na jaren thuis voor de kinderen te hebben gezorgd, wordt zij eerst gemeenteraadslid en daarna wethouder Sociale Zaken en Werkgelegenheid voor de PvdA. 'Een links hart in een rechts jasje', kopt de plaatselijke krant *Tubantia* als zij als bestuurder wordt geïnstalleerd en dat vervult mijn moeder met evenveel trots over haar hart als verlegenheid over haar jasje.

Enschede is een arme stad. Het bankroet van de textielindustrie vertaalt zich in hoge werkloosheid onder de laagopgeleide bevolking. Mijn moeder is niet gecharmeerd van de modieuze discussies over het basisinkomen en het recht op werkloosheid. Als herintreedster beschouwt zij werk als de sleutel tot maatschappelijke deelname. Dat was het voor haar en dat is het ook voor de talloze mensen wier belangen zij behartigt. Haar hele werkzame leven richt zij zich op het verbeteren van de kansen voor laagopgeleide en kwetsbare mensen op de arbeidsmarkt.

Hoewel mijn ouders uitgesproken ideeën hebben over de samenleving, hebben zij die niet over de individuele keuzes die mensen maken. Zelf verlangen zij niet naar extravagantie. Hun levensstijl blijft altijd binnen de lijnen van de behoudende middenklasse in Enschede waarvan zij deel uitmaken. Tegelijkertijd verzetten zij zich tegen benepenheid en moralisme als die mensen met een andere levensstijl onvrij maakt. In de twaalf jaar dat mijn moeder wethouder is, heeft zij een wekelijks spreekuur. Daar verschijnt een wonderlijke stoet van werklozen, woonwagenbewoners, gekwetsten, halve en hele criminelen die mijn moeder soms zelf helpt, soms doorstuurt en anders de deur wijst. Behalve in lacherige anekdotes aan onze eettafel, als een man zich voor haar bureau heeft ontkleed om zijn nieuwste tatoeages te laten zien, oordeelt zij niet over de geblesseerde levens van de mensen die haar hulp zoeken. Evenmin deinst zij ervoor terug om als eerste Nederlandse bestuurder in 1982 de verkoop van hasj en marihuana toe te staan in het plaatselijke jongerencentrum de Kokerjuffer. Als de Nederlandse en internationale pers toestroomt en verontwaardigde vragen stelt over het legaliseren van drugs, antwoordt zij met haar keurige Haarlemse tongval en zonder zelf ooit met softdrugs te hebben geëxperimenteerd, dat alcohol en veel medicijnen gevaarlijker zijn.

Mijn ouders zijn vooral hoopvol gestemd. Zij zien praktische kansen voor zichzelf, voor hun kinderen en voor de mensen die het veel minder hebben getroffen dan zij. Daarbij zijn zij ervan overtuigd dat de samenleving maakbaar is, als deze tenminste wordt bestuurd door mensen van goede wil.

Aan het begin van de jaren tachtig, als mijn broer en ik tieners zijn, keert echter het tij. De economie zit in het slop, de jeugdwerkloosheid neemt snel toe, en voor het eerst in decennia wordt de verzorgingsstaat gesaneerd. Er worden vraagtekens geplaatst bij het maakbaarheidsdenken dat de toenemende overheidsbemoeienis met de samenleving begeleidt. Er is een 'markt voor welzijn en geluk' ontstaan, zoals de titel luidt van een invloedrijk boek uit 1979 van de Enschedese filosoof Hans Achterhuis, en dat is geen goede ontwikkeling. Onder het motto dat 'mensen zich lang niet altijd bewust zijn van de problemen waarmee ze kampen', zijn welzijns- en sociaal werkers in groten getale een 'hulpbehoefte' gaan produceren. Bevoogding van dikwijls gezonde, zelfstandige mensen die afhankelijk raken van de staat is het resultaat.

De economische depressie veegt het optimisme van het decennium ervoor weg. Mijn generatie van jongeren wordt getypeerd als 'de verloren generatie' en dat is zichtbaar in de zwarte kleding en de leus NO FUTURE die op muren en huizen wordt gekalkt. Onze maatschappelijke kansen zijn slecht, en in reactie op de blijmoedigheid van de generatie voor ons domineert nihilisme de popcultuur en het politiek activisme. De conservatieve, neoliberale regeringen van Reagan in de Verenigde Staten, Thatcher in Engeland en Lubbers in Nederland zijn geen logische bondgenoot voor veranderingsgezinde en progressieve jongeren. Bezuinigingen op onderwijs, huisvesting en uitkeringen raken vooral jongeren, die van zich laten horen in demonstraties, de bezetting van scholen en overheidsgebouwen, in kraakacties en in harde protestliedjes.

Door de slechte economische vooruitzichten loopt het geloof van mijn ouders dat mijn broer en ik het vanzelf beter zullen krijgen dan zij een flinke deuk op. Zij voelen geen verwantschap met het somberder, activistische deel van de linkse beweging. Ze zijn links, cultureel progressief, maar ook gezagsgetrouw. Zo vinden zij de demonstraties en rellen tijdens de kroning van prinses Beatrix in 1980 beschamend en onbeschaafd. Als de politieke polarisatie in diezelfde jaren de tekenen begint te vertonen van een cultuurstrijd van conservatieve burgers tegenover activistische 'autonomen' die zich buiten de maatschappelijke orde plaatsen, weten zij niet goed meer waar ze bij horen. Ze maken zich zorgen over het effect van de jeugdwerkloosheid en de 'no future'-jeugdcultuur op de toekomst van hun kinderen. De vaak herhaalde belofte van mijn vader aan mij als klein meisje dat 'ik alles kan worden wat ik wil' lijkt een loze.

Het is zoals Evelien Tonkens, sociologe en voormalig collega-parlementariër, in het voorwoord van haar proefschrift over de jaren zestig schrijft: 'Net als sommige andere kinderen van de jaren zestig ben ik opgevoed voor een tijd die nooit is gekomen.'

In mijn puberteit, en onder invloed van de tijdgeest, begin ik me af te zetten tegen het veilige gezin waarin ik opgroei. Hoewel het huwelijk van mijn ouders spanningen kent en uiteindelijk, als ik uit huis ben, uitmondt in een echtscheiding, is de atmosfeer thuis zacht. Mijn ouders voeden mijn broer en mij strikt, met regels en ambitie, maar ook met toewijding op. Bij de eisen die zij aan mij stellen horen goede schoolresultaten, vioolles en veel sport. Maar school heeft als ik dertien, veertien jaar ben, nauwelijks nog mijn belangstelling, huiswerk maak ik niet en de viool hang ik aan de wilgen.

De jaren daarvoor, de laatste op de lagere school, ben ik door een paar klasgenoten gepest. Omdat ik opvallend donker ben schelden ze me uit voor Turk en zitten me achterna als ik van school naar huis loop. Een tijdlang wil ik niet meer naar school, verschans me op mijn kamer, totdat mijn vader ingrijpt en zijn beklag doet bij het hoofd van de school, waarna het erger wordt. Het pesten maakt me opstandig jegens mijn ouders en behaagziek jegens mijn klasgenoten. Op de middelbare school wil ik vooral leuk gevonden worden en opgenomen zijn in de kring van populaire leerlingen. Nadat ik getest word voor het gymnasium zak ik af naar de havo waar ik weinig verschijn om, als ik er ben, vrijwel direct de klas te worden uit gestuurd. Op mijn vijftiende word ik een aantal dagen van school gestuurd om daarna, in 4havo, te blijven zitten met een rapport dat vooral uit enen bestaat. Ik luister eindeloos naar de weinig opwekkende muziek van The Cure, The Simple Minds en andere newwavebands, maak van zwart mijn favoriete kledingkleur en lees het tragische levensverhaal van Christiane F, het Duitse meisje dat heroïneprostituee wordt. Onder schooltijd hang ik in het plaatselijke café De Kater en speel er backgammon met de studenten van de kunstacademie. Ik begin stiekem te roken en experimenteer met hasj.

Het experiment in de Kokerjuffer heeft de drugshandel die Enschede als grensstad kenmerkt niet verminderd. Voor mij als puber zijn de kraakpanden in de binnenstad waar Nederlandse en Duitse jongeren rondhangen en blowen vele malen interessanter dan de saaie openbare scholengemeenschap in een buitenwijk. Begin jaren tachtig maakt heroïne een snelle opmars en verspreidt zich ook in Enschede onder mijn leeftijdsgenoten. Om mij heen raken jongeren verslaafd en een enkeling overlijdt aan een overdosis. Mij weerhoudt angst van de stap van soft- naar harddrugs.

Als ik net zestien ben treed ik toe tot een amateurtoneelgezelschap in het plaatselijke theater Concordia. Wat begint als een onschuldige, door mijn opgeluchte ouders toegejuichte hobby, gaat me de laatste twee jaar van mijn middelbareschooltijd beheersen. Onder leiding van een professionele regisseur, de Griek Apostolos Panagopoulos, verzamelt zich een bont gezelschap van kunstenaars, studenten, huisvrouwen en werklozen van wie ik een van de jongsten ben. Op de rol staat een toneelstuk van de schrijver Elias Canetti, die furore heeft gemaakt met zijn studie *Masse und Macht*. Het stuk, *De getermineerden*, gaat over een onvrije, totalitaire samenleving waarin alle menselijke verhoudingen vastliggen. De regisseur wil dat de spelers de tirannie niet alleen naspelen maar ook ondergaan. In oefeningen zondert hij beurtelings iemand af tegenover de massa van de spelers en laat deze uitschelden en uitlachen. Zelf verbergt hij zijn voorkeur voor en afkeer van sommige spelers ook niet maar speelt hen juist tegen elkaar uit. Dat wekt jaloezie en achterdocht. In de loop van het anderhalve jaar dat het gezelschap elkaar eerst twee keer per week, en daarna bijna dagelijks treft, ontstaat er een minidictatuur. De regisseur dwingt door intimidatie en verleiding zijn autoriteit af. Tegen de tijd dat het stuk gereed is voor de première zijn de onderlinge verhoudingen verziekt. Sommige spelers zijn overspannen, gepraat wordt er niet meer met elkaar, wel geruzied en gehuild. Tijdens de première wordt er boven onze hoofden een video vertoond. Zonder dat wij ervan weten heeft de regisseur hardporno en fragmenten van speeches van Beatrix en Hitler door elkaar gemonteerd. Op het toneel zijn wij zo verbijsterd door de smakeloze overval dat we aan spelen nauwelijks nog toekomen. Als de première achter de rug is wordt de regisseur afgezet en valt het gezelschap met een klap uit elkaar. In de woorden van mijn ouders, die erbij aanwezig zijn, is die ene voorstelling een beklemmende, sektarische maar vooral onbegrijpelijke happening.

Ik speel een heel kleine rol, zowel op het toneel als in de groepsdynamiek die zich in de coulissen voltrekt. Als minderjarig meisje verschijn ik niet naakt of in nagemaakte kampkleding op het toneel. Op een paar regels tekst na figureer ik voornamelijk. Tegen de achtergrond van een kruisigingsscène dans ik een tango en als een entr'acte tussen twee scènes verschijn ik in een witte tutu, begeleid door donderende operamuziek op het podium. Tergend langzaam ontvlecht ik daar mijn haar, terwijl de toeschouwers bijkomen van de gruwelijke scènes die ze net hebben gezien. Mijn leeftijd beschermt me tegen de emotionele tirannie van de regisseur. Wel onthoud ik de ervaring als een nare kennismaking met macht en hoe deze kan ontaarden. Tijdens mijn studie, en daarna in mijn werk, blijven het gedrag van de regisseur en de kwetsbaarheid van zijn 'volk' me bij. De ontluistering van volwassen mensen tot angstige wezens als ze systematisch worden vernederd heeft me geschokt. Daarna kies ik altijd – bewust en onbewust – de kant van de gedupeerden, zoals ik ook mijn wantrouwen tegen autoriteiten behoud, zelfs als ik jaren later zelf het centrum van de macht nader.

Een halfjaar later ga ik het huis uit. Met een heel matige havolijst op zak wil ik naar de toneelschool. Door mijn figurantenrol heb ik de illusie dat ik talent heb. Nadat ik ben afgewezen volgen een paar richtingloze jaren. Ik ga een jaar naar de antroposofische Vrije Hogeschool en begin aan een lerarenopleiding, om al snel vast te stellen dat mijn toekomst niet in het onderwijs ligt. Mijn gemankeerde middelbareschoolcarrière heeft me opgezadeld met onzekerheid over mijn intelligentie en capaciteiten. In Utrecht ga ik in cafés werken, eerst parttime en nadat ik ben gestopt met studeren fulltime. Het is een licht, zorgeloos bestaan. Als ik niet achter de bar sta, dan hang ik ervoor met vrienden. Elke avond is er feest, en altijd ben ik van de partij. Verliefdheid, liefdesverdriet en nieuwe verliefdheid volgen elkaar snel op. Altijd zijn er vriendjes, soms vluchtig en soms als serieuze verkeringen die na een tijdje vergleden.

Juist als mijn ouders zich ermee verzoenen dat hun dochter niet zoveel maatschappelijke ambitie bezit, wordt deze in mij wakker. Langzamerhand raak ik verveeld door de monotonie van mijn kroegen- en uitgaansbestaan. Elke dag zoveel mogelijk fooi incasseren om deze er 's nachts doorheen te jagen begint me tegen te staan. Het idee om nog jarenlang met dezelfde groep feestvierders in dezelfde cafés dezelfde stokpaardjes te berijden gaat me ook benauwen.

Gaandeweg begin ik me ook te ergeren aan de carrièreweerzin en bewuste werkloosheid, verzacht door zwart werk, die ik om me heen zie. Niet alleen laat mijn opvoeding zich gelden, maar door de gesprekken aan de bar is mijn zelfvertrouwen toegenomen: ik ontdek dat ik analytisch ben, en een gemakkelijke prater.

Ik meld me als vrijwilliger bij de meidentelefoon, een telefonische hulpdienst voor pubermeiden waar ik wekelijks seksuele voorlichting en advies geef aan vaak radeloze meisjes. En als ik niet achter de bar drank schenk, sta ik achter de balie in de methadonbus om aan heroïneverslaafden hun dagelijkse portie vervangende drugs te geven.

Op mijn tweeëntwintigste meld ik me aan voor een universitaire studie sociologie waar ik na een toelatingsexamen kan beginnen. De universiteit is als een warm bad. De onderwerpen die me 's avonds in de kroeg bezighouden, krijg ik als studiestof aangeboden. In mijn eerste jaar sociologie leer ik over klassentegenstellingen, ongelijkheid, etniciteit en uitsluiting. Na mijn propedeuse sociologie stap ik over naar algemene sociale wetenschappen, vooral omdat daar de vakgroep 'multi-etnische studies' onderdeel van uitmaakt. Het is het einde van de jaren tachtig en in Nederland woeden er hevige discussies over de omgang met minderheden. Voor het eerst wordt er onderzoek gedaan naar de criminaliteit onder Marokkaanse en Turkse jongens. De hoge misdaadcijfers veroorzaken een schok. Er klinkt de roep om harde maatregelen, afgewisseld met verontwaardiging over etnische stigmatisering. Rassendiscriminatie staat hoog op de politieke agenda, vooral door de onderzoeken van de antropoloog Frank Bovenkerk die in experimenten laat zien dat allochtone jongeren op de arbeidsmarkt en in het uitgaansleven worden gediscrimineerd. Tegelijkertijd weet Hans Janmaat van de Centrumdemocraten, die van zijn weerzin tegen migratie en migranten een politiek programma heeft gemaakt, een stempel te drukken op het maatschappelijke en politieke debat.

Aan de Utrechtse universiteit wordt dat debat in volle hevigheid gevoerd, zeker nadat de socioloog Han Entzinger wordt aangetrokken als hoogleraar multi-etnische studies. Hij heeft net voor de Wetenschappelijke Raad voor het Regeringsbeleid een onderzoek afgerond naar minderheden dat in de kranten wordt beschreven als gezaghebbend en invloedrijk. In de gepolitiseerde atmosfeer van de sociale faculteit gelden zijn conclusies echter als rechts. In een interview zegt hij dat de Middellandse Zee net zo breed zal blijken als de Rio Grande, de rivier die Mexico en de Verenigde Staten scheidt, als er geen paal en perk wordt gesteld aan illegale migratie. In de vakgroep ontstaat ruzie. Andere docenten verwijten Entzinger hiermee een illegalenjacht aan te moedigen. Voor de staf betekenen onderzoek naar en solidariteit met migranten ongeveer hetzelfde. Op de achtergrond van dit politieke conflict speelt dat met de aanstelling van Entzinger de gedoodverfde kandidaat voor het hoogleraarschap, Frank Bovenkerk, is gepasseerd. Bovenkerk heeft jarenlang etnografisch onderzoek verricht naar de leefwereld van verschillende etnische groepen in Nederland. Hij geldt als minder beleidsmatig, beter geïnformeerd en – vooral – als een strijder tegen discriminatie, wat dan een pre is. Alle studenten kiezen partij. Ik doe dat ook en kies de kant van Bovenkerk. Hij is mijn favoriete docent en vanaf mijn tweede studiejaar werk ik als zijn assistent.

Niet lang erna wordt Bovenkerk alsnog hoogleraar criminologie aan de rechtenfaculteit. Ik volg hem daarnaartoe en kies daarmee ook voor criminologie als afstudeerrichting. Tot aan mijn afstuderen trekken wij samen op. Ik assisteer bij zijn onderzoeken en samen volgen we de propedeuse strafrecht om als criminoloog beter beslagen ten ijs te komen. Om hem heen vormt zich een vriendengroep die gezamenlijk onderzoek doet naar prostitutie, criminaliteit van Marokkaanse jongens en georganiseerde misdaad. We dwalen door de hoerenbuurten in de grote steden, patrouilleren met de politie op de tippelzones en bezoeken kickbokswedstrijden en illegale casino's om met criminelen te praten. Met Frank deel ik een fascinatie voor de zelfkant van de samenleving, tegelijk met een hang naar avontuur. In de geest van de tijd richt het onderzoek zich telkens op de sociale en economische omstandigheden waarin daders en slachtoffers zich bevinden: werkloosheid, gezinsomstandigheden, opleidingsniveau, kansarmoede en discriminatie. Onderzoek naar de genen of de intelligentie van de betrokkenen geldt als onwetenschappelijk maar vooral als immoreel.

Aan het Utrechtse Willem Pompe Instituut voor Strafrechtswetenschappen, waaraan Frank als hoogleraar verbonden is, bestaat er weerzin tegen justitiële autoriteiten. Hoewel aan het begin van de jaren negentig de scherpe kantjes eraf zijn, heerst er nog wel het sentiment dat armen, kwetsbaren en minderheden selectief worden opgepakt en vervolgd. Ik kan weinig sympathie opbrengen voor complotdenken maar ben wel geraakt door de machtskritiek die erachter schuilgaat. Het gemak waarmee bijvoorbeeld witteboordencriminelen wegkomen met zware misdrijven, of totalitaire heersers met mensenrechtenschendingen, contrasteert nogal met de straffen die kleine criminelen krijgen.

Als ik in 1993 mijn eindscriptie criminologie schrijf verschijnt er een advertentie in de krant voor een baan als wetenschappelijk medewerker bij de Wiardi Beckman Stichting (WBS), het onafhankelijke wetenschappelijke bureau van de PvdA. Tot verbazing van mijn vrienden en docenten aan de universiteit solliciteer ik erop. In hun ogen betreed ik een vreemde, zelfs vijandige wereld. In de studiegroep rondom Frank Bovenkerk is er veel maatschappelijke betrokkenheid maar partijpolitiek engagement is uit den boze. Bij de wetenschap horen geen partijactiviteiten, en daarbij heeft de PvdA, die in die jaren deel uitmaakt van het derde, nononsensekabinet-Lubbers niet echt een goede naam. Als ik tot ieders verbazing, zonder enige noemenswaardige werkervaring en zonder PvdA-lidmaatschap, word aangenomen, ben ik euforisch.

Voor mijzelf is de keuze minder vreemd. Onder invloed van mijn moeder heb ik me jaren eerder, als begin twintiger en nogal atypisch, geabonneerd op *Socialisme & Democratie*, het maandblad van de Wiardi Beckman Stichting. Ik volg het politiek-wetenschappelijke debat over de verzorgingsstaat, de rechtsstaat en vooral over de grote ideologische verschuivingen die samenvallen met de val van de Muur. De Amerikaanse socioloog Francis Fukuyama schrijft in diezelfde periode het baanbrekende *Het einde van de geschiedenis en de laatste mens*, waarin hij betoogt dat de grote ideologieën van socialisme en marxisme op hun retour zijn: de gematigde democratische rechtsstaat, steunend op de vrije markt, overleeft als enige staatsvorm. Het boek is een internationale hit, maar in mijn omgeving leidt het tot woedende discussies omdat het wordt beschouwd als triomfantelijke propaganda voor het neoliberalisme.

Hoewel ik het ideologische gehalte van Fukuyama's boek onderken, ben ik aangetrokken door de verwachting van grote veranderingen die op til zijn, en waarvan zijn boek een proeve is. Sinds de economie aantrekt lijkt de grauwsluier die over de jaren tachtig lag, langzaam te verdampen. Met het einde van de Koude Oorlog ontstaat er bovendien ruimte voor nieuwe internationale samenwerking.

In de jaren van mijn studie ben ik meer geëngageerd geraakt, vooral dankzij het optreden van CDA'er Ernst Hirsch Ballin, die dan minister van Justitie is. In de nota 'Recht in beweging' die hij in 1991 uitbrengt pleit hij voor een moreel offensief. Hij wil de rechtsstaat in stelling brengen tegen het verlies van religieuze verbanden en doorgeschoten individualisering. In zijn analyse loopt er een rechte lijn van punkkapsels, via het illegaal kopiëren van langspeelplaten naar echte misdaad zoals inbraak. Over zijn conservatieve wereldbeeld wind ik me mateloos op, temeer daar hij burgers in het gareel wil duwen door de straffen op kleine criminaliteit te verhogen. Dit staat haaks op het gedachtegoed van het Willem Pompe Instituut en Frank Bovenkerk dat ik me heb eigen gemaakt en waarbij ik me thuis voel. Net als zij beschouw ik het strafrecht als de ultieme remedie en een noodzakelijk kwaad. De rechtsstaat is bedoeld als een rem op onmatig overheidsgedrag, en niet als een instrument van de macht om de samenleving te kneden. Bij de WBS krijg ik de kans, zo wordt mij door directeur Paul Kalma verzekerd, om daartegen een tegengeluid te formuleren. Dat ik daarvoor ook lid moet worden van de PvdA neem ik graag voor lief.

Dit neemt niet weg dat ik als kersverse medewerker van de WBS geen enkele notie heb van het politieke debat of van partijpolitieke conflicten. Net voordat ik begin is Felix Rottenberg samen met Ruud Vreeman partijvoorzitter geworden van de PvdA. Hij wil de PvdA drastisch moderniseren en ontdoen van conservatieve krachten. Daartoe rekent hij ook, wat ik dan niet weet, de WBS.

Nog maar nauwelijks geland, word ik samen met de andere medewerkers van de WBS uitgenodigd om met Rottenberg te lunchen in het Chinese restaurant Hoi Tin op de Zeedijk. Het is een slecht onderhouden pijpenla waar hij kind aan huis is en, als de staf van krap zes mensen is gearriveerd, luid en dwingend voor iedereen eten bestelt. De lunch is even ontspannen als een officiële vergadering van de Verenigde Naties. Rottenberg vindt dat de onafhankelijkheid van de Wiardi Beckman Stichting lang genoeg heeft geduurd. Hij wil het budget van de stichting ook kunnen inzetten voor verkiezingscampagnes. Paul Kalma houdt daartegenover een lang betoog over het belang van onafhankelijk onderzoek naar de beginselen van de sociaaldemocratie, nu en dan ongeduldig onderbroken door Rottenberg. Kalma heeft als kritisch denker naam gemaakt in de jaren tachtig met een aantal publicaties over de rechtsstaat en de verzorgingsstaat. Hij is ook al sinds die tijd verbonden aan de WBS en Rottenberg steekt niet onder stoelen of banken dat hij dit rijkelijk lang vindt.

Ik luister verbijsterd. De omgangsvormen zijn mij vreemd: de bravoure van Rottenberg, afgewisseld met venijn, de pijnlijke stiltes en de geforceerde bulderlach van mijn nieuwe mannelijke collega's om grappen die niet echt leuk willen worden. Dan richt Rottenberg het woord tot mij. 'Wat vind jij eigenlijk van de ingedutte WBS? Jij bent toch jong? En je hebt ambities? Ga jij samen met mij de boel eens wat opschudden?'

Ik heb geen idee wat te antwoorden en mompel iets over enerzijds, anderzijds. Hij haalt geïrriteerd zijn schouders op en richt zijn aandacht op iemand anders. Ik ben net zevenentwintig en deze eerste confrontatie met echte macht is een hardhandige ontgroening.

Bij de WBS vind ik geen gespreid bed. De kleine organisatie opereert naar buiten als een hechte vriendenclub maar kent intern een sterke informele hiërarchie. Een ochtend per week vergadert de staf op de kamer van Paul Kalma. Dan wordt er uitvoerig gedebatteerd over de politieke actualiteit en worden de individuele projecten besproken. Medezeggenschap verdien je door je publicaties en de duur van je aanwezigheid op de WBS-burelen. Als nieuwkomer en verreweg de jongste medewerker sta ik onderaan in de pikorde. Ik word met argwaan tegemoet getreden en collega's maken mij, niet altijd even vriendelijk, duidelijk dat mijn mening weinig waard is. Dat is overigens niet ten onrechte.

Zeker het eerste jaar heb ik geen enkele greep op de felle discussies die om me heen worden gevoerd. Mijn heel beperkte en abstracte kennis van de grote politieke stromingen biedt geen houvast voor opvattingen over marktwerking en privatisering, de WAO, milieupolitiek en alle andere omstreden onderwerpen van het in 1994 aantredende eerste paarse kabinet. Ik word belast met het secretariaat van de Werkgroep Volkshuisvesting en Ruimtelijke Ordening, een van de vele werkgroepen van wetenschappers en beleidsmakers die om de WBS heen cirkelen. Het secretariaat van deze werkgroep is het minst geliefd, een moetje voor medewerkers, en mij wordt snel duidelijk waarom. De specialisten die elkaar daar treffen en met enige regelmaat rapporten publiceren, kennen de technische materie van haver tot gort en praten er met elkaar over in het ondoordringbare jargon van 'brutering', 'herziening garantiestructuur', 'balansverkorting' enzovoort. Een aantal jaren bereid ik trouwhartig de vergaderingen voor, stel de agenda's op en redigeer de rapporten zonder werkelijk gevoel te krijgen voor de inhoud ervan.

Toch verwerf ik langzamerhand een eigen plek, zeker als ik in 1995 een boek publiceer over criminaliteit en rechtshandhaving. De titel *Ontspoord* verwijst niet naar het gedrag van criminelen maar naar de omhelzing door de PvdA van het 'law and order'-denken. Ik schuw grote woorden niet, spreek zelfs van de 'militarisering van het openbare leven', bepleit onder andere de legalisering van soft- en harddrugs en toon me een hartstochtelijk voorstander van een mild strafklimaat: 'Wij zouden ons de vraag moeten stellen in welk land wij het liefste willen wonen als wij bestraft worden. Als het antwoord dan nog steeds Nederland is, laten we dan niet schrikken of ons schamen, maar stiekem trots zijn.'

Het levert me de naam op dwars te zijn, een titel die ik ogenblikkelijk eer aandoe door samen met Marjet van Zuylen, een jong PvdA-Kamerlid dat ik nog uit Enschede ken, in *de Volkskrant* de opheffing van de Rooie Vrouwen te bepleiten. Wij verwijten dit instituut van eerbiedwaardige feministen zoals Hedy d'Ancona en Liesbeth den Uyl dat het is verloederd tot een 'piepklein cirkeltje' met nog 'kleinere adresboekjes' dat enkel lobbyt voor een Kamerzetel voor de eigen voorzitter. We noemen het slachtofferdenken achterhaald, de marginale machtspositie hun eigen schuld en lanceren onszelf als een nieuwe generatie van 'powerfeministen'. Het levert me voor het eerst in mijn leven vijanden op, zeker als ik me in een interview in *De Telegraaf* laat ontvallen weinig op te hebben met paarse tuinbroeken. Nog datzelfde jaar, in 1995, worden de Rooie Vrouwen opgeheven.

De combinatie van tegendraadsheid en sturm-und-drang brengt mij opnieuw in het vizier van Felix Rottenberg. Maar ook na de eerste lunchontmoeting blijft onze verhouding stekelig en soms zelfs ronduit ruzieachtig. In zijn drift om de PvdA te verjongen en te vernieuwen, richt hij, samen met Lennart Booij en Erik van Bruggen, de jongerenbeweging Niet Nix op. Ik vind het een slecht initiatief en laat hem dat ook weten als hij een keer mijn kamer binnen wandelt. Booij en Van Bruggen zijn namelijk niet uit op macht maar op invloed, zoals ze zeggen, en lopen naar mijn ongezouten mening aan de leiband van voorzitter Rottenberg. Ik ben, en dat zeg ik hem ook, niet van plan om eraan mee te gaan doen. Jongerenorganisaties moeten losstaan van de politieke macht, niet een onderdeel ervan vormen. Het levert een tierende Rottenberg op, die mijn weinig onderdanige houding en felle commentaar niet verdraagt. Hij smakt de deur van mijn kamer dicht en ik hoor hem in zijn werkkamer, een verdieping lager, nog schreeuwen.

De woede van Rottenberg brengt me volledig van de kaart. Zo'n ongeremde, emotionele uitval van een leidinggevende heb ik niet eerder te verduren gehad en het maakt me huiverig voor verder contact met hem. Ik word me in die jaren langzamerhand bewust van een combinatie van eigenschappen die me af en toe in de weg zit. Ik bezit een aanmerkelijke lust tot provocatie, samen met een scherp en compromisloos oordeel. Mijn scherpte richt zich vrijwel altijd op onderwerpen en nauwelijks op mensen, omdat ik tegelijkertijd slecht tegen ruzie kan. Dit onderscheid tussen inhoudelijk meningsverschil en persoonlijke onmin wordt door de mensen die zich door me aangevallen voelen lang niet altijd herkend. De conflicten die daaruit ontstaan trek ik me aan, al neemt mijn inhoudelijke behaagzucht er niet door toe.

Ondertussen is mijn ster in de PvdA snel rijzende. Zoals in alle politieke partijen is er een grote behoefte aan jonge, spraakmakende figuren die tegenwicht bieden aan het beeld van een naar binnen gekeerd, ouder establishment. Dit brengt Rottenberg juist vaker op mijn pad. Als hij is gekalmeerd van onze laatste aanvaring nodigt hij me uit voor discussiebijeenkomsten over de toekomst van de PvdA. Eind 1996 vraagt hij me ook om toe te treden tot een selecte commissie die het programma voor de verkiezingen voor 1998 voorbereidt.

Maar terwijl het partijestablishment mij voorzichtig omarmt als een frisse dwarsligger ben ik juist bezig de weg naar buiten af te leggen. Naarmate ik meer inzicht krijg in de werking van sociaaldemocratische politiek, en een volwaardiger deelnemer word aan discussies daarover, vervreemd ik er ook van. Dat gaat in etappes.

In 1995 publiceert Paul Kalma het manifest *De wonderbaarlijke terugkeer van de solidariteit*. Het is een scherpe kritiek op de marktideologie van de paarse regering onder leiding van PvdA'er Wim Kok. Ik ben onder de indruk van zijn analyse van de akelige sociale gevolgen van privatisering en marktwerking en van zijn beargumenteerde waarschuwing voor de verarming van de publieke sfeer. Dat geldt niet voor de politieke top. Tijdens een vergadering van het partijbestuur waar Kalma zijn manifest presenteert zegt fractievoorzitter Jacques Wallage dat het een 'prul' is, 'de sociaaldemocratie onwaardig'. Kalma's stuk wordt naar de prullenbak verwezen en hij wordt persoonlijk aangevallen als een verzuurde oudgediende. In datzelfde jaar houdt Wim Kok de Den Uyl-lezing waarin hij 'de ideologische veren' van de sociaaldemocratie afschudt. Zijn belangrijkste argument is politiek-strategisch en niet inhoudelijk: de PvdA moet haar macht versterken in het centrum van de politiek.

Onder leiding van Rottenberg en Niet Nix wordt de strijd over het paarse neoliberalisme gemodelleerd tot een generatieconflict. Het is de oude garde zoals Kalma met heimwee naar de jaren zeventig, de 'zuurgraadgeneratie' zoals Rottenberg dat noemt, die zich verzet tegen de liberale wind. Of zoals de paarse staatssecretaris Vermeend in reactie op Kalma zegt: het is de 'wonderbaarlijke terugkeer van de achterhaalde ideeën'. Kalma wordt hiermee groot onrecht gedaan, omdat hij juist in het voorgaande decennium heeft gewezen op de gevaren van de uitdijende verzorgingsstaat voor de zelfstandigheid van burgers.

Ik ben plaatsvervangend boos over de behandeling van Kalma

en voel me niet thuis in de tegenstelling tussen jong en oud. Weliswaar ben ik aanmerkelijk jonger dan Kalma, zijn genuanceerde opvatting over de verhouding tussen markt en staat en zijn zorg over ongebreidelde marktwerking deel ik. De PvdA schiet van het ene uiterste in het andere, van bevoogding in laissez-faire. Ik snap niet wat er jong of modern is aan het in stand houden van ongelijkheid door paarse politici.

Veel meer dan van het paarse neoliberale project ben ik gecharmeerd van het initiatief van opnieuw Kalma, hoogleraar Jos de Beus en publicist Paul Scheffer om PvdA, D66 en GroenLinks te bundelen. Kort na *De wonderbaarlijke terugkeer van de solidariteit* roept dit drietal in NRC *Handelsblad* op om een progressieve hervormingspartij op te richten tegenover het dominante 'culturele conservatisme' van VVD-partijleider Bolkestein. Alleen door de tradities van sociale rechtvaardigheid in de PvdA, van culturele openheid in D66 en van ecologische duurzaamheid in GroenLinks te verbinden, schrijven zij, vormt zich 'een nieuw zwaartepunt in de politiek'.

'Naïef' is het nog redelijk milde oordeel van Rottenberg en ook de rest van het politieke establishment van de PvdA sabelt het voorstel neer. Onder een aantal jongeren van de drie aangesproken partijen kan het voorstel wel op enthousiasme rekenen. In De Balie verzamelt zich een groep op initiatief van programmamakers Pieter Hilhorst en *Parool*-journalist Michiel Zonneveld. Ik maak daarvan deel uit, net als medewerkers van de wetenschappelijke bureaus van D66 en GroenLinks en bijvoorbeeld de latere minister Jet Bussemaker, wetenschappers Jan Willem Duyvendak en Ido de Haan, GroenLinks-spindoctor Tom van der Lee en Balie-medewerker Kees Vendrik. We noemen onszelf De Branie en zetten ons aan het schrijven van een beginselprogramma van een niet-bestaande progressieve partij. Dat komt er niet. Voor dat het af is valt de groep in meningsverschillen uiteen. We bleken vooral verbonden, zegt Pieter Hilhorst in een analyse die ik er samen met Menno Hurenkamp, medelid van De Branie, na afloop over schrijf, 'door onvrede over het heersende economische liberalisme, de aanhoudende bezuinigingen, het cultureel conservatieve klimaat en de hardvochtige burgerschapsnoties die het politieke debat domineren'. 'We verzetten ons,' voegt Bussemaker daaraan toe, 'tegen de heersende politieke mentaliteit, het ambtelijke en technocratische, maar we wilden geen generatieconflict beginnen. Dit maakte ons tot een krampachtige tussengeneratie en daardoor kwamen we in een vacuüm terecht.'

Het is een sombere conclusie waarnaar ik mij niet wil voegen. Door het Balie-initiatief raak ik bevriend met Kees Vendrik en Tom van der Lee. Als zij mij niet veel later vragen om naast hen zitting te nemen in de redactie van het wetenschappelijke blad van GroenLinks, *De Helling*, zeg ik ogenblikkelijk ja. In de PvdA wordt mijn deelname als deloyaal gezien. Hoewel ik benadruk dat ik de twee partijen juist dichter bij elkaar wil brengen, wordt er tot in het partijbestuur negatief over geoordeeld. Het levert me ook opnieuw een conflict met Rottenberg op.

Tegen de tijd dat ik mag toetreden tot de commissie die het programma voor de verkiezingen van 1998 voorbereidt voel ik me al niet meer thuis in de PvdA. De cultuur van vernedering en machtspolitiek vind ik onprettig, met de inhoudelijke koers kan ik me nauwelijks nog verenigen. Al snel wordt me duidelijk dat ik alleen ben uitgenodigd om symbolisch het dwarse geluid te verwoorden, zonder dat dit enig effect sorteert. Ik zit er tegenover onder anderen Jacques Wallage, Ad Melkert en de Amsterdamse commissaris van politie Eric Nordholt. Zij zijn het erover eens dat het eerste paarse kabinet een succes is dat niet mag worden gehinderd door een onbesuisd verkiezingsprogramma. Ik word amper en dan alleen met lichte spot aangehoord, mijn voorstellen stranden in de notulen.

In het voorjaar van 1997 komt het tot een climax. Al eerder heb ik Paul Kalma laten weten dat ik voor mezelf geen plek meer zie bij de WBS en op zoek ga naar een andere baan. Ik ben dan al een half-jaar parttime verbonden aan De Balie om daar, in opdracht van het ministerie van Binnenlandse Zaken, een debattenreeks te organiseren over het honderdvijftig jarig bestaan van de grondwet.

In juni vindt er een Europese top plaats in Amsterdam. Voor het paarse kabinet is dit een prestigeproject, dat in geen geval mag worden gesaboteerd. De top brengt veel demonstranten op de been. Honderdvijftig Italiaanse werklozen die vreedzaam willen demonstreren voor een sociaal Europa worden bij het verlaten van de trein in Amsterdam opgepakt, geboeid en vastgezet. Hetzelfde geldt voor meer dan driehonderd Nederlandse demonstranten die als 'lid van een criminele organisatie' ongekend lang gevangen worden gezet.

Ik ben hevig verontwaardigd door het vertoon van overheidsgeweld, en meld dat in de programmaclub aan commissaris Eric Nordholt. 'Hoe kan het,' zeg ik, 'dat de PvdA aan de kant van de macht staat, en niet aan de kant van de demonstranten? Waarom stellen wij geen vragen aan de regering? Waarom protesteren wij niet?' Ik sta voor de tafel waaraan Nordholt samen met Jacques Wallage en de voormalige staatssecretaris Roel in 't Veld al hebben plaatsgenomen. Ze lachen besmuikt. Dan zegt een van de aanwezigen grijnzend: 'Joh, er liep toch een tuig rond.' Ik woon de vergadering nog wel bij maar zeg niet veel meer. Het is klaar, ik hoor daar niet bij.

Ik meld me bij Paul Kalma en dien mijn ontslag met onmiddellijke ingang in. Ik licht Karin Adelmund in die als interim-voorzitter de inmiddels ziek geworden Rottenberg vervangt en leg een beleefdheidsbezoek af aan Jacques Wallage. Op de valreep biedt deze me een Kamerzetel aan. Het is een zinloze geste. Kort daarna zeg ik mijn partijlidmaatschap op.

Het is een grote stap. Niet lang daarvoor ben ik van Utrecht naar Amsterdam verhuisd, met achterlating van mijn studievrienden en Filip, de vriend met wie ik sinds een paar jaar samenwoonde. Ik heb een kleine etage gekocht op de Albert Cuypmarkt, ben ongebonden en nog zoekende in de nieuwe stad. De Balie biedt mij tijdelijk onderdak als fulltimemedewerker en voor *Het Parool* mag ik op proef columns schrijven.

Hoe onzeker de toekomst ook is, het afscheid van partijpolitiek voelt als een grote opluchting. Ik ben net dertig en een beetje nerveus, maar voel me ook optimistisch en vrij. Dan belt Paul Rosenmöller.

Kees Vendrik en Tom van der Lee hebben Rosenmöller op mij geattendeerd. Hij wil eens praten over de toekomst van progressieve politiek. Na het experiment met De Branie en mijn openlijke steun aan een nieuwe progressieve partij komt me dit logisch voor en ik stem nietsvermoedend in. Het gesprek is geanimeerd en al snel volgt een verzoek voor een tweede gesprek. Dan vraagt hij me om Tweede Kamerlid te worden voor GroenLinks. Hij garandeert me een hoge, verkiesbare plaats.

Het verzoek overvalt me. Met mijn vertrek uit de PvdA heb ik juist afscheid willen nemen van de politiek. Ik wil onafhankelijk zijn, meer gaan schrijven, proberen journalist te worden. Ik hoor ook niet bij een partij, denk ik. Ik ben progressief en links zonder dat ik in een hokje pas. Van GroenLinks weet ik niet zoveel. Ik ken de ideeën van een aantal jonge, vooruitstrevende partijleden, zoals Kees en Tom, en voel me met hen verwant. Met de oudere garde, de voormalige kaders van de kleine, radicale partijen – PSP, PPR, CPN en EVP – die in GroenLinks zijn opgegaan, heb ik geen enkele band.

Rosenmöllers verzoek is verleidelijk. Hij is al een aantal jaren met succes bezig om GroenLinks te hervormen tot een voorhoede van progressieve politiek. Om hem heen verzamelen zich jonge denkers die weinig last lijken te hebben van de dogma's waar de voorgangers van GroenLinks aan ten onder zijn gegaan. Anders dan het PvdA-establishment dat ik inmiddels heb leren kennen, lijkt hij nieuwsgierig naar andere meningen dan de zijne en bereid zich open te stellen voor buitenstaanders.

Ik vraag bedenktijd omdat ik twijfel of ik mijn net herwonnen onafhankelijkheid wil opgeven. Van de WBS-periode heb ik ook geleerd dat ik misschien te eigenwijs ben om me te voegen naar partijpolitieke grenzen. Vrienden die ik om raad vraag noemen dat juist een voordeel. De tijd is rijp, zeggen zij, voor mensen die over de partijpolitieke grenzen willen samenwerken, die eindelijk eens een doorbraak in het linkse en progressieve blok forceren. Ook Paul en mijn nieuwe GroenLinks-vrienden Kees en Tom beamen dat.

Ik zeg ja.

Als de kandidatenlijst voor de Tweede Kamer bekend wordt gemaakt en ik op de derde plaats sta na Paul Rosenmöller en Marijke Vos, zijn de reacties niet allemaal even vriendelijk. In GroenLinks wordt gemopperd over de jonge PvdA'er die wordt 'geparachuteerd'. Tijdens een kennismakingsbijeenkomst in Groningen ontvangt de plaatselijke afdeling me ronduit vijandig. Maar dat valt in het niet bij de woede van sommige PvdA'ers. Een enkeling noemt me een verrader, sommige kennissen uit mijn WBS-tijd verbreken het contact. Tegelijkertijd is er ook begrip. Frans Becker, een voormalige collega van de WBS, zegt in een reactie in *Vrij Nederland*: 'Femke had in toenemende mate kritiek op de machtscultuur en de machtspolitieke verhoudingen in de PvdA. Langzaam maar zeker zag je dat er zich bij haar een contrapunt met de PvdA ontwikkelde. Ze heeft een radicaal temperament.' Opvallend genoeg is juist Felix Rottenberg in hetzelfde artikel in *Vrij Nederland* mild. Het verbaast hem niet, zegt hij, en hij begrijpt het ook. 'Wel zal ze er spijt van krijgen', voegt hij eraan toe.

Een halfjaar voordat ik Kamerlid word bots ik 's nachts in een Amsterdams café tegen Robert op. Ik ben dan een paar jaar alleen, op wat vluchtige affaires na. Ik heb geen behoefte om me te binden. Als beginnende dertiger realiseer ik me dat de gedachte aan kinderen de komende jaren dwingender kan worden, maar verlangen ernaar doe ik niet. Als ik niet werk, leid ik hetzelfde bestaan als ik als begin twintiger deed. Met vrienden schuim ik 's avonds cafés en discotheken af, soms heftig en met drank overgoten discussiërend, meestal alleen lol trappend. Het Kamerlidmaatschap is voor mij nog een abstractie, van het praktische werk en het effect dat het op mijn gewone leven zal hebben heb ik geen enkel idee. Robert, een beginnend documentairemaker, leidt een vergelijkbaar, ongebonden bestaan. We worden hevig verliefd en beginnen een even vrolijke als ruzieachtige relatie. Robert heeft jaren door Zuidoost-Azië en Australië gereisd, is onthecht, op zichzelf en als hij niet van huis is dan is hij wel in gedachten een nieuwe reis aan het plannen. Onze relatie is onbestemd, zonder afspraken of beloften over de toekomst. We zien wel wat het wordt, denken we.

2

Een harde smak

Het is donderdagavond 17 december 1998, de avond voor het kerstreces. De debatten zijn net afgelopen. Alleen de stemmingen scheiden de Kamerleden nog van drie weken vakantie. Voor de plenaire zaal, naast de patatbalie waar de pers rondhangt, is een zitje met een luie bank en bijbehorende fauteuils. Ik ben daar net in neergeploft als staatssecretaris Job Cohen op de leuning van mijn stoel komt zitten. Hij buigt zich vertrouwelijk over me heen en ik schrik van zijn nabijheid. Een halfjaar Kamerlidmaatschap heeft me nog niet verlost van het gevoel van intimidatie dat macht in persoon veroorzaakt. 'Dank je wel, Femke,' zegt hij. 'Ik stel het op prijs dat je je nek hebt uitgestoken.' Ik knik, beschaamd. Hij staat op en ik ren naar mijn kamer.

Van de dag dat ik word geïnstalleerd, op 19 mei 1998, herinner ik me vooral de trots en ontroering van mijn moeder. Na de plechtigheden geeft ze me een gouden ring met steentjes, als een herinnering aan een onvergetelijk moment. Het is een vrolijke, zonnige dag. Er is taart, er zijn bloemen en er heerst een sfeer van verwachtingen en succes. Samen met andere nieuwkomers, zoals Kees Vendrik en Ineke van Gent, ben ik binnengekomen op de vleugels van de grootste overwinning die GroenLinks in haar jonge geschiedenis heeft behaald. In mei 1998 gaat de partij, dankzij de grote populariteit van Paul Rosenmöller, van vijf naar elf zetels. GroenLinks wordt 'de meest sexy partij aan het Binnenhof' genoemd en als nieuwkomer voel ik me deel van een bevoorrecht gezelschap dat het ingedutte parlement komt opschudden.

De eerste confrontatie met het parlement is een vreemde. Terwijl je als nieuwkomer nog verwonderd en geïmponeerd rondkijkt, wordt er meteen een pose van kalme professionaliteit van je verwacht. Een nieuw en jong Kamerlid heeft weinig tijd om te aarden omdat ook in de allereerste periode een fout snel is gemaakt, en deze je lang kan achtervolgen. 'Pas op' zijn de belangrijkste eerste woorden die je begeleiden. Pas op voor journalisten die kennis komen maken maar je ook informatie willen ontfutselen over je partij en de politiek leider, en over je privéleven. En pas op, 'off the record' bestaat niet. In zaaltjes of in informele gesprekken met journalisten is alles wat je zegt potentieel nieuws. Pas ook op voor de Kamerleden van andere partijen: je bent elkaars concurrenten en niet elkaars vrienden. Pas op met je gedrag in publieke gelegenheden. Praat niet te hard in de trein want iedereen luistert mee. En ga niet dronken over straat want er wordt over je geroddeld.

Euforisch onthoud ik de adviezen maar half en maak ogenblikkelijk fouten. Mijn entree in de Tweede Kamer krijgt veel publiciteit door de overstap vanuit de PvdA, door mijn leeftijd en door mijn uiterlijk. Voor 'dat leuke meisje van GroenLinks', zoals een krantenkop luidt, staan de media in de rij. Ik verkeer in een staat van grote opwinding. De historische omgeving, de publieke belangstelling, de trots van familie en vrienden: zeker in de eerste maanden is van zelfrelativering geen spoor te bekennen. Ik voel me opgetild en toegejuicht en wil dolgraag aan de verwachtingen voldoen. Ik wil behagen en bevestigen dat ik bijzonder ben.

Van de etiquette voor de omgang met parlementair journalisten heb ik weinig kaas gegeten. Ik spreek intiem met elke interviewer, vertel van alles en nog wat over mijn privéleven en jeugd, drink een borrel met ze en vraag naar hun liefdesleven en werk. De journalisten zijn op zoek naar een verhaal dat lezers trekt en ik doe mijn best om ze dat te geven. Ik herschep mezelf zonder te liegen maar wel door te dramatiseren.

Zo romantiseer ik bijvoorbeeld het pesten op de lagere school, de echtscheiding van mijn ouders en mijn niet van de grond gekomen toneelcarrière tot de onmisbare ingrediënten van mijn aanstormende politieke carrière. Ik geef mijn gewone leven de allure van een avonturenroman met een spannende, nog onbekende plot. Wat ik me onvoldoende realiseer is dat ik de parlementaire ervaring ontbeer om de verwachtingsvolle, eerste recensies waar te maken. Deze heb ik ook nog eens opgeschroefd door al voor de verkiezingen aan te kondigen dat ik het allemaal anders ga doen. In een interview dat ik een halfjaar eerder geef verwijt ik zittende Kamerleden dat zij verdrinken in technische details en niet in staat zijn de grote lijnen te zien. Eenmaal gearriveerd in de Tweede Kamer blijken veel parlementariërs zich aangesproken te voelen en weinig op te hebben met mijn aanmatigende grootspraak.

In mijn eerste enthousiasme spreek ik ook vrijuit over mijn ouders en vrienden. Vooral de politieke loopbaan van mijn moeder en de emancipatie die daaraan vooraf is gegaan, zijn een geliefd en terugkerend onderwerp. Mijn moeder zwijgt loyaal totdat ze, jaren later, opbiecht het heel onplezierig te hebben gevonden om haar leven gereduceerd te zien tot dat van de herintreedster die ik van haar maak. Zij voelt zich daarin beklemd en anders dan ik mist zij het podium om het beeld te corrigeren.

Zolang de loslippigheid zich tot mezelf beperkt is de schade te overzien, maar ruim een halfjaar na mijn entree vergaloppeer ik me ernstiger. Op een late avond begin 1999 wandelt Jan Hoedeman van *de Volkskrant* mijn kamer binnen. Hij is een beruchte parlementair journalist die nieuwtjes vaak als eerste op het spoor is en voor wie het 'pas-op'-adagium verhevigd geldt. In alle vriendelijkheid zet hij de fuik wijd open en ik zwem er nietsvermoedend in. We kletsen wat over mijn eerste ervaringen als Kamerlid en het gesprek komt terloops op het bezoek dat ik als lid van de Vaste Kamercommissie Binnenlandse Zaken heb gebracht aan de koningin. Na jaren van grote afstand heeft de koningin besloten nu en dan Kamerleden uit te nodigen om haar bij te praten over de parlementaire debatten. De commissie waarvan ik deel uitmaak bijt het spits af. Hoedeman memoreert de uitspraken die de koningin heeft gedaan over pepperspray, het referendum en over het uitgaansleven van haar zonen. Ik bevestig alles lacherig en doe er nog een schepje bovenop. We maken ons vrolijk over het belletje dat ze gebruikt voor de lakei, de kleur van het behang tot en met de koninklijke luciferdoosjes die aan het einde van het gesprek als souvenir in parlementaire broekzakken verdwijnen.

Een paar dagen later opent *de Volkskrant* met een gedetailleerd verslag van het bezoek van Kamerleden aan de koningin en ontstaat er een forse rel. Premier Kok spreekt er schande van en de koningin laat weten geen Kamerleden meer uit te nodigen.

In grote paniek bel ik Paul Rosenmöller. 'Verdomme,' zegt hij terecht. 'Hoe heb je zo naïef, zo slordig kunnen zijn?' Ik heb eigenlijk geen antwoord en schaam me diep. Ik heb gewoon niet nagedacht over de gevoeligheid van roddels over de koningin. De weken die volgen zijn zenuwslopend. Ik ben zeker niet de enige die haar mond voorbij heeft gepraat, maar waarschijnlijk wel de meest onervarene en naïeve. Even onnadenkend als ik met Hoedeman heb gepraat, heb ik er op feestjes en tijdens het eten met vrienden over gekletst. Als een grappige en een beetje dikdoenerige anekdote weten veel mensen van mijn bezoek en kunnen ze mij herkennen in het artikel. Ik ben als de dood betrapt te worden en tegelijkertijd durf ik een openbare biecht niet aan. Meer Kamerleden hebben gepraat en ik wil niet geslachtofferd worden.

Zoals altijd bij publicitaire rellen, verglijdt de aandacht ervoor snel. Bij mij resteert nog maandenlang de grote angst om publiekelijk aan de schandpaal te worden genageld.

Mijn te grote openhartigheid in die eerste Kamerperiode komt voort uit naïviteit, opwinding en ijdelheid, maar ook uit het verlangen dicht bij anderen te willen blijven, niet apart te staan. Het valt me zwaar om voor het publiek plotseling een vreemd mensentype te zijn geworden: een symbool van dikwijls verkeerde beslissingen en van betwiste, vaak verafschuwde macht. Hoog in aanzien staan vind ik aantrekkelijk, op eenzame hoogte verkeren veel minder. Ik wil snel respect verwerven maar vooral aardig gevonden worden, en realiseer me niet dat ik dit door overmoed juist op het spel zet.

Het maakt me ook vatbaar voor practical jokes. Zo ga ik enthousiast in op de uitnodiging van cabaretier Raoul Heertje om samen te dineren, waarna hij het verslag daarvan in *Vrij Nederland* plaatst. Aan het begin van het etentje zeg ik tegen hem dat ik het van tevoren niet hoef te lezen. Volgens Heertje is het een 'dodelijke openingszet': 'twee aan overbeschaafdheid lijdende mensen aan één tafel is al problematisch en nu wordt er ook nog een officieel beroep op mijn fatsoen gedaan. Durf ik er deze keer nou eens misbruik van te maken?' De dag voordat *Vrij Nederland* in de winkels ligt schiet Max van Weezel me aan in de wandelgangen. Wat ik eigenlijk gedacht had voordat ik met Heertje de hort op ging? Heb ik niet door dat dit in het parlement not done is? Die nacht slaap ik niet, de volgende ochtend sta ik voordat de deur opengaat met kloppend hart voor de kiosk. Onder de kop 'Ik ben veel wilder dan ik me voordoe' beschrijft Heertje hoe wij het eten snel voor gezien houden en op mijn aandringen naar een 'fuckie fuckieclub' gaan. Hij schrijft: 'Zo zat ik een halfuur later met het Tweede Kamerlid in een, ondanks de allochtone acteurs, door het Kunstenplan genegeerd theater'. Dan laat hij mij zeggen: 'Je kunt van alles zeggen van die illegalen, maar niet dat ze niet kunnen neuken.' Hij: 'Vind je het opwindend?' En ik: 'Ik zit naast Sharon Dijksma en kijk uit op Hans Hillen en Jan Pronk. Na een week Den Haag word ik al hitsig van een goed doorbakken kaassoufflé.' Enzovoort, enzovoort. In de Tweede Kamer heeft iedereen het stuk gelezen maar zwijgt er gegeneerd over. Zelf twijfel ik. Een grap moet je niet willen uitleggen en ondanks mezelf vind ik 'm grappig. Maar na een paar dagen verschijnt er een ernstige analyse in *Trouw*. Zorgvuldig mijn zogenaamde uitspraken mijdend concludeert de redacteur dat ik geen respect heb voor het ambt en daardoor ongeschikt ben om Kamerlid te zijn. Als ik de parlementaire redactie meld dat ze in een grap zijn getuind, krijg ik een 'goedmaakinterview' aangeboden. Daarin zeg ik alleen dat het 'mijn eigen schuld is' en laat het er verder bij.

Het verlangen naar nabijheid wreekt zich ook in de omgang met mijn collega's. Allereerst in mijn eigen fractie. Als nieuw Kamerlid moet ik me een beleidsportefeuille toe-eigenen. Hoewel ik de politiek allang volg heb ik weinig benul van de parlementaire orde en rituelen. Direct na de installatie vraagt fractieleider Paul Rosenmöller alle Kamerleden een brief te schrijven en daarin kenbaar te maken welke portefeuille zij wensen, waarop hij een verdeling zal maken. Ik schrijf een lang essayistisch epistel. GroenLinks moet, vind ik, cultuurkritiek uitoefenen op de samenleving en de staat, een intellectuele voorhoede vormen. Ik wil een schrijvend Kamerlid worden en ambieer daarbij alleen de portefeuille Media en Cultuur. Na lezing belt Paul en meldt droog dat het een fraaie brief is, maar dat het debat dat ik me voorstel zo niet in de Kamer wordt gevoerd. Als nummer drie op de GroenLinks-lijst komt mij een zware portefeuille toe die zichtbaarheid garandeert. Justitie, politie en asiel vindt hij de meest logische keuze en als ik het per se wil dan kan ik Media en Cultuur er wel zo'n beetje bij doen.

Justitie is het domein van mijn collega Mohamed Rabbae, die in de voorgaande periode deelnam aan de enquêtecommissie-Van

Traa over de verwevenheid van onder- en bovenwereld. Mohamed is al gepikeerd omdat ik als nieuwkomer en buitenstaander ben gelanceerd op plaats drie van de kandidatenlijst en hij genoegen moet nemen met een vierde plek. De Iraanse vluchtelinge Farah Karimi, die tegelijk met mij de Kamer binnen komt op plek elf, vindt zichzelf door haar achtergrond de meest logische kandidaat voor de portefeuille asiel.

Ik voeg me naar het voorstel van Rosenmöller en kom daarmee onmiddellijk in een lastige verhouding tot beide collega's terecht. Dat uit zich in conflicten over mijn opvattingen en in klachten bij de fractieleiding over mijn bijdragen tijdens de debatten. Hoewel er nauwelijks een werkelijk inhoudelijk verschil van mening is over de politieke lijn in het asieldebat, worden er zeker in het begin door Farah Karimi en Mohamed Rabbae vraagtekens bij geplaatst of ik de maatschappelijke en emotionele bagage heb om me te kunnen verplaatsen in het leed van asielzoekers. Elke stap die ik zet wordt met arendsogen gevolgd, en in de fractie dikwijls onverbiddelijk becommentarieerd.

Van mijn verlangen naar vriendschap heb ik nog meer last in de omgang met collega-Kamerleden van andere fracties. Ik kom tegelijkertijd de Tweede Kamer in met PvdA'er Nebahat Albayrak, de latere staatssecretaris van Vreemdelingenzaken. Omdat we leeftijdsgenoten zijn en ervaringen delen, veronderstel ik dat we ook in het asieldebat samen kunnen optrekken. Daarin vergis ik me. Niet alleen blijkt zij als woordvoerder van een regeringspartij een andere agenda te hebben, zij heeft ook beter naar de waarschuwingen van ervaren partijgenoten geluisterd. In de eerste maanden zoek ik haar telkens op. Soms uit gezelligheid, soms als een bondgenoot in de asieldebatten die direct na mijn aantreden losbarsten. Medewerkers van mijn eigen fractie waarschuwen mij dat ik mijn hoop niet op haar of andere Kamerleden moet vestigen, dat de politiek niet zo werkt en dat ik bedrogen uitkom. Ze vinden bij mij weinig gehoor.

Mijn kleine en grote inschattingsfouten in de omgang met journalisten en collega's zijn kinderspel vergeleken met de harde smak die ik maak in het Kamerwerk.

Een van de eerste grote onderwerpen die ik in 1998 voor mijn rekening neem is de zogenaamde 'witte-illegalenregeling'. In de tien jaar daarvoor heeft een groep illegale migranten in Nederland wit gewerkt en belasting betaald. Jarenlang hebben zij bijgedragen aan de Nederlandse welvaart en zijn zij ongemoeid gelaten. Een paar jaar eerder heeft de Gümüş-affaire hevige emoties in de samenleving losgemaakt. Deze kleermaker uit de Amsterdamse Pijp meldde zich vrijwillig voor een pardon maar hij werd te licht bevonden. Eind 1997 wordt hij onder groot protest uitgezet naar Turkije.

Als ik aantreed is het compromis tussen de paarse partijen al gesmeed en is de ruimte voor aanpassing nog maar gering. Naar schatting zijn er nog zo'n duizend witte illegalen in Nederland en de regeling waar de Kamer in mei 1998 over debatteert biedt een aantal van hen soelaas, anderen kunnen niet aan de precieze voorwaarden voldoen. Sommigen zijn bijvoorbeeld vijf jaar en tien maanden, en niet de vereiste zes jaar, in Nederland geweest. Anderen slagen er niet in om aan te tonen dat zij alle achtereenvolgende jaren tweehonderd dagen hebben gewerkt of zij zijn een paar maanden terug geweest naar hun herkomstland. Vol overtuiging pleit ik voor een generaal pardon: de groep is overzichtelijk en dijt niet meer uit omdat wit werken door illegalen onmogelijk is gemaakt. Ik vind mijn eigen argumenten redelijk en veronderstel een even redelijk debat waarin ruimte is voor aanpassing van het paarse voorstel.

Het is mijn eerste confrontatie met een al in de achterkamers gesmeed compromis waarbij de paarse politici elkaar hebben beloofd oppositionele wensen te negeren. Alle kanttekeningen die ik plaats worden van tafel geveegd als onhaalbaar en onverantwoord. Niet de argumentatie telt maar het machtswoord, afwisselend uitgesproken door de woordvoerders van de paarse partijen en de kersverse staatssecretaris voor Vreemdelingenzaken Job Cohen. Ik begrijp niet waarom er star wordt vastgehouden aan een afspraak tegen elk redelijk argument in en voel me als een buitenstaander genegeerd en vernederd.

Dat neem ik vooral de PvdA en Nebahat Albayrak in het bijzonder kwalijk. Ik val haar tijdens de parlementaire debatten persoonlijk en hard aan. Ik laat haar weten dat ik haar handelen onbegrijpelijk vind en dat ze me tegenvalt. Ik vind weinig gehoor, behalve ergernis om mijn zware oordelen. Zij heeft niet om mijn bemoeizucht gevraagd en ik geef mij weinig rekenschap van haar worstelingen: nieuw in een grote fractie met de opdracht om uit te blinken en tegelijkertijd trouw en dienstbaar zijn aan de PvdA-staatssecretaris Cohen. Ik heb ook weinig oog voor het wankele politieke bouwwerk van elkaar bestrijdende regeringspartners dat het paarse kabinet eigenlijk is. Dat toegeeflijkheid van de PvdA een hoge prijs heeft in het moeten toegeven aan VVD-wensen over bijvoorbeeld de sociale zekerheid realiseer ik me niet.

In een paar maanden verzamel ik gekwetste boosheid. Achter de warme publicitaire ontvangst die me een gloed van succes geeft, blijkt bij nader inzien een harde, competitieve werkelijkheid schuil te gaan. Het besef op mezelf te staan en de onderlinge concurrentie ontwrichten me. Ik vind het lastig dat ik in een redelijk machteloze minderheidspositie terecht ben gekomen. Tot dan toe heb ik in mijn werkzame en privéleven vooral opgetrokken met collega's en vrienden met wie ik waarden en opvattingen deel. Daardoor leefde ik in de verkeerde veronderstelling dat mijn ideeën breed zijn geaccepteerd en gerespecteerd. In het parlement word ik me er snel van bewust dat mijn opvattingen zich in de marge van het politieke bestel bevinden. Het pleidooi voor een generaal pardon van witte illegalen blijft hangen op de minderheidsstem van een paar verwante politieke partijen. Het wordt door de regeringspartijen geridiculiseerd als gevaarlijke onnozelheid en ik mis de ervaring om de politieke betrekkelijkheid van dit verwijt te kunnen inzien.

Mijn boosheid neemt toe als in het najaar van 1998 een grote groep witte illegalen in hongerstaking gaat in de Agneskerk in Den Haag. Job Cohen heeft al aangekondigd dat er geen ruimte meer zit in de witte-illegalenregeling. De mensen die buiten de boot vallen moeten onherroepelijk terug naar hun herkomstlanden. De hongerstaking is een wanhoopsoffensief. In de GroenLinks-fractie breekt een debat uit over de vraag of het middel hongerstaking gerechtvaardigd is. Mohamed Rabbae, voortkomend uit de migrantenbeweging en zelf in het verleden organisator van hongerstakingen, vindt dat GroenLinks onvoorwaardelijke steun moet geven. Farah Karimi steunt hem daarin. Paul Rosenmöller keert zich ertegen. Hij vindt het ondemocratische chantage, waarmee wij ons niet moeten inlaten. Wel kunnen wij, vindt hij, sympathie betuigen aan de eis. Ik schipper. Hoewel ik erken dat de staking naar chantage neigt, begrijp ik de wanhoop van illegalen die geen democratische middelen bezitten.

Vanaf het begin van de staking trek ik naar de Agneskerk, soms dagelijks. Ik praat er met de stakers en met de veelal radicale organisatoren die voortkomen uit het linkse verzet uit de jaren tachtig en de stakers voeden met woede over de politiek. Naarmate de situatie voortduurt wordt de positie van de hongerstakers hopelozer. Mensen worden ziek, in de kerk stinkt het en ondertussen verharden de politieke verhoudingen. Staatssecretaris Cohen laat weten niet voor chantage te wijken en het politieke establishment sluit zich bij hem aan.

Ik verlies geleidelijk elk perspectief uit het oog. Na een bezoek aan de Agneskerk zit ik 's avonds uitgeput en treurig op de bank. Het lijden van de hongerstakers vind ik ondraaglijk en ik maak dat tot het mijne. Ik voel me verantwoordelijk en vooral machteloos. In de Agneskerk word ik behandeld als een politicus die ertoe doet en verschil kan maken, in de Kamer word ik er hardhandig mee geconfronteerd dat dit een dwaze gedachte is.

Op de laatste dag voor het kerstreces komt de hongerstaking tot een climax. Er vindt nog één debat plaats. Tegenstanders denken dat het besef van sluiting van de Kamer voor drie lange weken de witte illegalen ertoe zal brengen hun staking op te geven. De hongerstakers hopen juist dat de vergevingsgezinde sfeer van kerst leidt tot het zo gewenste pardon.

Mij is het zwaar te moede. Van de staatssecretaris en de PvdA weet ik inmiddels dat er geen ruimhartig gebaar zal zijn. Het kabinet, de VVD voorop, is onverzoenlijk in zijn oordeel dat de hongerstaking geen argument is of mag zijn, en in plaats van begrip ontmoeten de stakers juist irritatie. De staking bereikt ook een kritisch moment omdat sommige stakers ernstig ziek dreigen te worden.

Op de dag voor het finale debat bezoek ik de Agneskerk. Daar laat ik de organisatoren en de stakers weten dat ik vind dat de staking moet stoppen: er komt geen pardon en mensen worden steeds zieker. De belangrijkste organisator, de activist Hans Krikke, verwijt mij in harde bewoordingen dat ik mijn boekje te buiten ben gegaan. Ik heb me niet te bemoeien met de keuzes en beslissingen van hongerstakers, vindt hij. Op mijn beurt verwijt ik hem de hongerstakers onterecht hoop te geven. In een later verschenen boek rekent hij nog eens af. Hij meent dat niet hij maar ik en anderen een 'valstrik van hoop' hebben gelegd waar wij de witte illegalen in hebben gelokt.

Ik ben die dag niet door hem of anderen op andere gedachten te brengen. Een paar uur later, in de namiddag, vindt voor de Kamer een demonstratie plaats van sympathisanten met de hongerstakers. Net als Jan de Wit van de SP ben ik gevraagd om te spreken. Op het podium zet ik mijn pleidooi om in een publieke oproep aan de hongerstakers om te stoppen. Boegeroep en gefluit zijn mijn deel. Van streek verlaat ik het podium.

Het Kamerdebat dat volgt kent dezelfde rituele uitwisseling van pro's en contra's die de discussie alle maanden daarvoor heeft getekend. Ik ben moe en ontdaan door de weerzin die ik heb opgeroepen. Ik herhaal de argumenten voor een generaal pardon maar weet, zoals iedereen in de zaal, dat het een zinloze exercitie is. Na het debat druip ik af, enkel nog onderbroken door Job Cohen, die me bedankt.

In de kerstvakantie slaat de twijfel toe. In krap een halfjaar tijd sinds mijn stralende aankomst ben ik boos geworden en voel ik me volkomen onbegrepen. Onbewust roep ik tijdens de debatten irritatie op. 'Een drammer', wordt er over me gezegd, en 'gelijkhebberig'. Ik heb alleen geen idee hoe ik mijn gedrag zou kunnen wijzigen. En eigenlijk wil ik dat ook helemaal niet omdat ik vind dat de mensen wier belangen ik verdedig de grootste verontwaardiging van me mogen verwachten. Ik vind dat ik gelijk heb, en ben verongelijkt omdat ik mijn gelijk niet krijg. Tegelijkertijd lijk ik niet genoeg weerstand te hebben om de negatieve oordelen van andere Kamerleden en parlementair journalisten te kunnen trotseren.

Ik zoek Kees Vendrik op. Een halfjaar eerder zijn we als vrienden de Kamer in gegaan en hebben we elkaar de dure belofte gedaan dat we ook samen zullen vertrekken. Maar dat is op dat moment wel het laatste waaraan hij denkt. Hij is woordvoerder Financiën geworden en bouwt dankzij zijn kennis razendsnel gezag op in de Kamer. Hij kan terugvallen op zijn jarenlange ervaring als financieel medewerker van Andrée van Es en maakt daar dankbaar gebruik van. Tegelijkertijd geniet hij er onbeschaamd van dat hij nu zelf achter het katheder staat en ministers ondervraagt.

Kees vindt me veel te snel in mijn conclusie dat ik ongeschikt ben en de Kamer niet mijn plek is. Ik bel met Ineke van Gent en Farah Karimi. We kennen elkaar nog niet goed en in de dagelijkse omgang ergeren we ons aan elkaar. Aan de telefoon ontdekken we dat we ons eigenlijk ontheemd voelen. We worstelen met teleurstelling over onze rol, moeten onze verwachtingen van snel en doorslaand succes bijstellen en onze relatieve machteloosheid verwerken.

In de telefoongesprekken stellen we ook vast dat wij ons niet erg welkom voelen in de fractie. Voor 1998 opereert de kleinere fractie van vijf als een hecht team. Vooral Paul Rosenmöller en vicevoorzitter Marijke Vos kunnen met elkaar lezen en schrijven, en hun onderlinge verbondenheid wordt niet minder als er zes nieuwe leden bijkomen. Zij worden gesteund door trouwe, ervaren medewerkers die soms moeite hebben hun dedain jegens de nieuwe Kamerleden te verbergen. Alle nieuwkomers hebben het gevoel dat ze buiten de belangrijke, strategische beslissingen blijven en te maken hebben met een fractie in een fractie. De ontdekking verbonden te zijn met mijn nieuwe collega's in de fractie helpt me door de eerste twijfel heen. Na de kerstvakantie trekken wij steeds meer samen op, helpen elkaar en ontstaan er voorzichtige vriendschappen.

In het Kamerwerk heb ik mijn dieptepunt nog lang niet bereikt. Door mijn grote portefeuille ren ik van debat naar debat. En bijna elk debat is beladen met heftige maatschappelijke emoties. Het ministerie van Justitie moet een nieuwe positie kiezen na de IRT-affaire die aan het licht brengt dat politie en justitie in hun drift om georganiseerde misdaad op te sporen zelf te diep in de onderwereld zijn afgedaald. Hoewel in de parlementaire enquête die op de affaire volgt wordt afgerekend met dubieuze opsporingsmethoden zijn de crimefighters bij de politie en het OM niet zo gemakkelijk terug in hun hok te krijgen. De incidenten blijven elkaar opvolgen: er zijn hardnekkige geruchten over drugs die worden doorgelaten en tot Kamervragen leiden, over een deal die met een zware crimineel wordt gesloten en berichten over ontsnapte tbs'ers.

Voor bijna elke politieke partij is Justitie een geliefd onderwerp voor profilering. Voorstellen voor zwaardere straffen en extra celcapaciteit, beperkende maatregelen voor pedoseksuelen of tbs'ers, ze kunnen altijd rekenen op chocoladeletters in *De Telegraaf* en op populariteit bij de bevolking. In bijna elk debat kies ik de tegengestelde positie aan de populaire opvatting. Ik verzet me consequent tegen strafverhogingen en beperkende maatregelen, bepleit preventie in plaats van repressie en verwijt mijn politieke tegenstanders 'een gebrek aan rechtsstatelijkheid'. Het maakt me even geliefd bij juristen als impopulair bij de lezers van *De Telegraaf*.

De justitiewoordvoerders behoren zonder uitzondering tot de meest markante van hun fracties: Wim van de Camp van het CDA, Peter van Heemst van de PvdA, Atzo Nicolai van de VVD, André Rouvoet van de RPF (de voorloper van de ChristenUnie), Boris Dittrich van D66 en Kees van der Staaij van de SGP. In de vaste Kamercommissie Justitie heerst een competitieve sfeer. Er wordt elkaar weinig gegund. Samenwerking wordt zoveel mogelijk gemeden omdat die ook het delen van media-aandacht betekent terwijl iedereen graag zelf in de schijnwerpers staat. Mijn antagonistische positie staat garant voor media-aandacht en dat leidt tot afgunst. 'Daar hebben we Halsema weer' is een al snel klinkende verzuchting als ik tijdens een Kamerdebat het zoveelste repressieve plannetje met de nodige morele verontwaardiging naar de prullenbak verwijs.

Mijn collega Boris Dittrich voegt me toe dat ik de indruk wek dat ik de opvattingen van anderen minderwaardig vind. Een journalist omschrijft me als een 'humorloze missionaris'. Om me heen ontstaat een atmosfeer van animositeit en deze trekt een wissel op mijn welzijn. Daarbij verslind ik het ene na het andere dossier, werk ik elk moment van de dag en elke dag van de week. Vermoeidheid begint me parten te spelen. Elke werkdag reis ik vroeg naar Den Haag, zelden ga ik voor elf uur 's avonds terug naar huis. Vrienden zie ik weinig, en als ik ze zie belast ik ze met een eindeloze litanie over de Haagse politiek.

Ook de nog maar kort durende relatie met Robert lijdt eronder. Na het eerste halve jaar, waarin de politiek afwezig was, we elkaar konden zien wanneer we wilden en nauwelijks verplichtingen hadden, heeft mijn Kamerlidmaatschap onze omgang drastisch veranderd. Terwijl ik worstel met het illegalendebat reist hij twee maanden door Laos. De parlementaire verhoudingen in Den Haag, de partijpolitieke verhoudingen in GroenLinks en het kleine territoir dat sinds kort mijn leven volledig beheerst, hebben niet echt zijn belangstelling. Die ligt veel meer bij internationale verhoudingen, bij cultuur en film. We wonen apart en zien elkaar een paar avonden per week. Als ik er ben is er maar één onderwerp dat me werkelijk boeit: mijn nieuwe werkomgeving. Mijn monomanie begrijpt hij wel maar het ergert hem ook, vooral omdat ik nauwelijks plezier lijk te ontlenen aan wat ik doe. Hij voelt zich bovendien onderworpen aan mijn Kamerlidmaatschap. Zijn vrienden en kennissen spreken hem er telkens op aan. Soms zijn ze alleen nieuwsgierig en willen ze weten hoe het is om Kamerlid te zijn maar regelmatig vragen ze hem ook om uitleg over mijn opvattingen. Jaloers op mijn snelgroeiende bekendheid of kersverse publieke status is hij niet, alleen wil hij niet in mijn werkende leven worden gezogen. De onvrijwillige devaluatie tot 'partner van' bekomt hem slecht. Zonder de relatie te beëindigen duwt hij me wel een beetje weg.

Paul Rosenmöller en Tom van der Lee waarschuwen me doorlopend dat het goed zou zijn als ik meer registers bij mezelf aanboor en bijvoorbeeld eens een relativerende grap maak. Paul merkt op dat het me helpt als ik niet bij herhaling zeg dat ik het 'principieel' oneens ben, maar eens vraag of het misschien een 'tikkie anders kan'. Ik ontbeer geen overtuigingskracht, zegt hij, wel verleidingstactiek. Maar ik ben daartoe niet in staat en ik wil het ook niet. Elke dag is er wel een reden om kwaad te zijn en de boosheid is als een groef die telkens dieper wordt. De ergernis die ik veroorzaak bij collega's van andere partijen geeft alleen maar reden tot volharding. Ik draag de boosheid met me mee als een trofee. Verontwaardiging beschouw ik als een vorm van plichtsbetrachting en relativering als de verzaking daarvan.

De justitiedebatten zijn een zondags uitje vergeleken met het politieke gevecht over vreemdelingen en asielzoekers. Staatssecretaris Job Cohen ziet zich geconfronteerd met een historisch hoge instroom van asielzoekers en gezinsherenigers, vooral uit voormalig Joegoslavië. Hij wil daar korte metten mee maken, deels om de stijgende kosten en de afbrokkelende bereidheid van de Nederlandse bevolking om opvang te verlenen te keren, deels om het zachte imago van de PvdA als 'multikul'-partij grondig te corrigeren. Cohen voelt de hete adem van de VVD en met name van woordvoerder Henk Kamp in de nek. Deze laat geen gelegenheid voorbijgaan om dreigend te citeren uit het paarse regeerakkoord, waarvan de geplastificeerde bladzijden over asiel en migratie tijdens debatten altijd voor hem op tafel liggen.

Tegen de vele aanscherpende maatregelen nemen vooral Jan de Wit van de SP en ik een onverzoenlijke houding aan. We vertegenwoordigen een heel kleine minderheid van zestien zetels die geen zoden aan de dijk zet. Steeds richten we onze pijlen op de PvdA en in mindere mate op D66, die wij verwijten hun mensenrechtelijke principes bij het grofvuil te zetten. Het is een strategie die, behalve zichtbaarheid en een vijandige houding van de PvdA, niets oplevert.

Na de korte ontmoeting voor het kerstreces in 1998 verandert mijn relatie met Cohen meer en meer in een vechtverhouding. Het hardste conflict openbaart zich bij een slepende kwestie die telkens opduikt in de eerste vier jaar van mijn Kamerlidmaatschap.

In de zomer van 1999 blijken twee Koerdische dienstweigeraars na uitzetting naar Turkije de dood te hebben gevonden in het Turkse leger. In de jaren daarvoor zwabbert het beleid. Turkije erkent het weigeren van de militaire dienst niet als recht en dwingt de Koerden om tegen de eigen bevolking te vechten in Oost-Turkije. Soms toont de Nederlandse regering zich er gevoelig voor dat Koerden gevaar lopen met uitzetting, soms legt dit argument onvoldoende gewicht in de schaal en wordt de uitzetting hervat. Na de dood van de dienstweigeraars schort Cohen uitzetting naar Turkije tijdelijk op in afwachting van het onderzoek naar de oorzaken. In december 1999 blijkt daaruit dat de dienstweigeraars zelfmoord hebben gepleegd en wordt de uitzetting van Koerden hervat.

Geleidelijk worden er echter vraagtekens bij het onderzoek geplaatst. Het zou niet onafhankelijk zijn, de conclusies kloppen niet. Ik vraag inzage in het vertrouwelijke, niet-gepubliceerde onderzoek. Samen met mijn GroenLinks-collega en arts Corrie Hermann ontleed ik de medische termen. Het onderzoek vertoont gaten en levert geen enkel overtuigend bewijs voor zelfmoord. Dit sluit aan bij de verontruste berichten van mensenrechtenorganisaties en van de advocaten van de dienstweigeraars dat het onderzoek niet deugdelijk is en de werkelijke doodsoorzaak wordt verhuld. Dan blijkt ook nog eens dat het onderzoek is uitgevoerd door medewerkers van het Turkse leger zelf. De bewering van Cohen dat Turkse mensenrechtenorganisaties hebben ingestemd met de conclusies blijkt niet te kloppen als vertegenwoordigers ervan in Nederland verhaal komen halen. Ook de ouders van de vermoorde jongens komen naar Nederland en eisen gerechtigheid. Ik bijt me erin vast, stel schriftelijke vragen en vraag debatten aan. De Nederlandse regering, Cohen voorop, volhardt in de conclusie van het onderzoek: het is zelfmoord en geen moord. Uiteindelijk, na verloop van maanden, accepteert een meerderheid van de Kamer een overleg. Volgens Cohen is openbaarheid niet in het belang van de nabestaanden van de dode Koerden, waarop een Kamermeerderheid ermee instemt dat pers en publiek worden geweerd. Lang niet alle politieke partijen komen opdagen, en degenen die er wel zijn steken niet onder stoelen of banken dat ze mij een vervelende zeurpiet vinden. Ik loop met mijn hoofd tegen een muur van geërgerde ontkenningen en verwijten van complotdenken. Alleen de SP houdt samen met mij vast aan de eis van werkelijk onafhankelijk onderzoek naar de doodsoorzaken en opschorting van uitzetting van andere dienstweigeraars tot er duidelijkheid is. Het haalt niets uit. Het debat duurt kort. De woordvoerders van de regeringspartijen schuiven ongeduldig op hun stoel, niet verhullend dat ze dit zonde van hun tijd vinden.

Na het debat kom ik op de terugweg een journalist tegen. Hij vraagt of er nog wat uit is gekomen. Ik barst in huilen uit, machteloos en diep gefrustreerd. Kamer noch staatssecretaris heb ik kunnen overtuigen dat er te lichtvaardig wordt omgesprongen met het lot van de Koerdische dienstweigeraars. En ik voel me belazerd door het spel met de geheimhouding dat mij verhindert de journalist te vertellen dat Cohen en de regeringsmeerderheid vooral zichzelf beschermen en niet de mensen om wie het gaat. Op mijn werkkamer smijt ik de deur dicht en trap mijn stoel om. Dit is het dieptepunt. De Kamer, het politieke spel en de zelfgenoegzaamheid van de regerende meerderheid zijn als vestingmuren die ik niet neer kan halen.

Dat je een compromis zou kunnen sluiten, zit niet in mijn systeem. Ik beschouw dat als weinig eervol. Buiten het parlement is dat ook een populaire opvatting. Goede politici, is het oordeel, trekken zich van niemand iets aan, zijn compromisloos en eigenzinnig. Of zoals columnist Jan Blokker het in diezelfde tijd in een dubbelinterview met mij verwoordt: de ideale politicus 'gaat tegen de modes van de eigen club in', 'heeft onafhankelijke standpunten' en 'zegt dingen die niet gezegd kunnen worden'. Blokkers ideaal van de politicus komt dicht bij het mijne en ik vertel hem vol trots dat ik, nog geen halfjaar Kamerlid, de hele Kamer tegen me in het harnas joeg door Leen van Dijke, de leider van de

RPF, in bescherming te nemen na een homofobe uitspraak. Een meerderheid van de Kamer, onder leiding van D66, vond dat Van Dijke vervolgd moest worden omdat hij dieven en homoseksuelen even zondig noemde. Ik verdedigde zijn vrije meningsuiting zonder de uitspraak goed te keuren. Zelf wilde ik me namelijk ook neerbuigend over de VVD kunnen uitlaten als me dat zo uitkwam: 'Beledigen is een essentieel middel in de politieke strijd.' Blokker is weinig onder de indruk: 'Ga nou maar aan het werk,' is zijn minzame reactie.

De compromisloze vechter die buiten de Tweede Kamer wordt geromantiseerd, is op het Binnenhof een weinig gewaardeerde figuur. 'Roepen voor de bühne' is de neerbuigende omschrijving voor opvattingen die mediageniek zijn omdat ze principieel zijn, maar niet op een meerderheid kunnen rekenen. De ideale politicus aan het Binnenhof is een harde werker die meerderheden verwerft met ingenieuze compromissen die meestal kleine beleidscorrecties behelzen. Aan het Binnenhof zijn aangenomen moties en de toezeggingen van een minister een graadmeter voor succes. Daarbuiten zegt dat weinig, of is het juist een aanwijzing van te grote buigzaamheid. Als beginnend Kamerlid laveer je tussen deze twee extreme verwachtingen van je gedrag: luidkeelse compromisloosheid en meegaandheid. En het is lastig, zoals ik ondervind, om te leren laveren tussen gelijk hebben en gelijk krijgen, zonder jezelf onderweg te verliezen.

Langzamerhand, eerder ondanks dan dankzij mezelf, verandert de atmosfeer. De meeste debatten volgen hetzelfde patroon. Ik getuig van mijn in steen gehouwen gelijk en verlaat na afloop stampvoetend de zaal omdat ik het weer niet heb gekregen. Maar niet elk debat kent dezelfde harde tegenstellingen. Ik ontdek dat ik ervan houd om wetten goed te lezen, wetswijzigingen voor te bereiden en voor deze 'amendementen' een meerderheid te vinden. Heel af en toe begin ik ook mijn zelfgebouwde voetstuk van morele superioriteit te verlaten en me te verplaatsen in de argumenten van andere politici. Ik doe een enkel repressief voorstel tijdens de justitiële debatten dat zomaar op een meerderheid kan rekenen. Zo stel ik voor om de automatische, vervroegde invrijheidsstelling van criminelen voortaan aan voorwaarden te binden. Weinig verrassend, maar tot mijn grote vreugde schaart de Kamer zich achter mij. Ik begin te proeven aan parlementair succes en mijn politieke tegenstanders daardoor minder onverzoenlijk te benaderen.

Het belangrijkste is dat ik de schoonheid van een goed politiek debat ontdek. In mijn eerste jaren neem ik bijvoorbeeld deel aan de debatten over de openstelling van het huwelijk voor homoseksuelen en over de nieuwe euthanasiewet. Het zijn ingewikkelde wetten die dwingen tot ambachtelijkheid en nauwkeurigheid. Het gaat hier ook om historische en fundamentele morele keuzes die moeten doorklinken in de betogen van de Kamerleden en in het gezag waarmee ze acte de présence geven. Alle deelnemende Kamerleden, de voor- en de tegenstanders, lijken zich daarvan bewust. De debatten hebben een hoog niveau en de sfeer is respectvol en open. Voor mij zijn het gelukzalige dagen. Bij uitzondering verdedig ik de wetten in plaats van ze aan te vallen, in het volle besef daarmee bij te dragen aan een historische verandering. Ik schaaf aan mijn teksten, doe mijn uiterste best om het debat waard te zijn en merk dat ik minder ergernis opwek. En ik raak onder de indruk van de tegenstanders van de wetten, met name de vertegenwoordigers van het orthodox-christelijke smaldeel: André Rouvoet van de RPF en Kees van der Staaij van de SGP. De wetten zijn voor hen in strijd met Gods geboden en symboliseren ook de teloorgang van Nederland als christelijke natie. Ze zijn geëmotioneerd maar behouden hun kalme redeneertrant. Vooral met André Rouvoet praat ik veel. Meestal passeren onze opvattingen elkaar als schepen in de nacht, maar dankzij hem leer ik dat het democratische gesprek ook waarde heeft zonder dat je elkaar vindt.

Langzamerhand word ik handiger. Ik ontdek het genoegen van timing en selectie. Niet elk onderwerp verdient evenveel woede, niet elke kwestie hoeft tot op het bot te worden afgekloven. En een politieke tegenstander soms gewoon eens gelijk geven, of in elk geval het voordeel van de twijfel bieden, schept enige, verrassende ruimte voor mijn gelijk.

De eerste jaren beschouw ik het politieke bieden en onderhandelen als minderwaardig aan mijn principes en heilige gelijk. Na een tijdje ontdek ik dat het een edel spel is dat strategische intelligentie verlangt, zoals een schaakspel ook alleen gewonnen wordt door stappen vooruit te denken. Ik ontdek dat je niet zomaar een politicus bent door het katheder te beklimmen in de plenaire zaal, maar dat je dat met moeite door oefening wordt.

In de kerstvakantie op het breukvlak van het millennium spreek ik met mezelf af dat ik het politieke ambacht ook werkelijk wil leren. Ik wil het niet langer gemakzuchtig veroordelen als handjeklap maar ik wil er goed in worden. Daarmee zet ik ook de eerste stappen naar onafhankelijkheid. Geleidelijk neem ik meer afstand van het leed dat zeker in asielzaken over me heen spoelt. De ellende van de witte illegalen en het verdriet van de ouders van de Koerdische dienstweigeraars zijn niet de mijne. Ik bewijs ze zelfs een slechte dienst door me ermee te vereenzelvigen en emoties als boosheid de overhand te geven. Net zo maak ik me beetje bij beetje los van de stille en soms uitgesproken verwachtingen van mijn gedrag bij GroenLinks-collega's en -achterban, die vaak juist juichen bij mijn zoveelste filippica. Op mezelf gaan staan, ongevoelig voor de waardering van collega's, journalisten en anderen, is de paradoxale opdracht om een waardevol Kamerlid te kunnen zijn.

Onbeheerste emotionaliteit is een lastige trek in de politiek. Of, zoals mijn moeder in die eerste Kamerjaren tegen me zegt:

'Een intelligente vrouw als jij zou haar emoties ook eens met haar intellect moeten leren besturen.' Dat is de taak die ik mezelf stel als ik besluit werkelijk een goede politicus te willen worden.

Dat lukt. Soms beter, soms minder. Het is vooral een lange les in nederigheid. Als beginnend politicus lijd ik aan enige zelfobsessie, een mengeling van ijdelheid, verantwoordelijkheidsgevoel en de diepe angst te falen. Als parlementariër ben je dienstbaar. Je intellect, emoties en driften, moeten – hoe moeilijk soms ook – ten dienste staan van het verwerkelijken van de idealen en de opvattingen die je met je fractie deelt. Pas als je wat minder begaan raakt met jezelf, begin je met het echte werk.

De belangrijkste les in die eerste harde jaren is de scheiding die ik moet leren aanbrengen tussen politiek en persoonlijk conflict. Vooral Job Cohen bestrijd ik met een hartstocht en woede die ook voor hem intimiderend moeten zijn geweest. Ik maak er nauwelijks een geheim van dat zijn politieke keuzes mijn weerzin oproepen. Het brengt mij geen stap verder en ik misken bovendien dat elk democratisch compromis verlangt dat je je verplaatst in de opvattingen van de ander, hoe weerzinwekkend je die soms ook vindt.

Begin 2001 vertrekt Cohen voortijdig als staatssecretaris om burgemeester van Amsterdam te worden. Tot zijn openlijke verrassing verschijn ik op zijn afscheidsborrel en geef ik hem een van mijn lievelingsbundels, gedichten van Elisabeth Eybers. Daarbij zeg ik tegen hem: 'Na alle lelijkheid wil ik je nu graag iets moois geven.' Jaren later, als wij beiden fractievoorzitter zijn, zal hij memoreren hoe aangedaan hij toen was. Dat geldt ook voor mij.

3

Een parallelle wereld

Een parlementaire fractie is een clan. Zeker als deze kleiner is, zoals de GroenLinks-fractie, zijn de verhoudingen intiem en is de onderlinge sociale controle groot. Het dagelijks leven concentreert zich op de paar gangen die de uitpuilende werkkamers met elkaar verbinden. Dringende zaken worden besproken bij de koffieautomaat. De deuren van de werkkamers zijn altijd open, is er een dicht dan weet iedereen, Kamerleden en medewerkers, dat er iets aan de hand is. Dat kan persoonlijk zijn, een relatie die op de klippen is gelopen, en anders is het onvrede over de gang van zaken in de fractie. Zoals in elke clan is er weinig dat fractieleden niet van elkaar weten. Zorgen om kinderen, een zieke partner, ruzie met Kamerleden van andere partijen: alles wordt besproken, soms rechtstreeks met de betrokkenen en anders via het gesprek bij de koffieautomaat. In goede tijden is de fractie een warme, veilige omgeving in een vijandige grote wereld, in slechte tijden kan de vijandschap naar binnen keren en zich voortzetten in onderling geruzie en geroddel. Meestal overheerst het sentiment 'wij tegen de wereld'. Negatieve analyses in de krant, slechte peilingen en kritiek uit de partij worden eenstemmig verworpen als ongefundeerd en bevooroordeeld. De onderlinge intimiteit en sociale controle helpen Kamerleden zich te wapenen tegen de vaak harde oordelen die er in de Kamer en in de media over hen worden geveld. Maar het maakt ook kwetsbaar. De gevoeligheid voor terechte kritiek in de pers en bij het publiek wordt kleiner. Fractieleden voeden bij elkaar het idee dat 'we toch niet begrepen worden'. Ook onderling commentaar geven is lastig omdat dat gemakkelijk wordt ervaren als een gebrek aan loyaliteit en vriendschappelijkheid. Er bestaat de neiging om problemen en gevaren weg te duwen, onderlinge spanningen te bedekken met de mantel der liefde en een rozig beeld te koesteren van het gezamenlijke zwoegen vol goede bedoelingen. Hoe zwaarder de druk van buiten is, hoe meer de fractie zich ontwikkelt tot een parallelle wereld met eigen waarden, rituelen en oordelen. Dat maakt de clan sterk, maar op gezette tijden ook heel zwak.

In de jaren tussen 1998 en 2002 zijn de onderlinge verbondenheid en de sociale controle in de fractie groot. De Kamerleden zijn in meerderheid nieuw en onzeker en zoeken elkaar vaak op voor bevestiging en steun. De aanvankelijke spanning tussen zittende en nieuwe Kamerleden verdwijnt als de druk van buitenaf op de fractie toeneemt. Paul Rosenmöller is een gevierd man en hij wordt door de fractie op handen gedragen. Paul is de partij en iedereen realiseert zich dat al het succes aan hem te danken is. In zijn ambitie om GroenLinks machtiger te maken, wordt hij voluit gesteund, zeker als de tegenwind toeneemt. Hij is een vaardig en handig Kamerlid en terwijl het CDA in het slop zit na de grote verkiezingsnederlaag in 1994 en de SP nog te klein is om mee te tellen, is hij uitgegroeid tot de ongekroonde leider van de oppositie tegen het eerste paarse kabinet.

Als de eerste blijdschap over de grote overwinning in 1998 is geluwd, blijkt dat GroenLinks niet langer wordt ontzien als een weinig invloedrijke getuigenispartij. De electorale groei en de politieke invloed van Paul vinden hun weerslag in kritischer onderzoek door parlementair journalisten naar de opvattingen en meningsverschillen in de partij. Dan manifesteert zich al snel dat

GroenLinks een kwetsbaar collectief is, waarin de bloedgroepen – de gefuseerde splinterpartijen van PSP, PPR, CPN en EVP – elkaar nog bevechten.

Deze partijen vonden elkaar in 1990 op straffe van teloorgang onder de noemer van groene en linkse politiek. Achter deze containerbegrippen gaan grote verschillen van mening schuil over vooral de internationale politiek en de omgang met de macht. Voormalige leden van de christelijk georiënteerde PPR, de partij die ooit deelnam aan het eerste kabinet-Den Uyl, gelden als pragmatisch en consensus zoekend. Het voormalige kader van de communistische CPN staat bekend als machtsbelust en strategisch. En het zijn vooral de pacifistische oud-PSP'ers die zich manifesteren als oppositioneel, zich principieel verzettend tegen de lijn die door 'realo' Rosenmöller wordt ingezet. Opvattingen uit de jaren zeventig en tachtig over de ondemocratische NAVO, de kernwapenwedloop, het destructieve blokdenken van de Koude Oorlog en het imperialistische gedrag van de Verenigde Staten zijn in PSP-kringen nog springlevend en worden met veel emotie in stelling gebracht.

Paul behoort net als ik tot een nieuwe lichting GroenLinksers die geen wortels heeft in een van de bloedgroepen. Voor mij als voormalige sociaaldemocraat geldt daarbovenop dat ik me niet goed kan inleven in de overgeleverde principiële twisten uit de Koude Oorlog. Het grote voordeel daarvan is dat ik niet besmet ben door de radicale sentimenten die in de jaren negentig in toenemende mate in diskrediet raken. Het nadeel is dat mij als buitenstaander weinig recht van spreken wordt vergund in de interne conflicten die in mijn eerste Kamerjaren ook voor de buitenwereld zichtbaar worden.

In de paarse jaren tussen 1994 en 2002 wordt de Nederlandse politiek beheerst door de veranderingen in de internationale verhoudingen en de aanzwellende migratie. Nederland geldt als een keurig aangeharkt land dat hoge welvaart en welstand kent en zich kan overgeven aan de vervolmaking daarvan door investeringen en lastenverlichtingen. Hoewel in de Kamer met grote regelmaat wordt gedebatteerd over de sociale gevolgen van marktwerking, het uithangbord van de paarse kabinetten, is van werkelijke politieke polarisatie en hard conflict weinig sprake. De samenwerking tussen de linkse PvdA en de rechtse VVD in paars haalt de angel uit veel debatten. Bovendien is het economisch tij eenvoudig te gunstig, de rijkdom te groot en de premier, Wim Kok, te machtig.

De enige echte wanklank is de oorlog in voormalig Joegoslavië en vooral het drama in Srebrenica in 1995. Dat vierhonderd Nederlandse militairen hebben toegekeken als zevenduizend vluchtelingen uit Srebrenica worden uitgemoord in een zogenaamd veilige enclave, is een vlek op het trotse Nederlandse blazoen. De opmerking van commandant Karremans van het Nederlandse VN-legioen tegen generaal Mladić, 'don't shoot the piano player', krijgt mythische proporties als het kenteken van de morele slapte waaraan Nederland lijdt. De discussie over de Nederlandse schuld in het drama in Srebrenica woedt nog jaren daarna zonder dat deze politieke gevolgen krijgt. Pas in 2002, na onderzoek, verbindt het tweede paarse kabinet consequenties aan het drama en treedt af.

Als de Kosovo-crisis in 1999 uitbreekt is het drama in Srebrenica nog een open wond in de Nederlandse politiek. De Serviërs, onder leiding van hun president Milošević, voeren in Kosovo grote zuiveringen uit onder de etnische Albanezen, zogenaamd om de Servische minderheid daar te beschermen. Als in de internationale pers berichten verschijnen dat tienduizenden Albanezen worden afgeslacht besluit de NAVO, aangevoerd door de Verenigde Staten maar zonder steun van de Veiligheidsraad, om luchtaanvallen uit te gaan voeren. De Nederlandse regering maakt meteen kenbaar deel uit te willen maken van het NAVO-initiatief.

GroenLinks heeft tot die tijd bij internationale militaire conflicten hoofdzakelijk geprotesteerd en in de Kamer tegen Nederlandse inmenging gestemd. De partij is internationaal georiënteerd en sterk betrokken bij ontwikkelingssamenwerking maar heeft een broertje dood aan militarisme.

Als de Kosovo-crisis zich aandient neemt Paul het initiatief om GroenLinks te laten instemmen met de bombardementen. Behalve dat hij bezorgd is om het lot van de Kosovaren wil hij ook niet langer met schone handen aan de zijlijn staan. Als GroenLinks een volwassen partij wil worden, zo is zijn redenering, dan zal zij zich moeten inlaten met de moeilijkste militaire beslissingen, zeker als er massamoord dreigt.

Hij roept de hulp in van Ab Harrewijn, die net als ik in 1998 is toegetreden tot de GroenLinks-fractie. Deze besnorde bonhomme is oud-dominee, oud-CPN'er en oud-partijvoorzitter. Hij geldt als een van de meest gezaghebbende leden van de partij en is bovendien een uitgesproken pragmaticus. Steun aan de bombardementen betekent in dit geval ook steun aan de NAVO. Het is een dubbele hobbel en voor Paul een zware confrontatie met zijn eigen fractie en met de partij die hem op handen draagt.

In de fractie brengt Pauls wens om de regering te steunen de vrede in gevaar. Sommige Kamerleden, zoals Ineke van Gent, die voortkomen uit de PSP hebben een uitgesproken afkeer van elk militair ingrijpen. Anderen zijn wel bereid om gerichte luchtaanvallen op strategische militaire doelen te steunen maar zijn ook heel beducht voor de medeverantwoordelijkheid voor burgerdoden. Daartegenover staat bijvoorbeeld Farah Karimi die, ongehinderd door een verleden in een van de bloedgroepen maar wel zeer geëmotioneerd is over de ophanden zijnde moordpartij, bombardementen niet ver genoeg vindt gaan. Zij vindt dat er ook grondtroepen moeten worden ingezet. Iedereen vreest het rumoer dat in de partij zal ontstaan als de fractie haar steun uitspreekt zonder dat er een mandaat van de Verenigde Naties is.

Ik bezie het schouwspel met vreemde ogen en een zeker ongeduld. Ik sluit me zonder enig voorbehoud aan bij het voorstel van Paul. Dat geldt voor maar weinig anderen. Ook Kees Vendrik en Marijke Vos hebben moeite met deze voor GroenLinks historische stap.

De emoties komen vooral aan de oppervlakte in de fractievergaderingen op dinsdagochtend. Deze hebben een vaste orde. Aan een lange ellipsvormige tafel hebben alle Kamerleden en medewerkers hun eigen plaats. Aan het hoofd zit fractiecoördinator en hoofd persvoorlichting Tom van der Lee. Links naast hem zit Paul Rosenmöller, rechts van hem Marijke Vos. Aan weerszijden van dit drietal zitten de Kamerleden, en verder verwijderd van de machtskern de medewerkers. De plek aan de tafel heeft symbolische betekenis. Zeker in de eerste jaren van mijn Kamerlidmaatschap wordt er gevochten om een plek zo dicht mogelijk bij de leiding. Aanvankelijk nemen de langstzittende Kamerleden de voornaamste plekken in. Maar naarmate onze positie in het parlement steviger wordt stomen wij, nieuwe Kamerleden, op naar het hoofd. Het is een kinderachtig spel, dat zichtbaar maakt dat het soms broeit onder de oppervlakte van de fractie.

Paul leidt de vergaderingen niet, dat doet Tom. Het is een gewoonte uit de vorige periode, die nog jaren stand zal houden, ook nadat ik fractievoorzitter ben geworden. Niet alleen tekent het de informele macht die Tom in de fractie bezit, erachter gaan ook strategische overwegingen schuil. Bij vrijwel alle grote politieke keuzes die de fractie maakt, geeft Tom de eerste voorzet. Hij leidt het debat in goede banen, soms met harde hand. Pas aan het einde mengt Paul zich erin, om de beslissende wending te dicteren. Iedereen in de fractie weet dat het begin en het einde van elk belangrijk fractiedebat zijn voorgekookt. Paul, Marijke, Tom en nog enkele andere medewerkers bereiden de fractievergaderingen voor. Ze kennen de gevoelens en opvattingen, weten wie de opstandelingen zijn en hoe te manoeuvreren naar het compromis dat zij al voor de vergadering in gedachten hebben.

Door de discussies over de luchtaanvallen worden de wekelijkse fractievergaderingen zenuwslopend. Iedereen wil graag gehoord en serieus genomen worden. Dat leidt tot een competitie in breedsprakige monologen over internationaal recht en defensietactieken die door Tom worden afgehamerd nadat Paul met hoofdbewegingen en gefluister zijn irritatie heeft laten merken. De niet-hiërarchische en harmonieuze organisatie die de fractie in vredestijd is, kent in oorlogstijd een duidelijke pikorde. Dit levert roddel en grote spanningen op. Door de onderlinge intimiteit zijn veel fractieleden ook weinig terughoudend in het uiten van hun emoties. Er zijn huilbuien en slaande deuren voordat Paul met de nodige druk de fractie op één lijn weet te krijgen. Alle elf Kamerleden stemmen in.

Die consensus duurt kort. Terwijl de luchtaanvallen beginnen met instemming van GroenLinks begint het in de partij te rommelen. Zeker als blijkt dat de NAVO clusterbommen inzet en onder strategische militaire doelen ook een tv-station in Belgrado valt, raakt de fractie opnieuw verdeeld en zwelt de verontwaardiging in de partij aan. Ineke van Gent en Farah Karimi trekken hun steun weer in, zij het met tegengestelde motieven. Voor Paul is hun onderlinge verdeeldheid een blessing in disguise omdat hij daarmee netjes in het midden uitkomt. Met Inekes tegenstem wordt in de fractie ook een zichtbare plek ingeruimd voor het in GroenLinks nog dominante antimilitarisme uit de oude PSP-gelederen. Dat is ook wel nodig omdat in de partij ondertussen bijeenkomsten en moties van afkeuring worden voorbereid die rechtstreeks Pauls positie als politiek leider in gevaar brengen. In Duitsland wordt Joschka Fischer, namens de Groenen minister van Buitenlandse Zaken en een sterke voorstander van de luchtaanvallen, tijdens een partijbijeenkomst uitgescholden en bekogeld met verfbommen. In de Nederlandse pers verschijnen alarmerende berichten dat Paul zijn hand overspeelt en niet in staat zal zijn om zijn partij achter zich te krijgen. Openlijk wordt gepreludeerd op een scheuring in GroenLinks, langs de lijnen van 'realo's' en 'fundi's'.

Uiteindelijk, tijdens een beslissende partijbijeenkomst eind april 1999, als de bombardementen een maand aan de gang zijn, komt Paul met de schrik vrij. Een heel kleine meerderheid van de GroenLinks-leden schaart zich achter de fractie en daarmee ook achter zijn politieke leiderschap.

Het is een beslissend moment voor GroenLinks. De macht van de bloedgroepen van PSP, PPR en CPN wordt teruggedrongen ten gunste van de politieke lijn die de fractie uitstippelt. De Kosovocrisis smeedt de fractie aaneen. De twee tegenstemmers wordt hun dissidentie gegund, temeer daar zij loyaal opereren en zich niet laten verleiden de woordvoerder te worden van boze minderheden in GroenLinks of in de pers nare opmerkingen te maken over Paul of de fractielijn.

De steun aan de luchtaanvallen versterkt Pauls positie als politiek leider. Hij is niet meer alleen een handige parlementariër en erkend oppositieleider, maar ook een politicus met staatsmannelijke allure. Nu hij de opstandige partij in zijn richting heeft gedwongen, en met zijn gestileerde verschijning in Armani-pak de laatste herinnering aan zijn vakbondsactivisme afschudt, opent zich voor hem en GroenLinks een nieuw perspectief. Ook de publieke perceptie van GroenLinks verandert. Minder domineert het beeld van voormalige activisten die op sandalen en bewapend met linnen tasjes de wereld willen veranderen en 'iets goeds' willen doen voor het milieu. GroenLinks gaat gelden als een electorale machine van professionele, goed ogende politici die een factor van betekenis zijn in het parlement en daarbuiten.

Kees Vendrik komt daarin een belangrijke rol toe. De 'financiële whizzkid' van de fractie introduceert in zijn eerste jaar in 1998 de 'tegenbegroting' in het parlement. Tegenover de miljoenennota van het kabinet plaatst hij de voorstellen van GroenLinks, doorgerekend en goedgekeurd door het Centraal Planbureau. Hij dwingt daarmee alle andere politieke partijen in de verdediging omdat GroenLinks als enige oppositiepartij financiële zelfbeheersing aan de dag legt: tegenover elke alternatieve investering staat een bezuiniging. Geld is niet gratis, en anders dan bijvoorbeeld het CDA bekritiseert GroenLinks het kabinet niet op de pof.

In de fractie leidt de tegenbegroting tot felle en dikwijls hilarische discussies, die 'kabinetje spelen' worden genoemd. Elk Kamerlid dat extra geld wil spenderen aan bijvoorbeeld sociale zekerheid of ontwikkelingssamenwerking moet op audiëntie bij Kees. Streng gaat hij na hoeveel ruimte daarvoor is op de begroting en verschuift geld van het ene departement naar het andere, en daarmee van het ene Kamerlid naar het andere. Dat geeft gedoe. Iedereen loopt rond met dure plannetjes om andere partijen af te troeven en journalisten te imponeren. Ik vraag bijvoorbeeld jaar na jaar extra geld voor de opvang van asielzoekers omdat ik anders niet staande kan houden dat het onmenselijk is om ze op straat te zetten. Door Kees' financiële discipline heb ik dan in hetzelfde begrotingsdebat een bezuiniging op de celcapaciteit te verdedigen. De voorspelbare spot van andere politieke partijen daarover stemt me veel minder vrolijk. En net als de andere Kamerleden probeer ik de bezuinigingen over de rand van mijn portefeuille te duwen naar bijvoorbeeld defensie. Ons getouwtrek om geld is voor de onderlinge verhoudingen weliswaar minder goed maar geeft ons in de buitenwereld langzamerhand een imago van degelijkheid en betrouwbaarheid.

Door de Kosovo-crisis wordt mijn verhouding met Paul gelijkwaardiger. Eerder heeft hij er geen geheim van gemaakt dat hij zich ergert aan mijn prinzipienreiterei. Hij heeft mij binnengehaald als een bondgenoot, als een voorbeeld van de door hem gewenste modernisering van GroenLinks, maar ik ontwikkel me tot zijn teleurstelling tot een moraalridder. Dat leidt tot verkilling en tot geïrriteerde onderbrekingen als ik tijdens de fractievergadering op hoge toon het woord voer.

Als ik tijdens de Kosovo-crisis direct mijn steun aan zijn lijn uitspreek, en er daarbij voor het eerst blijk van geef oog te hebben voor politieke strategie, ontstaat er vertrouwelijkheid. We beginnen te praten, gaan zo nu en dan uit eten en dan laat hij ook doorschemeren dat hij mij op het oog heeft als zijn eventuele latere opvolger. Ik lach dat weg, maar aanvaard wel in dank zijn adviezen die eerst hard zijn en later vriendschappelijker worden.

Bij de Europese Parlementsverkiezingen in 1999 haalt de partij bijna twaalf procent van de stemmen, een forse winst ten opzichte van de al historische landelijke uitslag in 1998. Niemand twijfelt eraan dat dit Pauls verdienste is, en dat verleent hem in Den Haag en daarbuiten gezag. Hij is zich daar ook van bewust en beweegt zich, nu GroenLinks door aanvaarding van de NAVO en het gebruik van militair geweld de weg daarvoor heeft geëffend, bewust naar de regeringsmacht. Daarin wordt hij geholpen door het tweede paarse kabinet dat door interne ruzies kwetsbaar wordt. Vooral de 'Nacht van Wiegel' in mei 1999, waarin deze voormalige VVD-leider in de Eerste Kamer in zijn eentje het referendumvoorstel van regeringspartner D66 torpedeert, leidt tot slechte onderlinge verhoudingen en bestuurlijke verlamming. Het maakt duidelijk dat paars zijn houdbaarheidsdatum nadert.

In het diepste geheim zoeken CDA, PvdA en GroenLinks contact om te praten over een alternatief kabinet na de verkiezingen van 2002. Voor GroenLinks is dit niet zonder risico's. De partij en haar voorlopers zijn versmolten met de parlementaire oppositie en macht geldt als een vies woord. Nu GroenLinks spectaculair stijgt in de peilingen maakt Paul er geen geheim van dat regeringsmacht tot de mogelijkheden behoort. Ook dat komt hem in de partij op forse kritiek te staan van ongeveer dezelfde partijleden die de acceptatie van de NAVO beschouwden als een dodelijke omhelzing met het establishment. Met de wind in de zeilen kan Paul de kritiek van zich af laten glijden.

De fractievoorzitters van PvdA, CDA en GroenLinks besluiten een werkgroep van vooraanstaande Kamerleden aan het werk te zetten om te verkennen of er een regeringsalternatief op paars kan worden voorbereid. Paul neemt, behalve vicevoorzitter Marijke Vos, ook Kees en mij in vertrouwen. We spreken af dat Marijke en ik, als nummers 2 en 3 op de lijst, worden voorgedragen voor het overleg. Bij de andere fractievoorzitters, Ad Melkert en Jaap de Hoop Scheffer, valt mijn naam niet goed. Vooral de PvdA verzet zich ertegen om met mij aan tafel te zitten. Er is nog boosheid omdat ik de PvdA een paar jaar eerder verliet. Kwalijker vindt men mijn onverzoenlijke opstelling in de asieldebatten: ik ben ongeschikt voor het sluiten van compromissen. Dat ik geleidelijk rustiger ben geworden, wel degelijk met anderen samenwerk, heeft nog geen indruk gemaakt.

Als Paul met dit bericht terugkomt en voorstelt om Kees in mijn plaats af te vaardigen, reageer ik gekwetst. Ik praat met Paul en zeg dat de loyaliteit aan mij zwaarder moet wegen dan de wensen van andere partijen. Het is mijn laatste harde confrontatie met hem. Weliswaar begrijpt hij mijn reactie, maar hij laat me ook weten dat het hoog tijd is dat ik mijn ego opberg. We hebben een gemeenschappelijk doel, en moeten daar dienstbaar aan zijn. Ik lik mijn wonden en voeg me, in het besef dat ik een groot politiek probleem heb als ik niet word vertrouwd. Ik neem er genoegen mee dat Marijke en Kees me op de hoogte houden over de moeizame gesprekken die doorlopen tot Pim Fortuyn eind 2001 het politieke landschap verandert.

Terwijl de fractie zich opmaakt voor de macht wordt Kamerlid Tara Singh Varma ziek. Al langer klaagt zij over pijn in haar buik, heeft ze last van oververmoeidheid en laat ze verstek gaan bij debatten. Zij is een opvallende en enigszins controversiële politicus. Als zij in 1994 als eerste allochtone vrouw in de Kamer komt, begeleiden geruchten van fraude haar die, ondanks een onderzoek, nooit helemaal worden opgehelderd. Door haar Hindoestaans-Surinaamse afkomst heeft zij een ijzersterke positie in de migrantenbeweging, waarvoor zij zich onvermoeibaar inzet. In de Amsterdamse Bijlmer heeft ze een wekelijks spreekuur voor illegalen en migranten met financiële problemen. Haar achterban weet haar in 1998 met voorkeursstemmen en tegen de wens van de politieke top opnieuw in de Kamer te krijgen. Als zij daarna deelneemt aan de parlementaire enquête naar de vliegramp in de Bijlmermeer krijgt zij ook landelijke bekendheid.

In de GroenLinks-fractie is haar positie omstreden. Ze eist en krijgt in 1998 opnieuw de portefeuille 'minderheden' maar over haar optreden in de Kamer is eigenlijk niemand enthousiast: ze is warrig en breedsprakig. Tegelijkertijd wordt ze gewaardeerd om haar gezelligheid en zachtaardigheid. Om haar heen circuleren altijd verhalen, met gevoel voor drama door haar herhaald en uitvergroot. Zo stamt ze eigenlijk af van een Indiase adellijke familie met landgoederen in India. Het bewijs daarvan zijn de prachtige gouden sieraden die ze altijd draagt. Ook vertelt ze vaak en gretig hoe ze jarenlang is bedreigd door neonazi's en zelfs voor haar huis door hen in elkaar is geslagen. Er is weleens twijfel over het waarheidsgehalte van haar verhalen maar deze breekt nooit door. Ze is de paradijsvogel van de fractie en zo wordt ze gekoesterd.

Van alle Kamerleden heb ik het meeste met Tara te maken omdat ik als tweede woordvoerder minderheden met grote regelmaat inspring als zij niet op komt dagen. Daarbij dwingt Paul haar, als ik ingewerkt raak, om de belangrijkere debatten aan mij over te laten. Wij trekken veel samen op. Soms hebben we een meningsverschil, meestal is onze omgang vriendschappelijk en lijkt zij opgelucht dat ik haar van haar Kamerverplichtingen verlos.

In het najaar van 2000 verergeren haar klachten. De buikpijn gaat niet meer over en ze voelt zich verzwakt. Tijdens een doodstille fractievergadering vertelt zij dat er kanker is vastgesteld, en dat deze ongeneeslijk is. Er wordt gehuild, het gevoel overheerst van een dierbaar familielid te worden beroofd.

Ze maakt haar ziekte snel publiek en de mediabelangstelling is groot voor een Kamerlid dat openlijk spreekt over haar aanstaande dood. In interviews blikt ze terug op haar leven en carrière en vertelt ze over het verdriet dat ze haar werk niet kan voltooien. Er zijn afscheidsbijeenkomsten waar ze wordt toegesproken en er vindt een Hindoestaans ritueel plaats in haar huis waar ze samen met vrienden en collega's het leven gedag zegt. In de politiek maar ook daarbuiten heerst melancholie om de dappere vrouw die zo jong – ze is net vijftig – haar dood tegemoet gaat. Roger van Boxtel, de minister van Binnenlandse Zaken, roept als eerbetoon de 'Tara Singh Varmaprijs' in het leven voor mensen die het lot van migrantenvrouwen verbeteren.

Vanaf eind 2000 verschijnt ze haast niet meer in de Kamer omdat ze zich te ziek voelt. Om haar heen heeft zich inmiddels een hecht netwerk gevormd van familie en vrienden. Er wordt bij toerbeurt gekookt en regelmatig blijven mensen slapen omdat zij bang is om alleen te zijn en te vallen. Ik maak deel uit van dat netwerk. Met dezelfde hartstocht waarmee ik me het leed van asielzoekers en illegalen toe-eigen, vereenzelvig ik me met de ellende van Tara. Elke week ben ik een avond bij haar, eet ik met haar en soms blijf ik slapen.

Dan, in het voorjaar van 2001, beginnen er geruchten rond te zingen. Tara zou schulden hebben, ze zou financiële beloften hebben gedaan aan liefdadigheidsorganisaties en die niet nakomen. Oude vriendinnen van Tara bellen rond met de boodschap dat ze twijfelen over haar ziekte. De geruchten bereiken ook de GroenLinks-fractie. Ik spreek Tara erop aan en ze laat me thuis haar financiële administratie zien, een studeerkamer volgestouwd met dozen, ordners en stapels van geopende en ongeopende brieven. Er is een achterstand zegt ze, maar ze heeft nu een nieuwe accountant in de arm genomen die alles voor haar ordent. Ze verwijt haar vijanden te hebben gewacht tot ze kwetsbaar en ziek was, om haar te kunnen ondermijnen.

Paul en ik praten erover. We weten dat ze chaotisch is, soms te veel beloften doet en zichzelf daardoor in problemen kan brengen. Maar ze is ook ziek. De gedachte aan leugens daarover is onbestaanbaar, zelfs de geringste twijfel geeft mij schaamte: aan kanker twijfel je niet. Wel besluiten we om Tara te vragen haar zetel op te geven. Inmiddels missen wij al een halfjaar een Kamerlid en dat geeft problemen bij de stemmingen. Wij hopen ook dat zij door geen parlementariër meer te zijn minder publieke belangstelling vangt voor haar financiële zaken. Tara gaat met ons voorstel akkoord. Ik help haar met het schrijven van haar afscheidsbrief aan de Kamer die de Kamervoorzitter voorleest op 30 mei 2001. Tara is daar zelf bij aanwezig, ze is te zwak om te lopen. Ik duw haar in een rolstoel de plenaire zaal in.

In dezelfde tijd verschijnt er een groot artikel in het *Algemeen Dagblad* waarin wordt gemeld dat Tara is verwikkeld in rechtszaken over financiële schandalen. Ik verzet me tegen de verhalen, zozeer zelfs dat ik woedend mijn abonnement opzeg. Maar tegelijkertijd knaagt er iets. Soms ben ik bij Tara en is er niks aan de hand. Dan is ze vrolijk, loopt ze door haar huis en is de rolstoel in geen velden of wegen te bekennen. Op een volgend moment ligt ze kermend van de pijn op de bank. De enige die ik erover in vertrouwen neem is Kees. 'Ik weet het niet,' zeg ik tegen hem, 'soms vraag ik me af of het echt zo erg is.' Hij weet het ook niet, wordt net als ik ongemakkelijk van de gedachte. Ik duw deze dan ook weg, want wie ben ik om te kunnen oordelen over zo'n ziekteproces?

Maar de verhalen zwellen aan. Over haar financiële wangedrag maar ook over haar ziekte, die geveinsd zou zijn. Ik zweef tussen medeleven en onbehagen. In de weken erna gaat ze zienderogen achteruit. Ze ligt zwetend en rillend op haar bank, praat verward en dikwijls is ze helemaal niet meer in staat om iets te zeggen.

Dan houd ik alleen haar hand vast. Eind juni 2001 meldt het programma *Opgelicht?!* van de TROS dat Tara haar ziekte voorwendt. Er zou geen sprake zijn van kanker, ze zou die verzinnen om zichzelf te beschermen tegen schuldeisers en verwijten van financieel bedrog. In beeld verschijnen alleen onherkenbaar gemaakte kennissen van Tara die behalve 'gevoel' weinig bewijzen leveren. In de GroenLinks-fractie ontstaat grote nervositeit. Hoewel wij geneigd zijn om de verhalen als kwaadaardige roddel terzijde te schuiven en een front tegen de buitenwereld te vormen, vreet de twijfel zich in. Gedwongen door de berichtgeving confronteert Paul Tara hiermee en vraagt om bewijzen: diagnoses, medicijnen, iets dat wijst in de richting van de kwaadaardige kanker die ze zegt te hebben. Hij wil ook met haar artsen praten. Er volgen scènes. Tara is woedend, huilt, schreeuwt en is daarna niet meer aanspreekbaar.

De zomervakantie breekt aan. Robert en ik hebben afgesproken om deze keer langer weg te gaan. In ons dagelijkse leven is er te weinig tijd, en inmiddels ruim twee jaar samen willen we dichter bij elkaar komen. We moeten erachter zien te komen of we werkelijk bij elkaar willen blijven en dan ook gaan samenwonen en misschien kinderen krijgen. Als dat niet zo is, dan is het misschien tijd om elkaar los te laten.

De eerste weken zijn de politiek en de fractie redelijk op de achtergrond. Wel bel ik elke dag naar Nederland om naar Tara te vragen en te horen of er al meer duidelijkheid is, maar Paul wordt van het kastje naar de muur gestuurd. Hij blijft haar publiekelijk verdedigen. Eind juli zegt hij bijvoorbeeld nog dat hij 'geen twijfel' koestert en 'die meid hartstikke ziek is'.

Een paar dagen later is het beeld helemaal gekanteld en breekt de hel los. Als Tara blijft weigeren met een doktersverklaring te komen en de dokters die zij opgeeft haar niet blijken te kennen, erkent GroenLinks bij monde van Paul in een schriftelijke verklaring dat Tara liegt.

Ik hoor het bericht op Corsica terwijl ik met Robert naar het strand rijd. Ik stort in en krijg een acute aanval van hyperventilatie. De spieren in mijn handen verkrampen, daarna die in mijn benen en in mijn gezicht. Een kwartier lang kan ik me niet bewegen, bang, niet-begrijpend wat er met me aan de hand is. In de bloedhete auto die hij langs de kant van de weg heeft gezet, probeert Robert me tot rust te brengen. Pas in het hotel, als een dokter me heeft onderzocht, leer ik dat het door de spanning komt en ongevaarlijk is. Bang voor een herhaling wil ik de dagen daarna het hotel niet uit. Ondanks de twijfels en het onbehagen die ik al had komt het finale oordeel dat Tara maandenlang in mijn gezicht heeft gelogen hard aan. Het kost me moeite om mijn emoties te ordenen. Ik ben woedend over haar leugens, schaam me over haar gedrag en heb tegelijkertijd met haar te doen. De gedachte dat iemand, om wat voor reden dan ook, een dodelijke ziekte voorwendt is onverdraaglijk. Daar moet een doodswens achter schuilgaan en bovendien denk ik dat Tara zelf haar leugens is gaan geloven. Toch ben ik ook gegeneerd dat ik betrokken ben en zichtbaar figureer in het pijnlijke drama dat zij heeft opgevoerd. En zelfs nu het doek valt houdt zij vast aan haar leugens: een vertrouweling meldt vlak na de bekendmaking van haar bedrog dat Tara in coma ligt.

Robert ziet mijn paniek met lede ogen, en daarna met groeiende ergernis aan. De vakantie valt in het water. Ik bel de hele dag met fractiegenoten over de situatie rond Tara en de reacties in de media die snel hardvochtiger worden. Ook als ik niet bel praat ik nauwelijks ergens anders over. De tirannie van mijn fractiefamilie en haar perikelen over ons privéleven, is al langer een bron van irritatie. Nu ik ook ruim duizend kilometer verderop elk relativeringsvermogen ontbeer, de ellende elke dag laat verpesten, is voor hem de maat bijna vol. In mineur reizen we terug naar Nederland.

De tussen ons verslechterende sfeer is niets vergeleken met de woede die Tara's leugens in Nederland veroorzaken. Direct nadat de schriftelijke verklaring over haar leugens is opgesteld, gaat Paul op vakantie en wordt het stil vanuit GroenLinks. Hij moet de schok verwerken, luidt het verweer over zijn publieke afwezigheid: hij voelt zich 'belazerd'. In zijn weken durende afwezigheid verschijnen er talloze artikelen in de kranten. Eerst zijdelings, dan telkens pregnanter wordt de vraag naar de verantwoordelijkheid van GroenLinks opgeworpen. We hadden het moeten zien, we hadden veel meer en kritischer vragen moeten stellen, we hadden moeten ingrijpen toen de geruchten van financiële malversaties sterker werden, we hadden doktersverklaringen moeten vragen enzovoort. Als er vanuit GroenLinks geen aanvullende verklaring komt, noch een correctie wordt aangebracht op de stroom van verwijten, wordt de toon ronduit vals. Youp van 't Hek schrijft in zijn column in NRC over Singh Varma: 'Dat mens moet op korte termijn ingespoten worden met de meest gruwelijke kankercellen.' Elsbeth Etty meldt in NRC al jaren te weten dat Tara lijdt aan 'grootspraak, megalomane fantasieën en een deerniswekkend onvermogen' en ook al heeft zij zelf aan die wetenschap nooit enig gevolg gegeven, ze verwijt ons 'een gebrek aan beoordelingsvermogen en mensenkennis'.

Hoewel deze verwijten onder de gordel zijn, ben ik me wel bewust van onze en mijn tekortkomingen. De verhalen en geruchten die Tara jarenlang begeleiden zijn onvoldoende onderzocht. Als vertegenwoordiger van de Surinaamse en migrantengemeenschap kent zij een grote, luidruchtige fanclub die haar op eigen kracht de Kamer in heeft gestemd. De angst voor verwijten van racisme, voor het verlies van contact met de gemeenschappen die zij vertegenwoordigt, heeft tot vergoelijking en tot het negeren van negatieve signalen geleid.

Voor mij persoonlijk geldt dat ik alleen mijn loyaliteit aan haar heb gedemonstreerd, ook toen ik twijfels kreeg. In plaats van een wat meer geserreerde, kritischer, en daarmee uiteindelijk ook vriendschappelijker houding, heb ik mezelf opgeworpen als haar beschermer. Naast bezorgdheid heeft ijdelheid me daarin parten gespeeld en dat neem ik mezelf kwalijk. Ook in de fractie heeft het mechanisme haar, met al haar makken en ondanks de kritiek, uiteindelijk als een van ons te willen beschermen ons kritisch vermogen verminderd. Dat is deels oprechte zorg geweest maar ook exotisme ('ze is nu eenmaal anders') gemengd met de angst een beerput open te trekken waar we allemaal in kunnen vallen.

Aan het einde van de zomer, als het nieuwe parlementaire jaar begint, dooft de publieke belangstelling voor Tara. De fractie is van slag. Paul voelt zich beschadigd en dat is hij ook. Wij hebben allemaal een opdoffer gehad die lusteloosheid en chagrijn veroorzaakt. De leugens van Tara en onze late, tekortschietende reactie erop geven een nare geur af die we niet zomaar wegblazen. Na een maand stilte zoek ik nog een aantal keren contact met Tara. Ze is bitter maar blijft onwaarheden vertellen. Ik weet niet meer hoe ik contact met haar moet onderhouden en verbreek het. Ook dat neem ik mezelf nog lange tijd kwalijk.

Dan wordt het 11 september 2001. Ik sta in de kamer van de persvoorlichters samen met Ab Harrewijn en Farah Karimi tv te kijken en zie hoe het tweede vliegtuig zich in de Twin Towers boort. Net als iedereen ben ik perplex, niet-begrijpend wat ik zie. Dan zegt de van oorsprong Iraanse Farah: 'Nu ben ik zo ver voor ze gevlucht en halen ze me van achteren in.' Anders dan Ab en ik lijkt zij zich meteen te realiseren wat er gebeurt, hoe gruwelijk het is en hoe verstrekkend de gevolgen ervan zijn.

Het is dinsdag, de dag waarop alle fracties 's ochtends hun wekelijkse vergadering hebben voordat de plenaire vergadering om twee uur begint. De dag gaat voorbij in een roes van ontzetting en opwinding. Niemand begrijpt wat dit betekent, wat er eigenlijk aan de hand is. Overal staan groepjes mensen met elkaar te praten zonder aan de debatten te denken waar ze eigenlijk worden verwacht. Ook ik hang rond, kijk naar de herhalingen op tv, wacht op nieuwsberichten en doe niets. De volgende dag spreekt premier Kok de Kamer toe. Hij zegt dat onze meest fundamentele waarden op een brute wijze zijn vertrapt en kondigt aan dat de internationale gemeenschap niet zal rusten voordat degenen die deze gewetenloze daden hebben gepleegd zijn gepakt en bestraft. In de Kamer is het doodstil, niemand schuift of fluistert.

Ook in de weken erna verdringt de aanslag de gewone politieke routine. Prinsjesdag, precies een week later, wordt versoberd en tijdens de Algemene Beschouwingen wordt werkelijk politiek debat gemeden. De rechtstreekse aanval op het symbool van westerse welvaart, de Twin Towers, wordt niet misverstaan.

In de jaren voor de aanslag bevinden de verantwoordelijken, Osama bin Laden en Al Qaida, zich slechts aan de randen van het politieke bewustzijn. Tijdens vergaderingen van de Commissie Buitenlandse Zaken komt de terreurorganisatie weleens aan de orde als een stel zeloten dat een bedreiging vormt voor burgers in de islamitische wereld en vooral in Afghanistan. In de Nederlandse buitenlandpolitiek spelen tot 2001 andere zaken: de economische verhoudingen tussen Noord en Zuid, de snel opkomende Aziatische tijgers en de bloedige etnische conflicten die ontstonden na het einde van de Koude Oorlog. Het zijn grote en dramatische problemen, maar ze zijn ook te lokaliseren en te begrenzen. Hoewel religie van belang is in de oorlog in voormalig Joegoslavië wordt het door Nederlandse politici niet beschouwd als een opzichzelfstaande oorzaak.

Een paar weken na de aanslag zegt VVD-Kamerlid Geert Wilders in de talkshow *Barend & Van Dorp* dat er op zichzelf niks mis is met de islam, dat moslims goede burgers zijn en dat alleen een klein groepje moslimextremisten geweld gebruikt. Wilders noemt de opmerking van *Elsevier*-columnist Pim Fortuyn, dat er een 'koude oorlog tegen de islam' moet worden gevoerd, 'verwerpelijk'. Hoewel Fortuyns uitspraak door alle zittende politici wordt verworpen, verspreidt zich razendsnel de gedachte dat het Westen verwikkeld is in een strijd van botsende beschavingen, dat het vrije, seculiere Westen wordt aangevallen door religieuze extremisten. En een grote complicatie is dat, anders dan bijvoorbeeld in de Koude Oorlog, er geen geografisch afgebakende blokken zijn maar dat het om een ideeënstrijd gaat die zich overal, in Pakistan en Afghanistan maar ook in Nederland, kan afspelen. In de westerse wereld ontstaat het verlangen om wraak te nemen, terug te slaan en daarmee ook de oude overzichtelijke orde te herstellen, zonder precies te weten wie en hoe te raken. Dat is ook een kwestie van solidariteit met de rouwende Amerikaanse bevolking die, daarin aangemoedigd door de regering-Bush, vergelding zoekt.

In heel korte tijd wordt een oorlog onafwendbaar. Bush laat er geen misverstand over bestaan dat op het nieuwe strijdtoneel neutraliteit uit den boze is. In een toespraak voor het Amerikaanse Congres zegt hij een week na 11 september 'either you are with us or you are with the terrorists'. Bovendien vervangt de Amerikaanse regering het begrip 'terroristische acties' voor 'een oorlogsdaad' waardoor de gruweldaad van Al Qaida in een ander daglicht komt te staan.

De aandacht van Bush en zijn bondgenoot Blair richt zich op Afghanistan, waar de taliban onderdak zou bieden aan Al Qaida en zijn leider Osama bin Laden. Hoewel daar inderdaad aanwijzingen voor zijn, is het op dat moment verre van zeker. De daders zijn uit andere, ook westerse landen afkomstig, en het geld waarmee de aanslag is gefinancierd komt uit Saoedi-Arabië.

Begin oktober doen de VS een beroep op de NAVO om artikel 5 in werking te laten treden, waardoor de aanslag wordt beschouwd als een oorlogsverklaring aan alle bondgenoten en een inval in Afghanistan kan worden gelegitimeerd als zelfverdediging. Een krappe maand na 9/11 start de militaire operatie Enduring Freedom, geleid door de VS en gesteund door de NAVO-bondgenoten, waaronder Nederland.

In de GroenLinks-fractie breekt opnieuw discussie uit, heviger nog dan ten tijde van de Kosovo-oorlog. Een belangrijk deel van de fractie vindt dat dit geen moment is voor gezeur. We moeten de Amerikanen steunen en een eensgezind front vormen tegen de terroristen. Bovendien voert de taliban een afschuwelijk gewelddadig bewind over vrouwen en meisjes. Paul verwoordt vooral deze opvatting. Daartegenover staan opnieuw de klassieke pacifisten, Ineke voorop. Deze keer heeft zij echter steun van Tom Pitstra, oud-PSP'er, voormalig activist en senator, die een lange staat van dienst heeft in het voeren van interne oppositie in GroenLinks. Een halfjaar eerder heeft hij de leeggevallen plek van Tara Singh Varma ingenomen, zeer tegen de zin van de hele Tweede Kamerfractie omdat hij de naam heeft altijd ruzie te maken.

Maar daar blijft het verzet in de fractie tegen de inval niet toe beperkt. Farah Karimi twijfelt sterk aan de effectiviteit van zo'n militaire operatie. Zij maakt zich zorgen over de burgerslachtoffers en over de ontwrichting van de hele regio als Pakistan in het conflict gezogen wordt. Ook ik heb moeite om in te stemmen. Bij mij zijn er geen pacifistische motieven, maar is er zorg over de internationaalrechtelijke basis van de inval. Ik vind dat artikel 5 van het NAVO-verdrag niet gebruikt had mogen worden. Er is sprake van terrorisme, maar niet van een oorlogsverklaring van Afghanistan aan de NAVO-bondgenoten. De inval lijkt mij daardoor illegaal en een kwalijk precedent te scheppen in oorlogsvoering. Het is een impopulaire opvatting die snel het etiket 'scherpslijperij' krijgt opgeplakt. Toch houd ik eraan vast omdat ik vind dat juist in verweer tegen terreur het eigen recht moet worden hooggehouden.

De onderlinge verhoudingen komen snel op scherp te staan. Paul ziet zich ermee geconfronteerd dat het verzet tegen zijn realistische lijn zich niet alleen tot een enkele, gekoesterde pacifistische dissident beperkt maar de fractie dreigt te verscheuren. Daarbij blijkt Tom Pitstra zich niet te houden aan de afspraak dat we onze meningsverschillen intern uitvechten en Paul daarover het woord laten voeren. Hij geeft grote interviews af in kranten over zijn onvrede met Pauls koers en bespeelt openlijk het pacifistische deel van de GroenLinks-achterban om zich van een verkiesbare plaats op de volgende Kamerlijst te verzekeren. Als na een ruzie de afspraak wordt gemaakt twee weken radiostilte in acht te nemen laat Pitstra zich demonstratief voor het raam van de fractiekamer door *Den Haag Vandaag* interviewen.

Door de publiek uitgevente meningsverschillen ontstaat er irritatie bij andere politieke partijen en bij kiezers. Sinds de affaire-Singh Varma is de electorale groei al gestagneerd en nu GroenLinks zo demonstratief de eigen navel bestudeert terwijl de wereld in brand staat, kalft de steun verder af. De openlijke discussie over de morele dilemma's van oorlogsvoering, die Paul juist lof opleverde tijdens de Kosovo-crisis, wordt nu geanalyseerd als een teken van besluiteloze zwakte.

Onder druk van de negatieve publieke en politieke oordelen sluiten we onderling een compromis. We verlenen zwaar geclausuleerde steun aan de inval. Als er, zo waarschuwen we, grootschalig burgerdoelen worden gebombardeerd of onnodige burgerdoden vallen, dan trekken we de steun weer in. Wij zeggen geen volmondig ja, legt Paul de pers uit, maar we zijn ook 'niet tegen'. Iedereen, ook Tom Pitstra, is akkoord en daarmee lijkt het imago van Paul als realistische leider even gered.

Maar het is een moeilijke en nauwelijks uit te leggen enerzijds, anderzijds-strategie die is ontworpen om de rust in de eigen geledingen te bewaren en niet om een oorlog in goede banen te helpen leiden. Tijdens Kamerdebatten wordt Paul meermalen hard aangevallen door andere fractievoorzitters die wel voluit hun steun geven en daarmee, zoals ze telkens herhalen, ook de volle verantwoordelijkheid nemen voor alles wat er mis kan gaan. In de verdediging gedrukt en door zijn fractiegenoten opgezadeld met een hopeloze verdediging verliest Paul zijn vloeiende stijl. Terwijl hij hakkelend het 'niet tegen, maar ook geen ja' met grote armgebaren uitlegt, bladdert zijn leiderschap af.

Bovendien, omdat het compromis hard is bevochten en heel uiteenlopende opvattingen bedekt, raken alle fractieleden geobsedeerd door de oorlog. Dag in dag uit volgen wij het nieuws nauwkeurig, we laten ons voorlichten door diplomaten en militairen en worden geleidelijk, zoals Paul cynisch opmerkt, een 'club veredelde militaire experts'.

Terwijl wij onszelf de illusie verschaffen dat wij de vinger aan de pols houden van dit grote internationale conflict, creëren we vooral onze eigen tekentafelwerkelijkheid. Om de interne verhoudingen goed te houden stellen we telkens nieuwe eisen. Zo roepen we half oktober samen met een aantal Europese zusterpartijen op om een pauze in de bombardementen in te lassen zodat de humanitaire hulp aan de Afghaanse bevolking op gang kan komen. Internationaal vinden wij geen enkel gehoor, maar voor Tom Pitstra is het een argument om luidruchtig zijn eerder gegeven steun in te trekken.

Zonder het zelf in de gaten te hebben komen we op een doodlopende weg terecht. Omdat oorlog nu eenmaal vies is, zijn er elke dag berichten die onze steun ondermijnen. Door voorwaarden te formuleren denken we invloed te kunnen uitoefenen op de internationale besluitvorming. Elk bericht over clusterbommen of het bombarderen van elektriciteitscentrales brengt ons dichter bij onze uitgestelde afwijzing. Uiteindelijk, na talloze verwoede fractiediscussies, besluiten we unaniem onze steun in te trekken. Wij vinden dat het conflict in Afghanistan te veel gewone burgers treft, terwijl er geen zicht is op resultaat of op een einde aan het geweld. In onze interne logica past deze stap. In de buitenwereld wordt onze beslissing met hoongelach ontvangen. Op dezelfde dag dat de GroenLinks-fractie de oorlog in Afghanistan failliet verklaart valt namelijk Kaboel en bevrijdt de Noordelijke Alliantie, die met de westerse militairen samenwerkt, de bevolking van het juk van de taliban.

Voor GroenLinks is het funest. Overal wordt de eerste grote overwinning op de taliban geprezen, Paul legt daarentegen voor plaatselijke Haagse camera's uit dat het geweld in Afghanistan niet langer te rechtvaardigen is.

Terwijl voor de Singh Varma-affaire nog tot op zekere hoogte gold dat haar leugens een situatie van overmacht creëerden waartegen maar beperkt verweer mogelijk was, is dat nu niet het geval. Voor het amateuristische gedraai op een beladen, historisch moment zijn alleen wij, de fractieleden, verantwoordelijk. Commentatoren concluderen cynisch dat wij de echte wereld van oorlog en akelig, gewelddadig conflict niet aankunnen en wegrennen als het erop aankomt. Daar valt weinig tegen in te brengen.

Het is begin 2002, en in Rotterdam staat Pim Fortuyn in de startblokken om de aankomende verkiezingen te winnen, als Paul publiekelijk erkent dat GroenLinks een grote fout heeft gemaakt door niet gewoon ja of nee te zeggen op de inval in Afghanistan. Dat is te laat om het gedeukte imago van de partij, de fractie en van hemzelf nog werkelijk te repareren. In een klein jaar tijd is het publieke imago van een optimistische, professionele ploeg veranderd in dat van een verzameling brekebenen.

4

Wegwezen jij!

Op donderdagmiddag 14 november 2002 bel ik Robert. 'Paul treedt af,' zeg ik. 'Hij heeft mij gevraagd om hem op te volgen.' Het is stil aan de andere kant van de lijn. Dan zegt Robert: 'Als jij vindt dat je het moet doen, dan doen we het samen.'

Drie dagen daarvoor, op maandag, heeft Paul nog als beoogd lijsttrekker het nieuwe verkiezingsprogramma en de kandidatenlijst voor de Tweede Kamerverkiezingen gepresenteerd. Het eerste kabinet-Balkenende is een maand eerder gevallen door de ruzies bij de Lijst Pim Fortuyn (LPF) en eind januari 2003 vinden er voor de tweede keer in minder dan een jaar verkiezingen plaats. Het programma kent haast geen wijzigingen ten opzichte van dat van een halfjaar eerder en het is voor de pers nauwelijks interessant. Toch schrijven de kranten de volgende dag allemaal over Pauls optreden. Tijdens de presentatie heeft hij de SP, die op grote winst staat in de peilingen, hard aangevallen. De SP doet volgens Paul niets aan milieu en is 'totaal afwezig' in de debatten over de melkertbanen. Tijdens een eigen perspresentatie de aandacht verleggen naar een andere partij geldt in de politiek als onverstandig. Zeker als het een populairdere partij is die je vervolgens hard aanpakt. Je legt daarmee eerder de nadruk op je eigen zwakte en het verwijt van kinnesinne is gemakkelijk gemaakt. Bovendien laat Paul het tijdens de perspresentatie niet bij inhoudelijke kritiek maar verwijt hij de SP een gebrek aan integriteit. De SP heeft de LPF met 'fluwelen handschoenen' aangepakt en Paul verwijt Jan Marijnissen 'opportunisme'. GroenLinks is wel de strijd aangegaan en heeft daar 'politiek en persoonlijk de tol voor betaald', aldus Paul.

Zijn uitspraken leiden tot paniek in de fractie. Pauls woede over het duiken van de SP na de moord op Fortuyn, terwijl de samenleving en de politiek diep verdeeld zijn, is bekend en wordt door ons allemaal gedeeld. Zijn publieke uithaal is alleen zo weinig effectief en strategisch, en vooral zo strijdig met zijn anders zo beheerste politieke stijl, dat de twijfel toeslaat of Paul een nieuwe periode aankan. Ook bij mij.

Ik sta op de tweede plaats op de kandidatenlijst. Daarmee heb ik stilzwijgend het vicevoorzitterschap van de fractie en de verantwoordelijkheid voor het wel en wee van de partij aanvaard. Op woensdagochtend bel ik Tom. Ik zeg dat ik zijn uitspraken heel onverstandig vind en me grote zorgen maak over Paul: hij is van streek en zijn politieke intuïtie lijkt hem in de steek te laten. Tom denkt er net zo over en zegt dat hij met Paul gaat praten.

Op donderdagochtend komt Paul mijn kamer binnen en gaat tegenover me aan tafel zitten. 'Het is op,' zegt hij. 'Ik ben niet langer onze sterkste troef maar een last voor de partij geworden.' Hij wil GroenLinks bevrijden van die last, de partij een nieuwe kans geven nu de politieke omgeving zo is veranderd. 'Jij bent niet zo besmet door de debatten met Fortuyn,' zegt hij. 'Ik hoor bij de politieke generatie van Melkert en Dijkstal, dat imago raak ik niet meer kwijt.'

Terwijl hij praat ben ik stil. Ik zou hem dolgraag willen weerspreken, maar kan dat niet echt. Ik weet dat hij gelijk heeft, dat de publieke rancune jegens de politici die Fortuyn bestreden te groot is. Dat je zo'n negatief imago niet zomaar afschudt. Ik vind het onrechtvaardig maar heb inmiddels geleerd dat de politiek niet de plek is om persoonlijke genoegdoening te vinden. Ik zou hem ook wel willen vertellen dat het ongelegen komt. Dat ik eigenlijk kinderen wil. Dat ik misschien niet genoeg ambitie heb om het gezicht van een politieke partij te worden. En dat ik nog twijfel of ik het kan, hoewel ik me de laatste twee jaar zelfverzekerder ben gaan voelen en ontspannener ben gaan opereren.

Maar ik zeg niets, daarvoor bewonder ik Paul te veel. Terwijl zijn imago afbladdert is hij zich daarvan bewust. Hij kruipt niet verongelijkt weg, erkent zijn fouten, geeft zich rekenschap van de slechte vooruitzichten en verbindt daar, voor hem, harde conclusies aan. Ik kan zijn verzoek niet zomaar terzijde schuiven. Hij kan alleen weg als ik het overneem. Zijn moed om terug te treden en ruimte te maken, moet met gelijke moed beantwoord worden.

'Ja,' zeg ik tegen Robert, 'ik vind dat ik dat moet doen.' De volgende ochtend, vrijdag 15 november 2002, maakt Paul zijn aftreden bekend en kondig ik aan bereid te zijn om zijn plek in te nemen.

Een jaar eerder, in het najaar van 2001, heeft Pim Fortuyn de landelijke politiek betreden.

Vanaf zijn entree spreekt hij in hyperbolen waar zelfs een volkstribuun als Jan Marijnissen van de SP beduusd naar luistert. Hij heeft het bijvoorbeeld niet over de tekortkomingen of nadelen van acht jaar Paars maar ronduit over de 'puinhopen'. Hoewel Fortuyn in zijn opvatting over democratie gematigd is, is zijn toon revolutionair en zijn machtsambitie on-Nederlands. Hij wil en zal premier worden, Nederland gaat onherkenbaar op de schop en de Marokkanen en moslims die de boel verpesten donderen maar een heel eind op. Ongezouten commentaar combineert hij met een parmantige stijl. Zijn huizen, kunstverzameling, dure pakken, schoothondjes, bediende en seksualiteit etaleert Fortuyn als frivole en vrolijke hebbelijkheden.

In een politieke cultuur waarin de caravan en de doorzonwoning de maat voor luxe zijn en de brave aquarelletjes van de vrouw van een CDA-lijsttrekker gelden als extravagant, wordt Fortuyns ongegeneerde decadentie met verbazing bekeken. De aanvankelijke neiging om Fortuyn te beoordelen als een ongevaarlijke politieke parvenu, verandert in onrust als blijkt dat heel veel kiezers hem juist serieus nemen. Dan beginnen ook zijn messcherpe uitspraken te schuren. In een paar maanden tijd verandert bij kiezers de relatieve tevredenheid over het paarse beleid in een diep ongenoegen over de slechte staat van de publieke sector: het onderwijs, de zorg, de politie. De paarse bewindslieden verkeren daardoor in een staat van shock. Om zich te verzekeren van tevreden kiezers heeft Gerrit Zalm als minister van Financiën een jaar voor de verkiezingen nog met een ongekend grote lastenverlichting gestrooid. De paarse lijsttrekkers veronderstellen dat de verkiezingen bijna geruisloos, ten gunste van hen, zullen passeren. Ook het drama in Srebrenica lijkt weinig effect te hebben op de politieke machtsverhoudingen. De verantwoordelijkheid ervoor wordt door de regeringspartijen gedeeld, en het aftreden van het kabinet aan het einde van de tweede paarse periode is niet meer dan een symbolische daad zonder electorale gevolgen.

Pim Fortuyn maakt zichzelf tot de woordvoerder van 'nieuwe politiek', die anders dan alle zittende politici wel 'zegt wat hij denkt en doet wat hij zegt'. De rauwe confrontatie die Fortuyn aangaat met het hele politieke establishment verbluft ook de oppositie. De toon van CDA, GroenLinks en zelfs de SP is milder, opbouwender. Alle lijsttrekkers hebben hun sporen verdiend in het parlement, kennen elkaar en zijn op elkaar ingespeeld. Alleen verandert die politieke ervaring in de aanval van Fortuyn van een voorsprong in een achterstand.

In de lijsttrekkersstrijd die begin 2002 losbrandt verschuift ook GroenLinks in de beeldvorming van een partij die het establishment bevecht tot een deel van de politieke cultuur die Fortuyn succesvol torpedeert. Dat raakt in de eerste plaats Paul Rosenmöller. De overgang van een actieclub naar een professionele parlementaire partij die hij heeft weten te forceren keert zich tegen hem: het is niet langer een verdienste maar een knieval voor de bestuurlijke macht. Realiteitszin is niet meer een compliment maar een teken van oude politiek. Zelfs zijn chique stropdasloze pakken staan niet meer symbool voor een modern alternatief, maar stralen tegenover de dubbele windsorknoop van Fortuyn te weinig radicale ambitie uit.

In GroenLinks leidt de ommekeer in het publieke oordeel tot verbijstering. Jarenlang heeft Paul Rosenmöller in het parlement het verzet tegen marktwerking, deregulering en privatisering aangevoerd, om nu met een grove penseelstreek bij de 'Haagse kliek' te worden gevoegd. Fortuyns strategie is uitgekiend: de niet-erkende, niet-gewaardeerde buitenstaander neemt het op tegen de macht. Het is een mediageniek sprookje met een grote electorale aantrekkingskracht. In werkelijkheid heeft Fortuyn een lange mars door de instituties achter de rug. Als hoogleraar met talloze (neven)functies in het bedrijfsleven en bij de overheid hoort hij juist bij het machtige establishment, veel meer dan de voormalige vakbondsleider uit de Rotterdamse havens die Rosenmöller is.

Met de tegenstelling tussen buitenstaander en establishment, tussen nieuwe en oude politiek, opent Fortuyn een fuik waar bijna al zijn politieke tegenstanders in zwemmen. De sociale en economische opvattingen van Fortuyn, een wonderlijk mengsel van neoliberalisme en nostalgie naar de ordelijke samenleving van de jaren vijftig, zorgen vooral voor verwarring. Dat geldt niet voor zijn opvattingen over asielzoekers en moslims. Anders dan eerder Bolkestein is Fortuyn niet analytisch en feitelijk maar ronduit beschuldigend. Hij deelt onomwonden mee dat er nog maar nul asielzoekers binnen mogen komen, hij noemt de islam bij herhaling een 'achterlijke cultuur' en moslims een 'vijfde colonne', 'die het huis willen overnemen'.

Zijn stijl en woordkeuze maken zijn politieke tegenstanders

woordeloos. Hij geeft onmiskenbaar uitdrukking aan de frustratie die leeft bij een deel van de bevolking maar zorgt er tegelijkertijd voor dat deze toeneemt als hij beweert dat hij de enige is die luistert: de politieke elite is volgens Fortuyn stokdoof.

Hij heeft daarin ook gelijk, in zoverre dat alle zittende politici, ongeacht hun partijpolitieke achtergrond, weigeren zich op zijn speelveld te begeven. Er is namelijk een ongeschreven regel dat minderheden niet agressief worden benaderd, en dat geloof en etnische herkomst niet tegen mensen worden gebruikt. Met Fortuyn in discussie gaan betekent dat deze regel wordt geschonden. Tegelijkertijd is een cordon sanitaire taboe. De ervaring met Hans Janmaat van de Centrumdemocraten is vers: geen van de politici wil het verwijt krijgen ondemocratisch te zijn door Fortuyn te isoleren en te negeren. Niemand beschikt echter over de argumenten om hem inhoudelijk en gezagvol van repliek te dienen en het lukt ook niet om de aandacht naar andere onderwerpen te verleggen. Fortuyns charisma, zijn onconventionele stijl en provocaties maken hem tot een magneet voor journalisten: het uitvergroten van het politieke conflict over minderheden en migratie levert extra lezers en kijkers op.

De weerzin onder de andere politici tegen een werkelijk inhoudelijk debat met Fortuyn groeit door de harde persoonlijke oordelen die hij over hen uitstort. Hoewel hij over vrijwel niemand een gunstig oordeel velt, richt zijn agressie zich vooral tegen linkse politici. Zo vindt hij dat 'de linkse kerk' 'geestelijke terreur' uitoefent die 'vergelijkbaar is met het communistische systeem', linkse politici noemt hij 'politiek correcte geestdrijvers annex gedachtepolitie' en het 'gedachtegoed van extreemlinks' 'levensgevaarlijk voor Nederland'. Het is door hun afkeer van de harde toon en door persoonlijke gekwetstheid over de aantijgingen, dat de politieke tegenstanders – van links tot rechts – een gesloten front gaan vormen, precies zoals Fortuyn voorspelt.

De tegenstelling tussen Fortuyn en het politieke establishment bereikt zijn eerste dieptepunt als hij in februari 2002 een interview geeft aan *de Volkskrant*. Op die dag houdt GroenLinks ook haar verkiezingscongres. Vanaf de vroege ochtend gonst het in de wandelgangen van verontwaardiging. In het interview herhaalt Fortuyn een aantal van zijn oudere, gepeperde uitspraken nog eens: 'Er komt geen islamiet meer in', 'De grenzen gaan dicht' en 'We zeggen het vluchtelingenverdrag op.' Hij voegt ook een nieuw element toe. Hij zegt: 'Ik ben ook voor afschaffen van dat rare grondwetsartikel: gij zult niet discrimineren. Prachtig. Maar als dat betekent dat mensen geen discriminerende opmerkingen meer mogen maken, en die maak je in dit land nogal snel, dan zeg ik: dit is niet goed.'

Op het GroenLinks-congres is de sfeer in reactie op zijn uitspraken gemengd. Veel congresgangers zijn geëmotioneerd omdat zij het discriminatieverbod, het eerste artikel van de Grondwet, beschouwen als een beschermwal tegen onderdrukking en uitsluiting van minderheden. Tegelijkertijd maakt zich ook opwinding van mensen meester. Het gonst op het congres dat Fortuyn deze keer te ver is gegaan, en dat hem dat stemmen zal kosten.

Ik vind de uitspraak ondoordacht en zelfs absurd. Het discriminatieverbod in artikel 1 is pas in 1983 toegevoegd aan de Grondwet, en het is vooral de wettelijke erkenning van de veranderde maatschappelijke verhoudingen sinds de jaren zestig en zeventig. De gelijkberechtiging van vrouwen, homoseksuelen en etnische minderheden is in die decennia hard bevochten op de bevoorrechte en vaak conservatieve, mannelijke en blanke macht. Het artikel gaat niet over de vrijheid van meningsuiting maar over de manier waarop de overheid heeft om te gaan met zijn burgers. Homoseksuelen mogen niet geweigerd worden op de arbeidsmarkt, vrouwen dienen evenveel maatschappelijke kansen te krijgen als mannen, je mag niet anders behandeld worden vanwege je godsdienst, huidskleur of afkomst. Het artikel regelt nu juist dat iedereen op voet van gelijkheid mag meepraten en gelijke toegang heeft tot de politiek en het bestuur. Dat Pim Fortuyn juist deze verworvenheid op de tocht wil zetten, vind ik onbegrijpelijk, en ook kwalijk.

Paul zoekt me in de pauze van het congres op. Hij is van plan om tijdens zijn toespraak Fortuyn aan te vallen op het interview, en vooral op zijn uitspraak over artikel 1. De zin die hij in gedachten heeft is: 'Deze uitspraak is niet gewoon rechts maar extreemrechts.' Hij vraagt of ik het ermee eens ben. Dat ben ik. Fortuyn tornt aan een wezenlijk gelijkheidsbeginsel en dat verdient een hard politiek oordeel.

Voor mij geldt ook dat ik een kans zie om Fortuyns populariteit een klap toe te brengen. Het is oprechte verontwaardiging gemengd met politiek opportunisme, zoals zich dat – zeker in campagnetijd – vaak bij politieke incidenten verenigt. De blunder van de ander is de kans om de eigen opvattingen, de eigen politieke rechtschapenheid nog eens voor het voetlicht te brengen. Paul ruikt die kans eveneens. Als hij in zijn toespraak de bewuste, zorgvuldig bedachte zin uitspreekt applaudisseert het congres lang en hartstochtelijk.

Aan het einde van de dag blijkt Pauls uitspraak tot de voorzichtiger en daarmee minder mediagenieke uitspraken te horen. Op de radio zegt Hans Dijkstal, lijsttrekker van de VVD, dat artikel 1 'het hart van onze beschaving is' en herinnert daarbij aan de praktijken van de nazi's tijdens de Tweede Wereldoorlog. VVD'er Gerrit Zalm voegt daaraan toe dat Fortuyn 'gevaarlijk' is. PvdA-leider Ad Melkert roept Nederland op om wakker te worden: 'Fortuyn gaat een grens over die je niet mag passeren.' Thom de Graaf van D66 haalt een passage aan uit het dagboek van Anne Frank over 'wankelend rechtsgevoel' om daaraan toe te voegen dat Pim Fortuyn nu zijn 'masker heeft afgeworpen'. D66-parlementariër Boris Dittrich zegt geëmotioneerd dat Fortuyns bewering 'levensgevaarlijk' is omdat de politie gericht mensen zou kunnen gaan oppakken: 'In Fortuyns visie islamieten, maar een andere machthebber kiest misschien Joden of homo's.'

Al deze uitspraken hebben bij elkaar opgeteld niet het gewenste, maar het omgekeerde effect. Het verlangen om een morele grens te stellen tegen discriminatie van minderheden wordt door het grote publiek juist gezien als de tirannie van de politieke meerderheid tegenover een enkeling. De verwijzingen naar de Tweede Wereldoorlog, bedoeld om de historische lading van artikel 1 te markeren, komen over als politiek correcte, verbale intimidatie.

Voor Fortuyn heeft het interview verstrekkende gevolgen maar het leidt, afgezien van een korte inzinking, niet tot de vermindering van zijn populariteit. Leefbaar Nederland, de partij die hem krap een halfjaar eerder met groot gejuich verwelkomde, wijst hem de deur. Een week na het interview richt Fortuyn zijn eigen partij op: de Lijst Pim Fortuyn.

Tijdens de presentatie van zijn nieuwe club wordt Fortuyn 'getaart': activisten gooien drie stinkende taarten in zijn gezicht, onderwijl antiracismeslogans roepend. Het levert een akelig beeld op. Fortuyn besmeurd en van zijn stuk, schreeuwend wegrennende activisten, dringende journalisten die meer geïnteresseerd zijn in het vastleggen van het drama dan in het tonen van sympathie. Direct erna verwijt Fortuyn premier Kok geëmotioneerd hem te 'demoniseren'. Het is de eerste keer dat het woord valt.

Vanaf het moment dat Fortuyn uit Leefbaar Nederland wordt gestoten, wordt zijn toon schriller en de verwijten directer en harder. Tijdens een interview, een maand later, speculeert hij zelfs op een aanslag, waarvoor hij alvast de regering de verantwoordelijkheid toedicht.

Die verwijten leiden tot verlamming en boosheid bij diegenen die het treft. Bij Paul, bij mij, en ook bij politici van andere partijen, ontstaat het gevoel dat er een oneerlijke strijd wordt gestreden. Fortuyn beroept zich met hartstocht op de vrije meningsuiting als hij wordt bekritiseerd op beledigende en kwetsende uitspraken. Hij zegt zelfs nadrukkelijk dat hij zijn 'woorden als wapenen' gebruikt en zo worden ze ook ervaren. In een discussie over de wachtlijsten vergelijkt hij Els Borst met Osama bin Laden en zijn vaste omschrijving van GroenLinks is 'extreemlinks'. Omgekeerd leidt een soortgelijk verwijt ogenblikkelijk tot de beschuldiging dat hij monddood wordt gemaakt en in gevaar gebracht.

Fortuyns voorspelling van een aanslag wordt door andere politici niet serieus genomen. Eerder wordt het gezien als een tamelijk hysterische en populistische poging om de sympathie van kiezers te winnen en het politieke establishment in het nauw te brengen. Het taartincident is ingrijpend en beangstigend, maar niemand beschouwt het als de voorbode van ernstiger geweld. Fortuyn is niet de eerste politicus die wordt getaart: twee jaar eerder overkwamen Bolkestein en Zalm hetzelfde. Werkelijk ernstig geweld past niet in de Nederlandse verhoudingen, is de veilige gedachte, en te suggereren dat andermans woorden daartoe wel kunnen leiden is een goedkope manier om tegenstanders de mond te snoeren.

Als de Tweede Kamerverkiezingen dichterbij komen ontsporen de politieke verhoudingen verder. Fortuyn behaalt een historische overwinning tijdens de gemeenteraadsverkiezingen op 6 maart 2002 in Rotterdam, de enige stad waar hij meedoet. In het tv-debat dat direct volgt op de verkiezingsuitslag toont Fortuyn genadeloos de tekortkomingen van het politieke establishment aan. Zijn plagerige overwinningsbravoure beantwoordt PvdA-leider Melkert met zichtbaar chagrijn, terwijl VVD-leider Dijkstal geïrriteerd opstaat en wegloopt. Het beeld dat bij tv-kijkers, en ook bij mij, resteert is dat Fortuyn niet alleen de winnaar is maar dat de anderen vooral slechte verliezers zijn. Het debat maakt met één klap duidelijk dat Fortuyn niet een politieke avonturier is die weg kan worden geduwd, maar de potentiële nieuwe premier van het land.

De uitslag van de gemeenteraadsverkiezingen verandert de politieke verhoudingen. Vooral CDA en SP zoeken toenadering, vanuit de simpele gedachte dat als Fortuyn wint zij niet aan de kant van de verliezers willen toekijken maar graag een graantje willen meepikken. Fortuyn wordt door het electorale succes overmoedig. Hij heeft namelijk grote problemen om zijn nieuwe partij van de grond te krijgen en een fatsoenlijke kieslijst op te stellen. Om hem heen ontstaat er een vreemd gezelschap van vrije jongens, vastgoedhandelaren en politieke gelukzoekers en het geheel oogt smoezelig. Fortuyn lijkt zich van de commentaren op zijn nieuwe kompanen, de verhalen en geruchten over onbetrouwbaarheid van zijn nieuwe partijgenoten weinig aan te trekken. Hij is de Lijst Pim Fortuyn; de rest is noodzakelijke vulling.

Dan keert de brutaliteit die voor veel kiezers zo verleidelijk is, zich voor het eerst tegen hem. Tijdens een lijsttrekkersdebat aan de Erasmus Universiteit in Rotterdam zet Paul Rosenmöller hem klem. Hij zegt tegen Fortuyn: 'Als u wordt aangevallen op de inhoud, geeft u geen antwoord maar gaat u theater maken, daar zit uw zwakte.' Een ovationeel applaus is Pauls deel terwijl Fortuyn diens gelijk nog eens bewijst door beledigd zijn microfoontje af te doen, de uitgestoken hand te weigeren en te dreigen weg te lopen. Na afloop noemt Fortuyn Rosenmöller een 'vervelend ventje' dat – opnieuw – 'extreemlinks' is en 'het land naar de kloten helpt'.

Ik volg dat debat samen met collega's op de fractiekamer in Den Haag. Er heerst de uitgelaten stemming van een goed verlopende voetbalwedstrijd. Als duidelijk wordt dat Paul het debat wint, maakt zich van mij grote opluchting meester. Ik heb het gevoel dat Paul als eerste publiekelijk het fenomeen Fortuyn effectief doorgrondt en daarmee het tij kan doen keren. Hij doet dit bovendien zonder historisch beladen kwalificaties te gebruiken, waardoor Fortuyn als een gewone politicus tekortschiet en er zich niet op kan beroepen te worden gedemoniseerd. Paul lijkt uit de fuik te zwemmen die Fortuyn heeft opengezet en ik merk nu hoezeer dat me heeft beklemd. Ik ben me opgesloten gaan voelen in een beeld van links, extremistisch establishment waarin ik me ook niet thuis voel. Ik denk dan dat we in staat zullen zijn om onze oppositionele plek te heroveren, de rol van redelijke tegenmacht tegenover zelfingenomen bestuurders weer te kunnen spelen. In de weken die volgen lijkt die hoop ook bewaarheid te worden. GroenLinks stijgt in de peilingen en Pauls populariteit neemt weer toe. Hij wordt opnieuw erkend als de oppositieleider die hij was voordat GroenLinks schipbreuk leed tijdens de Afghanistanoorlog en Pim Fortuyn aantrad.

Op 6 mei 2002 ben ik op weg naar de tv-studio van het programma *Barend & Witteman* in Amsterdam als de taxichauffeur de autoradio ongevraagd harder zet. Pim Fortuyn – neergeschoten – Media Park. De flarden van het radiobericht landen vertraagd, de boodschap is te groot en onheilspellend om onmiddellijk te bevatten. Als ik aankom in de studio heerst daar grote verwarring. Mensen zijn openlijk aangedaan, geschokt door het gruwelijke bericht en ook nerveus omdat Sonja Barend een uur later de eerste emoties publiekelijk moet kanaliseren. Het triviale onderwerp waarvoor ik was uitgenodigd, de betekenis van opiniepeilingen, is geschrapt. Ik blijf een tijdje verdoofd in de redactieruimte zitten. Tom belt om te zeggen dat vanaf nu alleen Paul de media te woord staat. Dat spreekt voor zich. Ik heb ook geen idee wat ik zou moeten zeggen.

Ik ga naar huis. Het is er stil. Robert is in Servië voor een documentaire over de nasleep van de Joegoslavië-oorlog en komt voorlopig niet terug. Hij belt opgewonden vanuit een druk café in Belgrado, waar het nieuws rondzingt. Hoe het in Nederland is? ‘Akelig,’ zeg ik, ‘onwerkelijk.’ Er zijn berichten van een brand in de parkeergarage in de Tweede Kamer, van woedende demonstranten op het plein, duizenden mensen die zich verzamelen voor het huis van Fortuyn. De fractievoorzitters zitten bijeen in de kamer van de Kamervoorzitter, de gordijnen zijn er dicht. Ik vind het moeilijk om hem uit te leggen hoe angstig en onvoorspelbaar de situatie in Nederland op dat moment is. Ik hoor de cafégeluiden om hem heen, weet dat hij met oorlogsslachtoffers spreekt, en voel me beschaamd om mijn emoties ruim baan te geven. Ik zou willen dat hij bij me is.

Ik besluit naar De Balie te gaan, mijn oude werkadres. Er is een bijeenkomst ingelast over de moord en ik ben gebeld om daarbij aanwezig te zijn. Eenmaal daar laat ik me overhalen om op het podium te gaan zitten, samen met de schrijver Michaël Zeeman die ik goed ken. Ik verwacht een tastend, zachtmoedig gesprek. De schok van de moord verlamt iedereen en niemand kent de beweegredenen van de dader. Zeeman eist echter op hoge toon verantwoording voor de politieke verhoudingen en het politieke debat van het afgelopen jaar. Hij valt me frontaal aan en ik luister geïntimideerd. De rechtstreekse relatie die hij legt tussen politiek meningsverschil en geweld vind ik onbetamelijk. 'Juist nu,' zeg ik tegen hem, 'is er reden voor omzichtigheid, voor een gezamenlijk verweer tegen bruutheid. Niemand heeft dit gewild.' Zeeman neemt het me niet in dank af. Ik 'duik weg voor mijn verantwoordelijkheid', zegt hij. Maar ik ben ontdaan, net als hij en de rest van Nederland en ik weiger me verantwoordelijk te voelen voor het gedrag van een moordzuchtige gek. Ik sta op van het podium en zeg: 'Mij is het echt te vroeg voor oordelen, ik ga whisky drinken.' En dat is wat ik doe.

Als ik 's avonds laat thuiskom, belt Tom. Paul wordt inmiddels zwaar beveiligd, net als de andere fractievoorzitters. Het is onbekend of er anderen met moordplannen rondlopen en er is zorg over de volkswoede die zich tegen Fortuyns politieke tegenstanders richt. Hij zegt dat ik er beter aan doe ergens te gaan logeren: ik ben bekend en geprofileerd, mijn adres is makkelijk na te zoeken. Ik pak een koffer in en vertrek nog diezelfde avond naar mijn moeder in Naarden. Daar blijf ik een week.

Overal om mij heen, en ook bij mij, veroorzaakt de moord verdriet. Mijn gevoelens voor Pim Fortuyn zijn ambivalent. Ik nam hem zijn stemmingmakerij en grove taal tegen politieke opponenten kwalijk. Ik voelde me ook beledigd om als parlementariër van GroenLinks ingedeeld te worden bij het zelfingenomen establishment, waartegen ik juist oppositie bedreef. Tegelijkertijd, dat een zo ondeugende man met zijn openlijke grappen over zijn seksuele escapades de Haagse grijze muizen schrik aanjoeg, vond ik ook bevrijdend. En dat hij zijn stoutmoedigheid met de dood heeft bekocht, maakt me bang en geeft me een gevoel van verlies. In de maanden die aan de moord vooraf zijn gegaan heb ik geen moment gedacht aan deze gruwelijke uitkomst. Fortuyns waarschuwingen heb ik beschouwd als demagogie, als een niet serieus te nemen, oneerlijke truc om zijn politieke opponenten te diskwalificeren, en niet als de waarschuwing die het was. Over die lichtzinnigheid schaam ik me achteraf.

Boven op de schok van de moord is het voor mij een onthutsende ontdekking niet te mogen delen in de nationale pijn, maar aan de kant van de dader te worden geplaatst. Het wij-zij-schema dat Pim Fortuyn zelf in de politiek heeft geïntroduceerd, treft na zijn dood alle zittende, maar vooral PvdA- en GroenLinks-politici verhevigd.

Een week na de moord zegt de voorzitter van de Lijst Pim Fortuyn, Peter Langendam: 'De kogel kwam van links.' Volgens hem is het duidelijk dat de PvdA en GroenLinks hebben aangezet tot haat en hij voegt eraan toe dat GroenLinks, meer nog dan de PvdA, verantwoordelijk is voor het geweld. Door de erfgenamen van Fortuyn, en geleidelijk ook in de publieke opinie, wordt moordenaar Volkert van der Graaf bij GroenLinks gevoegd. Dat hij een dierenactivist was, maakt hem tot een deel van de groene beweging, zo luidt de redenering, en daarmee automatisch tot deel van GroenLinks. Dat de moordenaar geen lid was van GroenLinks, niemand hem kende of contacten met hem onderhield, doet voor dit oordeel niet meer ter zake. In dat geval was de top van GroenLinks dan toch maar 'two handshakes away' en dat is zo goed als medeplichtig.

In reactie op Langendams uitspraak zegt Wim Kok dat 'een grens wordt overschreden' en het hem 'koud om het hart' wordt, Paul spreekt van 'stemmingmakerij'. Dat helpt niet echt. Nu een politicus, een politieke erfgenaam van Pim Fortuyn, een rechtstreekse relatie heeft gelegd tussen de moord en linkse politici, staat er geen rem meer op scheldkanonnades en bedreigingen. En eenmaal geplaatst in de hoek van de verdachtmakingen leidt elke ontkenning ervan tot sarcasme en tot het verwijt de eigen verantwoordelijkheid te bagatelliseren.

Ik ervaar de verdachtmakingen als onrechtvaardig, minder nog voor mezelf dan voor Paul. Zijn grootste zonde bestaat eruit dat hij de uitspraak van Fortuyn over artikel 1 extreemrechts heeft genoemd. Verder is zijn omgang met Fortuyn hoffelijk geweest, hoewel Fortuyn hem bij herhaling gevaarlijk noemt. Ook tijdens het televisiedebat na de gemeenteraadsverkiezingen heeft hij zich verre gehouden van het chagrijn van Melkert en Dijkstal en zakelijk zijn eigen positie verdedigd.

Maar op tv en internet worden zijn eenmalige uitspraak over extreemrechts en de geslaagde oneliner tijdens het lijsttrekkersdebat aan de Erasmus Universiteit eindeloos herhaald. Dat geeft Pauls optreden mythische proporties, zeker als dit wordt gecontrasteerd met Fortuyns voorspelling van een aanslag op zijn leven, en het leidt tot maanden durende zware bedreigingen. Verweer ertegen heeft geen zin, het enige dat resteert is stilzitten, zwijgen en hopen dat het minder wordt. Paul heeft door de bedreigingen aan zijn adres ook geen andere keuze.

Na de moord wordt overwogen om de verkiezingen een week uit te stellen. Het land is in rouw en alle politieke partijen zijn beducht voor het verwijt daar een slaatje uit te willen slaan. Vooral de LPF, Fortuyns verweesde partij, moet tijd gegund worden om zich enigszins te herstellen. Uiteindelijk vinden de verkiezingen plaats op de geplande datum van 15 mei 2002, alleen zien alle partijen in de aanloop ernaar af van het voeren van campagne. De Lijst Pim Fortuyn behaalt 26 zetels omdat kiezers massaal hun stem uitbrengen op de vermoorde lijsttrekker. PvdA en VVD lijden een historisch verlies en de politieke leiders van beide partijen, Ad Melkert en Hans Dijkstal, treden af. Ook GroenLinks verliest, terwijl de partij een paar weken voor de moord nog op grote winst stond. In tegenstelling tot de grote nederlagen van PvdA en VVD vermindert ons zeteltal maar met één. Dat verlies is klein en voor de buitenwereld oninteressant.

Ons raakt het verlies van die ene zetel diep. Dat is niet omdat we electoraal verzwakt zijn, maar omdat de elfde zetel is gereserveerd voor dominee Ab Harrewijn, die net als ik aan zijn tweede parlementaire periode zou beginnen.

In onze fractie speelt zich namelijk, nauwelijks opgemerkt in de buitenwereld, in diezelfde verwarrende eerste weken na de moord een ander drama af. Terwijl Fortuyns begrafenis wordt voorbereid en plaatsvindt, krijgt Ab Harrewijn een herseninfarct. In het ziekenhuis waar hij met spoed naartoe is gebracht, wordt al snel duidelijk dat hij het niet zal redden. Samen met mijn collega's breng ik een aantal lange, stille dagen door in de wachtkamer van het ziekenhuis en soms aan zijn bed, wachtend op het moment dat Abs lichaam het opgeeft. Paul is daar bijna continu, samen met Abs vrouw en dochter en een schare beveiligers. Als Paul aan Abs bed zit, staan zijn beveiligers ook in de ziekenhuiskamer. Het maakt de sfeer vervreemdend. Terwijl buiten de emoties kolken over de moord op Fortuyn gaat in kleine kring een hardwerkende en zachtaardige politicus dood. Ik kan Abs stille dood op dat moment niet los zien van de grote maatschappelijke consternatie over Pim Fortuyn: het door duizenden beleden verdriet en de openbare uitingen van rancune en vijandigheid.

Als ik op de avond van Abs begrafenis thuiskom, tref ik in mijn privémail een eerste persoonlijke bedreiging aan. Het is een verwarde boodschap, waarin ik verantwoordelijk word gehouden voor alles wat mis is in Nederland en de schrijver aankondigt mij te komen vermoorden. Verdriet om Ab en angst om de bedreiging zetten zich in mijn hoofd om in woede. Ik heb het gevoel dat alles waarvan ik houd en dat me motiveert om politiek te bedrijven, teloorgaat. In de publieke hysterie die volgt op de moord op Fortuyn worden de zachte waarden waarover iemand als Ab zich ontfermde, zoals de zorg voor kwetsbaren en de tolerantie jegens andersdenkenden, weggespoeld. Deze waarden komen zelfs in het verdachtenbankje terecht. In de vox populi in 2002 heeft het 'softe vergoelijken' geleid tot de moord. Het is een omkering van oorzaak en gevolg die ik niet kan of wil bevatten.

Wegzinken in bitterheid of zelfmedelijden is een luxe die ik me niet kan permitteren. De maanden na de moord en de Kamerverkiezingen verlopen chaotisch. Het CDA onderhandelt met de VVD en de LPF over de vorming van een nieuwe regering. Het parlement ligt stil en de fractie van GroenLinks functioneert nauwelijks. Paul wordt in beslag genomen door de nasleep van de dood van Ab en de hevige bedreigingen en zware beveiliging die niet alleen hemzelf maar ook zijn gezin van streek brengen en onvrij maken. Paul ontvangt kogelbrieven, al dan niet begeleid door de mededeling dat als hij niet voor 1 juni de politiek verlaat hij voor kerst weduwnaar zal zijn. Omdat Paul nauwelijks publiek optreedt, neem ik als tweede op de lijst de honneurs waar en daarmee kom ik nadrukkelijker in de cirkel van politieke verdachten terecht.

Daags voor de moord op Fortuyn is er bovendien op mijn initiatief een breed ondertekend manifest gepubliceerd met als titel *Stop de angst, herstel het vertrouwen. Manifest voor de multiculturele samenleving*. Samen met onder anderen hoogleraar Han Entzinger die inmiddels als gematigd geldt, de advocaat Cees Korvinus, de schrijvers Marion Bloem, Said El Haji, Marcel Möring en de kunstenaar Marlene Dumas doe ik een oproep de politieke polarisatie te doorbreken omdat deze een 'onverschillige en harde samenleving in de hand werkt'. Samen vragen wij om erkenning van de multiculturele samenleving, zonder dat dit met laisser-faire gepaard gaat. 'Verwijzen naar de geleidelijkheid van integratie en vrolijke diversiteit is ons niet genoeg,' schrijven we. Wij willen niet wegkijken bij de onveiligheid die de multiculturele samenleving geeft als je 'in de tram staat tussen mensen die je niet verstaat' of 'als enige witte ouder je kind naar een zwarte school brengt'. Wij pleiten voor de erkenning van gedeelde, universele normen en 'verzetten ons tegen cultuurrelativisme waarin gedeelde normen kunnen plaatsmaken voor particuliere of groepsnormen. Wij verzetten ons ook tegen het cultuurrelativisme van Pim Fortuyn die vindt dat moslims zich in "hun" werelddelen niets van de mensenrechten hoeven aan te trekken.'

Na de moord valt het tweede element uit het manifest – de nadruk op mensenrechtelijk universalisme en het handhaven van de normen en wetten uit het Nederlands recht – weg in het verhitte publieke debat. Omdat ik me duidelijk uitspreek voor de multiculturele samenleving word ik op internet en in columns een symbool van cultuurrelativisme, hoewel ik dit uitdrukkelijk verwerp.

Wat mij ook bepaald niet helpt is dat ik vlak voor de moord Pauls uitspraak over extreemrechts heb herhaald. Tijdens een interview op 3 mei 2002 met John Simpson voor BBC-televisie zegt Fortuyn over moslims: 'We hebben een hele hoop gasten in huis, die het huis willen overnemen en dat stoort de huiseigenaar.' Als Simpson hem verwijt hiermee racistisch te zijn breekt Fortuyn het interview af. Direct na de uitzending van het interview word ik bij het tv-programma *Nederland kiest* gevraagd wat ik daarvan vind. Anders dan de VVD'er Henk Kamp die tegenover me zit en Simpsons oordeel over racisme direct onderschrijft, geef ik Fortuyn gelijk dat de uitspraak niet racistisch is omdat moslims onmogelijk als een ras kunnen worden gekwalificeerd. Als de interviewers aandringen zeg ik wel: 'Als u het graag in een hokje wilt stoppen, de uitspraak is wel extreemrechts.'

Vooral deze uitspraak keert zich als een boemerang tegen me. Een maand na de verkiezingen neem ik opnieuw deel aan een discussie op tv, deze keer in het programma *Buitenhof*. Samen met de Iraanse publicist Afshin Ellian en de filmer Theo van Gogh praat ik over de grenzen aan de vrijheid van meningsuiting. Van Gogh is als goede vriend van Fortuyn nog hevig geëmotioneerd. Het debat is desondanks lang beleefd en inhoudelijk. Gedrieën zijn wij het erover eens dat de vrijheid van meningsuiting weinig grenzen kent. Ik verdedig het recht om de uitspraken van een politicus extreemrechts of extreemlinks te noemen en bekritiseer Van Gogh dat hij met twee maten meet. Terwijl hij zichzelf en Fortuyn geen enkele beperking oplegt in het beschimpen van anderen, houdt hij vol dat de kwalificatie 'extreemrechts' niet kan. Ellian sluit zich bij mij aan en dat zint Van Gogh niet. Aan het einde van de uitzending, als de titels al over het scherm lopen, zegt hij plotseling terwijl hij me aankijkt: 'Jullie hebben loon naar werken. Gefeliciteerd! Want het is dan toch gelukt. De man die de verkiezingen zou winnen is omgelegd en that's it!' Terwijl Witteman ons afkondigt en de kijkers bedankt mompel ik alleen nog machteloos: 'Dit vind ik echt beneden peil.'

Na afloop komt presentator Paul Witteman op mij af. Ik ben zo boos en van streek dat ik sta te trillen op mijn benen. Juist iemand als Van Gogh, die de meest gruwelijke opmerkingen over anderen maakt en dat recht met veel bombarie opeist, schuift mij een moord in de schoenen als ik óók zeg wat ik denk. Bovendien voedt hij welbewust de antistemming tegen linkse politici zoals ik. Ik ervaar dat als intimiderend maar vooral als diep onrechtvaardig. Witteman zegt dat ik Van Gogh hiermee moet confronteren. Dat doe ik. 'Waarom zeg je dat? Vind je nou echt dat mensen met een andere mening verantwoordelijk zijn?' vraag ik Van Gogh. Hij lacht alleen maar, haalt zijn schouders op en loopt weg.

Als dit tv-debat plaatsvindt ben ik vier jaar Kamerlid. Ik ben eraan gewend geraakt dat me intenties worden toegedicht die ik niet heb. Een opmerking herbergt altijd een agenda, met een mening heb je altijd onuitgesproken strategische bedoelingen en zelden goede. Omdat je politicus bent word je gewantrouwd en hangt het verwijt van leugenachtigheid altijd in de lucht. Van een mens van vlees en bloed die soms stellig is, af en toe twijfelt en zich ook weleens vergist, verander je voor de buitenwereld in een politiek dier, dat scrupuleus wil overleven en de macht wil hebben.

Als ik ervarener word in het parlementaire werk leer ik me er beter mee verzoenen dat dit de prijs is die je betaalt voor de bevoorrechte positie die je inneemt. De publieke autoriteit die je met het Kamerlidmaatschap in de schoot krijgt geworpen, roept weerzin op bij degenen die het met je oneens zijn, en vooral bij de kiezers die zich ongekend en onbegrepen voelen door de Haagse politiek. Die weerzin wordt dagelijks gevoed in nieuwsanalyses waarin parlementaire journalisten uitleggen dat in Den Haag niets is wat het lijkt: achter de schermen, in de achterkamers van de politieke besluitvorming, zijn er altijd andere motieven doorslaggevend dan die waarvan politici publiekelijk kond doen.

Hoewel het publieke beeld van politici als gespleten persoonlijkheden, als Jekyll en Hyde, veelal buiten hen om ontstaat, dragen zij er wel zelf aan bij. Politici en hun spindoctors zijn nooit te beroerd om de uitspraken van een politieke tegenstander voor journalisten te ondertitelen en anoniem van negatief commentaar te voorzien. Vaak hebben zij de doorzichtige bedoeling daarmee zichzelf als eerlijker, intelligenter en vakbekwamer dan de ander te karakteriseren. Aangezien de tegenstander negatieve beelden over zichzelf nooit onbestraft laat maar in gelijke doses terugkaatst, is er dagelijks voer voor parlementair journalisten om het publiek mee te bedienen.

Tot de moord op Fortuyn beperkt de weerzin tegen politici zich tot verwijten van geniepigheid, domheid, egoïsme en het versjacheren van kiezersbelangen ten gunste van het eigenbelang. Ook in mijn eerste politieke jaren ontmoet ik dit soort oordelen. Het liegen van Tara Singh Varma strekt zich in sommige publieke oordelen uit tot mij, net zoals de discutabele steun van de CPN aan de Sovjet-Unie en de DDR in de jaren zeventig en tachtig op weblogs weleens wordt gebruikt om mij als fanaticus te diskwalificeren. Het is weliswaar onprettig om schuldig te worden gemaakt aan andermans gedrag, maar het blijft tot dan toe incidenteel, binnen de grenzen van een vreedzaam democratisch debat en het ontneemt je niet het recht van spreken.

De opmerking van Van Gogh bij *Buitenhof*, zoals er in de maanden na de moord vele vergelijkbare uitspraken over politici worden gedaan, is van een andere orde. Politici worden hierdoor obscuur gemaakt. De grens tussen politiek en misdaad raakt verduisterd, net als het verschil tussen een hard democratisch debat en gewelddadige intimidatie. Het gevolg ervan is dat er onder politici een cultuur van angst ontstaat. Men is bang voor bedreigingen, maar ook als de dood om te boek te staan als een multiculturele apologeet op wie alle ellende kan worden teruggevoerd.

Na afloop van de *Buitenhof*-uitzending voel ik me vies. Van Gogh heeft me geen ruimte gelaten voor een weerwoord maar zich enkel retorisch vergewist van mijn kwade opzet ('het is dan toch gelukt'). Hij heeft mij en mijn intenties daarmee verdacht gemaakt. Dat kan ik niet ongedaan maken en dat zal me, merk ik later, nog jaren achtervolgen.

Anders dan Paul word ik niet beveiligd. De dreigingsanalyses die door de Algemene Inlichtingen- en Veiligheidsdienst worden gemaakt beperken zich tot de lijsttrekkers. Met uitzondering van die ene doodsbedreiging zijn er ook geen concrete aanwijzingen dat mensen het op mij hebben gemunt.

Toch voel ik me onbehaaglijk, zeker nadat ik op straat een aantal keren word uitgescholden. Door de openlijke twijfel aan mijn integriteit door Van Gogh denk ik overal argwaan en vijandigheid te ontmoeten. Ik voel me beschaamd door het oordeel dat ik bij anderen vrees, en tegelijkertijd onheus behandeld omdat dit oordeel niet klopt. Maandenlang mijd ik publieke optredens zoveel mogelijk, net als supermarkten, cafés en andere drukbezochte plekken en verschans ik me thuis.

Thuis vind ik het echter ook weinig prettig. Robert is alleen begin juni een paar dagen in Nederland, om dan weer terug te keren naar Servië om zijn documentaire af te maken. In onze telefoongesprekken slaag ik er telkens minder in om mijn onbehagen over te brengen. Van een afstand beschouwd, en zeker vanuit een oorlogsgebied, oogt Nederland hysterisch. Robert vindt dat ik slecht relativeer. Als ik hem vertel over de confrontatie met Van Gogh, zegt hij: 'Daar lach je toch om?' Hij herinnert me eraan dat dit niet persoonlijk is, dat ik een symbolische figuur ben en dat Van Gogh de opmerking net zo goed tegen iemand anders had kunnen maken.

Zijn commentaar komt niet aan. De Nederlandse hysterie is ook de mijne, en ik verwijt hem op mijn beurt dat hij inlevingsvermogen mist en me onvoldoende steunt. We bellen elkaar daarna minder en onze levens schuiven langs elkaar heen. Hij is ondergedompeld in de subcultuur van studenten en kunstenaars in Belgrado die de verwoesting van de oorlog achter zich proberen te laten. Ik ben thuis volledig in beslag genomen door het binnenlandse strijdtoneel. Als hij uiteindelijk in augustus thuiskomt blijkt de afstand tussen ons te groot geworden. We maken het uit.

In diezelfde zomer van 2002 wordt het eerste kabinet-Balkenende geïnstalleerd. Behalve het CDA nemen ook de VVD en de LPF eraan deel. Bij het debat over de regeringsverklaring op 26 juli 2002 is Paul afwezig omdat vlak daarvoor zijn schoonvader is overleden. Ik zal zijn plaats innemen, hoewel ik geen enkele ervaring heb met fractievoorzittersdebatten over de algemene politieke koers. Mijn parlementaire status en hoge plaats op de lijst dank ik aan mijn mediageniekheid en mijn succesvolle woordvoerderschap justitie en asiel; in economische en sociale debatten ben ik een onbeschreven blad. Samen met Kees Vendrik bereid ik mijn inbreng consciëntieus voor en probeer ik mijn zenuwen de baas te blijven.

De politiek leiders die aan het debat deelnemen ontzien me en geven me tegelijkertijd ruimte, zich realiserend dat ik een politiek ongevaarlijke stand-in ben in lastige omstandigheden. Niemand heeft ook behoefte om elkaar echt de maat te nemen, regeringspartijen en oppositie niet, links en rechts niet. De voormalige paarse bondgenoten, PvdA, VVD en D66 hebben bij de verkiezingen fors verloren en likken net als GroenLinks hun wonden. De nieuwe regeringspartijen zijn nerveus over het ongewisse avontuur dat ze onvermijdelijk moeten aangaan met de Lijst Pim Fortuyn. Op hun beurt trachten Fortuyns politieke erfgenamen te bewijzen dat ze respectvol met de nalatenschap kunnen omgaan, ondanks de al snel woekerende binnenbrandjes in de jonge partij. Iedereen is ook moe door de schok van de moord, het geruzie, de verdachtmakingen en de bedreigingen.

Ondanks mijn zenuwen verloopt het debat goed totdat het tegen het einde alsnog misgaat. De fractievoorzitter van de LPF, Mat Herben, zegt in zijn bijdrage dat bedreigingen zullen uitblijven ‘als politici respectvol met elkaar omgaan en burgers serieus nemen in hun angsten en onzekerheden’. Ik val hem daar verontwaardigd op aan. Terwijl Paul Rosenmöller en zijn vrouw hun huis niet kunnen verlaten zonder zware beveiliging, suggereert Herben dat politici de bedreigingen aan zichzelf hebben te danken. Herben volhardt en tussen ons ontspint zich een scherpe woordenwisseling. Als ik bij herhaling naar de interruptiemicrofoon loop omdat ik per se wil dat hij erkent dat ook linkse politici bevrijd mogen blijven van doodsbedreigingen, hoor ik plotseling gesis. In de voorste bankjes van de LPF zit Ferry Hoogendijk, een oud-uitgever van het weekblad *Elsevier*, en vriend van Pim Fortuyn. Als ik naar hem kijk, herhaalt hij het sissen, en zegt hij tot twee keer toe: 'Wegwezen jij!'

In september breekt een nieuw parlementair jaar aan en de verhoudingen om mij heen stabiliseren zich. Terwijl de LPF van ruzie naar ruzie wankelt, gaat Paul weer aan het werk en lijkt hij zijn werklust en energie te hervinden. Ik haal opgelucht adem over het herstel van de hiërarchische verhoudingen: Paul leidt de fractie en ik opereer als gewoon Kamerlid achter hem.

Van de politie hoor ik dat de man die mij op de avond van Abs begrafenis met de dood heeft bedreigd, is opgepakt. Ik vraag of ik hem mag spreken, waarmee een paar weken later, na overleg tussen politie en Openbaar Ministerie wordt ingestemd. Ik ontmoet de man op het politiebureau in mijn buurt in Amsterdam-West, in het gezelschap van de rechercheurs die hem hebben opgepakt. Het is een schichtige, kwetsbare man. In het halve uur dat ik tegenover hem zit, huilt hij onophoudelijk. Hij schaamt zich en betuigt spijt. Hij dreigde uit zijn huis te worden gezet, zegt hij, en had grote schulden. Dat werd hem te veel en hij raakte in paniek. Op de bewuste avond heeft hij het van zich af willen schrijven, iemand verantwoordelijk willen maken voor zijn ongeluk, en die eer viel mij te beurt. In eerste instantie reageer ik boos en houd ik hem voor hoe belachelijk zijn gedrag is en hoeveel angst hij mij heeft aangejaagd. Naar hem luisterend verzacht ik. De man is 's nachts van zijn bed gelicht en heeft een paar dagen in de cel gezeten. De schrik daarvan is hij nog niet te boven. Hij vertelt ook dat een strafblad ertoe zal leiden dat hij dakloos raakt. Ondanks mezelf bekruipt mij een gevoel van medelijden. Na afloop van het gesprek dien ik een verzoek in bij het Openbaar Ministerie om de man te ontslaan van strafvervolging. Mijn behoefte aan wraak is, evenals de angst, tijdens het gesprek uit me weggevloeid. Het verzoek wordt niet gehonoreerd. De man is de eerste bedreiger van politici die is opgepakt en het OM wil een daad stellen. Ruim een jaar later lees ik in *De Telegraaf* dat de man door de rechter is veroordeeld.

In dezelfde periode overlijdt prins Claus. Voor de Kamer en de buitenwereld is inmiddels duidelijk dat het kabinet wankelt door de grote ruzies in de LPF, met name tussen de LPF-ministers Herman Heijnsbroek en Eduard Bomhoff. Op de dag van de bijzetting van prins Claus in het familiegraf in Delft, op 15 oktober 2002, komen de conflicten in het kabinet tot een climax. In de Nieuwe Kerk in Delft, waar de afscheidsdienst plaatsvindt, maken Kamerleden en ministers van de LPF openlijk ruzie met elkaar. Dat is ook voor mij en de andere genodigden hoorbaar en zichtbaar.

De dienst maakt grote indruk op mij. Het ingetogen militaire ritueel, de stilte als de kist wordt binnengedragen, het ingehouden verdriet van de koninklijke familie: het is stijlvol en wellevend. Dominee Huub Oosterhuis eindigt zijn overdenking met de woorden 'dat wij in stilte uitspreken wat er in ons leeft'. Het gekift van de LPF'ers contrasteert er pijnlijk mee en dat leidt bij mij en anderen tot plaatsvervangende schaamte. Na afloop van de dienst praat ik met PvdA-senator Ed van Thijn. 'Deze dienst dwingt politici tot beschaafd gedrag,' zegt Van Thijn. 'Het is de milde wraak van prins Claus op de chaos die politici het afgelopen halfjaar hebben laten ontstaan.' Diezelfde avond valt het kabinet.

De gebeurtenissen in het najaar van 2002, vooral het wegvallen van de persoonlijke bedreiging en de dwingende schoonheid die de uitvaart van prins Claus begeleidt, hebben op mij een reinigend effect. Geleidelijk plaats ik de volkswoede die volgde op de moord, de bedreigingen en de agressieve uitval van Hoogendijk in de Kamer tegen mij in een redelijker perspectief. Ik realiseer me dat, anders dan ik eerder dacht, Nederland niet hysterisch is geworden. Er zijn na de moord geen grootschalige rellen uitgebroken, er is geen geweld meer gebruikt en de bedreigingen zijn akelig maar in aantal beperkt gebleven. De onrust die er ontstond, is begrijpelijk na zo'n brute moord op een geliefde leider.

Ik besef dat het politieke landschap wel is veranderd. De schaduw van Pim Fortuyn hangt over het parlement en zijn stijl en geluid zullen navolging vinden. GroenLinks is in de nieuwe omstandigheden op een heel andere plek terechtgekomen. In plaats van een opkomende, interessante politieke partij kleeft er nu het imago van de boosdoener, van machtig en onplezierig establishment aan. GroenLinks is van een welkome oppositiepartij een voor velen ongewenste politieke speler geworden. Hoe onterecht ik die beeldvorming ook vind, ik ben inmiddels ervaren genoeg om te weten dat dit de riemen zijn waarmee we moeten roeien.

Robert en ik leggen het in oktober bij. Na een maandenlang verblijf in Servië heeft hij zijn weg in Nederland weer gevonden, terwijl ik rustiger en meer ontspannen ben. En ik heb hem heel erg gemist, zijn gezelschap en zijn verhalen en interesses, maar ook zijn soms voor mij harde relativeringsvermogen. We besluiten dat we juist dichter bij elkaar willen zijn en meer met elkaar willen praten. We hakken de knoop door. We hebben elkaar niet meer op zicht, maar gaan werkelijk het avontuur met elkaar aan. We willen kinderen en we denken, nu ik ervarener ben en wat beter afstand kan nemen, dat de politiek ons leven niet meer zo zal beheersen. Het is een fijn vooruitzicht dat aanhoudt tot ik Robert op donderdagmiddag 14 november 2002 bel.

5
De lijsttrekker

Aangekomen op de Erasmus Universiteit leiden twee hostesses me door een doolhof van gangen naar een stille kamer. ‘Elke lijsttrekker krijgt er één,’ zeggen ze, ‘om zich in alle rust op het tv-debat voor te bereiden.’ Tom van der Lee en Kees Vendrik lopen met me mee, maar ze worden tegengehouden. Het is de bedoeling dat ze alvast in de zaal gaan zitten want de beveiliging laat ze er straks niet meer door, leggen de hostesses vriendelijk uit. Ze wensen me succes, we zeggen elkaar gedag en ik blijf alleen achter. De kamer is leeg, op een tafel en wat stoelen na. Op tafel staat een schaal met broodjes, genoeg om een groot gezelschap te voeden. De gele bakstenen muren zijn kaal. De gordijnloze ramen zijn, nu het donker is, een gapend zwart gat. Ik loop de gang op, zoekend naar bekenden, naar andere politici. Het is er leeg, alle deuren zijn dicht. Erachter vermoed ik andere lijsttrekkers, net als ik wachtend tot het debat begint. Ik durf niet aan te kloppen want ik weet niet wat ik zou moeten zeggen en ben ook bang dat mijn behoefte aan contact als een teken van zwakte wordt gezien. Terug in de kamer ga ik op een stoel zitten, kies dan een andere, sta op en loop om de tafel heen. Ik herinner me een goedbedoeld advies om te ontspannen door met al je gewicht tegen een muur te duwen alsof je deze omver wilt halen. Ik probeer het een paar keer, realiseer me dan dat achter het zwarte gapende gat van het raam voor mij onzichtbare mensen zich nu misschien verkneukelen over mijn gevecht met de muur. Ik ga weer zitten en wacht.

Het eerste dat je als beginnend lijsttrekker leert is dat een slechte start zich niet meer corrigeert in de loop van de campagne. Een enkele uitzondering daargelaten wordt de verliezer van het eerste tv-debat ook een verliezer in de peilingen en in de beeldvorming, en zelden een winnaar op de uitslagenavond. Om de verkiezingsdebatten in de campagne wordt hard gevochten. De grootste partijen hebben er belang bij dat de kleinere, concurrerende partijen niet worden uitgenodigd. Zodra de verkiezingscampagne verandert in een strijd om het premierschap weten VVD, CDA en PvdA dat SP, D66, GroenLinks of de ChristenUnie het nakijken hebben. Kiezers stemmen liever op de grootste partij als deze de premier kan leveren dan op een partij die hun hart heeft maar waarschijnlijk tot de oppositie wordt veroordeeld.

De verkiezingscampagne voor de verkiezingen van 2003 begint met een premiersdebat georganiseerd door RTL 4 waarvoor alleen de lijsttrekkers van CDA, VVD, PvdA en de SP zijn uitgenodigd. Naast Jan Marijnissen en Jan Peter Balkenende maken Wouter Bos en Gerrit Zalm daar hun debuut. Een aantal maanden eerder is Wouter Bos na een spetterende campagne door zijn partij gekozen om lijsttrekker te worden. Hij geldt als *the new kid on the block*: fris, helder en onbesmet door de Fortuynperiode die zijn voorganger Ad Melkert is opgebroken. Tijdens het eerste debat maakt hij de verwachtingen waar. Tegenover de onduidelijk sprekende Balkenende en een nerveus hakkelende Zalm is zijn omhaal van woorden klein en zijn uitstraling groot. Na afloop oordelen parlementair journalisten dat Bos het debat heeft gewonnen. Marijnissen is een goede tweede en Zalm eindigt roemloos als laatste. In de dagen die volgen gonst het in de kranten en op tv dat Bos de onverwachte winnaar van de verkiezingen kan worden, nadat de PvdA na de moord op Fortuyn veel kiezers heeft verloren. De peilingen bevestigen dit met elke week die verstrijkt meer en meer.

Terwijl Bos en in mindere mate Marijnissen zich als potentiële winnaars lanceren, moet ik nog beginnen. Ik dank mijn lijsttrekkerschap niet aan een overtuigend gewonnen partijreferendum. Door het plotselinge vertrek van Paul ben ik tien dagen voor het kandidatencongres van GroenLinks voorgedragen. Daar valt me een Albanese uitslag van 98 procent van de leden in de schoot. Bij de afwezigheid van een tegenkandidaat zegt dit weinig over de werkelijke steun die ik in GroenLinks geniet.

Ik kamp ook met een ander beginnersprobleem. In peilingen blijk ik de grote onbekende onder de politiek leiders te zijn. Minder dan de helft van de Nederlanders zegt te weten wie ik ben. Dat is voor een lijsttrekker dramatisch slecht. Om enige kans te maken moet ik ervoor zorgen dat minimaal 80 procent van de Nederlanders mij kent. Vanaf mijn verkiezing als lijsttrekker door het GroenLinks-congres eind november 2002 en de Tweede Kamerverkiezingen in januari 2003 heb ik daar krap twee maanden de tijd voor.

Voorafgaand aan mijn eerste lijsttrekkersdebat aan de Erasmus Universiteit maak ik een slopende gang langs ochtendlijke talkshows en lokale nieuwsprogramma's. Ik word geïnterviewd in alle denkbare vrouwenbladen en houd toespraken in achterafzaaltjes verspreid door het hele land. Mijn bekendheid groeit snel maar dat geldt niet in dezelfde mate voor mijn populariteit. Ik ben de enige vrouwelijke lijsttrekker en de overdaad aan lichte programma's en interviews komt me op kritiek te staan: niet zakelijk, te persoonlijk, te weinig doelgericht.

Zelf beleef ik er ook weinig plezier aan. Interviewers, bewapend met knipselmappen met oudere vraaggesprekken, stellen me aanhoudend dezelfde vragen. Deze gaan over mijn jeugd, over de echtscheiding van mijn ouders, over mijn partner en over vrouw-zijn in een door mannen gedomineerde campagne. Ik ondervind hinder van de openhartigheid uit de eerste interviews die ik als Kamerlid heb afgegeven. Het beeld van de emotionele, ambitieuze en getergde jonge vrouw blijft, ondanks het verloop van vier jaar, als journalistieke typologie heel bruikbaar. De interviews zijn als een mal waar ik met mijn hele hebben en houden in word geduwd, en wat eruit komt is een afgietsel van mij dat herkenbaar maar vervormd is. Ruimte voor speelsheid of onconventionaliteit is er niet. Interviewers melden voor opname dat het kort en helder moet zijn voor de kijkers en luisteraars, dat mensen er behoefte aan hebben om de lijsttrekker te begrijpen en ik dus niet te veel mitsen en maren moet opwerpen. Vanuit het campagneteam klinken vergelijkbare oproepen. Mijn bekendheid is niet gediend met lange, inhoudelijke betogen. In de korte campagne die aan de verkiezingen voorafgaat, moeten de mensen me aardig kunnen vinden en zichzelf in mij kunnen herkennen.

De voortekenen voor de verkiezingen zijn daarbij voor mij niet gunstig. Het Erasmusdebat waarin ik begin januari debuteer en dat georganiseerd is door het televisieprogramma *Twee Vandaag* geldt als een vijandige omgeving. De studenten van de Erasmus Universiteit zijn over het algemeen liberaal, neigend naar conservatief. Voor *Twee Vandaag* geldt dit verhevigd: hun vaste kijkers zijn middelbaar en ouder, en behoudend. Ze paren voorliefde voor regeringspartijen aan lichte afkeer van de oppositie. Om applaus in de zaal te sorteren en populariteit bij de tv-kijkers te verwerven ben ik aangewezen op slimme oneliners en op standpunten die het publiek niet te veel tegen de haren instrijken. Direct na het debat mogen de tv-kijkers hun stem uitbrengen op de beste lijsttrekker. Het resultaat van die stemming wordt bekendgemaakt als de lijsttrekkers nog op het podium staan, hun spontane reacties worden opgenomen en ook uitgezonden.

Als ik na een kwartiertje word opgehaald uit mijn privékamer aan de Erasmus Universiteit is er weinig van me over. Bij afwezigheid van geruststellende anderen zijn mijn gedachten met me aan de haal gegaan. Mijn zorgvuldig geoefende argumenten zijn samen met mijn concentratie verdampt. Er maalt nog maar één zin door mijn hoofd terwijl ik naar de zaal loop: 'Ik kan dit niet.' In gedachten heb ik stadions met duizenden mensen gevuld, wetende dat dit maar een fractie is van het tv-kijkende publiek. Als ik het podium betreed, trilt alles. Mijn knieën, handen, gezichtsspieren. De andere lijsttrekkers keuvelen ontspannen of spelen hun zorgeloosheid overtuigend. De instructies die we krijgen voordat de camera's beginnen te draaien, hoor ik nauwelijks.

Elk televisiedebat vergt precisie en voorspelbaarheid. Iedere lijsttrekker krijgt een katheder toegewezen dat bij voorkeur van doorschijnend plexiglas is gemaakt, zodat je lichaam en bewegingen zichtbaar blijven. Elke vochtige handafdruk zie je erop, net als de plasjes uit het gutsende glas water dat op een plankje bij je knieën staat. Je hebt een vaste plaats op het podium die je alleen verlaat om deel te nemen aan een 'een-op-een-debat' met een politieke tegenstander. Dan loop je over een onzichtbare lijn naar een stip in het midden waarop je stil moet blijven staan: onverhoedse bewegingen naar links of rechts kan de camera niet registreren. Behalve een ordelijk hoofd vergt een lijsttrekkersdebat dus lichaamsbeheersing, ook om te vermijden dat een oplettende cameraman je filmt als je net je schouders of je neus ophaalt. Je bent continu zichtbaar en een onbedoelde beweging krijgt gemakkelijk grote en zelden gunstige symbolische betekenis.

Zoals de toegang tot een lijsttrekkersdebat onderwerp is van harde onderhandeling, geldt dit ook voor de onderwerpen en voor de tweetallen die met elkaar debatteren. Hoewel de tv-redacteuren die het lijsttrekkersdebat voorbereiden altijd volhouden dat niet de politici maar onafhankelijke journalisten de inhoud ervan bepalen, is de werkelijkheid anders. Spindoctors bespelen de redacteuren, dreigen op gezette tijden hun politicus terug te trekken en maken bondjes met andere partijen. PvdA en VVD stellen onderwerpen voor waarop ze zowel elkaar kunnen bestrijden als afzonderlijk kunnen gloriëren. Op arbeid of inkomensongelijkheid kunnen ze hun eigen kiezers behagen door een heldere en voor beide partijen comfortabele tegenstelling te creëren. Naarmate de politieke partijen kleiner worden neemt hun invloed op de onderwerpen en de gewenste tegenstanders af. CDA, VVD en PvdA dicteren de belangrijkste onderwerpen, de anderen hebben zich te voegen.

Hoewel ik mijn zenuwen nauwelijks de baas ben, verlopen de eerste discussies aan de Erasmus Universiteit zonder grote problemen. Ik geef netjes mijn mening als ik ernaar word gevraagd, interrumpeer weinig, val nauwelijks op maar vergaloppeer me ook niet echt. Op de belangrijke thema's zoals de tegenvallende economische verwachtingen, werkloosheid en de problemen in de sociale zekerheid gaat de belangstelling vooral uit naar de opvattingen van de grote partijen die kandidaat zijn voor regeringsdeelname. In plaats van me ertussen te wurmen, zoals elke lijsttrekker van een kleinere partij te doen staat, laat ik het debat lijdzaam aan me voorbij trekken.

Dan mag ik naar voren komen voor het een-op-een-debat. Tegen de zin van mijn campagneteam onder leiding van Tom van der Lee is mij het onderwerp criminaliteit ten deel gevallen. Weliswaar ben ik in het onderwerp thuis maar mijn opvattingen gelden niet als een pre. Een halfjaar na de moord op Fortuyn hunkert het merendeel van de Nederlandse bevolking naar law-and-order en herstel van hiërarchische gezagsverhoudingen. Een pleidooi voor rechtsstatelijkheid en preventie uit mijn mond staat gelijk aan een aanbeveling om op een andere partij te stemmen. Toms pogingen om de redacteuren van *Twee Vandaag* op andere gedachten te brengen zijn echter gestrand. Mijn opponent, Zalm van de VVD, laat zich de kans niet ontnemen om zich als rechtse houwdegen te profileren.

In de dagen voorafgaand aan het debat heb ik eindeloos geoefend op slimme oneliners. In mijn bagage heb ik zelfs een enkel repressief voorstelletje dat Zalm op het verkeerde been zet. Ook heb ik me het advies om niet te luisteren naar je tegenstander maar vast te houden aan het eigen verhaal ingeprent.

Ik kom er niet aan toe. Nadat de presentator het onderwerp heeft geïntroduceerd kondigt hij Gerrit Zalm en mij aan: 'Als je de verkiezingsprogramma's van de VVD en GroenLinks goed leest over het onderdeel veiligheid dan kun je in ieder geval één conclusie trekken. Bij de een zie je de harde hand van Gerrit, bij de ander de zachte hand van Femke. Anders gezegd: wordt het een politieman of een stadswacht?' En als ik naar voren loop, naar de stip, wordt de 'zachte hand' nog eens spottend herhaald, gevolgd door de openingsvraag: 'Vijfduizend agenten bij de VVD, hoeveel bij u?' Daar past maar één eerlijk maar electoraal ook desastreus antwoord op en dat geef ik: 'Nul.'

Voordat Zalm en ik van start gaan weet ik dat ik het pleit heb verloren. Uit de zaal klinkt gegniffel. De zachte heelmeester van links, de vrouwelijke hand, is een beeld dat ik misschien had kunnen repareren als ik scherpzinnig en ad rem was geweest. Die capaciteiten kan ik op dat moment alleen niet aanboren. Het debat gaat in een onaantrekkelijk welles-nietes voorbij. Mijn oneliners ben ik vergeten, net als mijn repressieve troefkaart. Mijn gespannen gezichtsuitdrukking, het zwarte pak dat ik tegen het advies van het campagneteam heb aangetrokken om me veilig te voelen en mijn gefronste wenkbrauwen doen de rest.

Gedurende de rest van het lijsttrekkersdebat weet ik me ook niet meer te herstellen. In de zaal vang ik af en toe de bemoedigende blikken van Tom en Kees op maar deze helpen niet, eerder weerspiegelen ze mijn paniek. Aan het einde van het debat komt de uitslag van de tv-kijkers binnen. Samen met Mat Herben van de LPF eindig ik roemloos als laatste. Als ik het podium af loop neem ik de stropdas in ontvangst die de aardige hostesses van de universiteit als dank aan alle lijsttrekkers uitreiken.

Al voor het slecht verlopende debat aan de Erasmus Universiteit staat GroenLinks er beroerd voor in de peilingen. De plotselinge leiderschapswisseling en de relatief onbekende lijsttrekker maken de vooruitzichten begin januari nog erger. GroenLinks staat in de peilingen wisselend op zeven à acht zetels, in de loop van januari zakt dit naar zes, om een week voor de verkiezingen zelfs op vijf uit te komen.

Slechte peilingen zijn de achilleshiel van elke lijsttrekker. In campagnetijd wordt er twee keer per week vol spanning op gewacht, hopend dat er een zetel, of in ieder geval een paar procentpunten, is bijgekomen. De afhankelijkheid van peilingen werkt op twee manieren. Goede peilingen motiveren de mensen om je heen en jezelf. De campagne die je als lijsttrekker leidt, wint daardoor ogenblikkelijk aan snelheid en creativiteit. Belangrijker nog is het effect van peilingen op de buitenwereld en daarmee indirect op de partij en jezelf. Een slechte peiling, en daar valt een stabiel blijvend zetelaantal ook onder, is slecht nieuws en dat is interessant voor journalisten.

Vanaf mijn aantreden als lijsttrekker zijn de slechte peilingen het belangrijkste gespreksthema met parlementair journalisten. Elk gesprek heeft ongeveer hetzelfde verloop. 'Het gaat niet goed, mevrouw Halsema,' luidt de wat pesterige openingszin. Mijn antwoord varieert dan tussen 'gezien de gebeurtenissen van het afgelopen jaar en de leiderschapswisseling ben ik tevreden' en 'de enige peiling die telt is de verkiezingsuitslag en ik begin maar net op stoom te komen'. Dan volgt altijd de vraag of ik 'tekortschiet', 'ik de kiezers wel begrijp' en naarmate de slechte peilingen aanhouden of 'ik wel geschikt ben om GroenLinks te leiden'. Ik probeer de aandacht te verleggen naar een inhoudelijk onderwerp, de sociale of milieuplannen van mijn partij, maar dat lukt maar zelden. Een willekeurige journalist vervolgt dan: 'U zegt dit onderwerp belangrijk te vinden, maar de kiezers zijn daar duidelijk niet van overtuigd. Wat doet u verkeerd?'

Een slechte peiling plaatst je, met andere woorden, met de rug tegen de muur, ontwijken of vergoelijken helpt niet echt. Ronduit bevestigen dat de vooruitzichten miserabel zijn is geen optie. Elke parlementair journalist weet dan dat hij beetheeft en wappert je de peilingen triomfantelijk in je gezicht: 'Nu u erkent dat het slecht gaat, is het wellicht beter om plaats te maken voor iemand die het wel kan.' Bij de onhoudbaarheid van je positie wordt dan geen vraagteken meer geplaatst maar deze wordt als voldongen feit tegen je in stelling gebracht.

Kiezers houden niet van verliezers, ze stemmen liever niet op een partij waarmee het niet goed gaat. Als lijsttrekker ben je je ervan bewust dat peilingen zichzelf vaak waarmaken. Kiezers zien en horen een lijsttrekker worstelen met vragen waarop nauwelijks een antwoord mogelijk is.

Slechte peilingen leiden ook tot onzichtbaarheid. In de aanloop naar de verkiezingen in 2003 heeft GroenLinks meer zetels dan de SP. Toch word ik gepasseerd voor het premiersdebat van RTL4 waaraan wel Balkenende, Bos, Zalm en Marijnissen deelnemen. RTL preludeert op de verkiezingsuitslag door Marijnissen alvast de positie te geven die hem misschien na de verkiezingen toevalt. En RTL is de enige niet. Journalisten bevestigen gevraagd en ongevraagd en met een blik op de peilingen dat GroenLinks er niet zo toe doet.

Overigens is het drama dat zich tegelijkertijd afspeelt bij de LPF vele malen groter. De 26 zetels die de partij een halfjaar eerder tijdens de verkiezingen heeft behaald zijn in de peilingen door de aanhoudende interne ruzies verdampt. In de campagne van 2003 wordt Mat Herben als lijsttrekker nauwelijks nog serieus genomen. Her en der mag hij als vertegenwoordiger van een 'kleine' partij aanschuiven maar op de wezenlijke momenten wordt hij genegeerd.

In de opmaat naar de verkiezingen zijn de peilingen en het dreigende verlies voor mij een bron van somberheid en twijfel. Ik lanceer door medewerkers zorgvuldig voorbereide plannen, broed op argumentatie die overtuigend en aanlokkelijk is en hoop op de magische werking ervan. Twee keer in de week volgt de grote teleurstelling als het enige effect is dat er weer aanhang is weggelopen. Af en toe vlamt de hoop op dat we het pad omhoog weten te vinden als het zetelaantal gelijk is gebleven. Een volgende peiling slaat die hoop dan weer de bodem in. GroenLinks en ik slagen er niet in om potentiële kiezers over de streep te trekken. Liever kiezen zij voor Wouter Bos. Als hij ook nog Job Cohen – dan burgemeester van Amsterdam en mateloos populair – naar voren schuift als premierskandidaat lijkt de PvdA zelfs het CDA als grootste partij te kunnen passeren. Met de opmars van de PvdA dreigt eerst GroenLinks en daarna de SP te worden leeggezogen. Kiezers zijn verleid een strategische stem uit te brengen: liever zeker te weten dat een linkse partij de grootste wordt dan hun stem uit te brengen op een kleinere partij en daarmee rechts aan de macht te helpen.

Behalve de peilingen speelt vermoeidheid me parten. Anderhalve maand lang word ik elke ochtend tegen zeven uur 's ochtends opgehaald en naar een stad of dorp gebracht waar ik de verzamelde aanhang wervend moet toespreken. In de auto op de heenweg lees ik de speech die me wordt aangereikt en die ik een uurtje later geef. Meestal ontbreekt de tijd en de fut om deze zo te bewerken dat het geloofwaardige, min of meer spontane betogen worden van een begeesterde lijsttrekker. Ik heb me ook nog geen verkiezingsvocabulaire aangemeten dat me past en dat me, door de herhaling ervan, herkenbaar maakt, maar lees simpelweg de vaak te overdadige en precieze teksten van ijverige medewerkers voor. De onderwerpen waaieren alle kanten op en doen een zwaar beroep op mijn nog onvoldoende ontwikkelde politieke kennis.

Zo beland ik half januari 2003 op een vroege ochtend in Monnikendam om, in een bijgebouw van de gereformeerde kerk, tijdens een gemeenschappelijk ontbijt de plaatselijke bond van plattelandsvrouwen toe te spreken over duurzame landbouw. Daarbij blijft het niet. Het gesprek gaat ook over de leegloop van plattelandsgemeenten, het verdwijnen van pinautomaten en alle milieuregels waaraan boeren moeten voldoen. Onder de toehoorders bevindt zich tot mijn grote schrik de schrijver Martin Bril. In zijn verslag in *de Volkskrant* een dag later schrijft hij: 'Wat zei Femke? Veel.' Maar ook: 'Femke luisterde, alsof ze alle tijd had. Maar misschien was het ook wel anders hier, en bevond de lijsttrekker zich hier in Monnikendam even buiten de tijd, of in een plooi tussen twee agendaonderdelen: was ze even verlost van de harde *nitty gritty* van het campagne voeren' (het eindeloze glimlachen en lullen in soundbites).

De enkele keren dat anderen aan het woord zijn en ik gedwongen stilzit en luister, zijn inderdaad de enige momenten op een dag dat ik niet het middelpunt van de aandacht hoef te zijn, niet de verwachtingsvolle blikken van anderen op me gevestigd weet. Op elk campagnebezoek volgt namelijk een ander. Per dag worden zo'n twee plaatsen aangedaan. Soms houd ik een speech, soms voer ik een discussie en soms deel ik flyers uit bij een verregend GroenLinks-kraampje op een stil marktplein. Overal waar ik aankom staat een handjevol enthousiaste vrijwilligers klaar. Ze verheugen zich erop om de nieuwe lijsttrekker te ontmoeten, willen trots over hun stad en lokale activiteiten vertellen en hopen met mij de lokale pers te verleiden tot een stukje in de krant. Meestal hebben de plaatselijke afdelingen een aardige 'symbolische' activiteit bedacht waarin ik de hoofdrol heb. In de loop van de campagne plant ik een bos aan jonge bomen, veeg ik vervuilde straten schoon en rijd ik talloze keren rond op een vrolijk versierde fiets in de hoop dat de plaatselijke persfotograaf hiervan een mooi plaatje schiet. Dat is zelden het geval en dan resteert een foto gemaakt door een lokale GroenLinkser en attent toegestuurd met het vriendelijke en dringende verzoek snel weer langs te komen omdat de afdeling daar veel profijt van heeft.

In de auto, tussen de campagnebezoeken door, lees ik me in en bereid ik debatten voor. Ik mis nog specialistische kennis over grote campagneonderwerpen zoals sociale zekerheid, werkgelegenheid, financiën en milieu. Om vrij in een debat te kunnen opereren en de politieke tegenstanders op hun nummer te kunnen zetten, moet ik de cijfers beheersen, de historie van debatten kennen en onze standpunten kunnen afzetten tegen die van anderen. Kees Vendrik en Tom van der Lee vergezellen me elke dag, reiken me onophoudelijk informatie aan, praten op me in en overhoren me. Tussendoor eten we in wegrestaurants en bij benzinestations.

's Avonds zijn er meestal debatten in zaaltjes en soms op tv. Omdat ik de bekendheid en de oefening nodig heb, laat ik zelden verstek gaan. Dat betekent dat ik haast nooit voor twaalf uur 's avonds thuis ben.

Het zijn niet alleen de lange dagen van minimaal vijftien uur, het is ook de spanning die me uitput. De hele campagne heb ik beveiliging. Er zijn weliswaar geen concrete aanwijzingen dat iemand het op me heeft gemunt, maar bij de veiligheidsdiensten zit na de moord op Fortuyn de angst er nog steeds goed in. Aangezien ik ben gaan horen bij de omstreden en door sommigen verafschuwde politici, geldt voor mij een verhoogd risico. Dat betekent dat ik bij al mijn openbare optredens word begeleid door minimaal twee beveiligers van de Dienst Koninklijke en Diplomatieke Beveiliging. Dat geldt in de eerste plaats voor campagneoptredens, maar ook als ik een uurtje vrij heb om nieuwe kleding te kopen die ik constant nodig heb voor tv-debatten. Dan staan de beveiligers voor mijn kleedhokje en geven zij desgevraagd vriendelijk opbouwend commentaar. Hoe decent ze ook zijn, hun continue aanwezigheid geeft de campagne een onheilspellende lading. Bij mij is het naargeestige gevoel dat is ontstaan na de moord, bondig verwoord met 'wegwezen jij', nog niet helemaal weggeëbd. Het besef dat er bij elk tv-optreden mensen zijn die zich walgend afkeren en me veel slechts toewensen, vreet energie. Een lijsttrekker moet kracht en optimisme uitstralen. Dat betekent dat ik negatieve oordelen langs me af moet kunnen laten glijden. Dat lukt soms maar vaker niet. Zeker 's nachts, in de paar uren die er overblijven voor slaap, passeren de afkeurende opmerkingen die ik rechts en links opvang of op internet lees eindeloos de revue.

In een analyse in *de Volkskrant*, twee weken voor de verkiezingen, zegt Tom van der Lee over het aanhoudende verlies in de peilingen: 'We voeren oppositie tegen de tijdsgeest in.' Hij onderstreept daarmee de slogan die hij heeft bedacht en die de verkiezingsposters met mijn gezicht siert: 'Knokken voor wat kwetsbaar is'. GroenLinks, is de boodschap, verdedigt de waarden die in het gedrang zijn sinds de Fortuyn-revolutie. Wij maken ons sterk voor de mensen die aan de kant staan en weinig kansen hebben, voor de multiculturele samenleving, zachte omgangsvormen en de immateriële rijkdom van ons land: milieu, natuur en dierenwelzijn. Alleen, dat wat GroenLinks als kwetsbaar en beschermwaardig beoordeelt, is voor veel kiezers juist de oorzaak van de problemen waarmee Nederland kampt. Allochtonen zijn niet kwetsbaar, is het oordeel, maar bovenmatig vaak crimineel en onaangepast. De 'zachte hand' is ook niets anders dan een klamme deken van politieke correctheid en doorgeschoten tolerantie die al te lang verhindert dat de werkelijke problemen worden geadresseerd. Daarbovenop is Pim Fortuyn vermoord door een milieuactivist, die daarmee de groene beweging van iedere zachtaardige uitstraling heeft beroofd.

PvdA en SP maken een andere keuze. De SP mijdt alle discussies die afleiden van haar belangrijkste politieke boodschap waarmee zij ook ongeschonden door de Fortuyn-periode kwam: de ongelijkheid in Nederland moet kleiner worden. De PvdA neemt, in haar wens om haar electoraat te heroveren op de erfgenamen van Fortuyn, een deel van zijn opvattingen over. Wouter Bos pleit voor twee gevangenen op een cel, voor preventief fouilleren en hij vindt dat buitenlanders die niet integreren moeten worden uitgezet. Het is een voor linkse partijen nieuw en schokkend geluid maar electoraal valt het goed.

Voor GroenLinks is zo'n wending buiten de orde. De partij is voor de buitenwereld het symbool van die 'zachte hand', leden en vertegenwoordigers hechten eraan en zijn er trots op. In het campagneteam is er wel degelijk discussie over onze omgang met de tijdsgeest omdat het vasthouden aan de geloofsartikelen van weleer leidt tot electoraal verlies. Mijn ongelukkige start aan de Erasmus Universiteit demonstreert dat ook. De discussie hierover speelt zich hoofdzakelijk af tussen Tom, mij en Paul Rosenmöller.

Paul heeft bij zijn vertrek aangeboden om mij door de eerste campagne heen te helpen. Hij wil mij goed afleveren en daarmee zijn werk kunnen afronden. Het is een aanbod waarvan ik aanvankelijk dankbaar gebruikmaak. Zijn ervaring en politieke intuïtie komen van pas in een vijandige politieke omgeving. Zo'n twee keer in de week rijden Tom, Kees en ik bij Paul thuis langs en bespreken wij de campagnestrategie terwijl hij eieren bakt. Al snel merk ik dat ook op de achtergrond Pauls advies lastig voor me is. Ik blijf de pupil die de leermeester wil behagen en er moeite mee heeft om af te wijken van zijn strategische keuzes. Terwijl de campagne vordert raak ik er gespannen van.

Pauls advies is om weg te blijven bij de onderwerpen die ons stemmen kosten – criminaliteit en de multiculturele samenleving – en ons te concentreren op het hart van ons politieke programma: de sociale verhoudingen en het milieu. Hij vreest dat ik opgesloten raak in een niche van impopulaire rechtsstatelijke opvattingen die mijn aantrekkingskracht als lijsttrekker tenietdoen.

Die vrees is terecht. Alleen wordt het debat over andere onderwerpen mij nauwelijks gegund. Als lijsttrekker van een kleinere partij heb ik het te doen met wat er overblijft als de anderen zijn uitgesproken. De lijsttrekkersdebatten worden bovendien beheerst door de culturele verschuiving die met de Fortuyn-revolutie in gang is gezet. In die debatten ben ik, zoals ik dat ook de voorbije vier jaar was, de antagonist waartegen de andere lijsttrekkers zich graag afzetten.

Zelf verlang ik er juist naar om dwingender mijn stem te laten horen. Ik erger me aan de botte stereotypen van allochtonen die andere lijsttrekkers hanteren, waar hun partijen nog geen jaar geleden te hoop liepen tegen vergelijkbare uitspraken van Pim Fortuyn. De vaak vrome belofte van VVD, CDA en PvdA om beter te luisteren en geen oude politiek meer te bedrijven, beschouw ik als een verkiezingstruc om het zwevende electoraat van de Lijst Pim Fortuyn binnenboord te halen. Desalniettemin probeer ik lang Pauls advies te volgen, zij het met groeiend onbehagen. Met mijn gebrekkige ervaring en onzekerheid lijkt het me beter om me gedeisd te houden en de suggesties van de routiniers te volgen, zelfs als dat tot kritiek in de krant leidt van anonieme GroenLinksers dat ik te weinig zichtbaar en agressief opereer.

Langzamerhand wordt de situatie onhoudbaar. Ik begin me een trekpop te voelen die netjes beweegt en spreekt als dat haar wordt gevraagd maar uit zichzelf weinig toevoegt. Bovendien kom ik aan bij het point of no return. Een groot electoraal verlies lijkt onafwendbaar. Ik kan als ongeschikte eendagsvlieg ten onder gaan of proberen aan het einde van de campagne nog rumoer te maken. Ook al verliezen we dan, is mijn gedachte, hoef ik me in ieder geval niet voor mezelf te schamen. Dat is ook de boodschap van mijn moeder die een paar dagen voor de verkiezingen mijn kamer in het parlement binnen loopt. Zij ziet mij vermoeid en vertwijfeld zitten en wordt boos. 'Vechtlust,' zegt ze, 'dat verwacht ik van je nu je zover bent gekomen. Jij laat je toch niet uit het veld slaan door een verzameling tweederangsacteurs.' Het is precies het zetje dat ik nodig heb. Ik zeg de afspraak met Paul af om het slotdebat voor te bereiden. Ik zal mijn eigen stem vinden in het laatste debat, en dat moet ik ongehinderd door het advies van mijn voorganger doen, hoe goedbedoeld en verstandig dat ook is, en hoe vervelend ik me er ook over voel dat ik hem wegduw.

Bij het slotdebat dat aan de vooravond van de verkiezingen wordt uitgezonden en voor veel kiezers beslissend is, heb ik het in het een-op-een-debat opnieuw slecht getroffen met het onderwerp en mijn tegenstander. Met Mat Herben van de LPF moet ik debatteren over inburgering en integratie. Maar deze keer, terwijl er drieënhalf miljoen mensen kijken, steek ik mijn kop vol in de wind en draag ik met overtuiging onze impopulaire meningen uit. Als hij mij aanvalt op de gebrekkige bereidheid van GroenLinks om allochtonen met harde dwang te laten integreren, weiger ik in de verdediging te gaan en draai ik het verwijt om. Ik beaam dat er grote problemen zijn maar benadruk dat jonge allochtonen op school en op de arbeidsmarkt ook onvoldoende kansen krijgen om mee te doen. Zij worden, zeg ik, door politici als Herben juist telkens in de hoek gezet waar de klappen vallen. Allochtonen die goed hun best doen worden onterecht op het gedrag van een kleine groep afgerekend: 'Tien procent van de allochtone jongeren is crimineel. Dat is een veel te groot maatschappelijk probleem. Maar ik zeg dat negentig procent van de allochtone jongeren niet crimineel is. En waarom hoor ik u daar nooit over? Zeven procent van de allochtone beroepsbevolking is werkloos. Dat is een groot maatschappelijk probleem. Waarom hoor ik u nooit over de arbeidsmarkt? En waarom hoor ik u nooit over de vierennegentig (sic!) procent die werkt? Waarom hoor ik u daar nooit over? Waarom geeft u iedereen de schuld?'

De uithaal levert me groot applaus op, al zal mijn mening waarschijnlijk door weinigen worden gedeeld en ondanks de rekenfout die mij evengoed op hoongelach had kunnen komen te staan. Ook in de rest van het debat houd ik een onafhankelijke en dwarse positie staande. Als er gedebatteerd wordt over de leeftijd waarop allochtonen met iemand uit het buitenland mogen trouwen verdedig ik uitdagend de vrije partnerkeuze. Elke keer valt me, tot mijn eigen verbazing, groot applaus ten deel. Na afloop is de analyse dat ik dit laatste debat overtuigend heb gewonnen.

Dit moment markeert het begin van mijn leiderschap. Nu ik zelf de regie heb genomen maakt de verlammende angst dat ik dit niet kan plaats voor voorzichtig optimisme. Ik realiseer me wel dat leiderschap niet wordt gevestigd door een enkel gelukkig moment van timing maar door visie en de moed daarnaar te handelen en door strategisch vernuft. Bovendien ben ik me er scherp van bewust dat GroenLinks niet alleen een groot imagoprobleem heeft als nationaal symbool van verfoeide politieke correctheid, maar dat de inhoudelijke boodschap ook tekortschiet. De SP en de PvdA zijn inhoudelijk dominant. In de sociale voorstellen onderscheidt GroenLinks zich nauwelijks en van de opvattingen over milieu en multiculturalisme slaat het electoraat vooral op de vlucht.

Als op de avond van de verkiezingsdag de uitslagen binnenkomen blijkt GroenLinks in plaats van de voorspelde zes zetels er acht te krijgen. Dat is een gemengd bericht. Het is een verlies van twee zetels ten opzichte van de laatste verkiezingen. Alleen heeft mijn overwinning in het laatste debat GroenLinks als betekenisvolle speler enigszins gereanimeerd, tot verbazing van journalisten en concurrerende politici die mij al wilden afschrijven. Met acht zetels is GroenLinks één zetel kleiner dan de SP, en dat is voor het eerst in de geschiedenis van beide partijen. Toch is de teleurstelling voor Jan Marijnissen die maandenlang uitging van minstens het dubbele aantal groter. De SP legt het net als GroenLinks af tegen de PvdA en Wouter Bos, die linkse kiezers weten over te halen een stem op een linkse machtspartij uit te brengen. Hoewel de PvdA daarmee met één klap de halvering van zetels een jaar eerder repareert, mopperen PvdA'ers openlijk over mijn revanche in het laatste debat. Zoals de prominente PvdA'er Jacques Monasch zegt: 'Die pakte daar twee zetels terug, waarschijnlijk van de PvdA. Daarmee bezorgde zij het CDA mogelijk de zege en het formatie-initiatief.' Het is uiteraard niet aardig bedoeld maar ik koester zijn opmerking als een wenk om inhoudelijk soeverein, en zo nodig eigenwijs te gaan opereren.

6

Een andere tijd

Na de verkiezingen lijken de oude machtsverhoudingen zich te herstellen. Het CDA is de grootste partij met 43 zetels, op de voet gevolgd door de PvdA met 42, en op enige afstand door de VVD met 28 zetels. De drie partijen verdelen de regeringsmacht sinds de Tweede Wereldoorlog en de aanslag op de Twin Towers noch de Fortuyn-revolte doorbreken deze traditie. Maar achter de restauratie van electorale macht gaan verwarring en nervositeit schuil. De meeste kiezers zijn dan wel teruggegaan naar de partijen die samen het door Fortuyn juist zo verfoeide establishment vormen, maar geen enkele politicus hoeft zich na 2002 nog illusies te maken over kiezerstrouw. Het gemak waarmee kiezers switchen van LPF naar SP, PvdA of CDA is niet eerder vertoond. Partijprogramma's en politieke opvattingen lijken daarbij ondergeschikt. Zo verliest de PvdA in krap een jaar tijd eerst de helft van haar electoraat om dit, als Melkert is afgetreden en Bos is aangetreden, weer helemaal terug te winnen. Behalve dat Bos een aanmerkelijk andere stijl heeft dan Melkert, is de PvdA in 2002 en 2003 dezelfde partij met ongeveer hetzelfde programma. Dit wil overigens niet zeggen dat Balkenende en Bos heel populair zijn: de winnaars van de verkiezingen in 2003 zijn vooral minder impopulair dan de anderen.

Na de moord op Fortuyn wordt het snel gemeengoed om te

stellen dat Nederland door een forse politieke crisis gaat. Als de moord daarvoor al niet het bewijs levert, dan kan de afkeer van het politieke establishment door de kiezers toch zeker niet worden genegeerd. De Fortuyn-revolte heeft 'een kloof' tussen de politieke elite en het volk zichtbaar gemaakt die zich niet zomaar laat dichten. Door de moord is ook de analyse over de tekortkomingen van het politieke establishment van de 'goddelijke kale', zoals Theo van Gogh Fortuyn noemde, niet meer betwistbaar. Het is een doctrine geworden en als je daaraan twijfelt plaats je jezelf bij de 'ontkenners', degenen die ervoor verantwoordelijk zijn dat de grote maatschappelijke problemen zo lang onbespreekbaar zijn gebleven.

In de publieke en politieke perceptie is er een waterscheiding ontstaan tussen het pre-Fortuyn- en het post-Fortuyn-tijdperk. Pre-Fortuyn, dat waren de jaren van muffe consensus, waarin links met rechts bestuurde en gelijkgestemde politici elkaar vonden in technocratische compromissen en in elitaire, van de samenleving afgekeerde zelfgenoegzaamheid. Na de moord wil geen enkele politicus te boek staan als elitair of geassocieerd worden met 'oude politiek' en de kunst is dan ook zoveel mogelijk afstand te scheppen ten opzichte van de paarse jaren.

Een politicus die dit goed begrijpt is Jan Peter Balkenende, die al tijdens de campagne van 2002 een niet-aanvalsverdrag met Fortuyn sluit en na zijn dood ogenblikkelijk diens analyse kopieert. Hij maakt er handig gebruik van dat de christendemocraten in de paarse jaren voor het eerst in hun honderdjarige geschiedenis in de oppositie hebben gezeten, waardoor hij zichzelf buiten het politieke establishment kan plaatsen. In de regeringsverklaring van het eerste kabinet-Balkenende, een paar maanden na de moord, spreekt hij van 'problemen die te lang onbespreekbaar waren' voor 'een overheid die geen antwoord lijkt te weten'.

Het 'onbespreekbaar maken van maatschappelijke problemen' is de grootste zonde die de pre-Fortuyn-politici hebben begaan volgens de politieke erfgenamen van Fortuyn. En na zijn dood wemelt het van de erfgenamen in Den Haag, Balkenende en Bos voorop. Nu moet 'alles maar eens gezegd worden' omdat de zaken 'lang genoeg zijn doodgezwegen' en 'onder het tapijt geveegd'. Daarmee worden vooral de problemen met criminele Marokkaanse jongens en het gevaar van de islam bedoeld. Maar ook meer in het algemeen gelden tolerantie jegens andersdenkenden, relativering van de Nederlandse en westerse culturele en morele superioriteit en een internationale en Europese gezindheid als voorbeelden van politiek correcte opvattingen waaraan niemand zich nog wil bezondigen.

Een deel van de kritiek op de pre-Fortuyn-periode is terecht. Zoals de politiek leiders onbedoeld en pijnlijk demonstreren tijdens de verkiezingscampagne in 2002 als zij een front vormen tegen Pim Fortuyn, drijft de Nederlandse politiek op consensus en eenvormigheid. Politieke onderhandelingen en regeerakkoorden dienen in de eerste plaats om onderlinge politieke overeenstemming te bereiken en veel minder om maatschappelijke problemen te verminderen. De Nederlandse bestuurscultuur is er van oudsher een van het sluiten van politieke compromissen en dat gebeurt door veel, en vaak verborgen overleg. De mannen die worden geconfronteerd met de nieuwkomer Fortuyn kunnen met elkaar lezen en schrijven. Melkert van de PvdA, Dijkstal van de VVD, De Hoop Scheffer van het CDA, De Graaf van D66 en zelfs Paul Rosenmöller onderhouden vriendschappelijke contacten en stralen dat uit. Hoewel er inhoudelijke meningsverschillen zijn die soms tot pittige debatten leiden, geven zij aan het parlement de deftige schijn van een herensociëteit waarin geen enkel conflict zo hevig is dat het niet door een goed diner of een gezamenlijke reis kan worden bezworen. Als zij in 2001 de Nederlandse Antillen bezoeken laten de fractievoorzitters zich samen zwemmend fotograferen. Het levert een iconisch beeld op: vrolijke gezichten in een kalme zee onder een stralende zon. Nederlandse politiek is de besogne van een groep redelijke, opgewekte vrienden.

Pre-Fortuyn zijn ook alle politieke partijen – of ze nou links of rechts en progressief of conservatief zijn – internationaal georiënteerd. Ze variëren in de mate waarin ze pro-Europees zijn, maar ronduit nationalistisch en anti-Europees is niemand. Weliswaar zijn er harde conflicten over bijvoorbeeld het toelaten van asielzoekers, maar vóór Fortuyn is er geen politicus die zegt dat de grenzen helemaal dicht moeten, laat staan dat vreemdelingen die zich misdragen maar moeten opdonderen. In de jaren negentig komt de meer intellectuele politieke discussie op over de toekomst van de natiestaat, maar deze concentreert zich vooral bij de wetenschappelijke bureaus van politieke partijen en de universitaire afdelingen politicologie. Als een politicus zijn zorgen uitspreekt over de teloorgang van een nationale identiteit en de natiestaat wordt daar ogenblikkelijk aan toegevoegd dat Nederland als internationale handelsnatie vanzelfsprekend de blik naar buiten gericht houdt.

Diezelfde consensus geldt ook voor het negeren van geloofskwesties in de politiek. De reikwijdte van de geloofsvrijheid en de bescherming van religieuze minderheden zijn vastgelegd in de grondwet en niemand piekert erover om die rechten aan te tasten of te veranderen. De goede samenwerking tussen gelovigen en ongelovigen, zoals CDA en VVD, bestaat bij de gratie van het begraven van de geloofsstrijd in ingenieuze en soms ook onnavolgbare compromissen. Een enkele keer vlamt er een discussie op over de bede in de troonrede of de financiering van religieus onderwijs, maar altijd dooft deze zonder dat er iets verandert. Tegenover de bescheiden religieuze ambities van de christelijke partijen en hun bereidheid om kerkelijke aangelegenheden buiten de politiek te houden, houden de seculiere partijen namelijk graag enkele ongevaarlijke religieuze parafernalia in stand en mijden zij kwetsende uitspraken. Als bijvoorbeeld Els Borst, de paarse minister van Volksgezondheid, trots over de nieuwe euthanasiewet zegt dat 'het is volbracht', valt de hele Tweede Kamer, gelovig en ongelovig, over haar heen. Het zijn de woorden die Jezus zou hebben gesproken aan het kruis, door de minister ook nog eens gebruikt op Goede Vrijdag en bij een gevoelig onderwerp als euthanasie. Het kwetsen van gelovigen is taboe en de minister wordt gedwongen haar verontschuldigingen aan te bieden. De ongeschreven afspraak om geloofszaken buiten de politiek te laten strekt zich uit tot het islamitische geloof van migranten. Ook voormalig VVD-leider Frits Bolkestein, die in 1991 als een van de eersten tijdens een lezing in het Zwitserse Luzern de integratie van islamitische migranten ter discussie stelde, vermijdt dat onderwerp in de politieke debatten en maakt nooit enig aanstalten om de geloofsvrijheid te beperken.

Als na een jaar van rumoer en ontwrichting CDA-leider Balkenende voor de tweede keer een kabinetsformatie leidt, is duidelijk dat er een andere politieke tijd aanbreekt. Alleen, terwijl de pilaren van de Nederlandse politiek – consensus en compromis – omver worden getrokken, bestaat er nauwelijks een idee over de wijze waarop de vertrouwenscrisis tussen politiek en kiezers kan worden beslecht. 'Nieuwe politiek' is vooral spiegelbeeldig aan 'oude politiek'. Niemand wil betrapt worden op een bestuurlijke regentenmentaliteit en daarmee worden confrontatie en polarisatie politieke modeartikelen.

In deze nerveuze politieke omgeving treed ik eind januari 2003 aan als voorzitter van een fractie van acht leden. Na twee verkiezingsnederlagen en een kwetsbare leiderschapswissel is duidelijk dat GroenLinks zich, op straffe van teloorgang, opnieuw moet uitvinden en bewijzen in de nieuwe politieke verhoudingen die in dezelfde tijd beginnen uit te kristalliseren. En dat is niet zo eenvoudig.

Tot die nieuwe verhoudingen behoort als eerste dat links en

rechts elkaars vijanden zijn die geen compromissen moeten willen sluiten. Kiezers hebben behoefte aan duidelijkheid, klinkt het. Dat maakt de coalitieonderhandelingen in 2003 tussen PvdA en CDA vanaf het begin ook tot een hopeloze aangelegenheid.

Er dreigt een recessie en de verwachting is dat de werkloosheid en de staatsschuld snel zullen oplopen. Een gezamenlijk bezuinigings- en hervormingsprogramma opstellen betekent dat beide partijen verraad moeten plegen aan verkiezingsbeloften waarmee ze de verkiezingen hebben gewonnen. Wetende dat het vertrouwen van kiezers in de politiek al heel klein is, heeft geen van beide daar veel zin in. In maart 2003 breekt ook de oorlog in Irak in volle hevigheid los nadat de Verenigde Staten zeggen dat ze bewijzen hebben voor de aanwezigheid van massavernietigingswapens. Terwijl het CDA zich voluit achter de regering-Bush wil scharen en de *Coalition of the Willing* ook militair wil steunen, verzet de PvdA zich er met hand en tand tegen dat dit zonder instemming van de Verenigde Naties gebeurt. Nadat de ruzies tussen PvdA'er Bos en CDA-onderhandelaar en fractievoorzitter Verhagen breed zijn uitgemeten in de pers wordt er een compromis gesloten in de beste Nederlandse traditie van pacificatie dat even handig als onbegrijpelijk is: Nederland verleent geen militaire maar wel politieke steun aan de geallieerde troepen in Irak. De formulering geeft jarenlang aanleiding tot boze debatten over de precieze bemoeienis van Nederland met de oorlog en verhindert niet dat de onderhandelingen snel daarna spaak lopen. De breuk met de PvdA verlost het CDA als grootste partij van het ongemak een regering te moeten verdedigen die typerend voor 'oude politiek' moeizaam in de achterkamertjes is gevormd. Door de PvdA buiten de deur te zetten kan het CDA ook voorkomen dat de VVD een vluchthaven wordt voor conservatieve kiezers die geflikflooi met de sociaaldemocraten maar niks vinden. Bovendien is de PvdA in de oppositie niet erg gevaarlijk omdat door stevig links verzet al haar gematigde kiezers wegvluchten naar de regeringspartijen.

Het tweede kabinet-Balkenende van CDA, VVD en D66, dat daarna snel in elkaar wordt gezet en eind mei 2003 aantreedt, heeft een heldere rechtse signatuur. Premier Balkenende en zijn vicepremier en minister van Financiën Zalm kiezen ervoor de overheidsuitgaven drastisch terug te dringen door op sociale voorzieningen te korten. Balkenende introduceert het ideologische motto 'de eigen verantwoordelijkheid', waarmee hij aan het saneren van de verzorgingsstaat de optimistische klank geeft van heroverde onafhankelijkheid door ouderen, werklozen en kwetsbaren.

Het kabinet ontmoet harde oppositie van de PvdA en de SP, die in gelijkluidende taal de afbraak van 'bak ellende' aanvallen. De PvdA zoekt sinds het aantreden van Wouter Bos toenadering tot de SP. Tijdens de paarse kabinetten, en met name onder leiding van Ad Melkert, is politiek leider Jan Marijnissen gekleineerd en als frontman van een splinterpartij geridiculiseerd. Op haar beurt heeft de SP de PvdA altijd afgeschilderd als een wolf in schaapskleren: arrogante bestuurders die doen alsof ze links zijn maar in feite de arbeidersbelangen verkwanselen. Jarenlang is er grote, wederzijdse animositeit. Maar met negen zetels kan de SP niet meer worden genegeerd en de PvdA schat terecht in dat haar kiezers in een periode van sociale bezuinigingen verleid worden door de compromisloze stevigheid van Marijnissen. De SP reageert achterdochtig op de aanhankelijkheidsbetuigingen maar heeft weinig andere keuze dan deze te accepteren als de inhoudelijke verschillen kleiner worden.

In het linkse blok in de oppositie zit GroenLinks geperst tussen de SP en de PvdA. Terwijl de politieke bewegingsruimte klein is, is de uitgangspositie van GroenLinks om met de twee linkse partijen te wedijveren slecht. In de paarse jaren gedijt GroenLinks in de Tweede Kamer namelijk met zogenaamde kwaliteitsoppositie, zoals Paul Rosenmöller het noemde. De Tweede Kamerfractie wil niet alleen maar kritiek leveren, maar met realistische en haalbare alternatieven ook macht naar zich toe trekken. Daarbij beschouwen de Kamerleden zich meer als een progressieve voorhoede die de linkse politiek wil vernieuwen dan als de dragers van de vaste belangen van bijvoorbeeld de vakbeweging, en dat wordt gedemonstreerd in tegenbegrotingen en een lange lijst van eigen politieke voorstellen. Als een journalist schrijft dat GroenLinks het wetenschappelijke bureau is van de politiek, dan wordt dat instemmend en trots in de fractie herhaald.

In de nieuwe links-rechtstegenstelling van 2003 is er voor experimentele opvattingen en alternatieve voorstellen weinig ruimte. Als Balkenende en Zalm daadkrachtig aankondigen de WAO te beperken, het zorgstelsel te herzien en tegelijkertijd de belastingen voor bedrijven te verlagen, fulmineren de linkse politici samen dat dit een grove schande is. GroenLinks deelt in de verontwaardiging over de harde maatregelen die vooral werklozen, mensen met lage opleidingen en zieken raken. Alleen bepalen de grotere PvdA en SP de toon van de oppositie en de inhoud van het verzet dat zich beperkt tot een gemotiveerd 'tegen'. Zij kiezen vooral voor behoudzucht tegen rechtse hervormingen of, zoals Marijnissen het noemt, verzet tegen het 'asociale slopen'. Het kabinet presenteert zichzelf als hervormingsgezind en vooruitstrevend en daartegenover ontstaat het beeld van links als conservatief, nostalgisch terugblikkend en overal tegen. Dat wordt versterkt door de linkse protestorganisatie Keer het Tij die in 2002 wordt opgericht en snel op veel maatschappelijke steun kan rekenen. De bijeenkomsten en demonstraties zijn een vergaarbak van maatschappelijke onvrede. Boze huurders, bijstandsmoeders, antiglobalisten en uitgeprocedeerde asielzoekers, aangevoerd door de activist René Danen, trekken van leer tegen de asociale neoliberalen van het kabinet. Keer het Tij wordt ook gesteund door de vakbeweging en door de linkse politieke partijen.

Hoewel ik aanvankelijk enthousiast ben over de maatschappelijke tegenmacht die zich tegen het kabinet vormt, voel ik me al snel ongemakkelijk bij de 'bedompte somberheid', zoals ik tot woede van René Danen in een interview de atmosfeer ervan omschrijf. Met de nieuwe, harde tegenstelling tussen links en rechts, waarbij rechts sturm-und-drang heeft en links mopperend op de rem staat, is het net alsof de jaren tachtig herleven. Balkenende roept met de dreigende recessie ook nadrukkelijk de herinnering op aan die tijd om drastische ingrepen in de sociale zekerheid te rechtvaardigen. En links legt zich, net als twintig jaar eerder, vooral toe op de organisatie van het verzet tegen het kabinetsbeleid in massale demonstraties. Het effect is dat de regering, gesteund door CDA, VVD en D66, de politieke agenda bepalen en links – altijd afwijzend – reageert.

De eerste die hier heel eloquent en provocerend tegen ageert is Jos de Beus, hoogleraar politicologie en PvdA-ideoloog. Hij spreekt van 'de leegte op links': 'ideeënarmoede' waardoor links het zichzelf en haar vijanden allang niet meer moeilijk maakt en die niet verdwijnt door 'demonstraties tegen rechtse afbraak'. Zijn artikel in *de Volkskrant* is voor mij een schok. Hij maakt mij medeverantwoordelijk voor de leegte door 'mijn permanente verontwaardiging' waarmee ik geen ander effect sorteer 'dan de opeenstapeling van gevoelens van onschuld en onmacht'. Op dat moment beschouw ik mijn verontwaardigde toon allang als een lastige, hardnekkige handicap die ik met wisselend succes bestrijd. Het verwijt dat ik meewerk aan politieke en intellectuele leegte frustreert me echter behoorlijk. Ik heb me vijf jaar eerder juist aangesloten bij GroenLinks omdat de nieuwsgierigheid en veranderingsgezindheid van de partij me aanspraken. Om nu alsmaar te beklemtonen wat er niet deugt aan de politieke tegenstander zonder wezenlijke alternatieven aan te dragen, vind ik dan ook geen fijn vooruitzicht. Samen met geestverwanten als Kees Vendrik wil ik leiding geven aan een optimistisch en toekomstgericht politiek project en niet aansluiten in het koor van pessimisten over de richting die de samenleving inslaat.

Alleen zijn politiek-intellectuele ambities op dat moment taboe. Het tweede kenmerk van de post-Fortuyn-verhoudingen die zich vanaf 2003 uitkristalliseren is namelijk het populisme. 'Nieuwe politici' sluiten zichzelf niet langer op in de ivoren torens van de macht, maar vertolken 'de stem van het volk', het liefst uit Rotterdam, de stad van Fortuyn. De kloof tussen politieke elite en kiezers moet worden gedicht en daarvoor moeten politici leren 'luisteren'.

Vooral de PvdA en Wouter Bos nemen dit heel letterlijk. Het verwijt niet te begrijpen wat er onder de bevolking leeft, treft de traditionele arbeiderspartij ook harder dan alle andere partijen. Vanaf de gewonnen verkiezingen in 2003 houdt Bos met grote regelmaat audiëntie in koffiehuis De Aanloop in het Haagse Laakkwartier om zich daar ritueel met de 'gewone man' te verstaan. Dat dit een zorgvuldig geregisseerde mediagebeurtenis is doet aan het beeld van de luisterende, open politicus niets af: de aanwezige journalisten bevestigen dit bovendien door er keer op keer trouw verslag van te doen. Ook laat Bos een sinaasappelkistje timmeren waarop hij, in elke plaats die hij bezoekt, het toegestroomde publiek toespreekt zonder zich er te ver boven te verheffen.

De 'gewone man', later treffend getypeerd door Geert Wilders als 'Henk en Ingrid', wordt al snel een archetype, wiens mening op elk moment kan worden gevraagd en die door politici nooit terzijde mag worden geschoven. Ook in de media wordt de 'gewone man' snel een grootheid die in straatinterviews en via kleine steekproeven zeggingskracht en politieke macht krijgt omdat zijn mening politici dwingend wordt voorgehouden. Dat leidt tot absurde situaties. Als een politicus op tv aandacht vraagt voor een voorstel over rekeningrijden, accijnzen of kunstmaatregelen kan hij erop rekenen dat dit, in een vooraf gemonteerde reportage, met de grond gelijk wordt gemaakt door een paar voorbijgangers in een willekeurig winkelcentrum. Verweer tegen zulke journalistieke opzetjes is er eigenlijk niet. Elke politicus die op tv moppert dat steekproeven niet representatief zijn of de geïnterviewde, boze burgers niet de hele bevolking omspannen, wordt vaak nog in hetzelfde tv-gesprek geridiculiseerd als een slechte verliezer of, nog erger, een slechte luisteraar.

Nu verdient onvrede onder de bevolking alle aandacht. Hoewel het overgrote deel van de bevolking welvarend is, is de publieke sfeer armoedig en dat steekt schraal af. Mensen klagen over verwaarloosde schoolgebouwen, rotzooi op straat, misdaad in de oude binnensteden, wijken die onherkenbaar veranderen door de komst van migranten, ouderen die in bejaardentehuizen aan hun lot worden overgelaten, enzovoort. Een minstens zo groot probleem is dat klachten over tekortschietende zorg, vervuilde portieken of slecht onderwijs nauwelijks gehoor vinden. De woningcorporaties en zorg- en welzijnsinstellingen die belast zijn met de uitvoering van publieke taken zijn in de jaren tachtig en negentig op afstand van de overheid gezet en uitgedijd tot bureaucratische monsters. Modeartikelen als 'marktwerking', 'efficiency', 'bedrijfsmatig denken' en 'verzakelijking' hebben aan de overheidsbureaucratie een eigen rationaliteit gegeven die onbegrijpelijk is voor buitenstaanders. De mensen, 'klanten' in modern bureaucratisch jargon, die gebruikmaken en vaak afhankelijk zijn van de publieke diensten, worden gevangen in een web van eisen, regels en voorwaarden. Overheid en politiek behandelen mensen wantrouwend als zeurpieten en lastpakken of erger als potentiële fraudeurs, en krijgen daar achterdocht en ontevredenheid voor terug.

Van meet af aan verzet ik me tegen de populistische stijl die politici van links tot rechts zich aanleren. Anders dan wordt gesuggereerd, vind ik uit de demonstratieve gesprekjes op straat en de bezoeken aan koffiehuizen juist een gebrek aan respect voor de zorgen en onvrede onder de bevolking spreken. Ontevreden mensen worden gereduceerd tot de marketingtools van politici die op zoek zijn naar kiezers en van journalisten die willen bewijzen niet wereldvreemd te zijn. De 'gewone man' doet ook per brief zijn intrede in de Tweede Kamer. Deze wordt voorgelezen door politici, natuurlijk om de eigen bewogenheid en betrokkenheid te etaleren maar ook, als handige bijkomstigheid, om een mediamoment te genereren. Vooral voor televisie zijn de lange en vaak abstracte debatten namelijk slecht uit te zenden. Zeker als er geen crisis of hoogoplopende ruzie is, snakken tv-journalisten naar een tastbare en kruidige anekdote die kijkers trekt. Jan Marijnissen vulde zo zelfs eens zijn halve bijdrage tijdens de Algemene Politieke Beschouwingen met het voorlezen van een heel lange brief, die later integraal als voice-over in een reclamespot van de SP wordt geplaatst waardoor met de nood van een individuele burger twee keer effect wordt gesorteerd. Vooral vind ik het dwepen met 'gewoon' in een café met 'gewone' mensen praten volstrekt averechts werken. Het benadrukt, vind ik juist, dat politici wereldvreemd zijn. Alsof supermarktbezoek uitzonderlijk is, kennis van de prijs van een halfje wit bijzonder en een gesprekje op de markt een daad van gewicht.

Ik vind voor mijn uitgesproken tegenzin tegen het nieuwe populisme weinig steun, ook in mijn eigen partij niet. Hoewel mijn persvoorlichter Tom van der Lee het opportunisme erkent waarmee bijvoorbeeld het luisteren in koffiehuizen met draaiende camera gepaard gaat, vindt hij het heel onverstandig dat ik de wetten van de mediacratie tart. Politici voeren deze toneelstukjes op, zo is de analyse, omdat het werkt. Journalisten zijn er dol op, in de verslaggeving ontstaat het beeld van een inlevende politicus en dat spreekt kiezers aan. Degene die er niet aan meedoet of zich er zelfs tegen verzet, roept al snel de vraag op of hij zich niet interesseert voor de zorgen van gewone mensen en zich misschien te goed voelt om met hen te verkeren.

In 2006 ondervind ik dit eens heel rechtstreeks als ik samen met andere fractievoorzitters tijdens een reis door India een kindertehuis van Moeder Teresa bezoek. Op een zaal met baby's worden Nederlandse televisiejournalisten uitgenodigd om beelden te maken van de verzamelde politici. Als enige geef ik de baby die ik vasthoud terug omdat ik het onsmakelijk effectbejag vind om me met een piepkleine wees te laten filmen. Als het Nederlandse journaal de beelden later uitzendt belt Tom me en meldt dat het eruitziet alsof ik als enige vies ben van weeskinderen.

Het is precies dit cliché van de politicus die voor het oog van de camera een baby knuffelt waaraan ik per se niet wil voldoen. Ik weet heel goed dat mijn verzet onverstandig is en mijn politiek leiderschap onnodig kwetsbaar maakt. Tom zegt bij herhaling tegen me dat ik mensen er echt niet van hoef te overtuigen dat ik slim ben maar wel dat ik ook aardig kan zijn. Dat is vooral nodig omdat ik als elitair word gezien.

Maar het is bij mij meer dan enkel weerzin tegen een populistische stijl, het is ook de bewuste keuze om de mode van antipolitiek te trotseren en koppig vast te houden aan mijn eigen parlementaire taakopvatting en waarden, ook als deze elitair worden gevonden. Deel van het nieuwe populisme is dat politici van links tot rechts elkaar naroepen dat politiek vreselijk is, dat ze eigenlijk net zomin als de bevolking iets moeten hebben van het politieke establishment. Dit gaat zelfs zo ver dat de SP in 2005 campagne gaat voeren met de slogan 'Minder politiek', alsof de partij bij voldoende stemmen zichzelf en alle andere politieke partijen opruimt. In een briefwisseling met Ayaan Hirsi Ali in *Vrij Nederland* in datzelfde jaar vat ik mijn verzet tegen het populisme samen: 'Drie jaar na de moord op Fortuyn is de tragische tussenstand dat de meeste politici om het hardst met elkaar wedijveren wie het verst is verwijderd van het politieke establishment. Ze hopen door er niet bij te horen zoveel mogelijk stemmen te winnen zodat ze er weer vier jaar bij kunnen horen. Zo durft Boris Dittrich zijn gênante afwezigheid bij het jaarlijkse financiële verantwoordingsdebat te legitimeren door "net als Wouter Bos te erkennen dat er op straat meer te doen is dan in de Tweede Kamer". Wiens vertrouwen zou dat nu eigenlijk moeten wekken? En vertrouwen waarin? Eens ontploft antipolitiek in je politieke gezicht.'

Ik beschouw herstel van het politieke gezag als noodzakelijk omdat de culturele strijd – en dat is het derde kenmerk van de post-Fortuyn-verhoudingen – de politieke verhoudingen gaat overheersen. In Den Haag ontstaat consensus dat vooral 'de linkse kerk' verantwoordelijk is voor het tolerante wegkijken bij grote maatschappelijke problemen. In eerste instantie is het de campagnetaal van de linkse spijtoptant Fortuyn die dankbaar wordt gekopieerd door de rechtse partijen in de Tweede Kamer, daarin gesteund door de meerderheid van de bevolking. Als de Somalische vluchtelinge Ayaan Hirsi Ali dit verwijt echter gaat echoën, krijgt het een andere dimensie.

Hirsi Ali werkt tot eind 2002 bij de Wiardi Beckman Stichting van de PvdA, dezelfde plek waar ik kennismaak met de politiek. Wij kennen elkaar al wat langer, zij het oppervlakkig. Tijdens een uitzending van het programma *Barend & Witteman* begin 2001 ontmoeten wij elkaar voor het eerst in een gezamenlijke aanval op VVD-Kamerlid Henk Kamp en zijn hardvochtige asielstandpunten. Vlak na de aanslag op de Twin Towers zoekt Paul Kalma, mijn oude baas bij de Wiardi Beckman Stichting, contact met mij. Hirsi Ali, een gelovige moslim, heeft het moeilijk met de gevolgen van de aanslag voor haar onschuldige geloofsgenoten. Zij wil graag contact met mij. We zien elkaar een paar keer en besluiten samen een artikel te schrijven over het verschil tussen islam en islamisme, tussen godsdienst en terrorisme. Na een paar pogingen komt er de klad in en hoor ik even niets van haar, totdat ik haar een paar maanden later tegenkom bij een bijeenkomst in de Amsterdamse Balie over 9/11 en de islam. Daar interrumpeert ze een paar keer woedend vanuit de zaal in het debat en valt de islam aan als een godsdienst van geweld. Ik luister verbaasd naar haar omdat er een wereld van verschil zit tussen de boze activiste die avond en de timide gelovige vrouw een paar maanden eerder. Na afloop vertelt ze dat ze van haar geloof is gevallen.

Vanaf begin 2002 publiceert ze een aantal scherpe analyses over de onderdrukking van vrouwen in de islam. Als haar toon harder wordt neemt haar roem snel toe en ontvangt ze ook de eerste bedreigingen. Die verergeren nog eens als zij in oktober 2002 in het televisieprogramma *Rondom Tien* een heftige discussie voert met conservatieve islamitische mannen. Daar noemt ze, in navolging van Fortuyn, de islam achterlijk. Paul Kalma zoekt opnieuw contact met mij. De WBS huurt zelf beveiliging voor haar in; vrienden van Hirsi Ali hebben ook een steunfonds opgericht maar het geld zal snel op zijn. Met Kalma vind ik dat de overheid moet optreden, omdat de democratische rechtsorde in het geding is nu een dwarse publiciste vanwege haar mening wordt bedreigd. Bovendien, vind ik, moeten we echt geleerd hebben van Pim Fortuyn. Kalma heeft eerst de PvdA-fractie benaderd, maar daar weigert men om de regering om hulp te vragen. Mijn verzoek om beveiliging wordt echter door de regering afgewezen en Hirsi Ali duikt tijdelijk onder in de Verenigde Staten. Als zij na een maand terugkeert is het als aspirant-Kamerlid van de VVD.

Haar belangrijkste motief om over te stappen, zoals zij dat polemisch samenvat, is dat de PvdA 'in de wurggreep zit van moslimconservatieven en softe multiculti's'. Dat herhaalt ze vaak en verbreedt ze ook al snel tot 'links'. Hoewel zij zeker niet de eerste is na Fortuyn die zo'n oordeel velt, heeft het een grotere emotionele en politieke betekenis omdat zij een voormalige moslim en een vluchtelinge is. Haar verwijt aan de PvdA is niet te negeren omdat ze er zelf een tijd heeft gewerkt. De aanval op de multiculturele samenleving krijgt vanaf dan ook steun onder intellectuelen, vooral bij de geleerde fans die Hirsi Ali om zich heen verzamelt en die zich eloquent en met hartstocht mengen in het publieke debat. Paul Scheffer, Paul Cliteur, Herman Philipse, Jaffe Vink, Afshin Ellian; ze hebben allen een sterke aversie tegen de multiculturele samenleving en haar protagonisten.

De kritiek op links wordt massief zonder dat er werkelijk inhoudelijke argumenten bij worden gegeven. Een lievige toon, een weekhartige houding en mentale zwakte worden verondersteld en daarover wordt hard geoordeeld. Bij linkse politici, denkers en activisten overheersen drie reacties. Als eerste zijn er de publieke schuldbekentenissen. In de PvdA wordt bijvoorbeeld rigoureus afstand genomen van oud-bestuurders zoals de voormalige Amsterdamse burgemeester Ed van Thijn als gedateerde multiculti's met foute opvattingen. Veel PvdA'ers, aangevoerd door Wouter Bos, verzetten zich met terugwerkende kracht tegen cultuurrelativisme en pleiten voor verplichte integratie. Zoals PvdA-leider Wouter Bos het formuleert: 'Iedereen heeft fouten gemaakt', maar 'we zijn de vrijblijvendheid voorbij'.

De tweede reactie bestaat eruit de handen in onschuld te wassen. In de SP wordt plotseling verwezen naar een nota uit 1983, getiteld 'Gastarbeid en kapitaal'. De nota werd destijds verketterd als racistisch en daarna door de leiding lang doodgezwegen. Nu het tij keert is Marijnissen er juist trots op. En de derde reactie, als men echt in het nauw wordt gedrukt, is het doodzwijgen van de kritiek en van het onderwerp. Als Hirsi Ali begin 2003 namens de VVD de Tweede Kamer luidruchtig betreedt geldt in de PvdA de ongeschreven afspraak haar zoveel mogelijk te negeren. Dat leidt er regelmatig toe dat ik, als ik wel het debat met haar zoek, vanuit de PvdA-bankjes de waarschuwing toegefluisterd krijg 'haar alsjeblieft geen platform te geven'.

Ik weiger schuld te bekennen of stil te wachten tot de storm voorbijtrekt. De schuldbekentenissen achteraf vind ik lafhartig en onverstandig. Door de verwijten van wegkijken en vergoelijken schuldbewust te herhalen worden ze absoluut. Ik vind dat linkse politici weinig hebben om zich over te schamen en ik ben zelf niet van plan het boetekleed om te hangen.

In één opzicht geef ik Hirsi Ali wel ronduit gelijk. Vanaf de jaren zeventig heeft in het integratiebeleid sterk de nadruk gelegen op de groep en nauwelijks op het individu. Dit heeft weinig met links-rechtsverhoudingen te maken maar is een overblijfsel van de verzuiling, waarin vooral de confessionele partijen zich inspanden voor emancipatie via de eigen zuil en groep. Het resultaat daarvan, integratie met behoud van eigen identiteit, zoals het beleid jarenlang heette, was te weinig gericht op de emancipatie en vrijheid van mensen, en te veel op het beschermen van groepsrechten.

Dat wil echter niet zeggen dat de integratie is mislukt, zoals de nieuwe fractievoorzitter van het CDA, Maxime Verhagen, zegt: 'Degenen die het tegendeel durven te beweren zijn naïef of onwetend.' Verhagen loopt daarmee vooruit op de uitkomst van een onderzoek dat vanaf eind 2002 wordt verricht door een parlementaire onderzoekscommissie naar het integratiebeleid vanaf de jaren zeventig. Als de uiteindelijke conclusie van de commissie onder leiding van VVD-Kamerlid Blok luidt dat de integratie van veel allochtonen 'geheel of gedeeltelijk is geslaagd', wordt het rapport door Hirsi Ali en anderen onmiddellijk ongelezen naar de prullenbak verwezen.

Het wil ook niet zeggen dat er geen problemen zijn. De werkloosheid onder allochtonen is relatief hoog, vooral Marokkaanse jongens zijn oververtegenwoordigd in de criminaliteit en sinds de aanslag op de Twin Towers is er ook in Nederland angst voor een terreuraanslag door moslimextremisten. Alleen lijken in de politiek weinig mensen bezig met het vinden van praktische oplossingen voor die problemen, als wel met het aanwijzen van schuldigen voor het ontstaan ervan.

Dat tekent de atmosfeer in de politiek na de verkiezingen in 2003. Achter de herstelde macht van CDA en VVD en de terugkeer van een harde links-rechtstegenstelling speelt zich een groot cultureel conflict af. De inzet daarvan is of de moderne samenleving, multicultureel en weinig eenvormig, een vloek of een zegen is. En het overgrote deel van de politici, van VVD tot SP, geeft net als de meerderheid van de kiezers een negatief antwoord. Ze zoeken hun heil in sociaal en cultureel conservatisme en in populisme.

Ik trek voor mezelf, als ik na de verkiezingen in 2003 het politieke speelveld overzie, de tegengestelde conclusie. Zoals Tom van der Lee het al verwoordde in de verkiezingscampagne: 'GroenLinks voert oppositie tegen de tijdsgeest in.' Hoewel hij dat poneerde als een verklaring voor slechte peilingen, constateer ik na de verkiezingen dat wij geen andere keuze hebben. Het pessimisme over 'rechtse afbraak' en 'mislukte integratie' wil ik niet tot uitgangspunt maken van de politieke koers die ik als nieuwe fractievoorzitter voor GroenLinks wil uitstippelen. Ik wil met mijn collega's in de Kamer een hoopvol politiek project in gang zetten en ik wil gezag opbouwen door te begeesteren, niet door mezelf afhankelijk te maken van steekproeven en peilingen. Vlak na de verkiezingen in 2003 stuit ik op een uitspraak van de politiek filosoof Popper die me de rest van mijn politieke loopbaan zal begeleiden: Er is een plicht tot optimisme. Daarmee bedoelt hij dat er misschien geen reden tot optimisme is, maar dat dat ons niet ontslaat van de plicht om onze toekomst zo goed mogelijk vorm te geven.

Die uitspraak sluit aan bij mijn gemoed. Ook al verandert de atmosfeer, treedt er een rechtse regering aan en wordt GroenLinks als prominent lid van de 'linkse kerk' dagelijks verketterd, toch ben ik positief gestemd. De plotselinge overwinning in het slotdebat op de avond voor de verkiezingen heeft me moed gegeven en nu er voorlopig geen landelijke verkiezingen te verwachten zijn kan ik een nieuwe koers uitstippelen.

Zover is het alleen nog niet. Voordat ik met zelfvertrouwen naar buiten kan treden moet ik eerst gezag opbouwen in de nieuwe fractie. Na de verkiezingen ben ik zonder enige discussie tot fractievoorzitter gekozen, maar ik ben ook het jongste Kamerlid en mijn inhoudelijke en strategische autoriteit is voor de andere Kamerleden niet vanzelfsprekend. Buiten de Kamer willen mensen kennismaken. In GroenLinks ben ik voor veel leden nog een onbekende. Bij maatschappelijke organisaties zoals de vakbeweging, huurdersverenigingen en milieu- en natuurgroeperingen ben ik alleen van televisie bekend. Dat betekent dat ik, als de Kamer niet vergadert, van hot naar her reis, handen schud en me rond laat leiden. Het overgrote deel van mijn tijd gaat op aan Kamerwerk. Mijn status als fractievoorzitter is kwetsbaar in het parlement. Als het nieuwe kabinet van CDA, VVD en D66 aantreedt ben ik de leider van de kleinste linkse oppositiepartij die ook nog eens als enige van de drie de verkiezingen heeft verloren. Om toch enige positie in het parlement te kunnen veroveren moet ik vlieguren in de debatten maken.

Er zijn genoeg onderwerpen die daartoe aanleiding geven. In maart 2003 barst de oorlog in Irak in volle hevigheid los nadat de Verenigde Staten bekendmaakt bewijzen van massavernietigingswapens te hebben gevonden. Als Balkenende besluit om politieke steun aan de inval te geven, keer ik me in talloze debatten hiertegen. Maar ook triviale onderwerpen beheersen de parlementaire agenda en de media, en dus ook mij. Nederland raakt bijvoorbeeld in rep en roer als prinses Margarita publiek in opstand komt tegen de koningin. De vele onderwerpen, het dagelijkse leidinggeven aan een nieuwe fractie, samen met de tientallen kennismakingsgesprekken die ik voer met maatschappelijke organisaties en het bedrijfsleven: mijn eerste jaar als fractievoorzitter is een tombola van grote en kleine gebeurtenissen, chaotisch en overrompelend.

In het eerste jaar leer ik ook dat je niet zomaar een fractievoorzitter bent. Na een groot debat in de Tweede Kamer met de andere fractievoorzitters, belt Adelheid Roosen, theatermaker en vriendin. 'Fem...' roept ze, '... dit gaat niet goeoed!' 'Wat?' vraag ik omdat ik zelf vind dat ik het er in het debat goed van af heb gebracht. Alle argumenten zijn de revue gepasseerd, ik ben een enkele keer snedig geweest en de premier stond even met de mond vol tanden. 'Zag je Van Aartsen?' gaat ze onverstoorbaar door. 'Dat is een pauw!' 'Ja,' lach ik, aangezien er in de Kamer grapjes worden gemaakt over zijn ijdele optredens. 'En jij,' buldert Adelheid, 'jij bent een musje! Jij staat er niet, alsof je er niet mag zijn. Je maakt jezelf klein.' Later, als ik bij haar ben, doet ze het me voor. Van Aartsen, breeduit gebarend, de borst naar voren. Ik met de armen voor de borst, een gekromde rug. Ze heeft gelijk en ik moet dat leren. Rechtop staan, trots, de benen iets uit elkaar zodat ik niet wiebel, de armen ontspannen hangend aan weerszijden van mijn lichaam.

En ik heb haast. Niet alleen wil ik snel routine opbouwen en goed worden in het dagelijkse werk zodat ik me daarna ook de inhoudelijke regie kan toe-eigenen, direct na de verkiezingen word ik ermee geconfronteerd dat mijn energie snel schaarser zal worden. In februari 2003, krap een maand na de verkiezingen en nog geen drie maanden na mijn beslissing Paul op te volgen, ontdek ik dat ik zwanger ben.

Als mijn huisarts mij het nieuws vertelt, zegt ze er ook bij dat het haar verbaast met de stress en werkdruk waaraan ik blootsta. De verbazing is bij Robert en mij niet minder groot. Net, een paar maanden eerder, hebben wij nog aarzelend afgesproken dat een kind welkom is maar we zijn nog helemaal niet voorbereid op gezinsuitbreiding. We wonen niet samen, hebben ook nog geen echte plannen en proberen vooral omgang te vinden met mijn nieuwe verantwoordelijkheid die nog meer tijd consumeert dan het Kamerlidmaatschap al deed.

Toch word ik snel heel blij. Allebei denken we dat het goed is dat ons geen langdurige twijfel is vergund. We voelen ons sterk en onafhankelijk en ook een beetje overmoedig. We denken dat we, vlak na mijn start als politiek leider, nog een grote verandering wel aankunnen. Wel zakt mijn blijdschap even weg als ik een paar maanden later opnieuw bij de dokter kom voor een routinecheck. Robert is in New York waar zijn documentaire over Servië wordt vertoond. Eerst dringt de boodschap niet goed tot me door. 'Ik hoor een tweede hartje,' zegt de dokter. Dan begrijp ik het. Aan de telefoon met Robert slaat de paniek toe. Een kind kunnen we aan, denken we. Maar een tweeling is een heel gezin. Aan die beslissing zijn we nog niet toe. We hebben er ook de ruimte helemaal niet voor. Ik weet ook niet hoe het met de zwangerschap moet. Wat als er complicaties zijn? En dan zomaar stoppen met werken om rust te houden? Daar kan geen sprake van zijn.

Het bericht van mijn zwangerschap weten we voor het publiek geheim te houden tot mei 2003. Mijn fractiegenoten weten het eerder. Hoewel ze te geëmancipeerd en verlicht zijn om er opmerkingen over te maken, zijn ze wel bezorgd of ik terug zal keren na mijn zwangerschapsverlof. In de media wordt openlijk gespeculeerd of dit ook meteen het einde van mijn politieke loopbaan betekent. In NRC schrijft de parlementair journalist Frank Vermeulen dat ik door zwanger te zijn 'de facto twijfel veroorzaak aan mijn leiderschap'. Over Wouter Bos, wiens vrouw tegelijkertijd in verwachting is, wordt dit oordeel niet geveld.

De reacties op mijn zwangerschap confronteren me ermee dat ik als enige vrouwelijke fractievoorzitter een bijzonderheid ben. Ik heb er bekijks door, trek vaak enkel door mijn sekse aandacht maar het betekent ook dat ik niet lui en dikbuikig achterover kan hangen. Gemakkelijk wordt er verondersteld dat de combinatie van leiderschap en zwangerschap, en daaropvolgend moederschap, te zwaar zal zijn. De Kamer kent ook geen officieel zwangerschapsverlof – eigenlijk moet ik zelfs tijdens de bevalling komen stemmen – waardoor ik niet kan worden vervangen als ik een tijd thuisblijf. De fractie heeft dan een lid minder en Marijke Vos zal als vicevoorzitter de honneurs moeten waarnemen.

Om de fractie niet onder druk te zetten en elke twijfel over mijn geschiktheid en toewijding als fractievoorzitter de kop in te drukken, werk ik door tot ik niet meer kan lopen. Ik doe het debat over de regeringsverklaring van de nieuwe regering-Balkenende II in juni en neem eind september nog deel aan de Algemene Politieke Beschouwingen.

En op de valreep, vlak voor mijn bevalling, gebruik ik mijn zwangere buik zelf ook een keer ongegeneerd. Als de minister van Volksgezondheid in augustus 2003 aankondigt dat de pil uit het ziekenfonds verdwijnt, verschijn ik, samen met mijn collega's Ineke van Gent en Evelien Tonkens, in een wit T-shirt in de plenaire zaal van de Tweede Kamer. Op mijn dikke buik staat in grote zwarte letters 'BAAS IN EIGEN BUIK'. Het komt ons op een reprimande van de Kamervoorzitter te staan omdat protestsymbolen verboden zijn in de Tweede Kamer. Ik schrijf haar terug dat ze niet bang hoeft te zijn dat ik de actie herhaal omdat ik niet nog eens 'zoveel reliëf aan mijn politieke opvattingen zal kunnen geven'.

Uiteindelijk ga ik pas begin oktober, drie weken voordat ik ben uitgerekend, naar huis. Ik ben moe en onrustig. Als ik eerlijk tegenover mezelf ben weet ik ook niet of ik het aan zal kunnen, het combineren van fractievoorzitterschap in een lastige tijd en de zorg en verantwoordelijkheid voor twee kleine kinderen. De eerste negen maanden van mijn fractievoorzitterschap zijn in een roes voorbijgegaan. Ik heb me gehandhaafd en een stevig deuntje meegeblazen in debatten. Ik heb geen grote fouten gemaakt. Maar ik kan zelf wel vinden dat ik in die maanden greep op de veranderde tijd heb gekregen, de regie op de koers van GroenLinks heb ik nog niet genomen. In de beeldvorming zijn wij een onzekere partij die op verlies staat in de peilingen en weinig benijdenswaardige opvattingen heeft uit een politieke periode waaraan niemand meer herinnerd wil worden.

7

De eigen koers

Drie weken nadat ik met verlof ben gegaan, op zaterdagochtend 1 november 2003, beval ik van Suzy en Bruno. De eerste uren, als ik uitgeput in bed lig, zijn licht. Mijn ouders komen langs en houden hun kleinkinderen vast. Robert loopt in en uit, zich nog nauwelijks bewust dat hij vader is maar opgelucht en vrolijk omdat de bevalling goed is gegaan. Marijke Vos belt, op weg naar het GroenLinks-congres dat een paar uur later begint. Ik vind het goed als zij daar de geboorte van de kinderen, en hun namen, publiek maakt.

Beide kinderen zijn heel klein. Bruno weegt net meer dan twee kilo, Suzy net minder. De artsen besluiten dat Suzy zo weinig weegt dat ze voor de zekerheid beter in een couveuse kan worden gelegd. Eenmaal daar gaat het snel niet goed. Suzy eet niet. De eerste dag zijn de artsen oplettend, na drie dagen bezorgd en na een week hevig verontrust. Samen met Bruno lig ik in een privékamer in het ziekenhuis, Suzy honderd meter verderop in een couveuse aan slangetjes en in haar blootje onder warmtelampen, terwijl ze ondervoed vegeteert. Ik loop de hele dag heen en weer tussen mijn kamer met mijn gezonde zoon en de ziekenboeg waar mijn zieke dochter ligt. De artsen die haar dagelijks onderzoeken weten niet wat haar mankeert en spreken telkens somberder verwachtingen uit: een schotje in haar darmkanaal dat alleen operatief kan worden verwijderd en misschien taaislijmziekte.

Na een week is van de nerveuze, optimistische stemming direct na de bevalling niets meer over. Suzy reageert nergens op. Ik ben aan het einde van mijn Latijn door de zwangerschap en de bevalling en kan de angst om Suzy nauwelijks aan. Familie en vrienden die op bezoek komen en Robert die een groot deel van de dag in het ziekenhuis is, treffen me constant huilend aan. Ik weet absoluut niet hoe ik het gevaar dat mijn kleine dochter bedreigt moet verwerken. Ik ben bang en kan niet slapen. 's Ochtends heel vroeg zoek ik haar op, kijk naar het piepkleine lijfje en probeer de basale, primitieve angst die ik niet eerder heb gekend, meester te worden.

Na acht dagen vertelt de kinderarts dat Suzy per ambulance van het gewone naar een academisch ziekenhuis zal worden gebracht omdat ze niets voor haar kunnen doen en ze uitgebreider moet worden onderzocht. Voor het zover is mag ik Suzy nog eens proberen te voeden. Dat kan geen kwaad. En alsof ze heeft begrepen dat er een dramatisch moment aanbreekt, begint ze diezelfde avond te drinken.

Een week later mag ze mee en komen wij met zijn vieren, als gezin, voor het eerst thuis. Als ik voor onze deur met Suzy in mijn armen uitstap en Robert Bruno in zijn wieg uit de auto tilt, schiet er een fotograaf tevoorschijn. Verscholen tussen de geparkeerde auto's heeft hij zijn moment afgewacht. Hij schreeuwt dat we naar hem moeten kijken. Ik schreeuw terug dat hij helemaal gek is geworden. Robert zet de wieg neer en rent hem woedend een stukje achterna. De fotograaf houdt het dagen vol, soms belt hij aan omdat hij binnen wil komen. Als ik via de intercom zeg dat hij ons met rust moet laten, dan zegt hij dat dit er niet in zit. We kunnen goedschiks of kwaadschiks meewerken. Of we laten hem binnen voor exclusieve foto's van de kinderen en het gezin of hij blijft ons voor de deur lastigvallen. Ik zeg hem dat hij in de hoogste boom kan gaan zitten. Na verloop van tijd is hij weg, op zoek naar een nieuw slachtoffer. In de *Privé* van die week staan bewogen, schemerige foto's van Robert en mij met grimmig vertrokken gezichten terwijl wij onze tweeling ons huis in dragen.

Het is de enige wanklank in de twee maanden dat ik thuis ben. Eenmaal melk drinkend wordt Suzy net als Bruno snel stevig en gezond. Robert is een paar maanden eerder bij mij ingetrokken op driehoog in Amsterdam-West. De woning leent zich nauwelijks voor een gezin, vooral omdat de steile trappen je dwingen om één kind, zeker als de tweeling groter en zwaarder wordt, achter de gemeenschappelijke voordeur op de grond te leggen terwijl je met het andere omhoogrent. De tachtig vierkante meter heb ik een paar jaar eerder als loft verbouwd. Alles is open en privacy is er ver te zoeken. De strakke, zorgvuldig ingerichte ruimte verandert in een mestvaalt van kinderkleren, speelgoed, rondslingerende spullen van Robert en mij. Daarbovenop zetelen wij terwijl we proberen te wennen aan de helse routine van twee baby's tegelijk voeden en verzorgen.

De eerste tijd is het een komen en gaan van familie, vrienden en collega's die allemaal het wonder van onze gezonde tweeling willen zien. Zo staat ook op een avond bij verrassing Henk Kamp samen met zijn vrouw op de stoep. In de voorbije Kamerjaren zijn Henk en ik op elkaar gesteld geraakt, dwars door de grote politieke tegenstellingen heen. Tijdens de asieldebatten heb ik zijn recht-voor-zijn-raap- en dikwijls wat spottende statements leren waarderen. Zelfs was er af en toe een bondgenootschap als wij van links en rechts de PvdA en D66 in hun zwalkende meningen op de korrel konden nemen. Inmiddels is hij minister van Defensie geworden. Als hij de drie trappen heeft genomen staat hij hijgend voor de deur met een enorm pakket. Zijn vrouw houdt een piepklein cadeau vast. Het grote pakket bevat een hobbelpaard voor Bruno. Als wij het kleine cadeau uitpakken, kan hij zijn lachen niet inhouden. Van het ministerie heeft hij een schaalmodel van een F16 meegenomen. Het is voor Suzy, zodat zij, anders dan haar moeder, vanaf het begin wel de juiste route in het leven kiest.

Hoewel ik de eerste twee maanden de politiek op afstand probeer te houden, ben ik me ervan bewust dat mijn verlof kortstondig is en ik, als de Tweede Kamer terugkeert van de kerstvakantie, hard aan het werk moet. Met de komst van de tweeling verandert de verhouding tussen Robert en mij drastisch. Voor Robert is de verandering het grootst. Van een vrije en vaak reizende documentairemaker wordt hij de vader die zijn werk en vriendschappen om de zorg van de kinderen heen drapeert. Juist omdat hij een ongebonden bestaan leidt komt hij, zonder dat we daar werkelijk afspraken over maken, in de rol van eerste opvoeder terecht. Hij vervult die taak inventief en meestal vrolijk, zich weinig aantrekkend van mijn commentaar. Zeker in de eerste jaren vindt hij voldoende compensatie voor het verlies van zijn vrijheid in de betekenis die hij als ouder heeft.

De nieuwe combinatie van werk en zorg is voor mij, zeker in het begin, een hard gelag. Ik maak snel weer lange werkdagen maar kan de situatie thuis slecht loslaten. Ik mis de kinderen en ben bang het moment te missen dat ze gaan praten of lopen. En stiekem denk ik het als moeder ook allemaal beter te kunnen: verschonen, eten maken, ze in slaap sussen. In de eerste maanden nadat ik weer aan het werk ben sta ik 's nachts babykleren te wassen, geef ik de oppassen overbodige adviezen, vries grote hoeveelheden zelfgemaakte babyvoeding in en koeioneer Robert. Het wordt snel onhoudbaar om tegelijkertijd een aanwezige, dominante moeder en een goede fractievoorzitter te zijn. Thuis verpest ik de stemming met mijn nerveuze bemoeizucht, in Den Haag mis ik de concentratie die ik juist hard nodig heb en overal heb ik het gevoel dat ik tekortschiet. Door de omstandigheden gedwongen leer ik loslaten. Geleidelijk accepteer ik dat de wereld niet vergaat als het thuis weleens vuil is of als Robert de kinderen de fles geeft in het café terwijl hij samen met een vriend een biertje drinkt.

Ondertussen eis ik voor de buitenwereld militant het recht op om een werkende moeder te zijn. Tegenover de pers laat ik me ontvallen dat ik maar één antwoord heb voor GroenLinks-leden die zich openlijk afvragen of de dubbele belasting van het leiden van de fractie en het moederschap wel gaat: 'Jullie moeten je aanmelden bij de SGP. Einde discussie. Ik weiger verantwoording af te leggen aan derden voor de persoonlijke keuzes die ik maak.'

In werkelijkheid is het vanaf de geboorte van de tweeling gedaan met de absolute en obsessieve overgave aan de politiek. Het is onmogelijk om maanden achtereen dag en nacht te werken, van hot naar her te reizen op Kamervrije dagen om met kiezers en leden te praten en late avonden te vullen met drank en gesprekken over de toekomst van GroenLinks. Ik woeker met mijn tijd nu ik voor het eerst een privéleven heb dat niet opgeschort kan worden, dat niet wacht tot de zoveelste politieke storm gaat liggen.

Het dwingt me om scherper te formuleren wat ik wil. En dat is goed, niet alleen voor mijn gezin maar ook voor de fractie die wacht tot ik het voortouw neem.

In de maanden van mijn afwezigheid heeft GroenLinks zich goed gehandhaafd. Onder de tijdelijke leiding van Marijke Vos heeft de fractie van zich laten horen in de Kamer en in de publiciteit, en voor het eerst in een jaar is er sprake van enige electorale groei in de peilingen. Dat is voor haar een kleine triomf en voor mij een beetje pijnlijk. Wat mij in het eerste jaar niet lukte, daarin slagen zij en de fractie in mijn afwezigheid wel. Hoewel Marijke het foutloos, als een routinier deed, staat ze het fractievoorzitterschap opgelucht af: de zwaarte ervan is haar tegengevallen. De loyaliteit van de acht fractieleden naar mij is groot maar dat kan niet verhullen dat er ongerustheid is over de toekomst van GroenLinks en over mijn leiding.

Alle Kamerleden hebben hun eigen opvattingen over de koers

Tijdens een campagnebijeenkomst in 1998. West-Indisch Huis, Amsterdam

Overleg tijdens het debat in de Tweede Kamer na de Nacht van Wiegel. Het kabinet bood zijn ontslag aan, maar er werd uiteindelijk gelijmd. V.l.n.r.: Femke Halsema, Marijke Vos, Mohamed Rabbae, Ineke van Gent, Tom van der Lee (op de rug gezien), Kees Vendrik, Tara Singh Varma, Corrie Hermann, Hugo van der Steenhoven, Farah Karimi, Paul Rosenmöller. Den Haag, 19 mei 1999

Met Jet Bussemaker in Grand Café 1e Klas op Amsterdam Centraal, 1998

Paul Rosenmöller kondigt zijn vertrek uit de politiek aan. Den Haag, 15 november 2002

Rosenmöller heeft een lintje gekregen. Den Haag, 29 januari 2003

Tussen Wouter Bos en Jan Marijnissen tijdens het NOS-slotdebat op 21 januari 2003

In afwachting van de verkiezingsuitslagen op 22 januari 2003. V.l.n.r.: Marijke Vos, Femke Halsema, Kees Vendrik, Paul Rosenmöller, Mirjam de Rijk, Tom van der Lee

Ludiek protest in de Kamer op 26 augustus 2003. Met Ineke van Gent en Evelien Tonkens (op de rug)

Met de pasgeboren tweeling Suzy en Bruno

In de Kamer naast Agnes Kant (SP)

Met Ayaan Hirsi Ali (VVD)

Bij het verlaten van het damestoilet op 27 juni 2006, nadat bekend is geworden dat Verdonk (VVD) Hirsi Ali een verklaring heeft laten ondertekenen in ruil voor het behoud van haar Nederlanderschap

Tijdens een opname voor de documentaire *De leugen* over de affaire-Hirsi Ali wordt de toevallige ontmoeting met Verdonk gememoreerd. Achter Halsema regisseur en partner Robert Oey

van GroenLinks en de omgang met de tijdsgeest. Na de verkiezingen in 2002 is de milieuactivist Wijnand Duyvendak tot de fractie toegetreden. Hij geldt als een politieke strateeg die ons te bleke groene profiel kan inkleuren en hij wil zich, gesteund door het congres dat hem met overmacht koos, laten gelden. Ineke van Gent heeft zich op plaats acht net weten te kwalificeren. Zij is boos over de weinig liefdevolle omgang met haar door de kandidatencommissie en het partijcongres die een nieuwkomer als Duyvendak boven haar plaatsen en ook zij wil haar stempel drukken op de nieuwe fractie. Hetzelfde geldt voor Farah Karimi die als woordvoerder Buitenlandse Zaken en Ontwikkelingssamenwerking het liefst zonder bemoeienis van de andere fractieleden de verhoudingen buiten Nederland wil bepalen. Van mij verwachten ze dat ik hun autonomie respecteer door me zo min mogelijk met hun onderwerpen te bemoeien. Tegelijkertijd willen ze ook dat ik GroenLinks nieuw elan geef door heldere keuzes te maken voor een politieke richting.

In reactie op het overwicht van PvdA en SP op sociale kwesties vindt een deel van de aanhang dat GroenLinks zich exclusiever moet richten op groene politiek. In de fractie pleit Wijnand Duyvendak hiervoor. Daar is ook wat voor te zeggen, omdat de combinatie van sociale en milieuopvattingen vaak tot verwarring en ergernis bij kiezers leidt. Terwijl aan de ene kant namelijk de solidariteit met minderbedeelden centraal staat, worden diezelfde mensen gekapitteld om hun milieuonvriendelijke gedrag. Maatregelen om het autoverkeer aan banden te leggen en het openbaar vervoer te versterken heten in de volksmond 'autootje pesten' en elke poging om grenzen te stellen aan de bio-industrie of aan het gebruik van vervuilende energie worden geridiculiseerd als het 'geheven vingertje'. En dat is lang niet altijd onterecht. De maatregelen jagen consumenten op kosten, zeker als bijvoorbeeld belastingvergoedingen of milieusubsidies ontbreken. Op die manier bekritiseert GroenLinks de levensstijl van de mensen die zij zegt te steunen.

Bovendien zijn de grote internationale problemen van klimaatverandering en grondstoffenschaarste voor veel kiezers te abstract en te ver weg. Het smelten van ijskappen of het uitdrogen van landbouwgrond in Afrika is erg, maar de gevolgen voor de welvaart in Nederland zijn niet zichtbaar en al helemaal niet acuut. Andere politieke partijen hebben er ook nauwelijks belangstelling voor. Van de SP tot aan het CDA en de VVD worden milieu en klimaat beschouwd als een luxeprobleem dat het zeker tijdens een economische recessie aflegt tegen de portemonnee van de consument. In de Kamer vinden hierover nauwelijks debatten plaats en pogingen om deze te organiseren stuiten op een afwijzende Kamermeerderheid. Uit kiezersonderzoek blijkt keer op keer dat de mensen die een 'groene' stem uitbrengen op zijn hoogst acht procent van de bevolking vertegenwoordigen. Zelfs als zij allemaal op GroenLinks zouden stemmen, wat om religieuze en politieke redenen nooit het geval is, geeft het geen stemmenwinst.

Dit levert een dilemma op. Om succesvol milieuproblemen te kunnen agenderen moet GroenLinks in zeteltal groeien. Electorale groei zit er niet in als wij van milieu het belangrijkste politieke onderwerp maken. Dan veroordelen we de partij juist nog meer tot de marge van getuigende moralisten. Ik wil dat GroenLinks groter wordt en dat betekent dat wij kiezers moeten verleiden en niet moeten afschrikken. Bovendien heb ik zelf een hekel aan het 'donkergroene' moralisme dat een deel van de achterban beheerst. Hoe terecht ik het ook vind dat milieuvervuiling wordt beboet of ontmoedigd en milieuvriendelijke producten goedkoper worden, politici hebben zich niet te bemoeien met wat er op mijn bord ligt en in mijn huis staat en daar al helemaal geen moreel oordeel over te vellen.

Dat brengt mij vanaf het begin van mijn fractievoorzitterschap in aanvaring met een deel van de GroenLinks-achterban. In het linkse bolwerk Nijmegen neemt de GroenLinks-afdeling in 2004 bijvoorbeeld het initiatief om grote terreinwagens, de SUV's (Sports Utility Vehicles) uit het centrum van de stad te weren. De plaatselijke politieke leiding zet het voorstel kracht bij door te spreken van 'asobakken' die worden bestuurd door 'asociale tweeverdieners'. Ik neem meteen luid en duidelijk afstand van de Nijmeegse afdeling. Behalve dat er niets mis is met tweeverdieners 'win je weinig steun voor je plannen als je de mensen om wie het gaat uitscheldt', zoals ik daarna opschrijf. Het laatste dat ik wil is dat GroenLinks zich in een vijandige omgeving opsluit in een veilig hoekje van moreel verontwaardigde gelijkgestemden. Daarvoor is er te veel aan de hand, is de noodzaak te groot om tegenover het dominante conservatisme en populisme een progressief tegengeluid te laten horen.

Een halfjaar nadat ik ben teruggekeerd van zwangerschapsverlof publiceer ik in *De Helling*, het blad van het wetenschappelijke bureau van GroenLinks, een essay getiteld *Vrijzinnig links.* Daarin geef ik gehoor aan de klacht van hoogleraar politicologie en PvdA-ideoloog Jos de Beus dat er een 'onuitstaanbare leegte op links' bestaat. En ik geef hem gelijk.

Ik erken ten eerste dat links een 'pavlovreactie' vertoont in antwoord op de saneringspolitiek van het kabinet-Balkenende II: 'De legitieme politieke wens om ook in tijden van economische tegenspoed de sterkste schouders de zwaarste lasten te laten dragen, en de solidariteit te blijven organiseren, staat niet een-op-een met de huidige institutionele vormgeving van de WAO, de bijstandswet, het zorgstelsel etc.' Links onderkent onvoldoende, betoog ik, dat de sociale zekerheid een fuik is. Werklozen en arbeidsongeschikten zijn 'gevangen geraakt in financiële regelingen waarbij het zoeken naar werk en de deelname aan de samenleving wordt ontmoedigd in plaats van gestimuleerd'. Mij ergert het ook dat de PvdA, die nog maar een paar jaar daarvoor de paarse marktwerkings- en privatiseringsvoorstellen omarmde, zo is omgeslagen. Samen met de SP verdedigt de PvdA de verzorgingsstaat als een onaantastbare grootheid. Tegelijkertijd volgen zij, ten tweede, de rechtse partijen in hun omhelzing van de repressieve staat. In de greep van het fortuynisme begraaft de PvdA opzichtig het ideaal van de multiculturele samenleving, en stelt bijvoorbeeld het Rotterdamse raadslid Schrijer onder luide landelijke instemming voor om kansarmen voortaan uit kwetsbare wijken te kunnen weren. PvdA-Kamerlid Wolfsen, de latere burgemeester van Utrecht, bepleit om prostitutie strafbaar te stellen als 'seks met bewustelozen', terwijl de PvdA, net als GroenLinks, nog maar een paar jaar eerder heeft ingestemd met de opheffing van het bordeelverbod. De SP diept uit de eigen annalen voorstellen voor de gedwongen spreiding van allochtonen op.

Linkse politiek leunt niet alleen te veel op de staat, schrijf ik in *Vrijzinnig links*, maar is ook te conservatief: 'Juist nu klassieke burgerlijke vrijheden worden geofferd aan de dreiging van moslimterreur, het ideaal van culturele ontplooiing dreigt te bezwijken onder integratieproblemen en de vrijheid om anders te zijn bijna synoniem wordt aan openbare-orderisico's is het voor GroenLinks van groot belang om haar progressieve traditie te benadrukken.'

Tegenover links conservatisme plaats ik GroenLinks als linksliberaal en vrijzinnig: een 'grote nadruk op het vrije woord en de vrijheid om "anders te zijn", ondogmatisch, met een gezonde achterdocht jegens culturele dwang, en een tikje anarchistisch ten opzichte van de uitdijende overheidsbureaucratie'. Tegelijkertijd verzet ik me tegen het conservatieve liberalisme van rechts dat synoniem is aan 'marktdenken, vrijblijvendheid en afscheid van de publieke sector'. 'Conservatieven willen precies het omgekeerde,' stel ik: 'Zij richten zich op het corrigeren van levensstijlen, culturele gebruiken en privéwaarden, terwijl de sociaaleconomische ongelijkheid intact wordt gelaten.' Niet de vrije markt is het doel, maar een vrijere samenleving en vrijere individuen. Als dat betekent dat de markt juist aan banden moet worden gelegd om te voorkomen dat mensen anders worden onderbetaald, gediscrimineerd of uitgestoten, dan vind ik dat gerechtvaardigd. Ik neem een uitspraak van de anarchist en schrijver Arthur Lehning als uitgangspunt: 'Als vrijheid het hoogste goed is, dan heeft iedereen er recht op, dat wil zeggen dat er gelijkheid van vrijheid moet bestaan. Nu mag iedereen dan volgens de mensenrechten vrij zijn, het komt erop aan ook van de vrijheid gebruik te kunnen maken.'

Omdat vrijheid niet vanzelfsprekend is en lang niet iedereen zich vrij kan noemen mag deze actief worden beschermd en nagestreefd. Onder verwijzing naar de filosoof Isaiah Berlin en de 'Two Concepts of Liberty' die hij in 1958 ontwierp, onderscheid ik positieve en negatieve vrijheid. Positieve vrijheid, schrijf ik, is het recht van mensen om zich te mogen bevrijden uit achterstand en een gebrek aan kansen, om zich te mogen emanciperen. Anders dan rechtse liberalen die vinden dat de overheid de individuele vrijheid juist verkleint, meen ik dat door goed onderwijs en het creëren van werkgelegenheid mensen kunnen worden bevrijd. Terwijl positieve vrijheid vooral betrekking heeft op de sociale en economische verhoudingen in de samenleving, gaat negatieve vrijheid over de culturele en politieke verhoudingen: de overheid en anderen hebben de handen af te houden van de persoonlijke relaties van mensen, hun seksualiteit, religie, hun kledingstijlen en culturele liefhebberijen. Het betekent ook dat de overheid zich niet moet bemoeien met het vrije woord of met de vrijheid van vergadering, behalve als door geweld of intimidatie de vrijheid van anderen in gevaar dreigt te komen.

Nu is deze opvatting van negatieve en positieve vrijheid een traditioneel rechtsstatelijke die ook in de Nederlandse grondwet in de klassieke en sociale grondrechten is vastgelegd. Toch is mijn – nog abstract geformuleerde – keuze om vrijheid zo centraal te stellen opzienbarend en leidt die ook tot rumoer. In *Vrijzinnig links* kies ik welbewust voor individualisme boven het belang van de gemeenschap en de sociale groep, of zoals PvdA'er Jet Bussemaker in een commentaar opmerkt, beweeg ik 'weg van het CDA naar D66'. Daarmee sla ik de tegengestelde richting in van Paul Rosenmöller en zoals Bussemaker concludeert 'veroorzaak ik een definitieve breuk met het linkse paternalisme dat de CPN domineerde: een definitieve afrekening met het dogmatische verleden'. Het zijn conclusies die ik niet tegenspreek. Met het essay *Vrijzinnig links* leg ik de basis voor de opvattingen die de rest van mijn politieke loopbaan begeleiden.

Door vrijheid en emancipatie centraal te stellen keer ik terug naar het praktische idealisme van mijn ouders en naar het progressieve optimisme dat de jaren zeventig kenmerkte en dat ik vaak nadrukkelijk verdedig. Ik vind dat GroenLinks zich moet ontwikkelen als een progressieve beweging die niet gericht is op het in stand houden van allerlei regelingen zoals de WAO of de bijstand, maar op het bevrijden van mensen uit elke vorm van afhankelijkheid, van de markt en van de staat. Regelingen kunnen daarbij helpen, maar ze zijn geen doel op zich. En daarbij wil ik de vrijheid om anders te zijn, en af te wijken van het grote grijze gemiddelde, die in de jaren zeventig hard is bevochten, verdedigen.

In de fractie valt mijn artikel goed. Hoewel het algemeen geformuleerd is, geeft het genoeg richting om onze standpunten bij te stellen. En daar is ook reden toe. In september 2004 meldt minister van Sociale Zaken Aart Jan de Geus dat hij verwacht dat twee miljoen mensen in de nabije toekomst aangewezen raken op een uitkering. Hij spreekt van 'een leger van kansarmen: drop-outs, de hardekernwerklozen en veel mensen die het Nederlands slecht beheersen'. In NRC *Handelsblad* schrijft Bart Snels, de directeur van het wetenschappelijke bureau van GroenLinks, een kritisch artikel onder de kop: 'Kansarmen zijn de dupe van linkse en rechtse taboes'. Hij verwijt de regering ondoordachte voorstellen te doen voor ontslagbeperking en het minimumloon. Deze klinken wel stevig, maar hebben nauwelijks een gunstig effect op de werkgelegenheid. Maatregelen die dat effect wel hebben, zoals lagere belasting op arbeid, zijn taboe. Links verklaart daartegenover, zegt Snels, alle aanpassingen van de sociale zekerheid, zoals de verhoging van de AOW-leeftijd, uit den boze.

De taboes waarmee links en rechts elkaar gevangenhouden zijn niet het enige probleem. Erger nog is dat kansarme werklozen nauwelijks op politieke belangstelling kunnen rekenen; deze gaat vooral naar de werknemers van wie de 'verworven rechten' aangetast dreigen te worden. In mei 2004 onderhandelen het kabinet en de vakbonden over het afschaffen van de subsidies op het vervroegde pensioen. Het kabinet wil mensen ontmoedigen om eerder met pensioen te gaan, de vakbeweging is daar mordicus tegen. De linkse oppositie volgt net als actieplatform Keer het Tij de vakbeweging kritiekloos in haar protest. De onderlinge relaties tussen bonden en politieke partijen zijn ook nauw. Vakbondsbestuurders hebben dikwijls machtige posities in de linkse politieke partijen en invloedrijke politici zoals Wim Kok en Paul Rosenmöller waren uit de vakbond afkomstig. Onderling wedijveren linkse politici om de titel 'beste verdediger werknemersrechten' omdat goedkeuring van de vakbeweging geheid stemmenwinst oplevert.

In het najaar van 2004, als de onderhandelingen over het vervroegde pensioen vastlopen en de regering haar plannen voor bezuinigingen wil doorzetten, worden er protesten voorbereid. Op 2 oktober 2004 mondt dit uit in de grootste naoorlogse vakbondsdemonstratie waaraan bijna 300.000 mensen deelnemen. Vanzelfsprekend zijn ook de linkse partijen vertegenwoordigd met spandoeken, ballonnen en actieve leden in windjackjes met partijlogo's. Achter de schermen is hard gestreden wie er van de politiek leiders mag spreken op het grote podium. Het gerucht dat vakbondsleider Lodewijk de Waal zijn partijgenoot Wouter Bos in plaats van andere politici spreektijd gunt, leidt tot woedende reacties bij SP-leider Marijnissen die dolgraag de demonstranten aan zijn zijde wil vinden. Ik heb veel minder behoefte om als een volkstribuun krachttermen naar duizenden mensen te roepen. En ik ben daar ook niet erg goed in: als derde spreker na Bos en Marijnissen kom ik steevast te lief, soms te emotioneel, te weinig gebiedend over. Bij eerdere demonstraties in hetzelfde jaar heb ik ondervonden dat mijn stem zich er niet echt voor leent. Anders dan bij mannen die gaan bulderen, gaat mijn stem omhoog als ik een massa wil overstemmen, waardoor mijn gezag afneemt. Ik oog ook niet als een sterke kerel die de andere mannen overtroeft. Een enkele keer maak ik van de nood een deugd. Tijdens een demonstratie in Rotterdam een paar weken voordat het Museumplein volloopt, roep ik manhaftig dat ik het beleid van Balkenende K.U.T. vind: Kwalitatief Uitermate Teleurstellend. Ik krijg er heel even de lachers mee op mijn hand maar dat is niet hetzelfde als de demonstranten aan mijn kant.

Als de vakbonden besluiten dat alle politici van het podium worden geweerd haal ik dan ook opgelucht adem. Samen met Kees Vendrik sta ik vooraan bij het podium, in het zicht van de camera's, en zing en scandeer ik de protestslogans. In werkelijkheid, alleen tegen elkaar en zonder dat het zichtbaar is voor de buitenwereld, geven wij er lucht aan dat we ons eigenlijk niet met de demonstratie willen identificeren. Het Museumplein is merendeels gevuld met oudere mannen, werknemers en trouwe vakbondsleden. Ze verdedigen er hun zorgvuldig opgebouwde arbeidsverleden tegenover dreigende bezuinigingen, op hoge toon aangemoedigd door Lodewijk de Waal en anderen.

Na de demonstratie op het Museumplein besluit ik dat ik me niet meer wil voegen naar de agenda van de vakbonden en de grote linkse partijen. Ik realiseer me dat de massale opkomst een serieus te nemen teken is van angst over het verlies van zekerheden en over een wisselvallig toekomstperspectief. De verontwaardiging over het beperken van het vervroegde pensioen, door Marijnissen zelfs 'een oorlogsverklaring aan vakbonden en werknemers' genoemd, vind ik tegelijkertijd overdreven. Met een dreigende economische recessie en snel oplopende werkloosheid zijn er andere onderwerpen, andere mensen die politieke aandacht en massale demonstraties verdienen. Alleen organiseren deze kansarmen zich veel minder en mogen ze zich ook nauwelijks in de aandacht van de vakbonden verheugen omdat ze geen betalende leden zijn.

In mijn ongemak over de gevestigde belangen op links en bij de vakbonden sta ik niet alleen. Ook Kees, Tom en zelfs Ineke van Gent, die voortkomt uit de vakbeweging, voelen zich ongemakkelijk bij de linkse behoudzucht over de verzorgingsstaat. In de maanden die volgen op de demonstratie op het Museumplein bezoek ik samen met Ineke talloze buurthuizen, blijf-van-mijn-lijfhuizen en sociale werkvoorzieningen. We praten er met jongeren die geen werk kunnen vinden, alleenstaande jonge moeders die in de bijstand worden gedrukt en mensen die, in Haags jargon, 'een te grote afstand tot de arbeidsmarkt hebben' omdat ze sociaal of intellectueel niet kunnen meekomen. Alle verhalen hebben hetzelfde refrein: een uitkering krijgen is niet moeilijk, van een uitkering afkomen wel. Eenmaal terechtgekomen op het sociale minimum word je gedwongen tot nietsdoen. Opleidingen mag je niet volgen naast je uitkering, stages zijn taboe en vrijwilligerswerk wordt ontmoedigd. Als je als jonge, alleenstaande moeder met kleine kinderen graag wilt werken, is dat bijna onmogelijk. Kinderopvang is nauwelijks voorhanden. Als je erin slaagt om een deeltijdbaan te vinden wordt al het geld dat je verdient in mindering gebracht op de bijstand waardoor je geen opvang voor je kinderen kunt betalen. Daar staat tegenover dat het krijgen van een ontheffing van de sollicitatieplicht een fluitje van een cent is. De boodschap van de overheid aan jonge moeders is ondubbelzinnig: liever thuis met een uitkering dan aan het werk en zelfstandig.

Ineke en ik zoeken niet alleen contact met mensen die moeite hebben om een plek te veroveren op de arbeidsmarkt maar ook met jonge mensen die eigen bedrijfjes starten, freelancers, creatieven en uitzendkrachten die soms alleen een duwtje nodig hebben maar als outsiders geen gehoor vinden. Geleidelijk rijpt een idee voor een ambitieuzer programma waarmee GroenLinks uit de schaduw van het sociale conservatisme van PvdA en SP kan stappen. In een artikel in 2005, getiteld 'Een linkse lente' schrijf ik dat de aantrekkelijkheid van vrijzinnig links niet meer alleen in de restauratie van de verzorgingsstaat of in de bescherming van de verworven (pensioen)rechten van oudere werknemers moet worden gezocht. Linkse politici moeten in de bres springen voor de jonge en kwetsbare mensen die niet worden vertegenwoordigd en voor wie de arbeidsmarkt en de sociale voorzieningen juist flexibel moeten worden.

Ongeveer gelijktijdig wordt door Mei Li Vos, het latere Kamerlid voor de PvdA, het Alternatief voor Vakbond (AVV) opgericht, dat zich verzet tegen de vergrijsde vakbonden die geen oog hebben voor de behoeften van jongeren of vrouwen aan werk, goede opleidingen en eerlijke pensioenen.

Met een kleine, hechte ploeg maak ik een alternatief sociaal programma voor GroenLinks. Behalve Kees, Ineke en fractiemedewerker Olof van der Gaag nemen daaraan ook de lokale politicus Tof Thissen en de directeur van het wetenschappelijk bureau Bart Snels deel. De laatste geldt vanwege zijn onconventionele opvattingen als de rechtsbuiten van GroenLinks. Als wij een concept van ons plan gereed hebben, leggen we het voor aan de fractie, aan de fractievoorzitter in het Europees Parlement Kathalijne Buitenweg, en aan de partijvoorzitter. Zij reageren gemengd. Iedereen beaamt dat het programma verfrissend en moedig is, maar er is ook zorg over de ontvangst en de reacties bij de andere linkse partijen en bij de bonden. In de fractie is Wijnand Duyvendak de meest uitgesproken tegenstander. Hij vindt de voorstellen te ver gaand en denkt dat ze leiden tot onderlinge verdeeldheid op links.

Begin november 2005 presenteren Ineke van Gent en ik samen de nota *Vrijheid eerlijk delen: 18 vrijzinnige voorstellen voor sociale politiek*. Wij schrijven dat de krachteloze verzorgingsstaat de onze niet is en vragen om drastische modernisering: 'Wij willen mensen niet afschrijven en in passiviteit duwen maar in staat stellen voor zichzelf te zorgen. Wij willen mensen niet voorschrijven wat ze moeten worden, maar laten zien wat je zelf kunt doen.' Volgens ons zijn er 'te veel privileges voor insiders (oudere werknemers met vaste contracten, hogere inkomens) en veel te weinig kansen voor outsiders (flexwerkers, werkende armen, allochtonen, vrouwen, voormalige WAO'ers). Te veel bevoogding, te weinig zelfredzaamheid. Te veel disciplinering, te weinig ruimte voor eigen initiatief. Armoede, uitsluiting en afhankelijkheid vormen een bron van onvrijheid. De strijd daartegen is een kerntaak voor vrijzinnig linkse politiek.'

Het radicale uitgangspunt van de nota is dat niemand nog langer dan een jaar werkloos kan zijn. We introduceren een basisinkomen, extra scholing, gratis kinderopvang, uitgebreide verlofmogelijkheden en flexibele werktijden voor mensen die werken. Maar daartegenover korten we het recht op WW in tot één jaar, versoepelen we het ontslagrecht en laten we ouderen meebetalen aan de AOW. We bepleiten het Scandinavische model voor de verzorgingsstaat met goede inkomensbescherming op een flexibele arbeidsmarkt. Bovendien stellen wij de macht van de vakbonden ter discussie. Deze vertegenwoordigen alle werknemers bij de onderhandelingen over cao's, reorganisaties en centrale akkoorden, ook als zij geen vakbondslid zijn. De niet-leden, vinden wij, moeten een stem krijgen in de beslissingen van de vakbond, bijvoorbeeld per internetreferendum.

Wij zijn ons ervan bewust dat wij met *Vrijheid eerlijk delen* bijna alle heilige huisjes van de linkse politiek omverschoppen. En de reacties zijn daar ook naar. De aftrap wordt gegeven door Evelien Tonkens die een paar maanden eerder, na een paar jaar Kamerlid te zijn geweest voor GroenLinks, tegen mijn zin het aanbod heeft aanvaard om hoogleraar te worden. In het dagblad *Trouw* schrijft zij dat ik 'doorschiet naar rechts' omdat ik 'onbegrijpelijk de verzorgingsstaat wil offeren aan keuzevrijheid'. Zij is niet de enige die ogenblikkelijk het etiket 'rechts' paraat heeft. Vanuit de SP en de PvdA klinken dezelfde geluiden, net als uit de vakbeweging. Voor *de Volkskrant* ga ik in gesprek met Agnes Jongerius die net Lodewijk de Waal is opgevolgd als voorzitter van de FNV. Het dubbelinterview draagt de titel 'Dat had je niet moeten doen, Femke', en dat dekt de lading van woedende verwijten die zij mij maakt heel aardig. Jongerius is 'woest' omdat 'haar FNV medeverantwoordelijk wordt gesteld voor het ontstaan van een klasse van insiders, overwegend blanke mannen van middelbare leeftijd voor wie de "oude" verzorgingsstaat onevenredig goed zorg zou dragen'. En 'dat doet pij-hijn', zoals de journalisten haar citeren.

De hardste kritiek komt uit de achterban van GroenLinks zelf: kaderleden uit de vakbonden, al snel 'de vakbondsvleugel' genoemd, samen met een hechte groep critici die zich tegen elke aanpassing van de verkiezingsprogramma's verzet en nu ontdekt dat ze na de realo Paul in mij een nieuwe vijand hebben gevonden. Met mij 'vliegt GroenLinks rechts uit de bocht' en wordt 'kritiekloos het neoliberalisme binnengehaald'. Op zich is de kritiek begrijpelijk. GroenLinks heeft nooit eerder een andere koers dan de vakbonden gevaren en zich in haar commentaar op kabinetsbeleid altijd een trouwe, voorspelbare linkse partij getoond. Het inkorten van de WW tot een jaar en het versoepelen van het ontslagrecht, ook al zetten we daar nieuwe zekerheden tegenover, is voor veel leden ook echt een stap te ver.

De emoties daarover lopen in de maanden na publicatie van het manifest hoog op. Ineke en ik reizen van zaaltje naar zaaltje en praten daar met soms heel geëmotioneerde GroenLinks-leden, die onze voorstellen beschouwen als 'links verraad' en dreigen hun lidmaatschap op te zeggen. Voor Ineke is de hevigheid van de reactie op onze voorstellen lastiger dan voor mij. Als voormalige medewerker van de FNV en PSP'er sinds het begin van de jaren tachtig, worden onze voorstellen haar meer kwalijk genomen dan mij, de afgedwaalde sociaaldemocraat. Als zij onze plannen verdedigt staat zij dikwijls tegenover oude collega's en vrienden die haar en mij woedend 'rechts' en 'neoliberaal' noemen. Wat ons niet erg helpt bij de verdediging van ons manifest is dat we steun krijgen van politieke tegenstanders. Werkgeversorganisatie VNO/NCW noemt *Vrijheid eerlijk delen* een 'trendbreuk': 'De partij verschuift het accent naar een participerende maatschappij. Daarmee plaatst ze zich in het spectrum van partijen waarmee we kunnen praten.'

Het is natuurlijk koren op de molen van critici in GroenLinks en van PvdA en SP, die vinden dat hiermee het bewijs is geleverd van de 'verrechtsing'. Dat wordt nog erger als ik, terwijl de discussie in GroenLinks volop woedt, begin januari 2006 door de JOVD, de jongerenorganisatie van de VVD, word uitgeroepen tot 'liberaal van het jaar'. Het is een eer die tot op dat moment vooral gereserveerd is voor prominente VVD'ers en verwante buitenlanders. Als ik het nieuws een paar weken voor de bekendmaking hoor, verzoek ik de organisatie een paar keer om ervan af te zien. Daar wil men niets van weten, waardoor ik genoodzaakt ben me lof te laten toezwaaien door de JOVD. Mijn aanvaardingsspeech open ik dan ook met de woorden dat ik 'in gedachten Jan Marijnissen triomfantelijk hoor snuiven' om daarna het liberalisme wel voor mijn rekening te nemen en te melden dat ik het wil redden van rechts. Tegen de jonge VVD'ers zeg ik dat vrijheid onterecht een schaars goed is in de handen van 'Nederlandse autochtone burgers die wat ouder, bemiddeld, beter zijn opgeleid en zich vrijwillig bewegen binnen de benauwde burgermansmoraal van het kabinet

CDA-VVD'. Maar Nederland kent op korte termijn twee miljoen kansarmen. Zij zijn de outsiders. Ze zijn arm omdat zij tot bijstand of arbeid op het allerlaagste inkomensniveau zijn veroordeeld en perspectiefloos omdat zij vaardigheden en emancipatiekansen missen. Bij hen, zeg ik, is er een groot tekort aan vrijheid 'en bestaat er in een liberale democratie de dure opgave hen te bevrijden'.

Er is ook niet alleen kritiek. Dwars, de jongerenorganisatie van GroenLinks, sluit zich meteen en enthousiast bij de voorstellen aan. Dat geldt ook voor de alternatieve vakbond van Mei Li Vos. Anders dan de FNV, die het manifest afdoet als een 'praatstuk', reageert het CNV gematigd positief. In de kranten betuigen economen, maar bijvoorbeeld ook feministen hun instemming. Veel mensen herkennen de centrale boodschap wel en reageren er positief op. De econoom Frank Kalshoven noemt de voorstellen 'fris' en geeft in zijn column in *de Volkskrant* een mooie samenvatting van het conflict dat erover is losgebarsten: 'Linkse politiek heb ik altijd domweg gedefinieerd als politiek die goed is voor de onderste 25 procent van de inkomensverdeling (die andere driekwart zorgt maar voor zichzelf). Wie zich daar druk om maakt, struikelt over drie types. Type 1 wil vooral (bestaande) rechten behouden. Type 2 ontkent de economische realiteit. Type 3 maakt slachtoffers van die onderste 25 procent. Alle drie bijzonder vermoeiende types. Het aardige van dit manifest is dat het zich richt op de goede doelgroep, zonder al te opzichtig in een van de typerende valkuilen te trappen. Het is dan ook niet verwonderlijk dat het manifest weerstand oproept, vooral bij vakbondstypes. Beschouw het als een teken dat Halsema en Van Gent hun werk goed hebben gedaan.'

Ondanks alle kritiek die over ons wordt uitgestort, bekruipt mij ook – en voor het eerst – het gevoel dat ik mijn werk werkelijk goed doe. De artikelen die ik schrijf over links-liberalisme en vrijzinnigheid en het manifest voor sociale politiek veranderen mij in korte tijd van een weliswaar welbespraakte maar ook voorspelbare politicus die linkse vanzelfsprekendheden debiteert, in een onafhankelijke en enigszins omstreden leider. Hoewel ik moeite heb met de harde, vaak op de persoon gerichte aanvallen voel ik me in het algemeen prettig bij die positie. De keuze voor een links-liberale koers geeft me houvast en maakt me robuuster, ook in de ogen van mijn fractiegenoten en zelfs als ze het niet met me eens zijn. Naast de PvdA en de SP, die onverminderd te hoop lopen tegen de afbraak van Balkenende, kiezen wij consequent emancipatiethema's: de economische zelfstandigheid van vrouwen, uitbreiding van de verlofregelingen, de toegankelijkheid van kinderopvang maar ook bijvoorbeeld arbeidsquota voor gehandicapten, lagere belastingen voor kleine zelfstandigen en stages voor kwetsbare jongeren.

In de fractie ontstaat een creatieve atmosfeer, waarin nieuwe initiatieven gedijen. Farah Karimi lanceert een initiatiefwetsvoorstel voor een Nederlands referendum over de Europese grondwet, daarin gesteund door de PvdA en D66. Wijnand Duyvendak doet verschillende onderzoeken naar de 'schaduwmacht', het old boys network van voormalige politici die via politieke adviescommissies macht uitoefenen. Ineke van Gent dient een wetsvoorstel in om de rechtspositie van klokkenluiders te verbeteren. Naïma Azough maakt samen met mij een nota over integratie: 'Het hoofd koel, het hart warm', waarin wij voortbouwend op het thema 'vrijzinnig links' de individuele emancipatie van allochtonen centraal stellen. Kees Vendrik slaagt erin ondernemingsraden inzicht te geven in de inkomens aan de top. Zelf dien ik een voorstel voor grondwetswijziging in, dat ik al een paar jaar in stilte voorbereid, om constitutionele toetsing mogelijk te maken. Daarmee krijgen burgers het recht om wetten die in strijd zijn met bijvoorbeeld de vrijheid van meningsuiting of het discriminatieverbod bij de rechter ongedaan te laten maken. Het is een honderdvijftig jaar oude wens van Thorbecke, de liberale grondlegger van het parlement en de Nederlandse grondwet, die voor toetsing pleitte om burgers meer macht te geven tegenover de politiek en het bestuur. Voor een Kamerlid is het een ongewoon zwaar en ingrijpend wetsvoorstel waarmee ik bezig blijf totdat ik het parlement tien jaar later verlaat.

De keuze voor vrijzinnig linkse politiek bindt de fractieleden en stemt ons ook hoopvol. Wij zijn ons er allemaal van bewust dat wij politiek bedrijven tegen de tijdsgeest van conservatisme en populisme. Maar na de richtingloze malaise die GroenLinks vanaf begin 2002 beheerst raken we er ook weer van overtuigd dat we een waardevolle bijdrage kunnen leveren door de verzorgingsstaat te helpen moderniseren en een vrije en progressieve cultuur te verdedigen. Of zoals ik het in 2005 opschrijf: 'Politiek en hartstocht horen onverbrekelijk bij elkaar en juist in het huidige tijdsgewricht, waarin angst en onzekerheid het toekomstperspectief van veel mensen in ons land beperken, is er behoefte aan de hartstochtelijke en optimistische verdediging van burgerlijke vrijheid en emancipatie. Als de voortekenen niet bedriegen, kan dan een linkse lente doorbreken. Terugkeer naar het vrolijke maar ook vrijblijvende idealisme van de jaren zeventig is geen optie. Maar *sadder and wiser* is er geen beletsel voor een nieuw links en vrijzinnig hervormingsproject. De doorslaggevende voorwaarde is wel dat linkse politici zich bevrijden van de ballast van onterecht berouw en valse bescheidenheid.'

Anders dan in mijn eerste Kamerjaren wordt de politiek daardoor een heel persoonlijk project. Ik voeg me niet meer naar andermans en partijopvattingen maar geef deze zelf vorm. En hoewel de kritiek in en buiten GroenLinks soms houtsnijdt, heb ik de rode draad in mijn opvattingen te pakken en laat ik deze niet meer los. Een paar jaar na de geboorte van de kinderen vind ik daardoor ook een balans tussen mijn werk en de verantwoordelijkheid en liefde voor hen. Niet dat ik mijn uren evenwichtig verdeel, want ik ben veel weg en laat een belangrijk deel van de zorg voor hen over aan Robert. Maar mijn afwezigheid is, in ieder geval tijdelijk, gerechtvaardigd omdat ik het werkelijk nuttig vind wat ik doe.

En terwijl ik in Den Haag richting vind, maakt Robert zijn grootste film tot dan toe. *Wonderland* is een drieluik over de geschiedenis van de politieke correctheid in Nederland. Het is een weemoedige terugblik op zijn jeugd in Zeeland in de jaren zeventig en zijn progressieve, Freek de Jonge citerende leraren. Hij laat erin zien hoe het progressieve idealisme in de jaren tachtig en negentig ontaardt in een moralistische protestbeweging die haar heil zoekt in antifascisme, antiracisme en kraken. In het derde deel vraagt hij mij uit te leggen wat er in die verandering van de progressieve beweging teloor is gegaan aan elan, nieuwsgierigheid en vrijzinnigheid. Het is de eerste keer dat onze wegen elkaar in ons werk kruisen en onze opvattingen elkaar versterken.

8

Angst en conservatisme

'Ze heeft gelijk maar ze spuwt tegen de wind in. De tijdgeest is haar niet welgezind. Ze is buiten de orde.' Dat schrijft de socioloog Jacques van Doorn halverwege 2004 in reactie op mijn artikel *Vrijzinnig links*. En: 'De zuigkracht van het conservatieve liberalisme is momenteel te krachtig om kritische tegengeluiden, laat staan oppositionele standpunten, veel kans te geven.' Van Doorn heeft gelijk. Terwijl ik samen met mijn fractiegenoten probeer een progressief hervormingsproject te bouwen op de ravage die sinds 2002 in GroenLinks is ontstaan, bewegen de samenleving en de politieke meerderheid zich in de tegengestelde richting. En dat heeft een belangrijke oorzaak.

Op 2 november 2004 wordt Theo van Gogh vermoord in de Lineausstraat in Amsterdam-Oost. Ik sta in Amsterdam-West gehaast mijn kinderen aan te kleden. Het is dinsdagochtend, even voor negen uur, en ik ben veel te laat voor de wekelijkse fractievergadering als *Parool*-journalist Addie Schulte belt. Hij vertelt me het nieuws. Ik ben stil. 'Dit is monsterlijk, afschuwelijk,' zeg ik uiteindelijk. 'Het was een lastige man, maar ik was ontzettend op hem gesteld. Dit is onbestaanbaar, ik kan er niet bij.'

Twee maanden eerder is *Submission*, de gezamenlijke film van Ayaan Hirsi Ali en Van Gogh, op de Nederlandse televisie uitgezonden. In de film tonen zij naakte vrouwenlichamen waarop passages uit de Koran zijn gekalligrafeerd terwijl een voice-over het levensverhaal vertelt van een onderdrukte, mishandelde islamitische vrouw. Toch is de korte film, ondanks het explosieve onderwerp, eerder saai dan provocatief. De beelden zijn niet schokkend maar esthetisch en het verhaal is – hoe dramatisch het gegeven ook is – nauwelijks meeslepend. Als ik de dag na de uitzending door een journalist word gevraagd wat ik van *Submission* vind, zeg ik dat ik er niet warm of koud van word: 'Ik ben van de generatie die met *Turks fruit* is opgegroeid.' Zoals heel veel Nederlandse toeschouwers, gewend aan een vrije seksuele moraal, onderschat ik de schok en woede die een vrouw slechts getooid in Koranteksten teweegbrengt bij conservatieve moslims. Hirsi Ali kondigt zelf voor uitzending in het VPRO-programma *Zomergasten* aan dat de hele moslimwereld over haar heen zal vallen, maar de film lijkt dat effect in eerste instantie nauwelijks te sorteren. Nederlandse moslimorganisaties geven weinig reden tot bezorgdheid. Ze reageren weliswaar afwijzend maar vooral ijzig beleefd. Wel komt er bij de VPRO een bedreiging binnen en wordt Van Gogh aangeraden om politiebeveiliging te accepteren. Hirsi Ali leeft op dat moment al een aantal jaren onder zware beveiliging en datzelfde geldt voor parlementariër Geert Wilders sinds hij een paar maanden eerder met tromgeroffel de VVD verliet en voor zichzelf begon. Hij heeft verkondigd hoofddoekjes rauw te lusten en moskeeën dicht te willen metselen: uitspraken die hem vanaf het begin veel aanhang maar ook zware bedreigingen bezorgen. In deze onheilspellende atmosfeer van provocaties, bedreigingen en beveiliging neemt *Submission* niet echt een bijzondere plek in.

De moord op Theo van Gogh verandert Nederland, meer nog dan die op zijn vriend Pim Fortuyn een paar jaar eerder deed. De moordenaar van Fortuyn was een eenling met zijn eigen macabere obsessie. Sommige zelfbenoemde erfgenamen van Fortuyn hebben dan wel geprobeerd zijn politieke tegenstanders medeverantwoordelijk te maken, maar de moord is een geïsoleerde gebeurtenis. Er is ook geen enkele aanwijzing dat Van der Graaf volgelingen of geestverwanten heeft die met dezelfde gruwelijke plannen rondlopen.

Dat ligt anders bij de moordenaar van Van Gogh, Mohammed Bouyeri. Deze beschouwt zichzelf als een soldaat van Allah, een strijder Gods. Hij maakt deel uit van een groeiende groep moslimextremisten die bereid is geweld te gebruiken en die, zo blijkt door de moord, zich ook in Nederland bevinden. Anders dan Fortuyn is Theo van Gogh vooral een symbolisch slachtoffer. Hij heeft geen politieke ambities noch de macht om anti-islamitische maatregelen af te kondigen. Hij is een kunstenaar en de moord op hem heeft, ondanks zijn ongezouten meningen over de islam, iets willekeurigs. Er is een vrijdenker vermoord en dat beklemt en zet de vrijheid van meningsuiting op de tocht. Als ik Van Gogh een paar dagen na de moord herdenk tijdens een GroenLinks-congres benadruk ik dat ook. Ik verhul ook niet dat zijn mening soms schuurde en mij kon ergeren.

Na onze harde confrontatie anderhalf jaar eerder tijdens de uitzending van *Buitenhof*, hadden wij ons min of meer verzoend. We werden geen vrienden maar konden wel om elkaar lachen en de paar gesprekken die we voerden waren amicaal. Van Gogh nam mijn boosheid weg door mij en zichzelf te ridiculiseren. Tijdens een debat op het popfestival Lowlands een paar maanden voor de moord kondigde hij mij bijvoorbeeld aan als 'de mevrouw die de Goelag Archipel vergoelijkt'. Ik reageerde daarop luchtig door te zeggen dat hij zichzelf in nuance overtrof. Toen mijn kinderen geboren werden gaf hij ze als cadeau zijn net verschenen boek *Allah weet het beter* en schreef er de opdracht in dat ze nooit naar hun ouders moesten luisteren. 'Geen god, geen gebod,' zeg ik op het congres, 'vrijheid, drugs en bonje. Een vrijmoedig mens. Een typisch kind van de jaren zestig. En met alle verschillen die er zijn, een mens wiens vrijheid wij altijd tot in het uiterste zullen verdedigen. Tegen intolerantie, tegen religieus extremisme, tegen terreur en tegen geweld.'

Op de avond van de moord wordt op de Dam een 'lawaaidemonstratie' gehouden. Een prachtige bijeenkomst die recht doet aan de luidruchtigheid van Van Gogh zelf. Maar achter de schermen wordt er gezwartepiet. Sommige PvdA'ers zint het niet dat minister Verdonk van Vreemdelingenzaken te prominent zichtbaar is. Daartegenover staan vrienden van Van Gogh die vinden dat de PvdA met de dwingende aanwezigheid van burgemeester Job Cohen en wethouder Ahmed Aboutaleb er een eigen feestje van probeert te maken. Ook voor het podium, in het aparte vak voor de politieke genodigden, is de spanning voelbaar: onmacht verpakt in vage beschuldigingen aan het adres van Verdonk die in haar toespraak de menigte met rancune zou voeden en aan PvdA'ers die de bijeenkomst zouden misbruiken voor partijpolitiek.

Een krappe week na de moord vindt op het terrein van de Westergasfabriek in Amsterdam een herdenkingsfeest plaats, georganiseerd door de vrienden van Van Gogh. Als een van de weinige politici ben ik daarvoor nadrukkelijk uitgenodigd. Ik zie ertegen op. Inmiddels is er een grimmige sfeer ontstaan. Het is nog onduidelijk of de moordenaar alleen heeft gehandeld of deel uitmaakt van een terreurcel: de angst voor een aanslag spreidt zich als gif. Minister Donner heeft in reactie op de moord voorgesteld om de wet op de 'smadelijke godslastering' aan te scherpen, wat – terecht – tot woedende reacties leidt. De minister lijkt de mening te zijn toegedaan dat beperking van het vrije woord bedreigingen vermindert. Hij geeft daarmee – misschien onbedoeld maar wel ongepast – het slachtoffer verantwoordelijkheid voor het geweld dat er tegen hem is gebruikt. Schrijvers en columnisten waarschuwen in reactie voor zelfcensuur en verwijten het kabinet daar geen vuist tegen te maken. In de chaos die heerst worden de beschuldigingen wilder. Opnieuw komt het verwijt op dat 'links' – de softe multiculti's – verantwoordelijk moet worden gehouden. De aanwezigheid van moslims in Nederland en de verspreiding van extremisme zou het effect van links beleid zijn. Van de andere zijde klinkt de beschuldiging dat de harde provocateurs, de islamcritici die niet terugdeinzen voor kwetsende uitspraken, het geweld zelf hebben ontketend.

Net als een paar jaar eerder, ten tijde van Fortuyn, besmet de moord de gewone geweldloze politieke tegenstellingen. Alleen met de nog onverwerkte schok over de gruwelijke wreedheid van de moord, de angst voor herhaling nu het om moslimterreur gaat en het besef dat de parlementariërs Hirsi Ali en Wilders ergens ondergedoken zitten, worden de beschuldigingen die over en weer gaan nog venijniger.

De middag voor de herdenking bel ik Felix Rottenberg. Na de niet al te gelukkige samenwerking bij de PvdA is ons contact in de jaren daarna verbeterd. Ik weet dat hij Van Gogh goed kende en vermoed dat hij naar de bijeenkomst zal gaan. Ik vraag of ik met hem mee mag omdat ik me zorgen maak over mijn ontvangst. Dat blijkt niet onterecht. Al in de garderobe komt er een man op me af die ik niet ken. Hij schreeuwt me woedend toe dat ik Van Gogh heb vermoord en geen recht heb om daar te zijn. Mijn verweer dat ik ben uitgenodigd, dat er geen animositeit was tussen Van Gogh en mij en dat het belachelijk is om mij het gedrag van een gewelddadige moslimextremist in de schoenen te schuiven, is zinloos. Omstanders moeten tussenbeide komen, hem op afstand houden en mij mee naar binnen nemen. De man blijkt de arabist Hans Jansen te zijn. Eenmaal in de zaal, waar de kist van Van Gogh in het midden op een podium staat en rappers en sprekers optreden, herhaalt de scène zich nog eens. Deze keer is het de columnist Ebru Umar die me gillend vergelijkbare verwijten maakt. Met haar praat ik nog een tijd, probeer uit te leggen dat haar woede ook de mijne is en dat ik dit geweld even weerzinwekkend vind als zij.

Snel daarna ga ik weg. De volgende dag vindt de crematie plaats en besluit ik, hoewel ik uitgenodigd ben, om niet te gaan.

Net als de vorige keer, toen verdachtmakingen volgden op de moord op Fortuyn, voel ik me in eerste instantie geïntimideerd en getergd. Alleen had ik er destijds geen verweer tegen. Deze keer wil ik me niet stilzwijgend voegen naar de vooroordelen die over me worden uitgestort. Ik weiger als een mikpunt te dienen voor gemakzuchtige verwijten en al helemaal niet om me in de hoek te laten duwen van een vrijheid en vrouwen hatende terrorist.

Sinds mijn aantreden als Kamerlid spring ik in de bres voor de vrijheid van meningsuiting, ook en juist van de mensen met wie ik het oneens ben. Voor mij zijn gewetensvrijheid en de vrijheid van meningsuiting het hart van democratische politiek. De verdediging daarvan beschouw ik als een heel persoonlijke opdracht. Ik sta het rechts-conservatieven niet toe om zich het monopolie op vrijheidsstrijd toe te eigenen en die te devalueren tot een partijpolitieke hobby. Bovendien waren zij ook in geen velden of wegen te bekennen toen het noodzakelijk was om opiniemakers zoals Ayaan Hirsi Ali en Afshin Ellian te beveiligen tegen extremisme. Dat kostte geld en dat wilden regerende VVD'ers en CDA'ers in 2003 niet beschikbaar stellen, ondanks mijn herhaalde, dringende verzoeken.

In de jaren voorafgaand aan de moord heb ik langzamerhand een band met Ayaan Hirsi Ali gekregen. Ondanks de harde discussies voel ik vriendschap voor haar. Ik bewonder de hartstocht en moed waarmee zij de onderdrukking van vrouwen door conservatieve moslims aankaart en meen met haar dat die meer aandacht verdient. Tegelijkertijd vind ik haar ongenuanceerde aanvallen onrechtvaardig tegenover de progressieve moslims die net als zij een scheiding van staat en kerk en de gelijkberechtiging van vrouwen nastreven. Omdat voor haar persoonlijk de enige weg naar bevrijding die van geloofsafval was, eist zij van islamitische vrouwen hetzelfde. Emancipatie betekent volgens mij juist dat de wensen en verlangens van vrouwen zelf serieus worden genomen en niet dat zij worden aangevallen op hun geloof. Door er een godsdienststrijd van te maken duwt ze haar medestanders weg en legt ze de verantwoordelijkheid op de verkeerde plaats. Zoals ik het begin 2005 in een interview in NRC samenvat: 'Wat zou het een verademing zijn als zij eens wat meer anti-man werd en wat minder anti-islam. Die opdracht – nou ja, niemand geeft Ayaan Hirsi Ali opdrachten – dat advies zou ik haar heel graag geven. Daarmee zou ze recht doen aan de individuele verantwoordelijkheid van elke mishandelende, onderdrukkende, uitsluitende man.'

Veel meer dan een interessante maar ook polariserende vrouw, vind ik Ayaan kwetsbaar. De lange lijdensweg als meisje uit een traditioneel Somalisch gezin en als asielzoeker in Nederland heeft haar onthecht en in mijn ogen eenzaam gemaakt. Als ze bekender wordt verzamelt ze een grote schare van vooral mannelijke bewonderaars om zich heen en wordt ze uitgenodigd voor de ene na de andere prestigieuze bijeenkomst. In korte tijd wordt ze een gevierde vrouw, zelfbewust en stijlvol, zeker als ze een halfjaar na de moord op Van Gogh door het tijdschrift *Time* als een van de honderd belangrijkste mensen ter wereld wordt betiteld. Toch komt ze op mij vooral opgejaagd over. De prijs die ze betaalt voor de strijd die ze voert en die haar roem oplevert, is dat ze altijd apart staat van anderen en nergens werkelijk bij hoort.

Een aantal dagen na de moord wordt de 'open brief' aan Ayaan bekendgemaakt die Mohammed Bouyeri op de borst van Van Gogh heeft gespietst. Het is een sadistische tekst waarin naast Koranverwijzingen en doodsverwensingen de moordenaar voorspelt dat ze vanaf nu 's nachts 'badend in angstzweet' wakker zal liggen. De tekst maakt duidelijk dat Bouyeri Van Gogh heeft vermoord als een *soft target* om haar te kwetsen en bang te maken. Ik vind dat voor haar een veel te zwaar lot om te dragen. Het grijpt me diep aan en dat smeedt me, zonder dat zij dat weet of daarom vraagt, aan haar vast. Ik neem me voor om haar vanaf dat moment altijd te verdedigen, niet inhoudelijk, maar wel in haar vrijheid om alles te kunnen en mogen zeggen wat ze wil en zich daarbij veilig te weten.

Het is niet enkel een persoonlijke én een principekwestie, ik vind ook dat er een groot belang in het geding is. De moord op Van Gogh heeft symbolische betekenis als een aanslag op de Nederlandse cultuur van secularisme, vrijheid en tolerantie. Mohammed Bouyeri laat er in afscheidsbrieven weinig misverstand over bestaan dat hij geweld tegen 'goddelozen' gerechtvaardigd vindt, zoals hij tijdens zijn rechtszaak ook de Nederlandse rechtsstaat verwerpt. Terecht staat na de moord bescherming van de Nederlandse cultuur tegen geweld en intolerantie hoog op de politieke agenda. Niet logisch is dat de regerende rechtse meerderheid vindt dat dit zero tolerance en het uitsluiten van minderheden rechtvaardigt. Dat staat, vind ik, juist haaks op de moderne cultuur van ruimdenkendheid, vrijheid en tolerantie die het verdedigen zo waard is. En dat is veel meer dan enkel een definitiekwestie.

Een paar dagen na de moord zegt VVD-vicepremier Gerrit Zalm dat het kabinet 'de oorlog aangaat om dit soort extremisme en radicalisme te bestrijden'. Hij voegt eraan toe dat integratieminister Verdonk daarnaast de taak krijgt om met de 'redelijke moslims' te praten. Verdonk heeft een eigen definitie van redelijkheid. Volgens haar kunnen 'moslims minder hebben dan de gemiddelde Nederlander, ook dan de gelovige Nederlander'. Ze hebben een 'lager incasseringsvermogen' waaraan wij ons niet moeten willen aanpassen en ze kruipen te snel in 'de slachtofferrol'. VVD-fractievoorzitter Van Aartsen zegt op een congres van zijn partij in dezelfde eerste weken na de moord dat Nederland 'een oord van valse tolerantie, gemakzucht, hypocrisie en lafheid' is geworden. 'The polder of evil,' voegt hij daar, verwijzend naar een gelijkluidend commentaar in *The New York Times*, aan toe. En voor degene die daar een relativerende opmerking over durft te maken heeft hij nog een retorische vraag in pacht: 'Wie kiest voor individuele vrijheid en gelijkheid voor de wet, wie voor de stokslagen van de ayatollahs?'

VVD'ers zijn niet de enigen die direct na de moord moslims in het algemeen ter discussie stellen en zich laten verleiden tot wij-zij tegenstellingen en oorlogszuchtige taal. CDA-fractievoorzitter Maxime Verhagen stelt voor dat nieuwe partijen voortaan alleen mogen meedoen aan de verkiezingen als hun programma door de rechter is getoetst. Hij wil hiermee voorkomen dat orthodoxe moslims die een theocratie nastreven kunnen meedoen aan de verkiezingen. Hij waarschuwt voor 'volledig geïslamiseerde wijken, enclaves waar de sharia heerst'. In alarmisme wordt hij op zijn beurt overtroffen door Geert Wilders die vindt dat de 'noodtoestand' mag worden uitgeroepen waarbij de 'rechtsstaat even opzij wordt gezet om diegenen aan te pakken die de rechtsstaat willen vernietigen'. LPF-Kamerlid Joost Eerdmans pleit zelfs voor een 'goede dictator' en een 'oorlogskabinet'.

Het zijn in de eerste plaats paniekreacties. Een week na de moord op Van Gogh vindt er een inval plaats in een woonhuis in het Laakkwartier in Den Haag. In het pand blijken zich twee bewapende leden van de Hofstadgroep, waartoe ook Mohammed Bouyeri zou behoren, te hebben verschanst. Zij gooien een handgranaat naar buiten waarmee zij drie agenten verwonden en weten daarna een hele dag tegen te houden dat zij worden overmeesterd. In de Tweede Kamer leidt de situatie in het Laakkwartier tot onrust. Niemand weet precies wat er aan de hand is. Er is het vermoeden van een ophanden zijnde aanslag, mogelijk op Hirsi Ali en op Wilders, misschien op het parlementsgebouw. Als de twee daders aan het einde van de dag worden ingerekend verdwijnt dat onbestemde gevoel van onveiligheid niet. Ook als er niet, zoals in het Laakkwartier, een rechtstreekse aanleiding is, heeft de aanslag op Van Gogh het besef van kwetsbaarheid vergroot. Hoewel de bedreigingen zich vooral tegen Hirsi Ali en Wilders richten, vallen andere prominente politici er ook aan ten prooi. Fractievoorzitter Van Aartsen wordt bedreigd en beveiligd en datzelfde geldt voor de Amsterdamse burgemeester Job Cohen en wethouder Ahmed Aboutaleb. Voor alle fractievoorzitters geldt vanaf de moord een verhoogde dreiging en dat leidt af en aan tot beveiliging. Maar meer nog dan rechtstreekse bedreigingen die binnenkomen via de post en e-mail, is de gedachte aan een niet-aangekondigde moord beangstigend. De moord op Van Gogh en de inval in het Laakkwartier confronteren elke politicus er indringend mee dat terreur zich niet aankondigt en zich waarschijnlijk niet beperkt tot een lone wolf.

In de Haagse wandelgangen worden nerveuze gesprekken gevoerd. Wat als er volgende keer een beroemde voetballer wordt vermoord? Kan de Nederlandse bevolking die schok aan? Wat als een jihadist zich opblaast op het Centraal Station in Amsterdam? Wat als Geert Wilders wordt vermoord? Het zijn vragen zonder antwoord die de spanning verder vergroten.

Dezelfde vragen komen aan de orde in de Commissie voor de Inlichtingen- en de Veiligheidsdiensten, de zogenaamde Commissie Stiekem. Normaal vergadert deze commissie van fractievoorzitters, waarin ik sinds begin 2004 ook zitting heb, ongeveer eens in de maand. Na de moord op Van Gogh loopt het aantal vergaderingen snel op, zeker als na de inval in het Laakkwartier blijkt dat rond de moordenaar van Van Gogh een terreurnetwerk actief is waarvan verschillende leden vrij rondlopen. De herhaalde vergaderingen zijn vooral oefeningen in het bezweren van angst. Het is angst voor het welzijn van de Nederlandse bevolking gemengd met paniek over de eigen veiligheid. De AIVD rapporteert aan de Commissie Stiekem nauwgezet over de verdachten van de Hofstadgroep die vrij rondlopen en mogelijk een gevaar vormen. Als een halfjaar na de moord op Van Gogh terreurverdachte Samir A. wordt vrijgesproken en deze bij het verlaten van de rechtbank een persfotograaf een klap geeft, is de stemming in de haastig bij elkaar geroepen Commissie ronduit paniekerig. Wat kan deze man nu wel niet gaan doen? Hoe voorkomen we dat hij zich voor de ingang van de Kamer opblaast? En hoe kan het eigenlijk dat hij vrij rondloopt?

De beveiliging van de Tweede Kamer wordt na de moord aangescherpt. Er komen detectiepoorten, legitimatie wordt verplicht en tassen worden voortaan gescand. Dat versterkt de atmosfeer van een belegerd parlement: letterlijk, vanwege de aanwijzingen uit het Laakkwartier en uit de zaak tegen Samir A. dat er een aanslag op de Kamer wordt beraamd, en figuurlijk omdat de Kamerleden Hirsi Ali en Wilders door de moord het spreken onmogelijk wordt gemaakt. Aan het gevoel belegerd te zijn wordt nog eens dramatisch uitdrukking gegeven door bijvoorbeeld Jan Marijnissen die voorstelt elke bijeenkomst van het parlement te laten beginnen met uitspraken van de twee 'monddood' gemaakte Kamerleden, zodat zij in gedachten bij ons zijn.

Mijn reactie op dit vertoon van paniek is ambivalent. Ook in mij nestelt zich meer dan voorheen de angst voor een onbekende moordenaar die plotseling en overal kan opduiken. Aanwijzingen van beveiligers voeden die angst. Mijn agenda moet voortaan worden overlegd. Bij openbare bijeenkomsten waar mijn komst is aangekondigd wordt de zaal onderzocht en word ik begeleid. Mij wordt afgeraden om met het openbaar vervoer van huis naar werk en terug te reizen omdat de route gemakkelijk kan worden achterhaald. Dit, en de aanwezigheid van beveiligers maken me soms overdreven oplettend. Dat bereikt een hoogtepunt als bijna een jaar na de moord op Van Gogh een politiecabine voor de deur van ons huis in Amsterdam-West wordt geplaatst nadat opnieuw een aantal terreurverdachten is opgepakt. De onveiligheid bereikt daarmee mijn voordeur, waarachter zich twee kleine kinderen bevinden, en dat is een akelig idee. De bezorgdheid over de veiligheid van mijn kinderen gaat niet meer over, ook niet als de cabine na een aantal weken plaatsmaakt voor permanent cameratoezicht.

Tegelijkertijd vind ik dat het geen pas geeft om angst te etaleren. In vergelijking met Hirsi Ali en Wilders mogen de bedreigingen aan mijn adres geen naam hebben, waardoor het snel naar koketterie neigt als ik er ruchtbaarheid aan geef. Het zijn incidentele mails en brieven waarin mijn dood wordt aangekondigd, meestal schots en scheef opgesteld en vol spelfouten. Vooral vind ik de situatie die door de moord ontstaat – het onderduiken van Kamerleden – zo ernstig dat er een plicht op mij en alle anderen rust om het Kamerwerk juist koelbloedig en onverstoorbaar voort te zetten. Het voorstel van Marijnissen om Hirsi Ali's en Wilders' aandeel in het debat door anderen te laten vertolken doe ik dan ook af als 'onzin'. 'Het tekent,' zeg ik op 11 november in *Trouw*, 'de gekte die zich meester dreigt te maken van de 'publieke en politieke elite: Ik doel op commentator Hofland die een staatsgreep in Nederland aanstaande acht. En ik doel op VVD-fractievoorzitter Van Aartsen, die op zijn congres zegt dat we voor de keuze tussen de sharia of de grondwet staan. Zo dreigen we elkaar gek te maken.'

Voor mij luistert het op dat moment nauw dat parlementariërs en regering het goede voorbeeld geven, kalm zijn en weloverwogen. In mijn hoofd zit een verhaal dat mijn moeder mij vaak heeft verteld. Als jonge wethouder in Enschede leidde zij samen met andere bestuurders op 4 mei de stille tocht vanuit het centrum naar het oorlogsmonument in het Volkspark. 'De eerste keer werd ik getroffen door het besef dat ik als bestuurder in elk opzicht de stoet leid,' zei ze. 'Mensen steunen op mij en ik moet sterk zijn.' In de eerste weken na de moord daagt bij mij ook ten volle dat besef. Dat ik een oppositiepoliticus ben van een kleinere partij en zonder bestuurlijke macht doet niet ter zake. Als volksvertegenwoordiger en als fractievoorzitter ben ik een feitelijke en een symbolische leider en dat verplicht tot beheersing.

In de eerste drie weken na de moord vinden er namelijk verspreid over het land zo'n 800 incidenten plaats, variërend van bekladding, discriminatie, bedreiging en belediging tot brandstichting. Verreweg de meeste intimidatie richt zich tegen moslims, islamitische scholen en moskeeën maar ook kerken en synagogen worden bezoedeld. Mij stoort het mateloos dat juist op zo'n precair moment als het land op drift lijkt, Zalm, Van Aartsen, Verhagen en Verdonk de angst en emoties nog eens aanwakkeren. Alsof het verbieden van ondemocratische partijen een terreuraanslag zou helpen voorkomen. Alsof Nederland werkelijk wordt bedreigd door de sluipende invoering van de sharia die vrouwen tot tweederangsburgers devalueert. En alsof moslims in het algemeen, die wereldwijd de grootste slachtoffers zijn van terrorisme en in Nederland ook de akelige gevolgen ondervinden van de moord door Mohammed Bouyeri, echt een kleiner incasseringsvermogen hebben dan Nederlanders. Terwijl in werkelijkheid het aanscherpen van het verbod op godslastering een oude wens is van de christendemocraten en niet van de islamitische gemeenschap, tegen de zin van de liberalen in. Er heeft zich, zeg ik in een interview in diezelfde periode, 'van de grootste regeringsfracties een grote mate van hysterie meester gemaakt. En dat vind ik volstrekt onverantwoord.' De hysterische toonzetting en de angstbeelden steken eens te meer omdat premier Balkenende nauwelijks van zich laat horen. Behoudens een plichtmatig 'zo gaan we niet met elkaar om in Nederland' en 'dit is on-Nederlands', lijkt de premier elke aandrang maar ook elk gezag te missen om zich boven de dreigende polarisatie te verheffen en tot rust te manen. Later blijkt nog eens dat de premier heeft nagelaten om contact te zoeken met de familie van Van Gogh, alsof, zoals diens moeder het verwoordt, 'hij vergat dat er een klein jongetje in Amsterdam was van wie de vader was vermoord'.

Zeker de eerste weken na de moord is Balkenende nauwelijks zichtbaar terwijl de spanning en hysterie oplopen. Mijn ergernis over zijn gebrek aan leiderschap wordt zo groot dat ik de regering per brief vraag om de koningin een oproep tot rust, beheersing en verzoening te laten doen. Het is voor de republikein die ik ben een nogal ongebruikelijke stap. Op dat moment vind ik dat de taak van een premier een geheel andere zou moeten zijn dan het ventileren van krachteloze clichés en het symbolisch bezoeken van een Suikerfeest. De premier zou de waarden van de rechtsstaat moeten verdedigen, en de ministers en leiders van de coalitiepartijen die deze met voeten willen treden terug in hun hok moeten duwen.

De repressieve voorstellen die CDA- en VVD-politici doen, en die onbestreden worden gelaten door de premier, zijn namelijk niet alleen een uiting van paniek. Een paar maanden na de moord beschrijf ik ze in de NRC als passend 'in een neoconservatieve agenda. Ze maken grondrechten tot een politiek instrument in handen van de macht. Zo wordt bij mensen tegenmacht weggehaald. Dat vind ik neoconservatief. En het gaat gepaard met nieuwe hiërarchische maatschappelijke verhoudingen, met de roep om nieuw leiderschap. Zij geven uitdrukking aan een cultuur die geen nieuwkomers verdraagt.' Gemeten naar de voorstellen die in hetzelfde korte bestek worden gedaan, zijn dit geen overtrokken of te zware woorden. Per 1 januari 2005, en onder verwijzing naar terreurdreiging, wordt er een algemene identificatieplicht ingevoerd. In een Kamerdebat erover maak ik die maatregel belachelijk: 'Laten we wel wezen, met de identificatieplicht vang je geen terroristen, wel wordt er bij veel jongeren van vijftien zonder licht op hun fiets vijftig euro extra opgehaald.' Dan zijn er nog de voorstellen om politieke partijen door de rechter te laten toetsen en het verbod op godslastering aan te scherpen. En ook dat is nog niet alles. Drie maanden na de moord liggen er voorstellen van het kabinet om het goedpraten van terreur strafbaar te stellen, straatverboden en meldingsplichten in te stellen op basis van vage vermoedens, de voorlopige hechtenis zonder serieuze verdenking uit te breiden naar twee jaar, mensen die ondemocratische plannen hebben hun grondrechten tijdelijk af te nemen en de dubbele nationaliteit te beperken.

Sommige maatregelen die het kabinet voorstelt worden door GroenLinks en mij wel gesteund. Ook wij vinden dat de opsporingsdiensten mogen worden uitgebreid en er grote investeringen moeten worden gedaan in *intelligence* en opsporing. En tegen de wens van een Kamermeerderheid in blijf ik met nadruk vragen om beveiliging door de landelijke diensten van invloedrijke en omstreden opiniemakers, zoals ik dat ook voor de moord op Van Gogh deed.

In de maanden van verwarring en paniek na de moord op Van Gogh zoeken de rechtse, regerende politici echter bewust de grenzen van de rechtsstaat op. CDA-fractievoorzitter Verhagen meent bijvoorbeeld dat het oude adagium 'liever tien schuldigen op straat dan één onschuldige in de cel' nu niet meer geldt.

In de NRC zeg ik in reactie: 'Ik heb er heel grote moeite mee dat de rechtsstaat zó het raam uit gelazerd wordt als ie even niet uitkomt.' En: 'Juist als je vindt dat de Nederlandse cultuur en identiteit op de tocht staan, zoals mijn politieke tegenstanders, dan zou dat pleiten voor een sterk historisch besef van onze rechtstradities. Dan moet je de politieke orde niet ontwrichten maar juist duurzamer maken.'

Dit is nog vriendelijk geformuleerd, want eigenlijk vind ik het meedeinen op sentimenten van angst en rancune onder de bevolking getuigen van onsmakelijk opportunisme. CDA'er Verhagen weet dat alle mensenrechtenverdragen en de Nederlandse grondwet zich verzetten tegen het opsluiten van onschuldige burgers. In combinatie met hysterische maar onjuiste berichten die hij verspreidt over de oprukkende sharia creëert hij welbewust haat jegens moslims. En dat niet alleen. Door het gedrag van een extremist exemplarisch te maken voor een hele geloofsstroming of etnische groep wordt de Nederlandse cultuur van pacificatie van minderheden op de tocht gezet. Die houdt in dat mensen en groepen afwijkende gebruiken en tradities mogen hebben, zolang zij daarmee anderen niet schaden of de wet overtreden. Na de moord op Van Gogh komen moslims onder een vergrootglas te liggen. En afwijkend of misdadig gedrag van een enkeling wordt ogenblikkelijk gepresenteerd als het bewijs van de achterlijkheid of het gevaar van de islam. Vooral integratieminister Rita Verdonk beheerst de kunst van de trefzekere verdachtmaking goed. Na afloop van een bijeenkomst met vijftig imams over de vrijheid van meningsuiting en het klimaat dat in Nederland is ontstaan sinds de moord op Van Gogh is er één die haar om geloofsredenen geen hand wil geven. Verdonk speelt de kwestie hoog op als voorbeeld van vrouwen discriminerende, ongewenste orthodoxie, opzettelijk negerend dat de andere negenenveertig imams haar wel een hand gaven. Zij presenteert zich als de verdediger van de Nederlandse cultuur tegenover rare snuiters met eigenaardige gewoontes, en daarin wordt ze, blijkens opiniepeilingen, toegejuicht door een solide meerderheid van de bevolking.

Geplaatst tegenover dit populistische sentiment is het lastig navigeren. Het relativeren van de ernst van de weigering om handen te schudden, de wens gescheiden te zwemmen of een hoofddoekje te willen dragen, komt je steevast te staan op het verwijt dat je lijdt aan een 'weg met ons'-mentaliteit of – nog erger – een cultuurrelativist bent. Om die reden houden de PvdA en de SP zich verre van debatten over de Nederlandse identiteit. Veel liever concentreren zij zich op de sociale en economische bezuinigingspolitiek van het kabinet-Balkenende en laten zij het snel opkomende, benepen nationalisme dat doorgaat voor vrijheidsstrijd onbeantwoord.

Ik trek een andere conclusie. Zoals de socioloog Van Doorn terecht opmerkt dat GroenLinks en ik 'buiten de orde' staan, besluit ik daar een geuzentitel van te maken. Vrijheid en tolerantie mogen nu niet, vind ik, selectief worden verdedigd als het eigendom van blank establishment dat gehecht is aan een eigen levensstijl maar tegelijkertijd mensen die anders zijn niet verdraagt. 'Tolerantie,' zeg ik begin 2005 in de NRC, 'is doorleefde acceptatie, een perspectief van insluitend burgerschap.' Het wil ook niet zeggen dat je zaken die je niet zinnen negeert, het betekent juist dat je de confrontatie zoekt. 'Maar,' voeg ik daaraan toe, 'als iemand uiteindelijk in vrijheid kiest voor een levenswijze die ik weerzinwekkend vind, moet je dat respecteren.'

Vanaf dan laat ik vaker en nadrukkelijk van me horen als politicus die de vrijheid van tegenstanders en andersdenkenden verdedigt. Alleen trek ik daarbij altijd de harde grens van de rechtsstaat. Mensen hebben recht op hun religieuze liefhebberijen, rare gebruiken en afwijkende levensstijl. De privésfeer van mensen is heilig zolang zij zich aan de wet houden. Vrouwen thuishouden, kinderen slaan, mensen dwingen te geloven, homoseksuelen intimideren en bedreigen kan nooit met een beroep op de godsdienstvrijheid worden gedaan. Je kan en mag niet, vind ik, het ene vrijheidsrecht heilig verklaren terwijl je andere – zoals de gelijke rechten van mensen en de vrije meningsuiting – met voeten treedt.

Het geeft mij een eclectische positie in het debat over de multiculturele samenleving die niet altijd wordt begrepen. Zo verdedig ik het recht van vrouwelijke politieagentes en rechters om gesluierd hun werk te mogen doen met een beroep op gelijkberechtiging en godsdienstvrijheid even overtuigd als dat van cartoonisten om de islam te mogen beledigen. In het eerste geval word ik uitgemaakt voor 'moslimknuffelaar', in het tweede geval door de politiek commentator van *Trouw*, Hans Goslinga, geridiculiseerd als een 'liberale jihadist'.

Mijzelf komt het voor dat het verdedigen van vrijheid en nonconformisme de enige logische en consequente positie is in een tijd waarin deze worden bedreigd. En ik vind dat de staat en politici het privéleven en de levensstijl van mensen zo min mogelijk moeten beperken. In het boek *Vrijheid als ideaal* dat in 2005 onder redactie van Bart Snels verschijnt en waarvoor ik het nawoord schrijf, stel ik nadrukkelijk dat ik verschillen tussen mensen niet als een bedreiging zie maar als een groot goed: 'Religieuze tradities en gebruiken, jongerenculturen en subculturen kleuren de samenleving.' Tegelijkertijd geldt: 'Organisaties die rechtmatige sociale, culturele, politieke of seksuele verlangens onderdrukken met een beroep op welke doctrine dan ook zal ik bestrijden.'

Vanaf het begin realiseer ik me dat ik met verzet tegen repressie en cultureel conservatisme een electoraal risico neem. Na de Twin Towers, twee politieke moorden, economische neergang en de toename van werkloosheid sinds 2002 is er onder de Nederlandse bevolking verlangen naar overzichtelijkheid en eenvormigheid. Veel mensen zijn bang voor de toekomst, voelen zich bedreigd door globalisering en open grenzen en hebben weerzin tegen de aanwezigheid van moslims, vluchtelingen en economische migranten. Er is weinig behoefte aan grotere vrijheid, eerder aan orde en tucht, en aan bescherming van het 'eigene' tegenover alles wat nieuw, anders en exotisch is.

Ik ga er echter van uit dat ik deel uitmaak van een aanzienlijke minderheid die juist het conservatisme vreest. In de fractie van GroenLinks is iedereen het er ook over eens dat er bij ons een taak ligt om de moderne Nederlandse cultuur te verdedigen tegenover nostalgie en conservatisme. Wij laten ons niet wegzetten als aanvallers van de Nederlandse cultuur, als de bezitters van een 'weg met ons'-mentaliteit, maar als de dragers van het emancipatie-elan uit de jaren zestig en zeventig, van vrijheid die het verdedigen juist waard is. De vraag die voorligt is welke Nederlandse tradities de boventoon gaan voeren. 'Wat houden wij de mensen – en dan vooral jongeren en migranten – voor als lichtend voorbeeld?' vraag ik retorisch in een ingezonden artikel in de krant. 'Is dat de benepen conservatieve moraal van gehoorzaamheid, zwerfvuil en hondenpoep? Of zijn dat de progressieve waarden van tolerantie en openheid, van mensenrechten in buiten- en binnenland, van vrijheidsrechten die de gewone man tot een gelijkwaardige partner maken van de macht?' En ik hekel de conservatieve politieke meerderheid als irreële maakbaarheidsdenkers die denken dat je criminaliteit kunt uitbannen als je maar hard genoeg straft en internationale migratie kunt stoppen als je eisen maar onmenselijk genoeg zijn.

In de loop van 2005, als Nederland zijn wonden likt na de tweede politieke moord en in de politiek repressie en pessimisme overheersen, besluiten wij in GroenLinks een optimistische tegencultuur uit te gaan dragen. Deze komt allereerst tot uitdrukking in de '18 vrijzinnige voorstellen voor sociale politiek' die Ineke van Gent en ik doen in het manifest *Vrijheid eerlijk delen* en de vele voorstellen van andere Kamerleden.

Langzamerhand veranderen we ook van stijl. Het besef buiten de orde te staan van links en rechts conservatisme geeft aan de initiatieven die we nemen iets brutaals. Tegenover de heersende gure rechtse winter kondig ik een 'linkse lente' af. Tijdens een festival met dezelfde naam kiezen we in de loop van 2005 voor een lichtere, ironischer toon dan in de linkse beweging gebruikelijk is. Geen harde aanvallen op de regering, wel een workshop 'praktisch idealisme' en een cursus 'hoe parkeer ik mijn SUV in'. En voor het eerst sinds ik ben aangetreden melden mensen zich om te helpen. Schrijver Geert Mak, ondernemer Harry de Winter, cabaretière Sara Kroos, kleinkunstenaar Ellen ten Damme, dichter Ilja Pfeijffer: een aanwas van vrije geesten die zich niet herkennen in het dominante linkse en rechtse 'spruitjesconservatisme', zoals ik het omschrijf. Voor het festival Linkse lente schrijft Pfeijffer een gedicht: '[...] het fluisteren in oren was hopeloos uit de mode geraakt/ zoals geloof in geuren en hoop op lente van ogen/ en zelden zag je een merel blozen van de klank/ van liefde op stille lippen/ en het was in die dagen van optuimelend onderroer en ramspraak/ dat het aangespoelde hoofd van de dichter van duister werd gevraagd/ te spreken van geloof hoop en liefde en dit is wat hij zei/ wij moeten kerst verslapen en lente maken/ op elkaars wangen.'

Langzamerhand begin ik er ook in te geloven dat het mogelijk is om met een eigen, dwarse koers succes te hebben. De eigen voorstellen vervullen me met trots, ook al leiden ze tot onrust in de achterban van GroenLinks. Mijn verweer tegen repressie en uitsluiting van minderheden, mijn pleidooien voor een sterke en liberale rechtsstaat zijn geworteld in een diepe overtuiging die me minder gevoelig maakt voor harde kritiek en scheldpartijen. Hoewel GroenLinks sinds de verkiezingen in 2003 nauwelijks electorale groei wordt voorspeld, neemt vanaf 2005 het aantal leden toe. Jongeren melden zich, jongerenorganisatie Dwars groeit en is enthousiast over de koers. Mijn verwachting is, en daarin word ik gesteund door de fractie en het campagneteam, dat als we een soevereine, optimistische campagne voeren en ik het spoor volg van een eigenzinnige en creatieve leider, we bij de volgende verkiezingen in 2007 winst kunnen boeken.

9

De confrontatie

In de zomer van 2005 nodig ik mezelf uit in het Torentje. Dat gaat niet vanzelf. Ik laat premier Balkenende weten dat ik graag eens wat uitgebreider met hem zou willen praten dan vluchtig in de wandelgangen voor of na een debat. Hij reageert nors en ongemakkelijk. Pas als ik aandring en uitleg dat ik afspraken wil maken over de politieke strategie tijdens de komende Algemene Politieke Beschouwingen komt er met moeite een afspraak tot stand.

Behalve dat ik het Torentje ook weleens van binnen wil bekijken heb ik een goede reden om beter contact met de premier te willen. Zeker in de eerste jaren lijkt Balkenende te zijn verdwaald in het ambt, een toevallige premier die zich slecht raad weet met alle aandacht en verantwoordelijkheid. Zijn spreekrepertoire bestaat uit vaagheden en clichés, en als hij daarover door de Kamer en de media in het nauw wordt gebracht, een meestal verkeerd getimed machtswoord. Het kaartje dat hij, als hij koud een halfjaar premier is tijdens de zoveelste crisis met coalitiepartij LPF aan Paul Rosenmöller stuurt, is veelzeggend. In plaats van antwoord te geven op kritische vragen schrijft hij: 'Wij groeten u in gezamenlijkheid en eenheid vanuit de Ridderzaal.' Een week later valt zijn eerste kabinet door het geruzie tussen LPF-ministers over wie de premier geen enkele regie lijkt te hebben. Het is het begin van een lange lijst met missers.

Kort erna laat hij zich opzichtig fotograferen op het golfkarretje van de Italiaanse premier Berlusconi, die op dat moment wordt vervolgd voor fraude en omkoping. Zijn eerste bezoek aan president Bush wordt door voormalig premier Kok treffend gekarakteriseerd als 'schoothondjesgedrag', waarmee niet alleen de kritiekloze steun aan de Irakoorlog wordt bedoeld maar ook de nerveuze en onderdanige houding van de premier. Terwijl Balkenende tijdens zijn ontmoetingen met internationale machthebbers verandert in een blije schooljongen, houdt hij zich stil bij gevoelige kwesties waar het gezag van de premier juist wordt verlangd, zoals na de moord op Van Gogh. Wel doceert hij in de Kamer en daarbuiten over 'normen en waarden' maar deze blijven, zoals vicepremier Zalm opmerkt, steken in 'tegeltjeswijsheden' als 'fatsoen moet je doen'. Zijn verhouding met de Tweede Kamer is bijna meteen slecht. Balkenende verbergt zijn tegenzin tijdens de debatten nauwelijks. Als hij al antwoord geeft op vragen is hij slecht verstaanbaar en zeker tegenover vasthoudende parlementariërs uit de oppositie vlucht hij in dooddoeners als 'ik heb gezegd wat ik heb gezegd'. Steunend op een veilige Kamermeerderheid van coalitiepartijen voelt hij weinig noodzaak om eens open met zijn politieke tegenstanders van gedachten te wisselen. Naarmate die tegenstanders hun irritatie over zijn onhandige en aanmatigende gedrag laten blijken en scherper worden, negeert hij hen zo mogelijk nog meer. De atmosfeer tijdens debatten in de Kamer is daardoor ijzig en vijandig. En ik draag daaraan bij.

In de zes jaar dat ik inmiddels Kamerlid ben heb ik een grote liefde ontwikkeld voor goed en hoogstaand debat. Ik beschouw het parlement als een belangrijk nationaal instituut en parlementariërs als de dragers van onze culturele historie. En dat betekent dat ik het parlementaire werk van mezelf nooit onvoorbereid, rotzooierig of lichtvaardig mag doen. Mijn spreekteksten weeg ik, mijn woorden kies ik zorgvuldig en als ik me vergis, mijn feiten niet op orde heb of een redeneerfout maak, dan schaam ik me vreselijk. Ik beoordeel mezelf hard, en ben net zo kritisch over het optreden van anderen. Onbegrijpelijk jargon stoort me veel meer dan meningsverschil. Zo graag als ik in de clinch lig met justitieminister Donner, die ik scherpzinnig en erudiet vind, zo ergerlijk vind ik het parlementaire debat met Balkenende. Dat laat ik hem ook merken in scherpe interrupties waarbij ik mijn minachting niet altijd even goed verberg. Het effect is dat hij het debat met mij zoveel mogelijk vermijdt.

Als kleinste van de linkse oppositiepartijen komt GroenLinks in elk debat laat aan bod. Tijdens de Algemene Politieke Beschouwingen bepaalt het aantal Kamerzetels bijvoorbeeld hoeveel spreektijd je hebt en wanneer je aan de beurt bent om je verhaal te houden. Dat betekent dat ik pas aan het woord kom als Bos, Verhagen, Marijnissen en Van Aartsen ruimschoots aan bod zijn geweest, en vaak de zaal al hebben verlaten om koffie te drinken. Terwijl ik achter het spreekgestoelte sta en probeer alle grote maatschappelijke kwesties in de krap bemeten tijd te behandelen, hangt het kabinet vermoeid achterover. Er worden pro forma aantekeningen gemaakt, stukken gelezen en soms knikt de premier wat in mijn richting.

De gebrekkige interesse van het kabinet wordt weerspiegeld in de afwezigheid van media. Terwijl journalisten zich aan het begin van een parlementair debat verdringen op de perstribune in de plenaire zaal lopen zij daarna achter de fractievoorzitters van de coalitiepartijen aan naar buiten, hunkerend naar koffie.

Door de verloren verkiezingen in 2002 en 2003 en het veranderde maatschappelijke tij heeft GroenLinks aan politiek belang ingeboet. Marginalisering dreigt als wij worden genegeerd door het kabinet, door andere politieke partijen en door journalisten. Als onze onderwerpen en ideeën niet op politieke tegenstand kunnen rekenen kwijnen ze onopgemerkt weg. Dat lot treft vooral het milieu- en klimaatprobleem. Vanaf mijn aantreden probeer ik mijn collega's en het kabinet zover te krijgen hierover een keer een fractievoorzittersdebat te organiseren: alle politieke partijen laten dan zien dat zij het probleem serieus nemen. Jaar in jaar uit vang ik bot, en hetzelfde geldt voor mijn pogingen om de premier tijdens de Algemene Politieke Beschouwingen in te laten gaan op mijn vragen hierover. Hij 'vergeet' ze te beantwoorden, verwijst naar de vakminister en bij een gebrek aan steun van andere fractievoorzitters aan de interruptiemicrofoon word ik na een aantal vergeefse pogingen afgehamerd door de voorzitter met het mantra: 'De premier gaat over zijn eigen antwoorden.'

Zoals ik bij het ontbreken van een meerderheid milieu niet als politiek thema in de Kamer kan agenderen, lukt me dat ook moeizaam met de nieuwe vrijzinnige koers van GroenLinks. In mijn eigen inbreng vraag ik aandacht voor onze afwijkende opvattingen over hervorming van de verzorgingsstaat en over culturele vrijheid. In zijn antwoorden loopt de premier echter vooral de coalitiepartijen en de PvdA als grootste oppositiepartij langs en voegt hij mijn betoog bij dat van anderen: 'Zoals ook de fractievoorzitters van SP, ChristenUnie, GroenLinks, LPF en de SGP opmerkingen maakten over dit onderwerp.'

Elk debat loopt daardoor uit op een vernedering. Alle ideeën en alternatieven voor beleid worden genegeerd, de enige manier om de aandacht te vangen van de premier is hem in ruil te dwarsbomen door geïrriteerd en in toenemende mate bits te interrumperen.

Als ik de premier in 2005 een paar weken voor Prinsjesdag opzoek in het Torentje is het om aan deze destructieve parlementaire omgangsvormen een einde te maken. Mijn idee is dat niet alleen ik maar ook hij voordeel kan hebben van een opener debat. Het CDA profiteert er bijvoorbeeld van, leg ik Balkenende uit, als hij mij steunt in de wens om het milieu prominenter te agenderen. De christelijke gedachte van rentmeesterschap past in zijn normen-en-waardencampagne. In ruil geef ik hem krediet omdat hij in het milieudebat dan een leidende rol speelt, waarna het meningsverschil erover veel inhoudelijker wordt dan het nu is. Het is ook niet zo handig, redeneer ik, om zijn belangrijkste electorale tegenstander en concurrent voor het premierschap, Wouter Bos, in alle debatten een voorname plaats te gunnen. De premier bevestigt daarmee dat de PvdA hét alternatief is voor kiezers die dit kabinet niet willen. Als hij zijn aandacht verdeelt over meerdere politieke tegenstanders, dan spreiden de tegenstemmers tegen zijn kabinet zich ook. Bovendien vraag ik hem om de linkse partijen minder als een 'blok' tegemoet te treden. PvdA en SP zijn misschien hervormingsschuw maar dat geldt niet voor GroenLinks. De GroenLinks-fractie heeft wel grote bezwaren tegen de richting van de sociale hervormingen, maar ziet net als het kabinet de noodzaak dat er iets moet gebeuren. Als de premier dat onderscheid erkent, breekt hij het gesloten front van de drie linkse partijen. Voor mij betekent het dat er ruimte ontstaat om mijn politieke plannen ook onder de aandacht te brengen van het publiek. Als het kabinet interesse toont ontwaakt de parlementaire pers. Tegelijkertijd hoef ik Vak K, het vak in de plenaire zaal waar de regering zit, niet meer te bestormen, maar kan ik welwillender met hem omgaan.

In het krappe ronde kamertje hoort Balkenende me aan. Omdat de stoelen voor de gasten door ruimtegebrek naast elkaar staan zit hij naast me, één stoel tussen ons leeg latend. Tegenover ons, achter zijn bureau staat een vitrine met modelautootjes erin. Op zijn bureau staat een rijtje boeken, als een lage schutting, rechtop. Het is me niet duidelijk of mijn woorden aankomen. Ik hoop een opener verhouding op te bouwen, zeg ik, zodat we niet alleen elkaars voorstellen bekritiseren maar ook proberen er ons voordeel mee te doen. Als hij mijn toenadering al waardeert dan weet hij dat goed te verbergen. Hij zal er eens met zijn adviseurs over spreken, zegt hij, om na vijf minuten van onderwerp te veranderen. De rest van de korte tijd die ik doorbreng in het Torentje praat hij over voetbal, over de wedstrijd van afgelopen weekend en de verwachtingen voor het Nederlands elftal. Pas na mijn wazige blik te hebben opgevangen, schakelt hij over op onze kinderen als het enige onderwerp dat wij gemeen hebben.

Ik verlaat het Torentje perplex en neem me voor om een volgende keer, als deze er ooit komt, de premier ruim van tevoren een vergaderagenda toe te zenden in de hoop dat er dan misschien een zinvol gesprek plaatsvindt. De Algemene Beschouwingen die volgen verlopen langs voorspelbare lijnen. Het debat verzandt in de ontwijkende redeneertrant van de premier – 'als het gaat om... dan ...' – die door de fractievoorzitters met mij voorop wordt beantwoord in oplopende, zichtbare irritatie.

Ondertussen plaatst de moeizame, ruzieachtige verhouding met het kabinet de fractie en mij voor een dilemma. Bij onze ambitie om een optimistisch, progressief hervormingsproject te lanceren en in plaats van linkse stokpaardjes te berijden praktisch idealisme te bedrijven dat jongeren aanspreekt, past een harde oppositionele stijl veel minder. Geen bijtende en geïrriteerde leider maar iemand met een milde toon die een autonoom betoog houdt doorspekt met grapjes. De harde discussies over de thema's die niet behoren tot onze kern zouden we aan anderen moeten overlaten ten gunste van onderwerpen die ons politieke profiel versterken. Zo kiest de PvdA-fractie welbewust voor het vermijden van het ingewikkelde en conflictueuze debat over de multiculturele samenleving en de islam. Kwesties die de kiezers in verband kunnen brengen met de oude paarse, vergoelijkende PvdA of, nog erger, met links-extremisme, worden gemeden. En datzelfde geldt voor onderwerpen die weinig kiezers op de been brengen zoals bijvoorbeeld het milieu en ontwikkelingssamenwerking.

Een bijkomend voordeel van het afzien van harde oppositie is dat kiezers je veel minder associëren met ruzie. Weliswaar hebben zij behoefte aan heldere politieke tegenstellingen maar, zoals telkens uit kiezersonderzoek blijkt, aan het meningsverschil dat ermee gepaard gaat hebben de meesten een hekel. Het beeld van politici die elkaar met snedigheden de pas afsnijden en zelfs kleineren, wordt vooral gewaardeerd in de inner circle van politicologen, parlementaire journalisten en spindoctors. Daarbuiten haalt men er vermoeid de schouders over op. Door onderzoekers word ik er ook voor gewaarschuwd dat ik me als vrouw daarin minder kan permitteren. Terwijl een man die aan de interruptiemicrofoon zijn stem verheft al snel aan gezag wint, devalueert een debatterende vrouw die hetzelfde doet, in de ogen van veel kiezers, tot een kenau die haar emoties niet kan beheersen.

Daartegenover staan echter argumenten om juist harder oppositie te voeren. Als kleinere oppositiepartij ontleent GroenLinks haar zichtbaarheid in de media bijna geheel aan scherpe interrupties. Om de kiezers aan ons bestaan te herinneren zijn wij vooral afhankelijk van de televisiejournaals en in tweede instantie van de achtergrondprogramma's en latenighttalkshows. Een quote van een paar seconden in het achtuurjournaal is voor elke politicus belangrijk, maar voor een kleinere oppositiepartij redelijk uitzonderlijk. Televisiejournalisten kiezen in hun verslaglegging van een debat meestal voor de eenvoudige tegenstelling tussen coalitie en oppositie. Het volstaat om uit beide kampen één politicus aan het woord te laten, meestal afkomstig uit een grote partij. Daarbij hebben televisiejournalisten alleen belangstelling voor oppositionele plannen als deze op een Kamermeerderheid afstevenen. Door de onderlinge afspraken tussen coalitiepartijen, vastgelegd in het regeerakkoord, is dat echter zelden tot nooit het geval.

Als fractievoorzitter dank ik zichtbaarheid op televisie, en vervolgens de uitnodiging voor talkshows, aan snedige interrupties. Behalve het bezoeken van bijeenkomsten in het land, waar het bereik veel kleiner is, is dit de belangrijkste manier om me aan kiezers te presenteren. Maar de kleine uitsnede van twintig seconden op het televisiejournaal, als een debat juist zijn bijtende hoogtepunt bereikt, versterkt bepaald niet het beeld van een leider van een optimistische beweging.

Van de tegenstrijdigheid in mijn optreden en boodschap ben ik me scherp bewust. Het beeld van de vechtende oppositiepoliticus staat mij bovendien zelf ook niet aan, veel liever zou ik erkenning en populariteit vinden als de ontspannen leider die de gewenste open, rechtvaardige samenleving belichaamt. Alleen, de kans dat de kiezers mij dan ook zullen zien is klein. En bovendien, mijn verlangen naar een andere rol ten spijt, wordt de verhouding met het kabinet juist grimmiger.

Het tweede kabinet-Balkenende, de opvolger van het mislukte experiment met de erfgenamen van Pim Fortuyn, wandelt van ruzie naar incident, zeker naarmate de tijd verstrijkt. Hoewel CDA en VVD altijd een voorkeur hebben om met elkaar te regeren, is er tussen Balkenende en vicepremier en partijleider Zalm weinig chemie. Het CDA kiest na de moord op Fortuyn en die op Van Gogh voor een conservatieve en moraliserende koers, terwijl de VVD juist een hard-liberale, thatcheriaanse richting kiest. Tussen deze partijen in bungelt D66 dat maar zes zetels heeft en sinds het instorten van de paarse kabinetten in crisis verkeert. D66 heeft behoefte om zich te profileren op eigen thema's, zoals democratisering, onderwijs en Europa, wat CDA en VVD de kleinste coalitiepartner nauwelijks gunnen en wat aanhoudend tot een crisissfeer leidt. Medio 2005 vertrekt vicepremier en D66-leider Thom de Graaf uit het kabinet nadat de coalitiepartners in de Eerste Kamer zijn wetsvoorstel voor de gekozen burgemeester torpederen. Met grote moeite worden de verhoudingen daarna in het zogenaamde 'paasakkoord' gelijmd. De drie partijen zijn het eens over het hardhandige saneren van de sociale voorzieningen, maar daar eindigt de consensus ook wel.

De ruzieachtige atmosfeer zet zich voort in de Kamer, waarbij D66 zich vaak schaart aan de kant van de oppositie om zich op het allerlaatste moment en onder grote druk alsnog te voegen bij het kabinet. Vooral de oorlog die sinds 2003 in Irak woedt geeft spanning in het kabinet en met de Kamer. Sinds het CDA – om de formatieonderhandelingen met de PvdA te bespoedigen – heeft besloten de oorlog niet militair maar wel politiek te steunen, is de rol van Nederland schimmig. Premier Balkenende en minister van Buitenlandse Zaken De Hoop Scheffer scharen zich achter de Amerikaanse bewering dat er massavernietigingswapens zijn gevonden en zeggen daarvoor ook de bewijzen te hebben gezien. Aanhoudende verzoeken van GroenLinks en andere partijen om die bewijzen te mogen zien worden weggewimpeld. Dat geldt ook voor de zorg dat Nederland wel degelijk militaire steun verleent en achter Bush aan loopt in de 'war on terror'. De oorlog leidt ondertussen tot de implosie van Irak nadat dictator Saddam Hussein met internationale steun is afgezet. Er ontstaat een burgeroorlog waarin politieke en religieuze facties elkaar bevechten en duizenden onschuldige burgers sterven. Vanaf 2004 stapelen de bewijzen zich op dat Balkenende en collega's niet over de juiste informatie beschikten toen zij besloten de inval te steunen en daarover ook niet de waarheid spraken. Achter de schermen lijkt men wel degelijk militaire steun te hebben verleend waarbij er ook hardnekkige geruchten zijn dat Nederlandse militairen zich onder Engels bewind medeschuldig hebben gemaakt aan martelingen. In plaats van openheid van zaken te geven wordt maand na maand de achterdocht gevoed met ontkenningen en verschuivende argumenten. Zo deinst De Hoop Scheffer er niet voor terug, net voordat hij met Amerikaanse steun tot secretaris-generaal van de NAVO wordt benoemd, om de inval in Irak een noodzakelijk 'herstel van de mensenrechten' te noemen. De critici van oorlog verwijt hij zelfs dat zij de mensenrechten onvoldoende gewicht geven. In 2004 vraagt GroenLinks voor het eerst om een onafhankelijk onderzoek naar de Nederlandse besluitvorming bij de inval in Irak, daarin gesteund door PvdA, SP en D66. De regering wimpelt het af met het argument dat 'het geen zin heeft om nog eens in het potje te roeren'.

Het is niet het enige conflict dat de politieke verhoudingen bederft. De sociale saneringen leiden tot massale demonstraties, gesteund door alle linkse partijen in de oppositie. Een door GroenLinks, D66 en de PvdA in het leven geroepen referendum over een Europese grondwet wordt weggestemd na een dramatisch mislukte overheidscampagne met het motto: 'Europa. Best belangrijk.'

In 2005 breekt er een brand uit in een cellencomplex voor illegalen op Schiphol. De gedetineerde illegalen kunnen niet vluchten, waardoor elf mensen de dood vinden. Direct erna breekt een discussie uit over de veiligheid van het gebouw, de omstandigheden waarin de mensen daar verkeren en de reactie van het gevangenispersoneel. Zonder dat iemand de precieze toedracht kent neemt de minister die verantwoordelijk is voor de toelating van vreemdelingen, Rita Verdonk, een voorschot op het onderzoek dat nog moet plaatsvinden, door te concluderen dat de betrokken instanties 'adequaat' hebben gehandeld.

Het is ook minister Verdonk die door haar uitspraken en maatregelen niet alleen aanhoudend voor spanning zorgt tussen kabinet en Kamer maar ook de verhoudingen in het kabinet zelf onder druk zet. Vanaf haar aantreden weet zij zich, niet gehinderd door veel kennis van zaken van haar eigen beleidsterrein, met populistisch fingerspitzengefühl onder de aandacht van de kiezers te brengen. Variërend van de imam die weigert handen te schudden tot de jonge Ivoriaanse profvoetballer Salomon Kalou die zij wil uitzetten, bouwt zij haar politieke positie op individuele, incidentele kwesties waarbij zij gepeperde uitspraken doet die ze zelden terugneemt.

In de Kamer veroorzaakt haar optreden grote irritatie. Regelmatig lijkt ze de wet niet te kennen die ze tegelijkertijd rechtlijnig – 'regels zijn regels' – zegt uit te willen voeren. Verzoeken van de

Kamer slaat ze in de wind en het antwoord op Kamervragen blijft ze vaak lang schuldig. Mij stoort het vooral dat zij de grenzen van haar bestuurlijke macht zonder schaamte overschrijdt om haar politieke gelijk te halen. Zo schuwt zij het bijvoorbeeld niet om de achttienjarige Kosovaarse studente Taida Pasić op de voorpagina van *De Telegraaf* in chocoladeletters te beschuldigen van 'fraude', om zo te verhinderen dat zij in Nederland gaat studeren. Niet alleen blijkt het verwijt onterecht, de minister maakt daarmee ook de privégegevens van een jong meisje openbaar.

Verdonks neiging om de ministeriële verantwoordelijkheid vooral te beschouwen als haar recht om ongestoord, zonder parlementaire controle haar gang te mogen gaan, wordt sterker als zij eigen partijpolitieke ambities ontwikkelt. In april 2006 stelt zij zich kandidaat voor het lijsttrekkerschap van de VVD. Dat laat ze vergezeld gaan van een interview in het *Algemeen Dagblad* waarin zij zich beklaagt over het recht van de Kamer om haar terug te fluiten en zelfs naar huis te mogen sturen. Het is de eerste keer dat premier Balkenende, daartoe gedwongen door de Kamer, optreedt en haar publiekelijk corrigeert. Op Verdonk maakt dat te weinig indruk om te voorkomen dat ze een maand later opnieuw haar bestuurlijke macht misbruikt.

Het kost minister Verdonk maar vier dagen om te beslissen dat haar partijgenote en vriendin, activiste en VVD-Kamerlid Ayaan Hirsi Ali haar Nederlanderschap verliest. De aanleiding is een uitzending van het VARA-programma *Zembla* op donderdagavond 11 mei 2006 waarin wordt geconcludeerd dat Hirsi Ali vele jaren eerder heeft gelogen over haar familienaam en geboortejaar. Dat is op zichzelf geen nieuws omdat Hirsi Ali al in haar eerste televisieoptredens heeft verteld dat ze heeft gelogen. Ook de VVD-top is er vanaf het begin van op de hoogte. Nieuw is alleen dat het LPF-Kamerlid Nawijn er in schriftelijke vragen aan de minister op aanstuurt te erkennen dat Hirsi Ali haar Nederlanderschap op valse gronden heeft gekregen en Rita Verdonk, midden in haar campagne om lijsttrekker van de VVD te worden, haar daadkracht wil etaleren. De maandagmiddag na de *Zembla*-uitzending nodigt zij VVD-leider en vicepremier Zalm, VVD-fractievoorzitter Van Beek en Kamervoorzitter en VVD'er Frans Weisglas uit op het ministerie om met hen te overleggen. De laatste heeft kort daarvoor openlijk zijn steun gegeven aan Verdonk als lijsttrekker tegenover de andere kandidaat, Mark Rutte. Dezelfde avond, hoewel het volgens de minister om een 'voorlopig oordeel' gaat, maakt zij haar conclusie publiek. Vooral Kamervoorzitter Weisglas dringt hierop aan omdat hij, zoals hij zegt, geen informatie wil bezitten die de andere 148 Kamerleden niet hebben. Premier Balkenende wordt van het besluit niet op de hoogte gebracht.

Ik hoor het diezelfde avond van de rechtsgeleerde en dichter Afshin Ellian, die goed bevriend is met Hirsi Ali. Hij zoekt mijn hulp omdat hij een manier weet om te verhinderen dat Hirsi Ali raakt overgeleverd aan de grillen van Verdonk en overhaast haar Kamerlidmaatschap neerlegt. In het Kamerreglement staat dat er op voorspraak van de Kamervoorzitter een commissie kan worden ingesteld die onderzoek doet naar de identiteit en achtergrond van een Kamerlid als daarover twijfels ontstaan. De Kamer mag het onderzoek dus overnemen van de minister. Ogenblikkelijk bel ik voorzitter Weisglas en vraag hem op zijn voicemail dringend om mij terug te bellen. Ik bel Hirsi Ali en vraag haar om de Kamer de kans te geven zelf onderzoek te doen voordat zij een onomkeerbaar besluit neemt. Ik ga er namelijk van uit dat Weisglas mijn suggestie voor eigen onderzoek met beide handen aangrijpt omdat dit de kans biedt Hirsi Ali's achtergrond zorgvuldig te onderzoeken.

Alleen belt de voorzitter niet terug. Ik probeer het opnieuw, en nog eens, herhaal mijn voicemailbericht dinsdagochtend vroeg nog een paar keer. Pas tegen 12 uur 's ochtends belt hij me uiteindelijk. 'Het is te laat,' zegt hij, 'want het is al publiek.' Omdat hij er zelf bij Verdonk op heeft aangedrongen om haar beslissing snel te nemen en naar de Kamer te sturen, vindt hij ook dat hij niet meer terug kan. Ik praat als Brugman, zeg dat ik dan zelf het bestuur van de Kamer bij elkaar zal roepen als de plenaire vergadering 's middags om twee uur begint, maar Weisglas beweegt niet. Ik bel opnieuw met Hirsi Ali en vraag of ze wil wachten. Ayaan is verdrietig en moedeloos als ik haar bel. 'Het heeft geen zin,' zegt ze, 'ik trek me terug.' Ik begrijp niet wat er is gebeurd, evenmin als Afshin Ellian die ik daarna in mineur bel.

Een paar uur daarna kondigt zij in Nieuwspoort aan dat zij de Kamer en Nederland verlaat: 'Nu vraagt u zich wellicht af: hoe heet ik? Ik ben Ayaan, de dochter van Hirsi, die de zoon is van Magan, de zoon van Isse...' Het is een indrukwekkende speech waar ik op mijn werkkamer naar luister. Ik ben verdrietig over het politieke handjeklap over haar lot, over de ongenadige hardheid van de VVD die haar maar een paar jaar eerder onder luid gejuich heeft binnengehaald en over de tragiek in Ayaans bestaan. Een paar weken eerder is ze door de rechter gedwongen haar beveiligde woning in Den Haag te verlaten nadat buren hun beklag hadden gedaan over hun veiligheid. Pas op mijn aandringen is de minister van Justitie tegen deze rechterlijke uitspraak in beroep gegaan. Aan het einde van de speech bedankt ze de mensen die op haar hebben gestemd, de collega's in de Kamer, en dan zegt ze: 'Femke, dank je wel.' Even ben ik vereerd, direct daarna voel ik me ongemakkelijk. Het klopt dat ik haar bij herhaling heb verdedigd als haar vrijheid en veiligheid onder vuur lagen. Alleen is het nu net alsof ik dat doe om bedankt te worden, om er iets voor terug te krijgen. Dat is niet het geval. Er is een te belangrijk principe in het geding: alleen als zij vrij en beschermd is kan ik vrijelijk met haar van mening verschillen. Staatsburgerschap is haar belangrijkste bescherming.

Diezelfde middag vraag ik een spoeddebat aan met minister Verdonk. Daar verwoord ik mijn machteloze woede over haar beschamende besluit dat geen enkele logica of rechtvaardigheid kent. 'Er is,' zeg ik, 'alleen sprake van rechtsgelijkheid als het doel is om alle vluchtelingen en alle genaturaliseerde Nederlanders zo slecht mogelijk te behandelen. Hun rechtszekerheid, de zekerheid om bij dit land te horen, wordt op schandelijke wijze met voeten getreden. Dit debat gaat over de wijze waarop wij omgaan met asielzoekers, vluchtelingen, genaturaliseerde Nederlanders in het algemeen en Hirsi Ali in het bijzonder.'

Het debat dat erop volgt ontaardt in een bitter gevecht. De hele Kamer, van links tot rechts, hekelt Verdonk om haar impulsieve beslissing en politiek opportunisme. Zelfs haar eigen partij, de VVD, velt een hard oordeel over haar beslissing. Buiten de plenaire zaal reageren VVD'ers geëmotioneerd. Tweede Kamerlid Bibi de Vries zegt: 'Ik ben razend op Rita Verdonk dat ze Hirsi Ali opjaagt als aangeschoten wild. Als er ook maar iets gebeurt met Hirsi Ali zijn er mensen binnen de VVD die bloed aan hun handen hebben.' Europarlementariër Jeanine Hennis schrijft op haar blog dat 'zij de politiek zelden zo walgelijk heeft gevonden als op dit moment'. Vicepremier Zalm zegt 'verbaasd' te zijn over de beslissing van Verdonk maar net als alle andere VVD'ers grijpt hij niet in. Midden in de strijd om het leiderschap van de VVD lijken partijprominenten beducht om partij te kiezen tegen Verdonk en daarmee een mogelijke toekomstige leider tegen zich in het harnas te jagen. Daarbij heeft Hirsi Ali met haar lust tot harde provocaties haar hand overspeeld. Voormalig VVD-leider Hans Wiegel zegt bijvoorbeeld op de dag dat haar paspoort wordt ingetrokken dat haar vertrek 'geen verlies is' voor de VVD. Ook de rest van het kabinet, premier Balkenende voorop, houdt zich muisstil als Verdonk zich in de Kamer steeds dieper ingraaft in haar eigen, onnavolgbare gelijk. Ze kan niet anders, zegt ze, want 'u wilt toch ook dat we de wetten en regels uitvoeren'.

En ze reageert verongelijkt, vooral als ik haar voor de voeten werp dat ook zij zelf al heel lang op de hoogte is geweest van de werkelijke achternaam van Hirsi Ali, namelijk Magan. Dat ontkent ze hevig, waarop ik – omdat ik het niet hard kan maken – me publiekelijk excuseer. Dat excuus helpt niet echt omdat daardoor zich juist in haar hoofd vastzet dat zij onrechtvaardig en onaardig wordt behandeld. Tegenover de woedende Kamer voelt zij zich een slachtoffer en niet de verantwoordelijke minister die zonder noodzaak een opgejaagde vluchtelinge haar belangrijkste bescherming afneemt.

Aan het einde van het debat, diep in de nacht, dwingt de Kamer Verdonk op initiatief van haar eigen VVD om opnieuw en uitgebreid te onderzoeken of Hirsi Ali zich een Nederlander mag noemen of niet. Tegelijkertijd heeft Verdonks beslissing al onomkeerbare gevolgen gehad. Hirsi Ali is geen Kamerlid meer en vertrekt in de dagen na het debat naar de Verenigde Staten. Verdonk volhardt voordat ze de zaal verlaat: 'Deze hele discussie heeft helemaal niets te maken met de vrijheid van meningsuiting. Het gaat om de wetten en regels en hoe wij daarmee om moeten gaan.' Zij lijkt zich niet te realiseren dat zij Hirsi Ali juist de belangrijkste bescherming om zich vrij te kunnen uiten heeft ontnomen.

In de weken na dit debat komt de strijd om het VVD-leiderschap tot een bloedig eind. Terwijl Verdonk tegenover de VVD-achterban haar eigen 'daadkracht' in de Hirsi Ali-affaire roemt, helpt het haar niet aan de macht. Ze verliest nipt van Mark Rutte, volgens Verdonk nadat er met de stemmen is gerommeld.

Van het onderzoek naar het paspoort van Hirsi Ali wordt weinig vernomen: zo snel als Verdonk tot een eerste conclusie kwam, zoveel moeite kost het haar om deze te staven. Pas op 27 juni 2006, zes weken later, komt de minister tot een nieuwe vaststelling. Hirsi Ali heeft geen fout gemaakt. Ze mag zowel de achternaam 'Hirsi' als 'Magan' dragen omdat deze beide in haar familie voorkomen. Ze heeft nooit gelogen zegt de minister, ze heeft slechts 'gedwaald'. Ik vraag opnieuw een debat aan. Een minister die zonder deugdelijk onderzoek een vluchtelinge die zwaar wordt bedreigd haar paspoort afneemt, verdient – vind ik – een hard oordeel van de Kamer. Dezelfde ochtend dat ik de brief van de minister ontvang, word ik benaderd door Petra de Koning, een journaliste van de NRC. Of ik weet heb van een verklaring die Hirsi Ali heeft moeten ondertekenen, vraagt ze. Ik weet nergens van en besluit Hirsi Ali's advocaat, Britta Böhler, te bellen. Zij bevestigt het bestaan van de verklaring. 'Het was een voorwaarde,' zegt zij. Hirsi Ali moest zwart-op-wit erkennen dat alle problemen door haar en niet door Verdonk waren veroorzaakt. Anders zou ze haar paspoort niet terugkrijgen. 'En,' voegt Böhler eraan toe, 'de verklaring is opgesteld met medeweten van het kabinet.' Het verbaast haar dat het kabinet zo dom heeft kunnen zijn. Ze hadden toch kunnen weten dat zij noch Hirsi Ali het erbij zouden laten als het paspoort eenmaal zeker was gesteld.

Een paar uur later wordt de verklaring publiek. Hirsi Ali schrijft dat ze er volledig begrip voor heeft dat Verdonk 'heeft gehandeld zoals zij dat heeft gedaan'. En ze betreurt het dat ze Verdonk op het verkeerde been heeft gezet.

Vlak nadat ik de verklaring heb gelezen bezoek ik de dames-wc vlakbij de plenaire zaal. Daar loop ik Rita Verdonk tegen het lijf. Omstandig begint ze mij uit te leggen dat 'ze niet anders kon', dat de verklaring 'met wederzijdse instemming tot stand is gekomen'. Ik hoor haar aan en laat dan merken dat ik haar gedrag niet verdraag. Ik ben zo geschokt dat zij een 'aflaat' heeft geëist, zoals ik het later in het debat noem, voordat ze Hirsi Ali haar staatsburgerschap wilde teruggeven, dat ik geen normaal gesprek meer met haar kan voeren. Voor mij is dit grof machtsmisbruik: een paspoort als een bedankje voor het redden van het vege lijf van de minister. Als ik de wc verlaat blijkt er een horde fotografen voor de deur te staan. Zij hebben Verdonk en mij achter elkaar naar binnen zien gaan. Op de foto's die later in de krant verschijnen been ik weg terwijl Verdonk lachend naar de fotografen toestapt.

In het debat dat erop volgt lopen de emoties hoog op. Ook bij andere politici is er grote verontwaardiging over het onterechte afnemen van het paspoort, wat Hirsi Ali haar Kamerlidmaatschap heeft gekost en haar in grote onzekerheid heeft gebracht. Vooral de verklaring zet kwaad bloed, niet in de laatste plaats bij coalitiepartner D66 die bij monde van fractievoorzitter Lousewies van der Laan laat merken nog maar weinig vertrouwen in de minister te hebben. De minister houdt bij hoog en laag vol dat zij juist heeft gehandeld, dat Hirsi Ali fouten heeft gemaakt maar dat het nu eind goed al goed is. Keer op keer benadrukt zij dat de verklaring in goed overleg en vrijwillig tot stand is gekomen, ook al bestrijden Hirsi Ali en haar advocaat dit publiekelijk.

Ik ervaar het als een emotioneel en zwaar debat. Het domme ontkennen van wat iedereen buiten het kabinet wel degelijk ziet en begrijpt als oneigenlijke druk op een vluchteling, het gebrek aan inlevingsvermogen in het drama van het verlies van een paspoort; ik vind het onverdraaglijk. En hoezeer ik dit ook een noodzakelijke en onvermijdelijke confrontatie vind met het kabinet, het bezorgt me ongemak dat de Kamer zo in rep en roer raakt nu een van de eigen leden onrecht wordt aangedaan. In het Kamerdebat zeg ik dat zo: ‘Ik reken mezelf niet tot de politici die de politiek graag in een kwaad daglicht stellen; eerlijk gezegd verweer ik mij daartegen altijd en vind ik het pijnlijk als het wel gebeurt. Het moet me echter van het hart dat ik mij nu echt schaam. Ik schaam me dat we gedwongen zijn geweest een van de onzen zo te moeten beschermen en ons zo over haar te moeten ontfermen door de willekeur en politieke egomanie van één minister. Ik schaam mij tegenover Hirsi Ali die al zes weken lijdend voorwerp is. Ik schaam mij ook en vooral tegenover alle mensen in vergelijkbare situaties die hun hoop op ons hebben gevestigd. En ik schaam mij tegenover de Nederlandse burgers, omdat het voorkomen van gezichtsverlies van een minister zwaarder weegt dan recht en rechtvaardigheid.’

Opnieuw duurt het debat lang. Diep in de nacht stevent het op een patstelling af als de Kamer de minister blijft aanvallen op de afgedwongen eigenschuldverklaring en de minister hardnekkig ontkent. Het wordt chaotisch. Vicepremier Zalm wordt naar de Kamer geroepen om uit te leggen waarom hij akkoord is gegaan met afname van het paspoort, ook zonder daarover de premier op de hoogte te brengen. De Kamervoorzitter zelf moet zich verantwoorden over zijn eigengereide en ontijdige advies aan de minister om het oordeel over Hirsi Ali snel openbaar te maken. Het levert allemaal weinig op. De VVD-prominenten draaien heen en weer. Ze verkondigen hun loyaliteit aan Hirsi Ali, noemen het akelig en vervelend en wassen hun handen in onschuld. Toch wil de Kamer, ik voorop, het er niet bij laten. De frustratie is voelbaar over het opportunisme en partijpolitieke gekonkel dat wordt verborgen achter wetten, regels en misverstanden.

Dan wordt de premier, die zich tot nu verre heeft gehouden van de kwestie, naar de Tweede Kamer gehaald. Die schaart zich achter zijn minister. De verklaring was vrijwillig, in goed overleg tot stand gekomen, zo had hij begrepen. Naarmate de nacht vordert en de vermoeidheid bij iedereen toeslaat, raakt de premier geïrriteerd. Het is duidelijk dat hij daar liever niet wil zijn, dat hij zo snel mogelijk dit debat wil beëindigen en over wil gaan tot de orde van de dag. Dan, op de vraag van VVD'er Van Beek waarom de schuldverklaring nodig was, zegt de premier plotseling: 'De minister moest ermee kunnen leven.'

In de zaal kijkt iedereen elkaar aan, geschokt dat de premier onverhoeds toegeeft dat de verklaring nodig was om de minister te beschermen. Alleen hijzelf lijkt verbaasd over de schok die zijn opmerking veroorzaakt.

Direct daarna dien ik een motie van afkeuring in. Van de GroenLinks-fractie moet Rita Verdonk naar huis, zeg ik tijdens het debat, omdat wij niet meer met zo'n minister kunnen leven.

De motie wordt verworpen omdat VVD, CDA, LPF en Wilders

tegenstemmen. Het is het lot van veel oppositionele moties die eindigen als een symbolisch signaal van onvrede en weerzin. Alleen deze keer heeft coalitiepartner D66 voorgestemd omdat, zoals Lousewies van der Laan het verwoordt, er 'geen vertrouwen meer in deze minister is'. En om er geen misverstand over te laten bestaan, voegt ze daaraan toe dat dit 'moet leiden tot het vertrek van de minister. We wachten nu af of het kabinet kiest voor deze minister of voor het voortbestaan van dit kabinet in zijn geheel.'

Het is een onverwachte wending als diep in de nacht plotseling niet meer enkel het politieke gezag van de minister in het geding is maar het voortbestaan van het hele kabinet. Het is al licht als ik op mijn werkkamer op mijn bank ga liggen om een paar uur te slapen. Daarvoor ben ik nog in Nieuwspoort geweest en heb door de gangen gedwaald, in de wetenschap dat er bij D66 en in het kabinet koortsachtig wordt overlegd over het voortbestaan van het kabinet.

De volgende ochtend douch ik in de Kamer en loop ik de stad in om een jurk te kopen voor het volgende debat. Mijn stemming is gemengd. Door de wandelgangen van de Kamer zoemen de geruchten van een aanstaande val van het kabinet. Het vertrek van Balkenende als premier kan ik niet betreuren. Hij heeft zich laten meevoeren door een eerzuchtige minister en – opnieuw – nagelaten zijn gezag uit te oefenen. Mijn collega's en medewerkers zijn euforisch omdat we nu eens aan het langste eind trekken in plaats van de zoveelste nederlaag tegenover een gesloten front van coalitiepartijen te moeten ondergaan. Ik ben ook trots op mijn rol in dit debat, vooral omdat de ontknoping nog enig herstel van rechtvaardige verhoudingen betekent.

Maar ik ben ook bezorgd. Nieuwe verkiezingen komen voor mij als leider wat vroeg. In GroenLinks is er volop discussie over de koers die ik heb ingezet. Het beeld van een veranderde partij, jonger, opener en optimistisch, beklijft bij kiezers nog niet echt. De conflicten met het kabinet en mijn slechte chemie met Balkenende weerspreken dat beeld bovendien. De nacht die er net op zit, het titanengevecht dat plaatsvond in de plenaire zaal en dat door meer dan een miljoen kiezers live op televisie is gevolgd, levert mij weliswaar een nieuwe, kleine schare bewonderaars op. Maar wat blijft hangen bij de meeste kiezers is een vreemd, naar binnen gekeerd en chaotisch politiek conflict. En de aanstichters daarvan zal dat niet werkelijk in dank worden afgenomen.

Diezelfde middag blaast D66 het kabinet op.

10

De kunst van het verliezen

'Wat is nou één zetel?' Die vraag krijg ik de eerste dagen na de verkiezingen telkens. 'Dat is toch verwaarloosbaar?' is de ongevraagde retorische toevoeging. Inderdaad. Zeker als je het vergelijkt met de grote verschuivingen die tegelijkertijd plaatsvinden bij de landelijke verkiezingen op 21 november 2006. De regeringspartijen raken hun meerderheid kwijt, een verlies dat vooral op het conto van VVD en D66 kan worden geschreven en een klap in het gezicht is van de nieuwe leiders Mark Rutte en Alexander Pechtold. Hoewel het CDA ook drie zetels verliest, is de partij met 41 zetels op afstand de grootste en wordt Balkenende beoordeeld als de winnaar van de verkiezingen. De tweede winnaar is Jan Marijnissen, die het spectaculaire aantal van zestien zetels erbij mag tellen. Een goede derde is Geert Wilders die met zijn nieuwe Partij voor de Vrijheid met negen zetels de Tweede Kamer binnen komt, op afstand gevolgd door Marianne Thieme die met de Dierenpartij twee zetels verovert.

De grote verliezer van de verkiezingen is de PvdA en vooral Wouter Bos die niet alleen negen zetels kwijt is maar ook moet toekijken hoe Balkenende en Marijnissen, zijn grootste concurrenten, zich wentelen in een overwinningsroes.

In dit tumult valt het niet op dat GroenLinks van acht naar zeven zetels daalt. Het verlies wordt nauwelijks genoemd in de nieuwsanalyses van de verkiezingen, de partij oogt eerder stabiel dan gehavend. Dat is niet hoe het voelt.

De ochtend na de verkiezingen ga ik in mijn eentje naar de net verschenen James Bond-film *Casino Royale* in Tuschinski op het Rembrandtplein. Het is leeg en donker in de zaal als ik me installeer met een grote zak snoep.

Ik voel me onbegrepen. Alle inspanningen en al het werk komen me voor als zinloos. De ambities en pretenties, alle grote woorden en bluf, een dag na de verkiezingen slaat de absurditeit van het campagnevoeren me in mijn gezicht. Alsof ik mezelf voor gek heb gezet, als een keizer zonder kleren die niet in de gaten heeft dat iedereen hem uitlacht. Tegelijkertijd ben ik boos op de kiezers die hebben gekozen voor het slappe moralisme van Balkenende en de cliché-oppositie van Marijnissen die geen enkel alternatief aanreikt. En ik ben woedend op de inhoudelijke tegenstanders in mijn eigen partij die hun 'zie je nou wel' triomfantelijk in mijn gezicht smijten.

In drieënhalf jaar tijd is dit mijn tweede verlies, maar anders dan de eerste keer, toen GroenLinks twee zetels kwijtraakte, is het onmogelijk om het nu terzijde te schuiven. Deze keer heb ik zelf, samen met mijn collega's en vrienden in de fractie, de inzet voor de verkiezingen geformuleerd. We hebben hoog spel gespeeld door de tijdsgeest te tarten en juist verandering en modernisering te bepleiten terwijl de overgrote meerderheid van de bevolking naar zekerheid hunkert. En we hebben het pleit verloren.

Een van de lastigste opgaven als politicus is om publiekelijk een nederlaag te dragen. Weglachen kan niet want de bevolking heeft gesproken. Kwaad worden nog minder want dan ontken je dat de kiezers altijd gelijk hebben. Na verlies wordt een grootse, bescheiden en opofferende reactie verwacht. Je betreurt vanzelfsprekend de uitslag, erkent onmiddellijk dat de boodschap niet goed is overgekomen en gaat bij jezelf en je partij te rade. Tegelijkertijd moet je niet wanhopig ogen. De conclusie dat je je houdbaarheidsdatum hebt overschreden is snel getrokken en een krachtdadige frisse houding moet dat weerspreken.

Zoveel strategische distantie is mij niet gegeven op de ochtend na de verkiezingsuitslag. Met Tom van der Lee had ik afgesproken dat ik bij een verlies van twee zetels, een kwart van ons electoraat, zou opstappen. Ook al probeerde hij dat maandenlang uit mijn hoofd te praten, naarmate de verkiezingen dichterbij kwamen, de peilingen slechter werden en mijn vermoeidheid toenam, had ik het uitzicht van een ontsnappingsroute nodig. Daartegenover stond de afspraak met Tom om bij één zetel het verlies gewoon te dragen en door te gaan. 'Het zou ook belachelijk zijn,' zegt hij op de uitslagenavond, 'als Wouter Bos en Mark Rutte wel blijven zitten.' 'En,' voegt hij daar fijntjes aan toe, 'je weet hoe uitzonderlijk een vrouwelijke lijsttrekker is. Met de staart tussen de benen vertrekken is slecht voor het aanzien van vrouwen in de politiek.' Het is een argument waarvoor ik gevoelig ben. Het liefste zou ik voorgoed naar huis gaan, naar mijn kinderen en man, en nooit meer terugkeren. Maar afdruipen als een slechte verliezer, en vooral als de zoveelste vrouw die het blijkbaar niet kan, verdraagt mijn ego ook niet.

In de donkere zaal, terwijl James Bond uit vliegtuigen en van bruggen springt, eet ik mijn frustratie weg tot ik misselijk ben.

De campagne die aan de verkiezingen voorafgaat is hard. Vanaf de mislukte formatie tussen CDA en PvdA in 2003 is de sfeer tussen Wouter Bos en Balkenende en diens adjudant Maxime Verhagen te snijden. Vooral Verhagen lijkt te azen op een moment waarop hij Bos in zijn hemd kan zetten. Bos, die na zijn overwinning in 2003 elk politiek risico probeert te vermijden, reageert gebeten op het pesterige gedrag van Verhagen. Beide mannen roddelen onophoudelijk over elkaar, is het niet zelf dan wel bij monde van de spindoctors die hen omringen en verhalen naar buiten brengen die zelden kloppen. Hoe slecht de verhouding tussen Verhagen en Bos is wordt mij duidelijk als we in maart 2006 een paar weken na de gemeenteraadsverkiezingen als fractievoorzitters gezamenlijk een studiereis naar India maken. Bos heeft net een grote overwinning behaald en staat in de landelijke peilingen op zestig zetels in tegenstelling tot het CDA dat fors verloor. De uitslag van GroenLinks is dubbelzinnig: een iets kleiner percentage van de bevolking heeft op ons gestemd, tegelijkertijd leidt dat tot een kleine toename van het aantal raadszetels. Bos gaat opgeruimd maar ook nerveus op reis, vanwege de verwachting dat hij bij de aanstaande landelijke verkiezingen opnieuw wint en premier wordt. Als fractievoorzitters zijn wij met zijn zessen maar we worden vergezeld door meer dan het dubbele aantal parlementair journalisten. Zij hebben geen belangstelling voor het land waar wij naartoe gaan of de bezoeken die wij daar afleggen maar eens te meer in onze onderlinge verhoudingen. Omdat zij weinig anders te doen hebben dan rond het zwembad hangen en wachten totdat wij terugkeren van onze excursies, wordt elke beweging en elk gesprek geduid. Als Bos 's ochtends bij mij aanschuift tijdens het ontbijt heeft hij volgens de journalisten een voorkeur voor een regering 'over links', als hij praat met de tijdelijke VVD-fractievoorzitter Willibrord van Beek, dan zou hij paars opnieuw overwegen. Omdat zijn gangen obsessief worden gevolgd is Bos gedwongen ook enige tijd door te brengen met Verhagen. Dat doet hij met duidelijke tegenzin. Een enkele ochtend ontbijten ze plichtmatig samen om, als de journalisten verdwenen zijn en wij met de bus op weg zijn naar een excursie, zo ver mogelijk bij elkaar vandaan te gaan zitten. Tegelijkertijd is er tussen Bos en Verhagen een continue wedloop in media-aandacht. Een interview met de één moet ogenblikkelijk door de ander worden gepareerd in aandachttrekkende quotes. Journalisten hangen lui achterover bij de onderlinge competitie, wetend dat het nieuws zichzelf bij hen meldt. Zo lijkt het ook niemand meer te verbazen als op een ochtend Frits Wester in zijn zwembroek in de hoteltuin bij het zwembad de in strak maatpak gestoken Verhagen interviewt.

De slechte verhoudingen tussen PvdA en CDA komen tot uitbarsting in de verkiezingscampagne die in oktober 2006 begint. Een paar maanden daarvoor heeft Wouter Bos de Netsparlezing gegeven. Daarin verlegt hij op een opvallende manier de sociaaleconomische koers van de PvdA. Sinds de Fortuyn-revolutie tegen paars heeft de PvdA alle omstreden standpunten gemeden. Van marktwerking en de bedrijfsmatige overheid wordt afstand genomen, net als van bijvoorbeeld multiculturalisme. Daarvoor in de plaats kiest de PvdA voor een gematigd SP-profiel. De standpunten over sociale zekerheid, zorg of de publieke sector zijn vrijwel dezelfde, alleen worden ze zonder groot oppositioneel drama uitgedragen. Internationale politiek wordt zoveel mogelijk vermeden, ten gunste van een constant vertoon van politieke bewogenheid voor de dagelijkse besognes van 'de gewone man'.

Als Ineke van Gent en ik in het najaar van 2005 *Vrijheid eerlijk delen* presenteren, laat Bos in de media onmiddellijk weten dat ons plan voor sociale hervorming 'echt een paar stappen te ver gaat'. In de Netsparlezing blijkt hij echter van mening te zijn veranderd als hij ons pleidooi voor het 'Scandinavische model' overneemt en identieke voorstellen lanceert. Net als wij eerder ondervonden, wordt er woedend gereageerd op zijn voorstel om het ontslagrecht te versoepelen en de AOW te fiscaliseren, waardoor bemiddelde 65-plussers gaan meebetalen aan de premies. Anders dan bij GroenLinks, waar het commentaar zich concentreert in zaaltjes en op een enkele opiniepagina van de krant, wordt Wouter Bos hard aangevallen vanuit de bastions van de wetenschap, de publieke omroep en de kranten. Op alle machtige posities zitten sociaaldemocraten die weinig middelen onbeproefd laten om Bos op andere gedachten te brengen. Vooral de mediamastodont Marcel van Dam start een maandenlange campagne in zijn column in *de Volkskrant* onder het motto 'Bos pakt de ouderen'. Onder grote druk corrigeert Bos in september opnieuw zijn standpunt. In het PvdA-verkiezingsprogramma is het aanzienlijk gematigd.

Dat Bos tot tweemaal toe van mening verandert wordt door het CDA meedogenloos uitgebuit. In een radiodebat eind oktober 2006 dat het begin van de landelijke verkiezingscampagne markeert, zegt Balkenende tegen Bos: 'U draait en u bent oneerlijk.' In de maand die erop volgt verandert Bos van de gevierde 'ideale schoonzoon' in een nationale 'draaikont', door het CDA nog eens uitvergroot in een dagelijks 'draaipunt van de dag'. De aanval op zijn persoonlijke integriteit komt bij Bos heel hard aan. Als ik vlak voor de verkiezingen op een middag zijn kamer binnen loop voor overleg, tref ik hem treurig onderuitgezakt op zijn bank. 'Het CDA heeft karaktermoord willen plegen,' zegt hij, 'en ze zijn daar goed in geslaagd.'

Zijn somberte kan ik navoelen. De onplezierige onderlinge omgangsvormen beperken zich ook niet tot Bos en Balkenende maar beheersen de campagne. Zelf heb ik er ook een harde aanvaring met het CDA op zitten nadat ik tijdens de Algemene Politieke Beschouwingen in september 2006 een te wilde uitspraak heb gedaan. In een betoog over de wereldwijde onderdrukking van vrouwen heb ik opgemerkt dat er 'helaas geen internationale coalitie voor vrouwen bestaat, maar wel een coalitie tegen vrouwen. Dat zijn de fundamentalistische moslims, maar ook de fundamentalistische Amerikaanse christenen en de Rooms-Katholieke Kerk. Dat is een as van religieus kwaad die de zeggenschap van vrouwen probeert terug te dringen. En de gevolgen zijn desastreus.'

Als ik dit zeg is de zaal al leeggelopen en zitten de fractievoorzitters van CDA en VVD in het Kamerrestaurant koffie te drinken. In eerste instantie heb ik niet in de gaten dat mijn historische verwijzing naar de 'as van het kwaad' tot grote commotie leidt totdat fractievoorzitter Verhagen, gealarmeerd door een CDA-Kamerlid de plenaire zaal in beent. Zonder mijn betoog te hebben gehoord bijt hij me toe dat ik ‘niet dieper kan zinken’. Als ik de uitspraak deels terugneem door te benadrukken dat ik het absoluut niet op gewone gelovigen heb voorzien maar wel op de instituties die vrouwen elementaire rechten onthouden, zoals de pauselijke encycliek, schuift hij dat terzijde. Dat onderscheid en de gedeeltelijke erkenning van mijn fout, wordt in de weken daarna bewust door de CDA-top genegeerd door mij tegenover de gelovigen te zetten op wier stem het CDA aast. Balkenende zegt tegen wie het maar wil horen dat ik die uitspraak nooit had mogen doen omdat ik ‘gewone gelovigen op één hoop gooi met fundamentalistische moslims’. Daarmee stelt hij me bewust in een kwaad daglicht en dat vind ik, zeker van een premier, onder de gordel.

Ondertussen zijn de verhoudingen in het linkse kamp ook niet heel vriendelijk. Het zou logisch zijn om tegenover het saneringskabinet van VVD en CDA een blok te vormen dat samen optrekt. Tot een halfjaar voor de verkiezingen staan PvdA, SP en GroenLinks alle drie op winst en bij tijd en wijle zelfs op een Kamermeerderheid waardoor het alternatief van een linkse, sociale regering dichterbij komt. In alle drie de partijen wordt lippendienst bewezen aan een links kabinet maar in werkelijkheid ijvert alleen GroenLinks ervoor. De campagne van de SP is erop gericht om groter te worden dan de PvdA en men weigert om steun te verlenen aan de premierscampagne van Bos die overal zegt ‘voor goud te gaan’. De PvdA wil op haar beurt niet te ver naar links afbuigen en de mogelijkheid van een kabinet met CDA of VVD nadrukkelijk openhouden voor de gematigde kiezers. In GroenLinks is juist gecalculeerd dat het optimistische perspectief van een ‘linkse lente’, en van mij als bindmiddel tussen ‘twee haantjes’, zoals ik me weleens laat ontvallen, ons de broodnodige media-aandacht geeft en ons pleidooi voor sociale hervormingen versterkt.

Het is echter niet makkelijk om Bos en Marijnissen te binden. Dat komt vooral door Marijnissen en de strategie van isolatie die de SP verkiest. In de Kamer werkt de SP alleen met andere partijen samen als dat absoluut noodzakelijk is. Een borrel drinken met politici van andere partijen is uit den boze net als gewoon, oppervlakkig gekeuvel. In de Kamerbankjes waar SP'ers en GroenLinksers jaar in, jaar uit zij aan zij zitten, worden alle pogingen tot een onderling gesprek genegeerd. Bij mij en mijn collega's leidt dat dikwijls tot opstandigheid. Vanaf het moment dat ik fractievoorzitter word zit ik helemaal vooraan in de Kamerbankjes naast SP-vicevoorzitter Agnes Kant. Jan Marijnissen kiest er bewust voor om achterin tussen SP'ers te zitten. Elk initiatief dat ik in de loop van de tijd neem om wat meer contact met Agnes te krijgen, met wie ik behalve veel opvattingen ook leeftijd en kinderen deel, strandt. Dat leidt ertoe dat ik na verloop van tijd soms naast haar plaatsneem met de opmerking: 'Goeiemorgen Agnes, waar zijn we vandaag boos over?' Het antwoord is een boze blik.

Tussen SP en GroenLinks is er ook een cultureel verschil dat regelmatig de kop opsteekt. Zoals SP'ers GroenLinks vooral een partij voor multiculturele, mondaine studenten vindt, zo vinden wij op onze beurt dat de SP eenzijdig opkomt voor de mannelijke, blanke arbeider. Een karakteristiek meningsverschil is de omgang met alleenstaande moeders in de bijstand. De SP pleit ervoor om hen ontheffing van de sollicitatieplicht te geven totdat hun kinderen twaalf jaar zijn. Ineke van Gent en ik willen juist in *Vrijheid eerlijk delen* een volledige sollicitatieplicht in combinatie met betere betaling van deeltijdwerk en gratis kinderopvang. Tegenover de 'hardvochtigheid' die de SP ons verwijt, oordelen wij dat de SP vrouwen opsluit in 'armoede en uitzichtloosheid'.

Marijnissen houdt zich hiervan afzijdig. Hij mengt zich niet in grensconflicten tussen de SP en GroenLinks maar is ook niet beschikbaar voor overleg. Na het vertrek van Paul Rosenmöller probeer ik een persoonlijke band met hem te krijgen. Ik nodig hem uit om wat te eten, eens een borrel te drinken. Hij verwijst me naar secretaresses, assistenten, en de afspraak komt nooit tot stand.

In het chagrijn in de onderlinge politieke verhoudingen weerspiegelt zich het neerslachtige maatschappelijke klimaat. Veel mensen zijn onzeker over hun inkomen, over de toekomst die ze hun kinderen kunnen bieden. Sinds een paar jaar kent Nederland voedselbanken en in bejaardentehuizen zijn er pyjamadagen omdat er geen medewerkers zijn die de ouderen kunnen aankleden. Er is veel ontevredenheid over de kwaliteit van het onderwijs, de grote tekorten in de zorg en de staat van achterstandswijken in de steden. De criminaliteit onder de tweede en derde generatie allochtone jongeren neemt toe, de tolerantie jegens vooral Marokkanen en moslims neemt zienderogen af.

In 2006 trekt de economie weliswaar aan en vermindert de werkloosheid maar dat heeft nauwelijks effect op het overheersende gevoel dat het slechter met Nederland gaat. Volgens Balkenende is het, zoals hij tegen mij roept tijdens de Algemene Beschouwingen in 2006, hoog nodig dat wij 'blij zijn met elkaar': 'Laten wij optimistisch zijn! Laten we zeggen "Nederland kan het weer!" Die VOC-mentaliteit, over grenzen heen kijken, dynamiek! ... Toch?' Ondanks de discutabele verwijzing naar het Nederlandse handels- en slavernijverleden, heeft de premier eigenlijk gelijk. Het is alsof er een grauwsluier van negativisme over de samenleving ligt die sterk doet denken aan de jaren tachtig. Dit wordt versterkt door de politieke en maatschappelijke polarisatie van rechtse saneerders tegenover linkse behoudzuchtigen en van nationalisten tegenover multiculturalisten.

In de aanloop naar de verkiezingen probeert GroenLinks uit deze polarisatie te breken met een opgewekt getoonzette en optimistische campagne. Zoals wij inhoudelijk de koers verleggen van traditioneel links en moralistisch naar vrijzinnig en veranderingsgezind willen wij ook het beeld van de partij en van mij als lijsttrekker corrigeren. Begin 2006, voordat er van verkiezingen sprake is, kondig ik een 'linkse lente' aan. Behalve met een feestelijk festival vindt dat ook zijn weg in een boek met dezelfde titel dat ik in september 2006 publiceer. Samen met een goede vriend, de journalist Michiel Zonneveld, leg ik mijn persoonlijke overtuigingen en stijl daarin uit en verzet ik me tegen het 'cynische machtsdenken' dat de politiek overheerst: 'Vooral PvdA en CDA zijn eropuit het te doen voorkomen of het maar om één ding gaat: wie de premier wordt, Bos of Balkenende. Ze hopen zo aanhang bij de andere partijen weg te zuigen. Vier jaar geleden ging het tijdens de verkiezingscampagne al veel te veel over de vraag wie van de twee de grootste werd, en wie de nieuwe premier. [...] Ik wil eraan bijdragen dat de verkiezingen wel gaan over wat voor politieke idealen dit land nodig heeft en welke regering die idealen het beste kan verwezenlijken. Het democratische debat vind ik te belangrijk om te laten overvleugelen door een *Idols*-show tussen twee B'tjes.'

Het boek wordt goed ontvangen. 'Diepzinnig en geestig [...] ze denkt na over wat ze doet en ze durft verantwoording af te leggen,' schrijft recensent Frank Poorthuis in *Vrij Nederland*. Maar ook: 'Femke Halsema. Zegt die naam u nog iets? Ja, je zou haar haast vergeten in de titanenstrijd die woedt tussen B & B'. Het boek mag dan ook niet baten, evenmin als de onconventionele verkiezingscampagne die wij samen met een aantal jonge reclamemakers hebben bedacht. Het hart ervan is de slogan 'Groei Mee', die verwijst naar onze lust om de samenleving te veranderen en onze ambitie om een grotere partij te worden. Op de bijbehorende posters leun ik reusachtig en lachend tegen het Torentje waarin de premier zetelt. In een verkiezingsspotje rijd ik in een auto, onderweg een bonte verzameling van mensen oppikkend en weer afzettend die borden met teksten meedragen: een agent die een bord omhooghoudt met de tekst 'poten af van onze homo's', een oude man die 'jongeren hebben recht op AOW' draagt, een Marokkaanse jongen met de tekst 'vrijheid van meningsuiting in godsnaam', een vrijend stelletje dat 'GroenLinks houdt echt van de schepping' omhooghoudt, enzovoort.

Na de eerste persoonlijke aanval van Balkenende en Bos gaat de rest van de campagne vooral over hen, in de verwachting dat één van de twee premier zal worden en de kleur van het volgende kabinet bepaalt. Net als tijdens de vorige verkiezingen in 2003 vindt al vroeg in de campagne bij RTL4 een 'premiersdebat' plaats, deze keer zelfs zonder de VVD en de SP. Bos wint dat debat op het nippertje zodat duidelijk is dat de kaarten opnieuw worden geschud. Bos is niet meer de vanzelfsprekende winnaar, Balkenende is niet langer de brekebeen die in domme onhandigheid zijn eigen kabinet heeft laten struikelen over de affaire-Hirsi Ali.

In het machtspolitieke geweld in de maand voor de verkiezingen zakken GroenLinks en ik snel weg. Omdat wij getalsmatig in de peilingen al een paar jaar fors achterblijven bij de SP, is de journalistieke belangstelling klein. De optimistische campagne blijkt als groot voordeel te hebben dat de partij redelijk en vriendelijk oogt. Het nadeel is dat er daardoor bij kiezers weinig noodzaak ontstaat om GroenLinks te stemmen. In vergelijking met de SP die met NU SP naar de kiezers schreeuwt dat het moment is aangebroken om de 'rechtse afbraak' te keren, komt GroenLinks te zacht en te weinig indringend over. Als de verkiezingen dichterbij komen blijkt de slogan 'Groei Mee' ook ongelukkig gekozen. De peilingen geven de omgekeerde boodschap af en in de schaarser wordende interviews verkneukelen journalisten zich daar openlijk, ten koste van mij over.

Daarbij ben ik niet in goeden doen. De koerswijziging die ik met steun van de fractie heb geforceerd heeft tot boze discussies geleid in GroenLinks. Tot grote ergernis van de tegenstanders zijn de '18 vrijzinnige voorstellen voor sociale politiek' uit *Vrijheid eerlijk delen* met een enkele kleine correctie ongehavend overgenomen in het verkiezingsprogramma. Dat is een grote overwinning waartegen de overgebleven tegenstanders zich luidruchtig verzetten. Als de verkiezingen dichterbij komen wordt hun toon rancuneuzer en meer tegen mij als persoon gericht. Vlak na de gemeenteraadsverkiezingen in maart 2006 verschijnt er een groot artikel in *de Volkskrant* onder de titel ‘Te grachtengordel, te drammerig’. Critici houden mij daarin verantwoordelijk voor het verlies sinds 2002 en wijten dat vooral aan de ‘hete aardappel’ in mijn keel en het feit dat ik de r niet kan uitspreken’. Volgens Tof Thissen, senator van GroenLinks, heb ik een ‘zorgwekkend imagoprobleem’ en heb ik dringend een ‘sociaal boegbeeld’ naast me nodig. Hoewel hij intensief betrokken is geweest bij de totstandkoming van *Vrijheid eerlijk delen* distantieert hij zich er na de gemeenteraadsverkiezingen van en laat hij doorschemeren dat boegbeeld ook wel in mijn plaats te willen zijn. De critici worden overigens nog een handje geholpen door trendwatcher Adjiedj Bakas, op dat moment adviseur van Rita Verdonk, die van de journalisten alle ruimte krijgt om mij ‘bitchy’ en een ‘arrogant Goois meisje’ te noemen. Rond het artikel hangt de atmosfeer van een afrekening. De persoonlijke kritiek is een klap in mijn gezicht en brengt de twijfel over mijn plek en toekomst in de politiek weer naar de oppervlakte.

Daarbovenop kamp ik midden in de zomer van 2006 met een ernstige bedreiging. Op een vrijdagavond midden in juli meldt een medewerker van het landelijke opsporingsteam ‘bedreigde politici’ zich aan onze voordeur. Hij moet dringend met me praten, zegt hij. Op een politiebureau in Zuid-Holland heeft zich iemand gemeld met heel concrete aanwijzingen voor een moordaanslag op mij. Er is niet veel over bekend behalve dat het om een extreemrechtse club zou gaan. Ik kan vanaf dat moment alleen nog maar zwaarbeveiligd over straat, zegt de beambte. Sinds ik fractievoorzitter ben, heb ik af en aan beveiliging. Deze komt echter niet bij me thuis maar concentreert zich op de dagelijkse route naar mijn werk, de werkbezoeken die ik afleg en de bijeenkomsten die ik bezoek. De beveiligers houden dan altijd enige afstand waardoor mijn illusie van vrijheid in stand blijft. Deze keer is het anders en krijg ik lichaamsbeveiliging van vier tot zes agenten.

De volgende ochtend, als ik met de kinderen naar mijn moeder wil vertrekken, rijdt een bepantserde auto tot aan de voordeur. Pas als de beveiligers een kordon hebben gevormd tussen de voordeur en de auto mag ik samen met mijn twee driejarige kinderen het huis verlaten. Als ik met de kinderen bij mijn moeder uitstap moet zij huilen van de aanblik. In de week die volgt zit ik opgesloten thuis. Als ik een pak melk wil kopen moet ik wachten tot de beveiliging er is. Met mijn kinderen naar de speeltuin gaan zit er niet in omdat, zoals mijn vaste beveiliger zegt, 'het veiliger voor de kinderen is als ik afstand bewaar'. Eén keer maken we een uitzondering en gaan we als gezin naar het stadsstrand bij IJburg. Daar zitten Robert en ik volledig gekleed en onthand toe te kijken hoe de kinderen in het water spartelen. Tussen hen en ons in zitten beveiligers in zomerse overhemden die nauwelijks de kogelwerende vesten verhullen.

Na een week beveiliging vertrek ik naar India waar ik op uitnodiging van Cordaid een aantal weeshuizen en projecten voor zwerfjongeren bezoek. De beveiligers loodsen me over Schiphol en zetten me, zonder de douane te passeren, rechtstreeks in mijn vliegtuigstoel. Nu mag ik een week op mezelf passen, zeggen ze, want moordenaars zullen me niet tot in Delhi achtervolgen. In die week neem ik een beslissing. Als de dreiging aanhoudt en een min of meer permanent karakter krijgt, dan leg ik mijn functie neer. Ik verdraag het niet dat ik uit veiligheidsoverwegingen weg moet blijven bij de kinderen, en nog minder dat zij door mijn aanwezigheid onveilig zijn.

Bij mijn terugkeer op Schiphol wacht mijn vaste beveiliger me op. Het was 'een broodje aap', zegt hij. Ze hebben de man die de bedreiging meldde opgezocht op zijn vakantieadres in Griekenland en onder druk gezet. Na aandringen bleek dat de plannen voor de moord al een paar jaar oud waren. De inschatting van hogerhand is dat ik geen gevaar meer loop en de beveiliging onmiddellijk kan worden opgeheven. Eenmaal thuis ben ik opgelucht maar ook ontwricht. Een moordaanslag, ook al zijn de plannen een paar jaar oud, is van een andere orde dan anonieme schreeuwers op internet die roepen dat ik dood moet. Nog maanden erna ben ik onrustig. Van vissende, in camouflagekleding gehulde mannen aan de vaart voor ons huis maak ik stiekeme filmopnamen. Op straat kijk ik om me heen of ik word gevolgd.

De hardvochtige interne kritiek, de nare nasmaak van de val van het kabinet en de bedreiging maken me vermoeid nog voordat de campagne goed en wel op gang komt. Aan de luchtige toon die het campagneteam met mij heeft bedacht kom ik nauwelijks toe, ook omdat vanaf het begin de aandacht voor GroenLinks in de media en bij het publiek beperkt is. Ik ben inmiddels een bekende politicus en vrouwenbladen staan niet meer in de rij om me te leren kennen. In de talkshows gaat de voorkeur uit naar de partijen en hun lijsttrekkers die de machtsverhoudingen de komende vier jaar zullen bepalen en ik ben dan niet de meest logische kandidaat. In de strijd tussen Bos en Balkenende is er nog enige journalistieke ruimte voor Marijnissen en Rutte maar GroenLinks komt er niet meer aan te pas. Voor de kiezers bestaan wij een week voor de verkiezingen nauwelijks meer. 'Het is niet anders,' verzuchten Tom en ik tegen elkaar. 'GroenLinks doet er op het moment gewoon niet toe.'

Op het laatste moment bedenk ik een noodgreep door Bos en Marijnissen uit te nodigen voor een diner om over linkse samenwerking te praten. Eén keer eerder hebben we langer met elkaar gepraat, tijdens een etentje in restaurant Wilhelminadok in Amsterdam. Echt gezellig wilde het toen niet worden en effectief was het nog minder. Jan Marijnissen was uit zijn humeur omdat hij naar Amsterdam moest komen, Bos was ongelukkig met de sfeer en vluchtte in voetbalanekdoten. Zelf deed ik een enkele zinloze poging om met wat charme bindmiddel aan te brengen.

Ik realiseer me dat de enige manier om GroenLinks terug in het spel te brengen, is door mee te liften op hun publiciteit. Ik negeer welbewust de weerzin die beide linkse leiders tegen zo'n bijeenkomst hebben. Bos wil een paar dagen voor de verkiezingen ook een acceptabele kandidaat zijn voor de kiezers in het politieke midden, terwijl Marijnissen juist het beeld van de eenzame strijder tegen een asociaal establishment wil versterken. Uit peilingen blijkt echter dat een links kabinet voor een historisch groot aantal kiezers een serieuze optie is. In mijn redenering profiteert GroenLinks daar vooral van omdat een stem op ons dan niet langer 'verloren' is voor de macht, maar even belangrijk als die op de PvdA. Aangezien de parlementaire pers voornamelijk geïnteresseerd is in de machtspolitieke verhoudingen die na de verkiezingen ontstaan, geeft een discussie over een links kabinet mij een kans om GroenLinks nog eens onder de aandacht te brengen.

Om niet meteen door Bos en Marijnissen terzijde te worden geschoven nodig ik hen publiekelijk uit. Na veel mitsen en maren en uitvluchten wordt er uiteindelijk afgesproken om twee dagen voor de verkiezingen, op 20 november 2006, een kopje koffie te drinken. In het Amsterdamse Pakhuis de Zwijger ontaardt dit in een vreemd mediaspektakel. Bos en Marijnissen zitten er met tegenzin. Een werkelijk gesprek is nauwelijks mogelijk omdat een leger van fotografen en cameramensen om ons heen dringt. Ook als zij naar buiten zijn geduwd komt er geen gesprek op gang. Bos en Marijnissen hebben publiekelijk even hun goede wil laten zien boven een kopje koffie. Dat duurt nog geen kwartier.

Dit gesprek en het slotdebat, dat ik net als in 2003 win, verleggen de aandacht nog even naar GroenLinks en naar mij. In plaats van de drie zetels verlies die ons in de peilingen zijn voorspeld wordt het er één. Voor de tweede keer win ik op het nippertje een paar zetels terug. En de uitslag bevat ook goed nieuws. GroenLinks heeft weliswaar oudere kiezers verloren door de AOW-plannen, maar blijkt in populariteit te zijn gegroeid onder de jongste kiezers. En voor mij is de ambivalente uitslag dat ik aanblijf als leider.

Een paar dagen na de verkiezingen breng ik net als de andere fractievoorzitters een bezoek aan de koningin om te adviseren over de formatie. De politieke leiders treden aan in de volgorde van de grootte van de partijen die zij vertegenwoordigen. Dat betekent dat ik aan het einde van de rij zit en mijn bezoek vooral een symbolische betekenis heeft. Dat maakt het niet minder leuk. Na de korte uitleg van een medewerker over de aanspreektitel en de reverence die ik dien te maken, loop ik over het hoogpolige tapijt, langs de indrukwekkende verzameling moderne kunst naar de vertrekken van de koningin. Als republikein krijg ik het 'majesteit' niet over mijn lippen en beperk ik me tot 'mevrouw'. In plaats van de reverence schud ik zo beleefd mogelijk haar hand. Dat neemt niet weg dat het gesprek altijd prettig is. Die middag, 24 november 2006, vraag ik haar eerst hoe het met haar gaat sinds het overlijden van haar man. Ze reageert zichtbaar verrast door de persoonlijke belangstelling. Misschien om de aardigheid te retourneren zegt ze daarna tegen mij: 'U moet zich niks aantrekken van dat nare commentaar in de krant, dat u de "r" niet kunt uitspreken. Ik vind dat u het goed doet en bovendien, ik hoor dat mijn hele leven al.' Daar moeten we beiden om lachen.

Ik adviseer de koningin, net als de meeste andere leiders, om een kabinet van CDA, PvdA en SP mogelijk te maken. Een rechts kabinet van VVD heeft niet langer een meerderheid waardoor de PvdA en het CDA tot elkaar zijn veroordeeld. Het is niet meer dan logisch dat de SP laat zien dat ze in staat is bestuurlijke verantwoordelijkheid te dragen. Tegelijkertijd geloven maar weinigen dat de SP die stap werkelijk durft te zetten: daarvoor is de plek in de oppositie te comfortabel en electoraal te interessant.

Door de verkiezingsuitslag komt GroenLinks onverwacht in beeld als een mogelijke regeringspartij die de PvdA en het CDA aan de noodzakelijke meerderheid kan helpen. In GroenLinks ligt regeren gevoelig, zeker na de openlijke flirt door Rosenmöller met de macht in de nadagen van de paarse regering. In 2002 heeft het partijcongres drie voorwaarden gesteld aan deelname aan de macht: GroenLinks moet hebben gewonnen, in de dubbele cijfers zitten en nodig zijn voor de meerderheid. In de partij heeft ook niemand werkelijk aan regeren gedacht. Daarvoor is de tegenwind te hard en de partij nog te weinig populair.

Als de formatieonderhandelingen beginnen tussen CDA, PvdA en SP ben ik opgelucht. Ik heb de smoor in over de zetel verlies, sta met één been in de politiek terwijl het andere er besluiteloos buiten bungelt en heb zo'n aversie gekregen tegen Balkenende, Verhagen en hun spindoctors dat ik er niet aan moet denken met hen aan tafel te zitten.

Ik vertrek met Robert en de kinderen naar Noord-Spanje waar wij een vakantiehuis hebben gehuurd. Daar probeer ik afstand te nemen en me opnieuw tot de politiek en mijn leiderschap te verhouden. Robert wordt langzaam ongedurig. Hij vindt de alomtegenwoordigheid van de politiek in ons privéleven, de sociale controle op onze levensstijl en de bedreigingen akelig en verdraagt slechter dat ik vaak gedeprimeerd thuiskom.

Een paar maanden eerder, tijdens het verkiezingscongres, heeft de verhouding tussen hem en GroenLinks een forse deuk opgelopen. Met veel moeite had ik hem weten over te halen om samen met de tweeling te komen kijken. Hoewel de kinderen pas drie zijn hoop ik dat ze iets onthouden van hun politieke en vaak uithuizige moeder. Terwijl ik de congrestoespraak houd, maken zij zich los van hun vader, die liever ter plekke dood neervalt dan in het zicht van de camera's de tweeling terug te halen, en beklimmen zij het podium. Ik schrik van de twee kleuters die, zonder enig besef van het publiek, 'mama' roepend op me aflopen. Even ben ik in verwarring, dan realiseer ik me dat de camera's draaien en mijn kinderen een onbezonnen televisiedebuut dreigen te maken. Ik houd op met praten, pak mijn kinderen op en loop het podium af naar een gegeneerd kijkende Robert. Vanuit de zaal klinken ooh's en aah's. Tijdens de borrel na afloop is het onverwachte optreden van mijn kinderen het belangrijkste onderwerp. Vrijelijk wordt er gespeculeerd of dit de campagne goed zal doen of juist niet. Robert vangt flarden op van die gesprekken en vertrekt voortijdig woedend met de kinderen. Ik blijf wel tot het einde, me schamend tegenover mijn gezin dat is behandeld als een campagnerisico. Later thuis zegt Robert dat dit de eerste en de laatste keer is dat onze kinderen zo worden blootgesteld aan mijn politieke bestaan.

Het is voor hem de druppel die de emmer doet overlopen na de persoonlijke aanval van partijgenoten in *de Volkskrant*. Hij vindt het onbegrijpelijk dat ik me blijf inzetten voor een club mensen die zich tegelijkertijd zo akelig over me uitlaat. De argumenten van Tom om geen kiezers in de steek te laten en me bewust te zijn van mijn voorbeeldfunctie voor vrouwen vindt hij niet overtuigend genoeg voor nog meer persoonlijke opoffering. Het ergert hem ook dat ik meer gewicht lijk te geven aan Toms argumenten om door te gaan dan aan zijn verzet ertegen.

De eerste dagen in Spanje is het stil, daarna begint de telefoon te rinkelen. Kees belt, Tom, anderen. Het gerucht gaat dat de SP zich snel zal terugtrekken waardoor GroenLinks een besluit moet nemen hoe te handelen. Ik ben erdoor geprikkeld en wil met rust worden gelaten. GroenLinks heeft voor de derde keer op rij verloren. We zitten zeker niet in de dubbele cijfers en het CDA heeft er in de verkiezingen geen misverstand over laten bestaan dat het GroenLinks niet als een serieuze partner beschouwt. GroenLinks is ook niet de enige kandidaat om de derde partij te worden in het derde kabinet-Balkenende. De ChristenUnie heeft onder leiding van André Rouvoet haar Kamerzetels verdubbeld van drie naar zes en de partij is voor het CDA favoriet. Bovendien heb ik van een lid van zijn campagneteam gehoord dat Wouter Bos al maanden geleden heeft afgesproken niet met GroenLinks en de SP te gaan regeren. Vanuit Spanje bel ik hem. Ik vraag hem hoe het staat en wat het plan is als de SP inderdaad de onderhandelingstafel verlaat. Wouter bevestigt dat dan GroenLinks of de ChristenUnie aan de beurt is om aan tafel te komen. Als ik hem vraag wat hij wil, zegt hij dat hij een voorkeur voor GroenLinks heeft maar ook niet uitsluit dat hij er met de ChristenUnie wel uitkomt: 'Het zijn aardige jongens.' Ik zeg dat als hij werkelijk met ons wil regeren, hij niet alleen een voorkeur voor ons zal moeten uitspreken maar Balkenende en het CDA ook duidelijk moet maken dat de ChristenUnie geen optie is. 'Zolang regeren met de ChristenUnie boven de markt hangt,' zeg ik, 'heeft GroenLinks geen onderhandelingspositie, dan word ik bij elke eis weggehoond door het CDA.'

Het gesprek met Bos eindigt onbevredigend. Zijn nederlaag is veel pijnlijker dan de mijne, en zin om ons aan het avontuur van een regering met Balkenende te zetten hebben we allebei niet. Hij wil wel zijn voorkeur voor ons uitspreken maar er geen gevolgen aan verbinden voor de ChristenUnie, zoveel is wel duidelijk.

Als de SP zich onder druk van het CDA uit de formatie terugtrekt, reis ik terug naar Nederland: Robert en de kinderen blijven achter in het vakantiehuis. Met Tom en Kees, en in overleg met het strategisch beraad van GroenLinks – met daarin de voorzitters van de Eerste Kamer-, de Eurofractie en het partijbestuur –, bereid ik mijn schriftelijke reactie voor op het verzoek van de informateur. Kees twijfelt of we niet te beslist opereren, of we daardoor niet te vroeg een deur dichtgooien. Maar ik ben ervan overtuigd dat de enige manier om als kleine partij succesvol te onderhandelen is door direct te laten merken dat je niet met je laat sollen. GroenLinks is 'op dit moment' niet beschikbaar, schrijf ik: 'Het getuigt van geen respect voor de kiezers om drie weken na de uitslag drie verliezende partijen te laten onderhandelen over een nieuwe coalitie.' Daarbij 'kent GroenLinks – net als de SP – forse verschillen met het CDA op sociaaleconomisch terrein'. 'En er is meer,' vervolg ik. 'De verschillen tussen GroenLinks en het CDA zijn minstens zo groot als het gaat om onze groene ambities. Ook is er een groot verschil tussen het (conservatieve) mens- en maatschappijbeeld van het CDA en het progressieve en vrijzinnige mens- en maatschappijbeeld van GroenLinks. Op dit terrein vertoont de SP veel meer verwantschap met het CDA.'

Als derde voeg ik er nog een machtspolitiek argument aan toe. Het CDA spreekt zelf geen voorkeur uit voor een derde partij. De enige reden dat het CDA een voorkeur kan hebben voor GroenLinks boven de SP is 'dat er veel minder concessies gedaan hoeven te worden aan een partij met zeven zetels dan aan een partij met vijfentwintig zetels. Daarvoor laten wij ons niet lenen.' Ik bedoel met het derde argument er begrip voor te kweken dat GroenLinks alleen aanschuift als de PvdA de ChristenUnie blokkeert en het CDA geen keuze meer heeft. Dat laatste gebeurt niet, waarop de ChristenUnie plaatsneemt aan de onderhandelingstafel en GroenLinks buitenspel komt te staan.

Op dat moment vind ik mijn opstelling volstrekt logisch. Ik ben geërgerd door de PvdA en door Wouter Bos in het bijzonder die de indruk heeft gewekt, en dat ook in de media ventileert, dat hij voor GroenLinks kiest. In werkelijkheid laat hij de dienst uitmaken door het CDA door geen enkele voorwaarde aan de onderhandelingen te verbinden. GroenLinks bewijst de PvdA ook nog eens een dienst, vind ik, door alleen 'op dit moment' niet beschikbaar te zijn waardoor de PvdA nee kan zeggen tegen de eisen van de ChristenUnie, bijvoorbeeld op medisch-ethisch terrein. Van die ruimte maakt de PvdA alleen geen gebruik.

Mijn 'niet op dit moment'-reactie valt niet goed. Een paar dagen erna, als al duidelijk is dat de onderhandelingen worden voortgezet met de ChristenUnie, verschijnt GroenLinks-senator Jos van der Lans in het televisieprogramma *Buitenhof*. Hij spreekt van een 'gemiste kans' en vindt dat GroenLinks zich te snel 'buitenspel heeft laten zetten'. Dat vindt weerklank bij andere GroenLinksers. Vlak erna verschijnt in NRC *Handelsblad* een open brief van lokale politici onder de veelzeggende kop 'Afhaken onderhandelingen historische fout GroenLinks'. Hun uitsmijter laat aan duidelijkheid niets te wensen over: 'Tegen Femke zouden wij willen zeggen: "We hebben met z'n allen die posters lopen plakken waarop je zo bevallig tegen het Torentje aanleunt. 'Ideeënpartij op zoek naar macht,' zei je, terwijl je de linkse lente aankondigde. Die macht kwam net langs, ga erachteraan!"'

Als ik dat al zou willen, dan is het te laat. De onderhandelingen nemen een andere wending en GroenLinks heeft definitief het nakijken. Op dat moment ben ik ook niet geneigd hen gelijk te geven of van mening te veranderen. Terwijl de kritiek aanzwelt en door commentatoren en politici van andere partijen wordt overgenomen reis ik vloekend terug naar Spanje. De openlijke kritiek op mijn handelwijze ervaar ik als deloyaal. 'Mensen zijn in geen velden of wegen te bekennen als je risico's neemt, je nek uitsteekt,' mopper ik tegen Robert, 'maar ze staan klaar in rotten van drie om je te veroordelen als je een fout maakt.'

Een fout wens ik het publiekelijk lang niet te noemen. Als journalisten me confronteren met de massieve kritiek dan antwoord ik dat 'ik accepteer dat de beeldvorming niet goed is'. Dit vage politieke antwoord maskeert dat ik het mezelf ook kwalijk neem. Er zijn weliswaar goede machtspolitieke redenen om eisen te stellen aan onderhandeling met het CDA. Ik kan me ook tot op zekere hoogte verschuilen achter de voorwaarden die het GroenLinks-congres heeft gesteld aan regeringsdeelname. Alleen is het niet echt een afdoende verklaring waarom GroenLinks niet onderhandelt. Ik realiseer me terwijl ik als toeschouwer het vierde kabinet Balkenende tot stand zie komen dat ik me heb gedragen als een slechte verliezer. Daarmee heb ik GroenLinks en mezelf beschadigd.

Op een avond, eind januari 2007, kom ik met Robert en vrienden in café Schuim in de Spuistraat terecht. Het is een verzamelplaats van *has beens*, verslaafden en mensen die, zoals wij, nog niet willen gaan slapen als de andere cafés sluiten. Terwijl wij zitten te praten staat er plotseling een man voor onze tafel. Hij is de baas, zegt hij. Vanachter zijn rug haalt hij een grote fles champagne tevoorschijn. 'Die is voor jou,' zegt hij tegen mij. 'Want wij houden hier van losers.'

11

Een lopend politiek wonder

Na de verkiezingsnederlaag moet er worden afgerekend. Volgens parlementair journalisten 'gist' en 'rommelt' het in GroenLinks. Met de koerswijziging van de afgelopen drie jaar, opvattingen die ik her en der heb gebezigd en de beslissing nu niet deel te nemen aan de regeringsonderhandelingen ben ik erin geslaagd vrijwel iedereen in GroenLinks tegen me in het harnas te jagen. De vakbondsvleugel en de linkerflank van de partij, verzameld in Kritisch GroenLinks, zijn niet van plan zich neer te leggen bij de koers uit *Vrijheid eerlijk delen*, ook al heeft het congres daar nadrukkelijk mee ingestemd. Nu we een zetel hebben verloren zien ze hun kans schoon om alsnog hun gelijk te halen. Actievoerders zeggen dat ik het actiewezen niet begrijp sinds ik de jacht van Nijmeegse GroenLinksers op SUV's belachelijk heb gemaakt. Onder de linkse christenen is onrust ontstaan door mijn uitspraak over de 'religieuze as van het kwaad', mijn verzet tegen Balkenende en het CDA en mijn verdediging van Ayaan Hirsi Ali. Zoals een lid van Linkerwang, het religieuze platform in GroenLinks, opmerkt: 'Femke rekent af met allerlei oude dogma's binnen de partij, en dat is goed, maar één dogma blijft staan: het secularisme. Ze moet donders goed oppassen dat ze de mensen in de kerken en moskeeën niet van de partij vervreemdt. Nu is het beeld ontstaan van GroenLinks als antigodsdienstpartij.' Meer in het algemeen vinden de prinzipienreiters in de partij dat ik een leefstijl uitdraag die niet bij een groene partij past. Ik eet onbeschaamd vlees, heb weerzin tegen de linnen tasjes die duurzaamheid symboliseren en ben in de campagnespot voor de verkiezingen ook nog eens pontificaal in een auto gaan zitten. De meer pragmatische lokale en regionale bestuurders die dit moralisme gewoonlijk tegenspreken, hebben na de verkiezingen weinig zin om me in bescherming te nemen, nijdig als zij zijn over de beslissing om niet aan de onderhandelingstafel te gaan zitten.

Na de verkiezingen komt ook nog eens een intern meningsverschil aan de oppervlakte dat lang met succes buiten de publiciteit is gehouden. Dat gaat over de macht van landelijke politici en mij in het bijzonder die zijn vertegenwoordigd in het strategisch beraad. Sinds een paar jaar probeert 'Den Haag' onder mijn leiding namelijk verandering aan te brengen in de partijorganisatie. Zoals in alle democratische partijen is het partijbestuur het machtigste orgaan. Gekozen door het ledencongres heeft het zeggenschap over de verkiezingsprogramma's, de samenstelling van de kieslijsten en alle partijafdelingen. De partijvoorzitter geeft leiding aan het bureau van GroenLinks in Utrecht waar de ledenadministratie, de campagneorganisatie en het wetenschappelijk bureau zitten. Voor de Tweede Kamerfractie, en voor mij als fractievoorzitter en als politiek leider in het bijzonder, is de centrale positie van het partijbestuur lastig. De bestuursleden zijn meestal ouwe getrouwen die hun plek met steun van de eigen regionale afdelingen hebben veroverd en zich daarmee ook het meeste verbonden voelen. De Tweede Kamerleden die weliswaar zijn geselecteerd door het congres, ontlenen hun mandaat vooral aan de kiezers en voelen zich met hen meer verbonden dan met de partijachterban. Door de kiezerssteun hebben wij, vinden wij in de fractie, een bijzondere verantwoordelijkheid en verdienen wij meer zeggenschap, bijvoorbeeld over het verkiezingsprogramma. Als lijsttrekker vind ik het ergerlijk dat ik publiekelijk rekenschap moet afleggen als een Kamerlid in opspraak raakt zonder dat ik werkelijke invloed kan uitoefenen op de samenstelling of de volgorde van de lijst. Bij een rel worden vooral mijn vermogen om goede mensen te selecteren en mijn leidinggevende capaciteiten ter discussie gesteld terwijl ik in werkelijkheid enkel suggesties kan aandragen bij de selectiecommissie en dan moet afwachten wat daarmee gebeurt.

In 2006 meldt de voorzitter van de kandidatencommissie mij bijvoorbeeld dat men in gesprek is met een heel interessante jonge Marokkaanse Nederlander uit Amsterdam-Slotervaart die zichzelf heeft gemeld. Na een aantal gesprekken zijn zij zo enthousiast dat ze hem een hoge, verkiesbare plaats willen geven hoewel er nauwelijks referenties zijn en niemand ervaring met hem heeft. Ik ontmoet hem voor het eerst nadat de kandidatenlijst is opgesteld. Hij heet Tofik Dibi en is behalve vijfentwintig, intelligent en welbespraakt ook volstrekt onbekend. Als ik hem googel is de enige verwijzing die ik vind dat hij bestuurslid is van de Turkse arbeidersvereniging, wat voor een Marokkaanse Nederlander op zijn minst opmerkelijk is. Ik laat de partijvoorzitter en de kandidatencommissie weten dat ik me zorgen maak. GroenLinks kan zich geen rel met een Kamerlid permitteren, en al helemaal niet als deze van Marokkaanse herkomst is. Dat voedt de vooroordelen over de integriteit en capaciteiten van allochtone Kamerleden en is ook slecht voor de partij.

De affaire-Singh Varma is dan nauwelijks vergeten en in 2005 is er de kwestie met Eerste Kamerlid Sam Pormes bij gekomen. Deze is door het partijbestuur gedwongen af te treden nadat uit onderzoek bleek dat hij in de jaren zeventig waarschijnlijk betrokken was bij de Molukse treinkaping en deelnam aan een guerrillatrainingskamp in Jemen. Omdat het om een Eerste Kamerlid gaat kon ik bij deze affaire meer op de achtergrond blijven terwijl de partijvoorzitter Pormes de wacht aanzegde. De affaire kleeft echter wel aan GroenLinks en aan mij als leider.

In 2005 heeft bovendien Kamerlid Farah Karimi memoires gepubliceerd over haar jeugdjaren, haar vlucht uit Iran en haar leven als asielzoeker in Nederland. Het nieuws daarin is vooral dat zij in de jaren tachtig voor en na haar vlucht voor de Iraanse moedjahedien heeft gewerkt. Zij heeft vluchtverhalen verzonnen waarmee Iraanse asielzoekers toegang tot Europa kregen. Voor mij is die informatie nieuw en schokkend: op dringend verzoek van Farah heeft Paul mij bij de overdracht van het voorzitterschap hierover niets verteld. Als Farah mij op de hoogte brengt, is het boek al gereed en ken ik haar niet anders dan als een geharnaste tegenstander van de moedjahedien. Haar memoires worden goed ontvangen, al klinkt hier en daar het verwijt dat GroenLinks een voormalige terrorist in de Kamer duldt. In het geval van Farah vind ik die kritiek onterecht en verdedig ik haar, waar nodig, vol vuur. Het past ons in het rijke en veilige Westen namelijk niet om de overlevingsstrijd van een jonge Iraanse vrouw tegenover totalitaire heersers gemakzuchtig te veroordelen. In de jaren tachtig gold de moedjahedien ook helemaal niet als een terreurorganisatie maar als een bondgenoot met een groot, door de VS gefinancierd hoofdkwartier in Parijs. Farah verdient lof, vind ik, dat ze de moed heeft om de geheimhouding waartoe de moedjahedien haar dwong te verbreken en hun werkwijze aan te klagen.

Ook al doet het Farah geen recht, haar persoonlijke geschiedenis draagt bij aan het beeld dat GroenLinks extremisten herbergt. Door de opeenvolgende kwesties is GroenLinks ook kwetsbaar geworden voor het verwijt dat allochtonen minder zorgvuldig worden geselecteerd om kiezers te trekken. Ik wil een herhaling koste wat kost vermijden en ik wil ook niet meer voor een voldongen feit worden geplaatst. De selectiecommissie meldt mij dat zij na de gesprekken en het checken van de referenties bij geen enkele verkiesbare kandidaat problemen in het verleden ziet. Kamerlid Wijnand Duyvendak heeft weliswaar een activistisch verleden maar is daarover volgens de commissie bij zijn eerste kandidaatstelling in 2002 al stevig aan de tand gevoeld. Een andere nieuwe kandidaat voor de Tweede kamer, Mariko Peters, is een diplomaat, dus door de overheid al uitgebreid doorgelicht.

Ik laat hen weten dat ik het zeker in het geval van de volstrekt onbekende Tofik Dibi onvoldoende vind om het bij een gesprek en het nabellen van referenties die hij zelf heeft opgegeven te laten. Ik dring er bij het partijbestuur op aan om via de minister van Binnenlandse Zaken onderzoek door de Algemene Inlichtingen- en Veiligheidsdienst te laten doen. Bij de selectiecommissie en de partijvoorzitter bestaat daar weerzin tegen. Men vindt het discutabel om die ene allochtoon op de lijst te screenen. Ik begrijp dat principiële bezwaar maar beschouw het gevaar van potentiële beschadiging als veel groter. Als Tofik Dibi zich heeft ingelaten met criminelen of radicalen dan wil ik dat weten voordat de lijst definitief wordt. GroenLinks kan zich geen goedgelovigheid permitteren. In dit geval blijkt er uiteindelijk, nadat ik mijn zin heb gekregen en de AIVD onderzoek heeft gedaan naar zijn antecedenten, niets aan de hand te zijn. Het enige verwijt dat Tofik treft, is dat hij op dat moment geen internethistorie heeft.

Bij het ontbreken van werkelijke zeggenschap over de lijst en het verkiezingsprogramma ben ik aangewezen op goed contact met het partijbestuur en vooral met de partijvoorzitter. Zijn er spanningen of meningsverschillen, dan levert dat onmiddellijk politieke risico's op.

In 2006 treedt een nieuwe partijvoorzitter aan die ik zelf heb gevraagd beschikbaar te zijn. Henk Nijhof is jarenlang wethouder geweest in Hengelo, hij is een prettig mens en een pragmaticus, en – voor mij heel belangrijk – hij steunt de koerswijziging die de fractie heeft ingezet. Tot op zekere hoogte heeft hij ook begrip voor het verlangen van mij en de strategen in de fractie om meer greep te krijgen op de partij.

Al onder Paul Rosenmöller is er een strategisch beraad in het leven geroepen dat bestaat uit de voorzitters van de partij, de Tweede- en de Eerste Kamerfractie en de Europese delegatie. Verder zit de leider van het campagneteam erin, de spindoctor, de financieel specialist van de Tweede Kamerfractie en de directeur van het wetenschappelijk bureau. De bedoeling is elkaar bij te praten over de belangrijkste ontwikkelingen in de fracties en in de partij en politieke onderwerpen op elkaar af te stemmen. Hoewel de partijvoorzitter officieel de leiding heeft, wordt in het strategisch beraad de discussie vooral bepaald door de Tweede Kamerfractie.

Vanaf mijn aantreden probeer ik samen met Tom de bevoegdheden van het strategisch beraad ten opzichte van het partijbestuur te vergroten. Het beraad moet medezeggenschap hebben, vinden wij, over de samenstelling van de commissies voor de kieslijsten en het verkiezingsprogramma, en vooral over de campagne. Na de eeuwwisseling worden de eisen die aan campagnes worden gesteld namelijk snel groter. Een politieke partij die twee maanden voor de verkiezingen begint campagne te voeren loopt hopeloos achter op de anderen. Met commerciële televisie en internet doet de 'permanente campagne' zijn intrede en die moet goed, herkenbaar en alomtegenwoordig zijn.

In GroenLinks zijn de regionale en lokale afdelingen gewend hun eigen campagnes te maken. Elke afdeling heeft wel een graficus in de gelederen die met veel creativiteit het plaatselijke sentiment op posters vastlegt. Dat betekent dat er, behalve in de laatste weken voor een landelijke verkiezing, geen herkenbaar beeld van GroenLinks bestaat. Als het campagnegeweld in de grotere partijen een permanente vorm aanneemt doet de wirwar van lokale symbolen en slogans amateuristisch aan. Ook neemt het risico toe dat een rare gemeentelijke verkiezingsposter via internet landelijke bekendheid krijgt en de campagne bepaalt.

Ruim voor de verkiezingen van 2006 krijgen Tom en ik onze zin en krijgt het strategisch beraad zeggenschap over het campagnebudget en mag het de belangrijkste beslissingen – zoals de keuze voor een reclamebureau – zelfstandig nemen. In de gemeenteraadscampagne, als de afdelingen voor het eerst dringend wordt verzocht om allemaal dezelfde posters op te hangen, dezelfde folders te verspreiden en dezelfde politieke thema's te kiezen leidt dat tot irritatie en her en der zelfs tot opstand.

De inhoudelijke macht van het strategisch beraad wordt in mijn eerste periode als fractievoorzitter groter. Daarmee levert ook de fractie autonomie in, tot ergernis van bijvoorbeeld Ineke van Gent die het gevoel heeft spuit elf te worden in belangrijke discussies. Dat is niet onterecht. Over het besluit om Nederlandse militairen naar de Afghaanse provincie Uruzgan te sturen in 2006 vraag ik nadrukkelijk om het oordeel van het strategisch beraad. Het grote voordeel daarvan is namelijk dat de Tweede Kamerfractie veel minder het risico loopt om alleen tegenover 'de partij' te staan, zoals eerder gebeurde tijdens de Kosovo-oorlog in 1999 en de inval in Afghanistan in 2001. De beslissing om tegen de Uruzgan-missie te stemmen wordt in het strategisch beraad met instemming van Kathalijne Buitenweg, de Europese delegatieleider, genomen. Als het andere delegatielid, Joost Lagendijk, daarna bekendmaakt dat hij juist wel steun wil verlenen aan de Uruzgan-missie moet hij dat op persoonlijke titel doen omdat de Eurofractie zich er in het strategisch beraad al aan heeft gebonden.

Nadat ik heb afgezien van deelname aan de regeringsonderhandelingen raakt het strategisch beraad omstreden. Veel GroenLinks-leden weten niet van het bestaan af en anders gaan zij ervan uit dat het weinig voorstelt. Als de kritiek in GroenLinks op de beslissing om niet te onderhandelen aanzwelt, verwijs ik naar het strategisch beraad. Tegen Joost Lagendijk, die in de pers roept dat ik niet eens de moeite nam om terug te keren van vakantie (wat feitelijk onjuist is), verweer ik me door te zeggen dat de voorzitters van de Europese en de Eerste Kamerfractie welbewust hebben ingestemd. Kathalijne Buitenweg en Tof Thissen distantiëren zich razendsnel. Volgens hen had het strategisch beraad geen officiële beslissingsbevoegdheid, waarin zij gelijk hebben, en waren zij alleen vrijblijvend geconsulteerd. Ik beschouw dat als een kwalijke terugtrekkende beweging en laat dat ook weten. 'Het is een opzichtige poging de medeverantwoordelijkheid voor een "historische fout" af te schudden,' zeg ik tegen hen.

Door ter verdediging zelf naar het strategisch beraad te verwijzen breng ik het in opspraak. Bij alle onvrede die er na de verkiezingen al is in GroenLinks voegt zich gemopper over de onduidelijke positie van het beraad in het algemeen en de pogingen van de Tweede Kamerfractie en mij om macht naar ons toe te halen in het bijzonder.

Een paar maanden na de verkiezingen vindt er een congres plaats waar met een grote meerderheid van stemmen wordt besloten om de verloren verkiezingen te evalueren. In een motie, geschreven door Kritisch GroenLinks, wordt vastgelegd dat er onvrede is over de koers, het imago, de electorale positie en het besluitvormingsproces en dat hieraan in twaalf discussiebijeenkomsten verspreid over het land en in een onderzoek door een speciaal samengestelde commissie recht moet worden gedaan. Die commissie, onder leiding van Bram van Ojik, bestaat hoofdzakelijk uit partijgetrouwen die zich dikwijls al negatief hebben uitgelaten over mijn koers.

De motie en de instelling van de commissie ervaar ik als een nieuwe persoonlijke nederlaag na de net verloren verkiezingen. Binnenskamers, in de fractie en in het strategisch beraad, verzet ik me er heftig tegen. Ik ben bang dat het uitmondt in mijn gedwongen aftreden als de commissie tot de conclusie komt dat de inhoudelijke koerswijziging moet worden teruggedraaid. Het moment van vertrek na de verkiezingen heb ik laten passeren. Dat ik doorga beschouw ik zelf als een opoffering voor de goede zaak, die ik niet wens te bekopen met een gedwongen aftocht. Tegelijkertijd ben ik helemaal niet bereid om mijn koers aan te passen mocht de commissie tot die aanbeveling komen. In de eerste drie jaar van mijn fractievoorzitterschap zijn mijn opvattingen uitgekristalliseerd. Het leiderschap is voor mij alleen zinvol als ik aan die opvattingen trouw kan blijven. Als de partij een andere richting uit wil, dan zullen zij dat zonder mij moeten doen.

Natuurlijk verzet ik me vooral om nieuwe kritiek op mijn leiderschap te voorkomen. Maar ik vind de evaluatie ook een zinloze exercitie. De veronderstelling dat er een relatie bestaat tussen de nieuwe koers en het verlies van die ene zetel is nergens op gebaseerd. Even waarschijnlijk is het dat de nieuwe koers onvoldoende bekend is geworden en het beeld van een gedateerde partij is blijven overheersen. Of misschien is het verlies dankzij de nieuwe koers juist beperkt gebleven tot één zetel en was dat in alle andere gevallen groter geweest. Een onderzoek onder de eigen leden zal daarover geen duidelijkheid geven.

Realistischer dan de oorzaak uitsluitend bij de eigen inhoudelijke tekortkomingen te leggen, is te accepteren dat het verlies vooral buiten de macht van GroenLinks ligt. De premiersstrijd tussen Bos en Balkenende kunnen GroenLinks noch ik werkelijk beïnvloeden, het conservatieve klimaat en het verlangen naar zekerheid onder kiezers nog minder. Niet voor niets hebben alle veranderingsgezinde partijen – VVD, D66, GroenLinks – verloren, terwijl de partijen die juist met hun afkeer van de moderne samenleving het 'vroeger was alles beter'-sentiment hebben aangeboord zoals de SP en de PVV het goed hebben gedaan.

Door te navelstaren miskent het GroenLinks-congres hoe ingewikkeld de politieke en maatschappelijke omgeving is waarin wij moeten opereren. Terwijl er na de verkiezingen in 2003 zorg was dat GroenLinks weggevaagd zou worden door de PvdA en de SP die zich onder leiding van Bos en Marijnissen gemakkelijker tot de conservatieve tijdsgeest verhielden, is de leegloop uitgebleven. Als een voorbode van toekomstig electoraal succes heeft de partij zelfs nieuwe, jonge leden verzameld.

Mij komt het belachelijk voor, en dat is mijn tweede meer rationele argument, dat GroenLinks juist nu de schijnwerper zet op het eigen verlies. Het is niet alleen beperkt gebleven, gemeten naar de politieke aardverschuiving die tegelijkertijd plaatsvindt, maar het is in de buitenwereld ook nauwelijks opgemerkt. In plaats van zich gezamenlijk en optimistisch op de nieuwe richting te concentreren wordt een onderhuids gevoel van malaise onder de leden en potentiële kiezers gevoed. En als ik één ding heb geleerd in de acht jaar dat ik inmiddels politicus ben, dan is het wel dat een partij die negatief is over de eigen prestaties voorsorteert op een volgende electorale nederlaag.

Terwijl de partij met zichzelf in conclaaf gaat, de evaluatiecommissie de ene na de andere regiobijeenkomst bezoekt en talloze GroenLinksers aan het woord laat, sla ik een andere richting uit. Omdat ik het mijn eigen partij kwalijk neem dat zij mij laten bungelen in afwachting van het oordeel van de evaluatiecommissie, ben ik weinig genegen om daarop vooruitlopend mijn toon en opvattingen te matigen. Als zij mij vogelvrij verklaren, hoef ik me weinig gebonden te voelen, vind ik.

Door de twee nederlagen sinds ik ben aangetreden, samen met alle oordelen die over me zijn uitgestort, begin ik onthecht te raken. Commentaar op mijn accent, mijn onbeweeglijke bovenlip, vermeende 'grachtengordelelitarisme' 'glijdt van me af als water van een vet eendje', zeg ik stoer in interviews. Al is dat niet helemaal waar. Als Hans Smolders, de voormalige chauffeur van Pim Fortuyn, mijn hoofd monteert op een nogal behaard, naakt vrouwenlichaam met als enige bedekking GroenLinks-zweetbanden en daarboven als motto 'laat de natuur zijn gang gaan', ben ik aanvankelijk ontdaan. De foto duikt overal op en ik voel me beschaamd en geïntimideerd bij de gedachte dat mensen dit zien en me bespotten. Geleidelijk aan schud ik het af en besluit dat er na dit beeld niet veel overblijft om me voor te schamen. Net zo goed kan ik, zolang mijn politieke carrière duurt, mijn eigen plan trekken.

Na ruim negentig dagen van onderhandelingen vormen het CDA, de PvdA en de ChristenUnie op 22 februari 2007 een nieuwe regering. Anders dan de gewoonte is wordt dat niet begeleid door een gedetailleerd regeerakkoord maar door een plan op hoofdlijnen. Daarop volgt een honderd dagen durende bustour door het hele land waarin de ministers vooral luisteren naar de bevolking om pas daarna hun beleidsplannen te ontvouwen. Dat betekent dat er na de verkiezingen meer dan een halfjaar nauwelijks wordt geregeerd en het werk in de Kamer ook stilligt. Ik maak van die stilte gebruik.

In de eerste vier jaar van mijn fractievoorzitterschap ben ik opgeslokt door de sociaaleconomische verhoudingen in Nederland. Ik ben bij bedrijven, sociale werkplaatsen en werkgelegenheidsprojecten langs geweest en heb de meeste energie gestoken in plannen voor de sociale emancipatie van outsiders op de arbeidsmarkt. Andere onderwerpen zijn er tot mijn frustratie bij ingeschoten. Vooral mijn gebrek aan internationale ervaring vind ik een probleem. Het buitenlandse beleid is daardoor te veel het exclusieve domein van fractiespecialisten, terwijl dit het hart van een internationaal georiënteerde partij als GroenLinks zou moeten zijn.

Als het kabinet door het land toert reis ik met Mariko Peters, de nieuwe buitenlandwoordvoerder van de fractie, in het voorjaar van 2007 naar Israël en Palestina. Mij ergert het Nederlandse en Europese debat dat bij elke gebeurtenis in Israël of Gaza ontaardt in scheldkanonnades aan het adres van respectievelijk 'antisemieten' en 'zionisten'. Ook GroenLinksers bezondigen zich te vaak aan eenzijdigheid, vind ik, door hard de bezetting van de Westelijke Jordaanoever te veroordelen maar stil te zijn over het gedrag van bijvoorbeeld Hamas. Samen met Mariko reis ik door de bezette gebieden naar Hebron en Bethlehem, bezoek de orthodox-joodse wijken in Jeruzalem en het mondaine Tel Aviv. We spreken progressieve denkers zoals de Israëlische journalist Gideon Levy en de Palestijnse politica Hanan Asrawi. Midden-Oostencorrespondent Conny Mus neemt ons mee naar Gaza dat op dat moment onder vuur ligt nadat een Israëlische soldaat en een Engelse BBC-journalist zijn ontvoerd.

Weer in Nederland breng ik verslag uit in het televisieprogramma *Buitenhof*. Ik bepleit om Hamas niet langer uit te sluiten van vredesonderhandelingen omdat de partij democratisch is verkozen en deel uitmaakt van de Palestijnse eenheidsregering. Ik meen dat uitsluiting van onderhandelingen alleen Hamas electoraal voordeel oplevert, en dat is juist niet wenselijk. Ik laat er tegelijkertijd geen misverstand over bestaan dat Hamas een gevaarlijke beweging is waartegen Israël zich terecht verweert. En ik bepleit om van Gaza een internationaal protectoraat te maken. Mijn inbreng komt me op felle verwijten en scheldkanonnades van links en rechts te staan.

Een paar maanden later sluit ik me aan bij de parlementaire Commissie Defensie als deze een bezoek brengt aan Uruzgan in Afghanistan. GroenLinks heeft tegen de missie gestemd maar dat betekent niet dat wij ons kunnen distantiëren van de parlementaire verantwoordelijkheid voor het welzijn van de Nederlandse militairen. Ook met deze reis zoek ik nadrukkelijk de discussie in GroenLinks. Door de geschiedenis van de voorlopers staat de partij bekend als 'antimilitaristisch'. GroenLinks heeft inmiddels twee keer ingestemd met een militaire missie maar de weerzin tegen het leger is bij een deel van de achterban blijven bestaan. Het geeft geen pas, vind ik, om gewone soldaten die hun leven wagen de medeverantwoordelijkheid te geven voor verkeerde politieke beslissingen. Militairen mogen niet in de steek worden gelaten en verdienen respect, ook van de politieke tegenstanders van de missie in Uruzgan, en dat wil ik persoonlijk betuigen.

Juist voordat mijn collega-parlementariërs en ik in Uruzgan landen is de Nederlandse soldaat Martijn Rosier omgekomen. Hij ligt opgebaard in het kamphospitaal zodat zijn collega's afscheid kunnen nemen. In het kamp is de sfeer bedrukt en wij lopen hinderlijk in de weg. De veiligheid staat ook niet toe dat we het kamp verlaten. Onze nadrukkelijke en onbeholpen aanwezigheid geeft me een ongemakkelijk gevoel. Zeker als wij op de dag van ons vertrek deel mogen uitmaken van de erehaag waarmee Rosier uitgeleide wordt gedaan. Zijn broer brengt namelijk met hetzelfde vliegtuig de kist naar huis. Samen met de soldaten uit zijn peloton vormen wij twee rijen tegenover elkaar. Terwijl een trompet schalt wordt de kist langzaam tussen ons door naar het vliegtuig gedragen. In de brandende hitte duurt het ritueel lang. Tegenover mij bewijzen jonge soldaten bewegingloos en in stilte huilend de laatste eer. Om me heen hoor ik het geschuifel van mijn collega-politici. Een medewerker van de Commissie Defensie staat iets verderop in een strak T-shirt met in kapitalen de tekst JUST DO IT. Liever zou ik op dat moment geen deel uitmaken van het clubje parlementariërs dat het decorum van de plechtigheid verstoort.

Op de terugweg in het vliegtuig zit ik naast de nieuwe fractievoorzitter van D66, Alexander Pechtold. We zijn beiden aangeslagen. Vlak voor ons, achter een gordijn staat de kist met Martijn Rosier. Schuin achter ons zit zijn broer. Wij voelen ons indringers, voyeurs die daar niet horen te zitten. Dus houden wij ons de hele terugreis zo stil mogelijk. Het is het begin van een hechte vriendschap.

Alexander is niet mijn enige nieuwe collega. Als de nieuwe Kamer na de verkiezingen wordt geïnstalleerd blijk ik van een onervaren, nieuwe fractievoorzitter ongemerkt te zijn veranderd in een routinier. Bos van de PvdA en Rouvoet van de ChristenUnie hebben zitting genomen in het kabinet en zijn opgevolgd door Jacques Tichelaar en Arie Slob. Bij de VVD treedt Mark Rutte aan en de CDA-fractie heeft de politiek onervaren Pieter van Geel als fractievoorzitter gekozen. In de pikorde van het parlement is anciënniteit een belangrijke graadmeter voor status, en de mijne krijgt – ondanks het verlies bij de verkiezingen – een stevige duw omhoog. Ik gedij op de nieuwe verhoudingen tussen de fractievoorzitters. Anders dan in de vier voorgaande jaren heb ik niet langer het gevoel te hoeven vechten voor respect of aandacht en daardoor ontspan ik en permitteer ik me grapjes en plagerijen.

De atmosfeer tussen de fractievoorzitters verbetert ook fors doordat Wouter Bos en Maxime Verhagen hun wantrouwen en competitie hebben meegenomen naar het kabinet. Hun onderlinge animositeit die voor onbehaaglijke spanning zorgde, maakt plaats voor een veel kameraadschappelijker stemming. Vooral tussen Alexander Pechtold, Mark Rutte en mij groeit snel vertrouwelijkheid. Wij zijn generatiegenoten en delen culturele opvattingen over vrijzinnigheid die in het gedrang dreigen te komen nu de PvdA met het CDA en de ChristenUnie regeert. We zijn ook eensgezind in de wens om te breken met de afgunst en het geroddel die de verhoudingen tussen politici van verschillende partijen dicteren. We spreken af elkaar succes te gunnen en, in zoverre onze soms tegengestelde opvattingen het toelaten, samen te werken. Het is voor mij een opluchting om gelijkgestemde politici te treffen buiten het linkse blok waarin de strijd om kiezers vaak tot afgunst leidt.

Ik vind het zelfs niet erg als de GroenLinks-fractie letterlijk wordt gedwongen om het linkse blok in de plenaire zaal te verlaten. Door de explosieve groei neemt de SP namelijk veel meer plek in beslag aan het linkeruiteinde van de halve cirkel van blauwe zetels. Zowel GroenLinks als de PvdA is gedwongen om op te schuiven. De symboliek daarvan – de SP die de PvdA letterlijk en goed zichtbaar voor pers en publiek naar het politieke midden duwt – zint de PvdA niet. Men weigert dan ook gehoor te geven aan het verzoek om plaats te maken. De enige oplossing waarover de SP en de PvdA het snel eens worden is GroenLinks, die nog zeven zetels ertussen in beslag neemt, te dwingen om elders een plek te zoeken. Wij vinden die rechts van de PvdA midden in de zaal samen met D66. Niet alleen ik maar ook andere oudgedienden zoals Kees en Ineke vinden dat een welkome afwisseling na jaren door de SP op stugge stilte te zijn getrakteerd. Over de symbolische betekenis van onze nieuwe plek in het midden van de zaal halen we de schouders op.

De gedwongen verhuizing en de losse sfeer op onze nieuwe plek dragen bij aan een jongehondensfeer in de nieuwe fractie die na de verkiezingen is geïnstalleerd. Tofik Dibi en Mariko Peters hebben zich tot GroenLinks bekend vanwege de lijn die de fractie en ik in de jaren ervoor hebben uitgezet. Zij voelen zich aangetrokken door de combinatie van culturele vrijzinnigheid en sociale veranderingsdrang en hebben minder op met de linkse behoudzucht waartoe een deel van de partij ons wil dwingen. De Kamerleden die net als ik een langere staat van dienst hebben, zoals Kees, Ineke en Wijnand voelen zich evenzeer als ik beledigd door de harde kritiek die in de congresmotie van Kritisch GroenLinks was verpakt. Ook zij vinden dat het verlies van maar één zetel geen schande is na vier jaar van harde tegenwind en snel opkomend populisme. We krijgen stank voor dank, is ons oordeel en dat maakt van ons als fractieleden, meer nog dan in voorgaande jaren, tot een gesloten front.

De nieuwe fractie opereert niet alleen als vriendenclub maar is ook inhoudelijk eensgezind. Tofik Dibi ontwikkelt zich snel tot een spraakmakende en interessante jonge politicus. Hij springt in de bres voor jongeren en beter onderwijs en bestrijdt discriminatie met evenveel verve als beperking van de vrijheid van meningsuiting. Ineke van Gent vormt een 'E-team' met fractiemedewerkers en komt met het ene na het andere voorstel om de emancipatie van kansarme werknemers en vrouwen te verbeteren. Kees heeft zich ondertussen ontwikkeld tot de meest gezaghebbende financieel specialist in de Tweede Kamer. Zijn analyses van de markt, het bancaire stelsel en de kwetsbare Europese economie worden door bijna niemand betwist.

In 2006 is de documentaire *An Inconvenient Truth* van Al Gore over klimaatverandering verschenen en Wijnand Duyvendak ziet als woordvoerder voor het eerst in jaren ruimte om het vastgelopen milieudebat weer op gang te krijgen. Hij wil een boek schrijven waarin hij zijn geschiedenis van activist tot gematigd politicus verbindt met de ontwikkeling van het milieudebat. Ik moedig dat aan omdat ik net als Wijnand vind dat het milieu een zakelijke en positieve benadering verdient. Allebei vinden we dat GroenLinks niet genoeg heeft laten zien dat klimaatpolitiek juist de economie kan stimuleren, technologische innovatie kan aanjagen en het leven van gewone mensen kan verrijken. Kiezers associëren milieu nu vooral met de geheven wijsvinger, met verontwaardigde afkeuring van hun levensstijl.

Zelf begin ik ook aan een nieuw boek te schrijven. Van alle commentaar die er in GroenLinks is geweest op het manifest *Vrijheid eerlijk delen* van Ineke en mij, is mij het meest bijgebleven dat wij de bestaande economische orde niet bekritiseren. De 'ratrace' waarin mensen worden beoordeeld op hun productiviteit en niet op andere kwaliteiten, de wereldwijde scheve verdeling tussen arm en rijk of de consumptiedrift die ten koste gaat van natuurlijke hulpbronnen hebben wij inderdaad onbesproken gelaten. Daarmee hebben wij, ben ik met de critici eens, te veel de indruk gewekt dat we (internationale) economische uitsluitingsmechanismen accepteren. In deze kabinetsperiode is de tijd aangebroken, besluit ik, om dat te corrigeren.

In afwachting van het kabinet dat nog moet terugkeren van zijn bustour pak ik mijn initiatiefwet 'constitutionele toetsing' weer op. Op het oog is het een taai onderwerp, maar voor mij is het een principiële en heel belangrijke kwestie. Burgers krijgen namelijk het recht om naar de rechter te gaan als zij vinden dat de overheid hun vrijheid van meningsuiting of hun privacy schaadt. Niet alleen maakt het mensen veel machtiger tegenover de staat, de grondwet houdt ook op, zoals de klassieke liberaal Thorbecke zei, 'een gesloten deur' te zijn. In 2004 heb ik mijn wet al met succes in de Tweede Kamer verdedigd maar daarna heb ik afgezien van verdediging in de Senaat omdat ik daar op dat moment geen meerderheid zou vinden. Een paar maanden na de landelijke verkiezingen vinden er, in maart 2007, provinciale verkiezingen plaats en veranderen de politieke verhoudingen. Daardoor ontstaat er een redelijke kans dat ik ook de Eerste Kamer aan mijn zijde krijg. Weliswaar ben ik dan pas halverwege omdat een grondwetswijziging twee keer moet worden goedgekeurd door de Tweede en de Eerste Kamer, maar heb ik het debat erover verder gebracht dan in de twee eeuwen ervoor.

Inmiddels zijn Robert, de kinderen en ik verhuisd naar een groter huis in Amsterdam-Oost. We wonen op de rand van een zogenaamde zwarte buurt en besluiten de kinderen daar ook op school te willen doen. De dichtstbijzijnde school is 'zwart' want hij wordt bijna uitsluitend bevolkt door Marokkaanse en een paar Turkse kinderen van vooral laagopgeleide ouders. Met een aantal ouders in de buurt hebben we bedacht om de school te 'witten'. Dat betekent dat we onze 'witte', autochtone kinderen tegelijkertijd in de eerste klas zetten waardoor de samenstelling ervan op slag verandert. We overleggen met de directeur, ontmoeten enthousiasme en beginnen er in 2007 allemaal met frisse moed aan. Voor Robert en mij is het geen politieke beslissing maar een keuze voor een levensstijl. Wij zijn hoogopgeleide bewoners van de grote stad en we reiken onze kinderen van alles aan: reizen, cultuur, liefde. Daarmee zijn ze bevoorrecht. We willen dat het tegelijkertijd gewone Amsterdamse kinderen worden, streetwise en niet bang. In een interview zeg ik dan ook tegen een nieuwsgierige interviewer

Kop koffie met linkse leiders Marijnissen (SP) en Bos (PvdA).
Amsterdam, 20 november 2006

Op weg naar de persconferentie waar Wijnand Duyvendak zijn vertrek uit de Kamer zal aankondigen. Den Haag, 14 augustus 2008

Met Geert Wilders (PVV)

Bij de interruptiemicrofoon tijdens het Verantwoordingsdebat in de Tweede Kamer. Den Haag, 28 mei 2009

Op campagne

Met Jesse Klaver

Vlak voor het laatste verkiezingsdebat van zowel Jan Peter Balkenende (CDA) als Femke Halsema. Op de achtergrond zijn ook Job Cohen (PvdA), André Rouvoet (CU), Alexander Pechtold (D66), Mark Rutte (VVD) en Geert Wilders (PVV) zichtbaar. Den Haag, 8 juni 2010.

Na het bekend worden van de verkiezingsuitslag in Nieuwspoort. GroenLinks groeit naar 10 zetels. Den Haag, 9 juni 2010

Tijdens de formatie van Paars Plus. Met Alexander Pechtold (D66), Mark Rutte (VVD) en Job Cohen (PvdA). Den Haag, 9 juli 2010

Na afloop van de toelichting op het mislukken van de formatie van Paars Plus. Den Haag, 20 juli 2010

Het afscheid van Kees Vendrik in café Dudok, 21 juni 2010

Met Jolande Sap op weg naar de persconferentie waarin zij als opvolger wordt aangekondigd. Den Haag, 17 december 2010

Afscheid van de Tweede Kamer na twaalfenhalf jaar lidmaatschap.
Den Haag, 11 januari 2011

die van ons initiatief heeft gehoord dat onze kinderen 'geen sociaal experiment' zijn, me op dat moment niet realiserend dat ik daarmee onze beslissing juist tot een politiek onderwerp maak.

Als de commissie-Van Ojik aan het einde van de zomer van 2007 haar evaluatierapport presenteert zijn mijn stemming en omstandigheden veranderd. In Amsterdam-Oost is het leven ontspannen. Robert werkt volop, de kinderen hebben nu ze met school zijn begonnen veel minder oppas nodig en ik kom 's avonds fluitend thuis. Ik wacht niet meer zwaarmoedig op een salomonsoordeel maar ben op mijn gemak. Ik heb de misère en ballast afgeschud, me opnieuw en met overtuiging verzoend met mijn politieke bestaan en heb zelfs zin in een nieuwe parlementaire periode. De fractie om mij heen, de nieuwe collega's in de Kamer en de ruimere horizon die door een aantal reizen is ontstaan, dragen allemaal bij aan groter zelfvertrouwen.

Het rapport glijdt van me af, en deze keer werkelijk als water van een vet eendje. De commissie balanceert tussen de scherpe critici in de partij en de dwarse fractie, met mij voorop, die geen water bij de wijn wil doen. Het leidt tot milde aanmaningen en voorzichtige berispingen: discussies zijn niet helemaal goed verlopen, het thema milieu heeft te weinig aandacht gekregen, de formatie is niet helemaal goed gemanaged, enzovoort. Maar, zegt de commissie ook nadrukkelijk, beducht dat ik alsnog opstap: 'Femke Halsema heeft de verwachtingen die GroenLinks van zijn lijsttrekker mag hebben, meer dan waargemaakt. Ze was goed zichtbaar in de media en op straat, scherp in het debat en ze is het boegbeeld van het door GroenLinks gekozen profiel: inhoudelijk in balans tussen vrijheid en solidariteit, doorwrocht in de analyse, optimistisch over de mogelijkheden tot verandering.' Bij zoveel vriendelijkheid ben ik gul in mijn berouw. Ik erken dat het debat over de nieuwe sociale koers grondiger had gemoeten en de besluitvorming over regeringsdeelname zorgvuldiger. Over aanpassing van standpunten praat ik bewust niet, en niemand eist dat ook werkelijk van me.

Ik ben me ervan bewust dat de kritiek op mij en de koers die ik samen met de fractie heb uitgezet met de publicatie van het rapport van Van Ojik niet zomaar is verdampt. En ik zie ook wel de tekortkomingen van de eendrachtig opererende fractie en mijn soms 'te beheerste leiderschap', zoals journalist Frénk van der Linden het typeert. Wij ogen niet als de actievoerders van de SP, noch als de ervaren bestuurders van de PvdA. Eerder opereren wij als een intellectuele voorhoede. Het verwijt van elitarisme is, ongeacht de heel verschillende achtergronden van de GroenLinks-parlementariërs, dan ook niet helemaal onterecht.

Maar na twee verloren landelijke verkiezingen, meerdere lokale en regionale nederlagen, een mislukte formatie en talloze harde oordelen heb ik me verzoend met wie ik ben in de politiek. Ik kom niet tot mijn recht op sinaasappelkistjes en ben vaak te beschouwend om kiezers te overtuigen van de noodzaak om op mij te stemmen. Zoals mijn persoon mogelijk een belemmering is voor doorslaand electoraal succes, zo is de koers die ik heb gekozen dat misschien ook wel. Links en liberaal, kritisch op de markt maar ook op de verzorgingsstaat, multicultureel en mensenrechtelijk: veel kiezers en journalisten vinden dat te ambigu. Dat mag zo zijn. Maar ik besluit dat dit de enige richting is die ik uit wil. En die beslissing maakt me licht en voortvarend. Als journalisten me interviewen over het rapport-Van Ojik en erop aandringen om gevolgen aan de verkiezingsnederlaag te verbinden, zeg ik spottend en met enige overdrijving: 'Ik ben een lopend politiek wonder. Niemand heeft zo vaak verloren, niemand is tegelijkertijd nog zo alive-and-kicking.'

12

Het scorebord

Op een achternamiddag, half januari 2008, loop ik in de hal van de Tweede Kamer columnist Peter Middendorp van dagblad *De Pers* tegen het lijf. Over ons gesprek noteert hij: 'Femke en ik spraken over de film van Wilders, de moeite die men nam zich er druk over te maken. Femke zei: "De ochtend nadat bekend werd dat hij met die film zou komen, werd ik van negen uur 's ochtends tot twaalf uur 's middags onophoudelijk door Haagse journalisten gebeld. Wat vond ik van die film? Ze waren er niet blij mee, toch bleef ik antwoorden: 'Welke film? Ik heb nog geen film gezien.' Tussen twaalf en één uur was het stil," zei Femke. "Maar van één tot vijf stond de telefoon weer roodgloeiend. Nu wilden de journalisten antwoord op een nieuwe vraag: Wat vindt u van de onrust die de film van Wilders vanochtend in de samenleving heeft veroorzaakt?" Femke begon te lachen, het was ook leuk. "Ik antwoordde: 'Jullie hebben die onrust toch zelf veroorzaakt?' De journalisten legden op, teleurgesteld." Aan het einde van de dag ontving ze een verontwaardigde mail van een chef van een van onze grootste kranten: "U onderschat de maatschappelijke impact van deze film."'

Een andere journalist – Max van Weezel van *Vrij Nederland* – voelt zich door het stukje aangesproken. Hij schrijft: 'Persoonlijk kan ik goed begrijpen waarom de parlementaire redacties bij alles wat Wilders zegt alarm slaan. Ze hebben in 2002 het verwijt gekregen dat ze de Fortuyn-revolte gemist hadden, dat ze de veenbrand in de samenleving niet hadden voorzien. Dus besteden ze nu aandacht aan elke kreet die Wilders of Verdonk slaken. God verhoede dat iemand hen weer voor politiek correct of linkse kerk uitmaakt! Maar afgaande op Halsema is de slinger nu totaal naar de andere kant doorgeslagen. Soms schaam ik me een beetje dat ik parlementair journalist ben.'

Contacten met media zijn vaak lastig. In de loop van de jaren, zeker als mijn gezag in de Kamer toeneemt, wordt de relatie met een aantal journalisten ontspannener en in een enkel geval zelfs vriendschappelijk. De nadrukkelijke pogingen die ik in mijn beginjaren doe om hartelijke en openhartige verhoudingen op te bouwen, heb ik gestaakt. Ik heb geleerd dat ik daarmee de achterdocht over mijn motieven niet wegneem maar juist voed, omdat journalisten denken dat mijn gezelligheid een geheime agenda dient.

Goed gebruik onder Haagse journalisten is om ervan uit te gaan dat je draait en onwaarheid spreekt. Natuurlijk zijn er voorbeelden genoeg van politici die worden betrapt op leugens, maar het is uitputtend om dagelijks te worden betwist op je intenties en integriteit. Bijna elk interview kent vragen als: 'U zegt dat nu wel, maar ...', 'U zegt dat natuurlijk alleen maar om...' of: 'Eerder zei u..., nu zegt u...', die in een hoog tempo op je worden afgevuurd waarbij elke poging tot nuance leidt tot een onderbreking. Elke stelling over jezelf of je opvattingen die je probeert te nuanceren wordt vertaald als opzichtig duiken. Vraaggesprekken monden daardoor uit in een verbaal gevecht waarin je als winnaar geldt als je erin bent geslaagd de aanvallen succesvol af te weren of, nog beter, de journalist van dienst in zijn hemd te zetten. Omdat bijna elk interview ertoe dient je uitspraken te ontlokken die je niet wilde doen en je te betrappen op je ingebakken oneerlijkheid, wantrouwen politici journalisten ook. Ik laat bijvoorbeeld geen interview passeren zonder dat ik dat grondig lees en corrigeer, en voorafgaand aan gesprekken maak ik afspraken over de onderwerpen.

Op gezette tijden kom ik in opstand en geef ik, nogal ongewoon in Den Haag, tegenover journalisten ongegeneerd lucht aan mijn irritatie. Journalisten ergeren zich aan mijn kritiek op hun werkwijze die zij, zoals Max van Weezel dat kernachtig samenvat, 'lichtgeraakt' vinden. Dat klopt ook wel. Ik blijf het moeilijk vinden om onjuiste of slordige informatie over GroenLinks en mijzelf zonder protest te moeten accepteren. Ten onrechte heerst er, vind ik, in de parlementaire journalistiek een cultuur van non-interventie. Men becommentarieert elkaar niet en wenst ook niet door anderen te worden bekritiseerd. Doe je dat toch, dan word je getrakteerd op het verwijt de journalistieke onafhankelijkheid niet te respecteren of ten onrechte macht toe te dichten aan degenen die het nieuws slechts verslaan en het niet maken. Het is een journalistieke pavlovreactie die niet houdbaar is in een tijdperk waarin een pesterig vraaggesprek tussen Rutger Castricum, interviewer van het weblog GeenStijl, en PvdA-minister Ella Vogelaar dat eigenlijk nergens over gaat, bijdraagt aan haar vertrek.

De cultuur van non-interventie verhindert dat er een gesprek wordt gevoerd over de kwaliteit van de parlementaire journalistiek terwijl daar wel degelijk aanleiding toe kan zijn. Het maakt de verhouding tussen politici en journalisten scheef. Journalisten permitteren zich harde oordelen die nergens kunnen worden gecorrigeerd omdat er onder politici angst heerst om uit de gratie te raken en 'kapotgeschreven' te worden.

Van oudsher zijn parlementaire redacties gecentreerd rond ervaren journalisten die soms al decennia in Den Haag rondlopen. Hans Goslinga van *Trouw* is er één van. Ferry Mingelen van de televisierubriek *Den Haag Vandaag*, de eerdergenoemde Max van Weezel, Frits Wester van RTL *Nieuws*: zij hebben politici zien komen en gaan, alle politieke modes zien passeren, hen hoeft niets meer te worden verteld en wat resteert is een ironische, licht neerbuigende analyse van het Haagse gewoel. Door hun kennis van de historie, hun machtige netwerken en journalistieke gezag zijn zij instituten geworden: smaakmakers die de toon en het oordeel over grote politieke kwesties en politici bepalen.

Als ik in 1998 Kamerlid word bezit elke zichzelf respecterende krant en tv-rubriek behalve politieke generalisten ook departementale specialisten. Als justitie- en asielspecialist heb ik vooral contact met de journalisten die dit onderwerp voor de redactie beheren. Zij weten precies wat er speelt, kennen de agenda's van de minister, de belangrijkste ambtenaren en de Kamerleden en lezen de wetten en beleidsstukken die in de Kamer worden behandeld.

Als Geert Wilders begin 2008, bijna tien jaar later, aankondigt een documentaire over de islam te maken, is van die journalistieke specialismes niet veel meer over. Kranten en televisiezenders hebben moeten bezuinigen, waarbij politieke redacties hard zijn getroffen. De publieke weerzin tegen politiek die toeneemt na de moord op Fortuyn heeft als effect dat hoofdredacties minder plek willen inruimen voor politieke verslaggeving. Journalisten willen net als politici 'de gewone man' spreken en die vind je op straat en niet in de Haagse wandelgangen. In kranten en op televisie verschijnen minder vaak nauwkeurige weergaven van commissiedebatten over de volksgezondheid, de pensioenen of de ruimtelijke ordening. Naar verhouding komt daardoor meer nadruk te liggen op duiding van het politieke klimaat, het wel en wee van politici, de onderlinge verhoudingen en het geruzie. Journalisten staan ook onder grote druk om te scoren, zeker als door internet de omloopsnelheid van nieuws toeneemt, en zij kiezen dan voor grote stappen snel thuis. Zij proberen de extreme, onredelijke elementen van de Haagse politiek uit te vergroten, en dat botst als je als politicus daartegenover juist de redelijke nuances van je eigen standpunten wil belichten.

Onder Kamerleden leidt de oppervlakkige interesse van journalisten in hun portefeuilles tot ergernis. Onderwerpen worden onterecht genegeerd omdat ze specialistisch en technisch lijken. Dat geldt bijvoorbeeld voor de zogenaamde JBZ-raad, een terugkerend overleg in de Tweede Kamer over justitiële en asielkwesties in Europa. Jarenlang worden daar grote beslissingen genomen over bijvoorbeeld data-uitwisseling en gemeenschappelijke asielprocedures, terwijl de perstribune op een aantal onderzoeksjournalisten na leeg is. De Kamerleden met meer specialistische kennis bungelen onderaan op de jaarlijkse journalistieke lijstjes van meest geciteerde en gewaardeerde politici en dat komt ze dikwijls op spottende oordelen te staan van diezelfde journalisten.

In de fractie plagen wij Kees er bijvoorbeeld mee dat hij de meest gebelde maar een weinig geciteerde parlementariër is. Vooral als Prinsjesdag nadert spreekt Kees de ene na de andere journalist die hij geduldig informeert over de nationale begroting. Zelden leidt dat tot een interview of een beschouwing waarin Kees met naam en toenaam wordt genoemd omdat journalisten zijn informatie vooral gebruiken als eigen kennis om hun algemene politieke analyses mee te verrijken. Vaak zeggen ze er ook bij dat Kees' analyses te ingewikkeld zijn voor de gemiddelde lezer en kijker.

Nog vervelender is het als je meningen worden toegedicht die je niet hebt. Als ik boze gesprekken heb met journalisten is dat meestal omdat onze opvattingen incorrect worden weergegeven. 'Nee, GroenLinks is niet tegen economische groei', 'nee, wij vinden niet dat de staatsschuld mag oplopen' en 'nee, wij zijn niet kritiekloos pro-Europees'. Het zijn journalistieke stokpaardjes die worden gebracht als onze eigen mening en daardoor nauwelijks te bestrijden zijn. Als ik een journalist confronteer met een onjuiste weergave van onze opvattingen dan is het antwoord meestal dat hij of zij het toch echt zo begrepen heeft maar dat het mij – vanzelfsprekend – vrijstaat om op de opiniepagina zijn weergave te corrigeren. Het zijn flauwe dooddoeners die miskennen dat een neutrale, journalistieke weergave van je opvattingen voor kiezers veel geloofwaardiger is dan je eigen verkondiging ervan.

Soms raken je opvattingen ook vertekend door vooringenomenheid. In het geval van bijvoorbeeld *De Telegraaf* accepteren wij dat als een feit. Als ik aantreed als fractievoorzitter word ik een keer uitgenodigd voor een lunch met de parlementaire redactie van *De Telegraaf*. Dat gebeurt weliswaar met gezonde tegenzin maar, zoals politiek redacteur Paul Jansen meldt, ze ontmoeten alle andere fractievoorzitters en willen mij niet op voorhand uitsluiten. Als ik vertel over mijn opvattingen en plannen maakt zich van de mannen aan tafel enig ongeloof meester. Hun comfortabele vooroordeel is dat ik een ultralinkse bende leid en ze willen liever de werkelijkheid naar hun mening zetten dan deze bij te stellen. Tot hun schrik stellen zij vast dat ik niet onredelijk ben. Al tijdens de lunch laten zij mij weten dat hun lezers verwachten dat GroenLinks wordt geridiculiseerd en – 'dan mag ik wel een leuke vrouw zijn' – dat hun lezers heilig zijn. Paul Jansen vertelt mij lachend dat men zich bij *De Telegraaf* ermee vermaakt om bij elk artikel waarin GroenLinks voorkomt – wat overigens zoveel mogelijk wordt gemeden – de allerlelijkste foto van mij te plaatsen. Op mijn beurt vertel ik iedereen die het wil horen dat *De Telegraaf* zegge en schrijve één keer een feitelijk en juist bericht over mij heeft geplaatst en dat was toen ik een tweeling baarde.

Een enkele keer lever ik zelf de negatieve berichtgeving op een presenteerblad aan. Dat is het geval met de vijfentwintig jaar oude Mercedes van Robert. Ik heb geprobeerd de aankoop ervan tegen te houden, wetende dat dit tot commentaar leidt waar ik heel weinig zin in heb. Robert vindt dat ik hem zijn liefhebberijen moet gunnen en me niet heb te bemoeien met zijn aankopen. We sluiten een compromis. Er komt een gastank in de auto en Robert koopt hem zo discreet mogelijk. Via internet vindt hij een handelaar ergens in Gelderland die hij aardig vindt. Hij vertrouwt de man toe dat het gevoelig ligt, dat ik zijn partner ben en in politieke problemen kan raken door de aanschaf van een weliswaar beeldschone, maar ook oude Mercedes.

De dag nadat Robert de auto heeft betaald, nog voordat hij hem heeft opgehaald, verschijnt er een groot stuk in *De Telegraaf*. Met een aankondiging op de eerste bladzijde van de krant is de handelaar erin geslaagd om een hele pagina in het goed gelezen autokatern te vullen met gratis reclame voor zijn Mercedessen. Onze nieuwe auto staat er met kleurrijke foto's in, de bekleding, de buitenspiegels, mistlampen en centrale portiervergrendeling, alles is gefotografeerd en beschreven. 'Oude liefde roest niet' is de treiterige kop boven het stuk en uit alles blijkt, zoals de handelaar de auto aanprijst, dat het 'een juweeltje' is. Op internet ben ik daarna, en jaren aanhoudend, de risee. Halsema's 'stinkdiesel' – de incorrecte maar ronkende bijnaam die de auto krijgt – is voor iedereen die nog wat met me af te rekenen heeft ook te mooi om waar te zijn.

Bij andere media is de afkeer subtieler dan bij *De Telegraaf*. Zo krijg ik bij *Trouw* in de loop van de jaren een slechtere pers. Als ik net Kamerlid ben word ik door Hans Goslinga in zijn vaste politieke column bewierookt als 'een leeuw tussen lammeren' omdat ik de vrijheid van meningsuiting van de christelijke conservatief Leen van Dijke heb verdedigd. Als ik een aantal jaren later de omstreden cartoonist Gregorius Nekschot verdedig, vindt hij dat ik de 'persvrijheid span voor het karretje van de libertijnse jihad'. Nu is een politieke commentator vanzelfsprekend meer vrijheid gegund dan een verslaggever, maar in Den Haag lopen deze professies vaak naadloos in elkaar over of bevinden beide zich zelfs in dezelfde hand. Bij *Trouw*, zoals bij veel media, opereren de journalisten als een blok dat samen de kleur en de toon van de politieke berichtgeving bepaalt. Als na een paar jaar fractievoorzitterschap duidelijker wordt dat in mijn opvattingen individualisering en vrijheid centraal staan, en veel minder de gemeenschapszin waaraan de christelijke krant hecht, verschijnen er vaker negatieve analyses en wordt er meer ruimte gemaakt voor de critici van mijn koers. Dat leidt tot verkilling in de onderlinge verhoudingen. De *Trouw*-journalisten laten er geen misverstand over bestaan dat ik niet alleen te liberaal ben in mijn opvattingen maar me ook te veel verwijder van de sociaalchristelijke coalitie met het CDA waarvan zij een groot voorstander zijn.

Omgekeerd gebeurt het overigens ook: journalisten die geleidelijk hun negatieve oordeel over GroenLinks en mij bijstellen en een gunstiger beeld schetsen. Soms is dat omdat zij de kwaliteit van het parlementaire werk van GroenLinks erkennen, vaker ontdekken zij dat onze opvatting past bij de kleur van de krant of de rubriek of – heel simpel – hen persoonlijk meer aanstaat.

Of journalisten me nu goed of slecht gezind zijn, omdat er een dominant beeld is van GroenLinks en mij moet ik hen altijd proberen te overtuigen dat ik anders, interessanter, redelijker en vooral minder politiek correct ben dan ze denken en opschrijven. Vooral dit laatste vooroordeel speelt mij parten in de omgang met media. Zoals Van Weezel heel terecht opmerkt, zijn journalisten zelf als de dood dat iemand hen voor politiek correct of 'linkse kerk' uitmaakt. Daarbij houdt met name Geert Wilders dat verwijt aan journalisten levend door om de haverklap erover te klagen dat hij wordt genegeerd en zwartgemaakt door de linkse media. Met die klacht weet hij zich te verzekeren van het tegenovergestelde: een niet-aflatende stroom van overwegend gunstige berichten over zijn debatkwaliteiten, helderheid en provocaties. Op het verwijt van mij en andere politici dat Wilders wordt overbelicht reageren journalisten meestal afwerend en geërgerd. 'Zorg maar dat je een beter weerwoord hebt', 'dat je net zo luid klinkt als hij' en 'net zo het debat weet te beheersen' luidt het antwoord. Hoe logisch de jij-bak misschien ook klinkt, als politieke tegenstander van Wilders bevind je je in een catch 22: een paradoxale situatie waaruit je onmogelijk kunt ontsnappen.

In kranten en op televisie roepen commentatoren en brievenschrijvers je op om hem met gelijke munt te betalen, om even scherp, hard en nietsontziend te oordelen als Wilders. Als je het niet aandurft het beestje bij de naam te noemen, waarmee wordt bedoeld hem voor 'racist' uit te maken, dan ben je slap. Ik vind het heel onverstandig om tegenover de verwijten extreemlinks, een handlanger van Pol Pot, laf en knettergek te zijn spiegelbeeldige aantijgingen te plaatsen. Bij een verwijt van racisme of xenofobie kaatst Wilders terug dat hij wordt 'gedemoniseerd'. Met de moord op Fortuyn die deze term muntte nog vers in het geheugen, vormt dat een groot afbreukrisico. Bovendien schiet je je doel voorbij, zoals Tofik Dibi ondervindt als hij Wilders in 2006 een 'racist' noemt, omdat je zelf in opspraak raakt. In dit geval eist Wilders excuses van mij als leider van Dibi en moet ik wekenlang aan journalisten uitleggen waarom ik dat pertinent weiger.

Het is voor mij ook een principiële keuze om tegenstanders niet te diskwalificeren maar te willen verslaan met inhoudelijke argumenten. Ik weiger op dezelfde hoge toon Wilders te vernederen. Zoals ik eind februari 2008 schrijf op mijn weblog nadat Wilders en Marijnissen elkaar van alles hebben toegeschreeuwd: 'Je oogst wat je zaait. Mensen kijken naar ons, parlementariërs. Ze projecteren hun verlangens en idealen op ons en verwachten dat wij kunnen helpen hun dagelijkse problemen op te lossen. Als mensen woedend met de rug naar elkaar toe staan, zoals in het debat over de islam te veel het geval is, dan helpt het niet als wij dat ook doen. Dan kan het erger worden. Juist als de problemen groot zijn en de tegenstellingen onverzoenlijk, komt het op een democratische houding aan. Als extremisme (links, rechts of religieus) de bedreiging is waaraan we blootstaan, dan moeten rede en redelijkheid het antwoord zijn.'

Maar het is onbegonnen werk om met Wilders feitelijk en wellevend van mening te verschillen. Elke poging tot een inhoudelijk debat wordt weggehoond met opmerkingen als: 'Ik heb me tegenover u niet te verantwoorden', 'Het kan me niet schelen hoe u erover denkt', 'U kletst uit uw nek', enzovoort. Als je er wel een keer in slaagt om samen met anderen Wilders te dwingen tot inhoudelijke beantwoording van vragen, komt dat je in de publieke opinie, nagalmend in de pers, op het verwijt te staan dat het establishment, de zo verfoeide elite, zich keert tegen de eenzame, bedreigde buitenstaander Wilders.

Een debat met Wilders valt met andere woorden in het journalistieke en publieke oordeel vrijwel altijd ten gunste van hemzelf uit. En aangezien elk debat wordt teruggebracht tot een journalistiek scorebord van winnaars en verliezers, wordt Wilders al snel de ongeslagen debatkampioen. Als Wilders eenmaal als leider van de PVV zitting in de Kamer heeft genomen en duidelijk wordt hoe provocatief en hard hij wil opereren, spreek ik in de fractie een strategie af. Wij zijn het er als eerste onderling over eens dat wij altijd zijn vrijheid van meningsuiting verdedigen, hoe akelig wij het ook vinden wat hij zegt. Dat is een principiële, maar ook een strategische keuze. Om als zijn tegenstanders geloofwaardig te zijn mag ons namelijk nooit worden verweten dat wij hem ondertussen de mond willen snoeren. Als Wilders eind 2007 aankondigt met een film te komen over de islam, getiteld *Fitna*, doe ik er dan ook het zwijgen toe. Ik ga geen film veroordelen die ik niet ken, dat neigt naar censuur. Daarna zet ik me namens de fractie actief in voor vertoning van de film.

In de maanden tussen de eerste aankondiging en de uiteindelijke uitzending eind maart 2008 ontstaat een broeierige en agressieve atmosfeer. Buitenlandse mogendheden zoals Iran dreigen met gevolgen voor Nederland. Premier Balkenende voedt de internationale spanning door te spreken van een 'forse crisissituatie', net als Wilders zelf die reclame maakt met slogans over 'de fascistische islam' en 'de zieke ideologie van Mohammed' die is opgeschreven in 'de islamitische *Mein Kampf*'. Ruim voor vertoning is de polarisatie al zo groot dat niemand de film nog durft uit te zenden, zeker als het gerucht gaat rondzingen dat Wilders in *Fitna* een Koran laat verscheuren. Ik stel demonstratief voor om *Fitna* dan in de Tweede Kamer te vertonen, de plek waar een politicus zich altijd vrij moet kunnen uiten. Dat voorstel wimpelt Wilders onmiddellijk af, zoals hij ook altijd verstoord reageert als ik zijn vrije woord verdedig.

Als tweede spreken wij in de fractie af om het debat met hem zo feitelijk mogelijk te houden en grote woorden te mijden, ongeacht of het indruk op hem maakt. We beargumenteren en we diskwalificeren niet. Die koers kiezen wij ook in het *Fitna*-debat dat na verschijning van de film plaatsvindt. De film is een anticlimax na de aankondigingen van Wilders en het internationale rumoer. Er is alleen bestaand videomateriaal achter elkaar gemonteerd van gruwelijke terreuraanslagen en misdrijven gepleegd door islamitische staten, afgewisseld met statistieken en citaten uit de Koran. Voorafgaand aan het debat presenteer ik een notitie, speciaal voor journalisten gemaakt, die *Fitna en de feiten* heet. Daarin heb ik samen met medewerkers zoveel mogelijk feiten over de islam onder elkaar gezet, samen met de vindplaatsen in wetenschappelijke literatuur. Wij proberen daarmee feitelijke correcties aan te brengen op de angstbeelden van Wilders. Tot mijn frustratie worden de door ons geleverde feiten – bijvoorbeeld dat de werkelijke toename van moslims in Europa veel lager ligt omdat Wilders onterecht Rusland meerekent – volledig genegeerd.

Tijdens dit eerste grote debat met Wilders over de islam markeer ik onze positie. Ik open ermee dat 'niemand het zich kan veroorloven om de gewelddadige, radicale islam te negeren. Extremisten maken veel slachtoffers onder niet-moslims én moslims. Onmiskenbaar beïnvloedt gewelddadig extremisme de acceptatie van immigranten en hun integratie in Nederland negatief. We zien dat ook terug in polarisatie, toenemend radicalisme én racistische incidenten.' En ik benadruk dat 'tegenstellingen niet verminderen doordat politici ze doodzwijgen'. Maar, zeg ik ook, de dreiging van extremisme en terreur is zo ernstig dat je je niet kan permitteren om je bondgenoten van je te vervreemden, en daartoe behoren alle gematigde moslims die zelf slachtoffer worden van terreur en mensenrechtenschendingen. 'U staat op een kruispunt,' eindig ik mijn betoog: 'Volhardt u in uw heilloze monoloog van vijandschap met alle moslims, van polarisatie en vervreemding? Maar dan stuurt u ook uw eigen achterban de woestijn in omdat oplossingen voor de vermindering van islamitische terreur uitblijven. U kunt ook uw eigen woorden waarmaken: namelijk dat het u gaat om extremisme en niet om moslims. Dan vindt u bondgenoten – ook bij ons – en dan kunt u politiek effectief zijn. Ik doe een indringend beroep op u om deze tweede weg te kiezen. U weet, tot slot, dat ik en GroenLinks uw recht op het vrije woord altijd verdedigen, ook als uw uitspraken ons pijn doen. Nu wil ik u vragen om de deugd te beoefenen van het geven van een inhoudelijk antwoord en het voeren van een open debat.'

Wilders' antwoord op mijn verzoek is even kort als helder: 'Vergeet het maar!'

De uitkomst van het debat is dezelfde als de vele die er nog met Wilders volgen. In de analyses luidt het dat Wilders het debat domineert en dat wordt nog eens bevestigd in onderzoek naar de kranten in diezelfde periode. Alleen al in *de Volkskrant* verschijnen er in de ruim vier maanden tussen aankondiging en verschijning van de film bijna 1300 artikelen over hem. In diezelfde periode stelt politicoloog André Krouwel vast dat Wilders alle politieke berichtgeving op de voorpagina's van de kranten overheerst. Terwijl Wilders in meer dan 40% van de berichten voorkomt haal ik een schamele 1,1%. 'Halsema haalt Wilders nooit meer in,' zegt Krouwel. En hij concludeert dat zelfs als het om anti-Wilders-artikelen zou gaan, journalisten toch voorrang geven aan zijn thema's en burgers daarmee vertellen dat deze het belangrijkste zijn: 'Journalisten vormen geen linkse kerk, zoals Wilders graag stelt, maar eerder een rechtse kerk.'

Hoewel er een afspraak in de fractie ligt om zo feitelijk en inhoudelijk mogelijk met Wilders van mening te verschillen, lukt dat lang niet altijd. Soms zijn de opmerkingen zo grof dat emoties het overnemen. In een tirade over het morele verval van de elites gebruikt hij bijvoorbeeld een Nederlandse journaliste die net is vrijgelaten nadat ze was ontvoerd in Afghanistan. Zij heeft bekendgemaakt dat zij is verkracht door haar ontvoerders, maar zegt desondanks enig begrip te hebben voor talibanstrijders. Zij lijdt, volgens Wilders, net als al die 'subsidieslurpers' aan het stockholmsyndroom. Zoals hij deze vrouw gebruikt en na een verkrachting nog eens publiekelijk vernedert maakt mij woedend. Ik storm op de interruptiemicrofoon af en zeg zonder er verder over na te denken: 'U kent geen enkele ethische begrenzing, het stuit me tegen de borst dat u het verhaal van deze vrouw gebruikt voor uw eigen arbitraire gelijk. Schaam u!' Wilders' enige, platte antwoord is: 'Voor nog geen millimeter.'

De emoties worden ook te sterk als hij een voorstel doet voor een 'kopvoddentaks', een hoofddoekjesbelasting voor islamitische vrouwen. Het is, betoogt hij, tijd voor 'een grote schoonmaak van onze straten: een beter milieu begint bij jezelf, dit is vervuiling van de publieke ruimte.' Deze keer reageer ik niet impulsief, in eerste instantie wil ik de uitspraken zelfs negeren omdat ik ze te schunnig vind. Maar als ik me omkeer naar mijn fractiegenoten voor ruggespraak zie ik dat mijn collega Naïma Azough tranen in de ogen heeft. Ze zegt: 'Dit gaat over mijn moeder.' Dan sta ik op, loop naar voren en zeg dat hij geen haar beter is dan de Iraanse heersers die hij zegt te bestrijden: 'Daar worden vrouwen gedwongen om een hoofddoek om te doen, u dwingt ze om ze af te doen. Wat u wil is zedenpolitie.'

Beide harde uitvallen worden uitgebreid beschreven en getoond in de media. Alleen bevestigt alle persaandacht nog eens de dominantie van Wilders en de machteloze woede van diens tegenstanders die 'te hoop lopen' en 'nul op rekest' krijgen zoals journalisten niet moe worden te herhalen. De eigen, meer genuanceerde opvattingen halen de eindstreep van de journalistieke analyse niet, wat de gedachte bij lezers en kijkers voedt dat de tegenstanders niet verder komen dan verontwaardigd zeuren over de toon terwijl de problemen onbesproken blijven. Na elk hard debat, zelfs als Wilders in de Kamer met zijn mond vol tanden heeft gestaan, stijgt het aantal zetels voor de PVV in de peilingen. Vlak nadat ik het voor de verkrachte journaliste heb opgenomen, word ik tijdens een werkbezoek aan Almere aangesproken door woedende inwoners die het kwalijk vinden dat ik tekeerga tegen Wilders terwijl hij al zo wordt bedreigd.

Ondanks de fixatie op de PVV en Geert Wilders in de media en in het publieke debat beginnen het algemene beeld en de electorale omstandigheden van GroenLinks en mij te veranderen. Dat komt niet in de laatste plaats omdat ik me los weet te maken uit de beklemming van de parlementaire pers. Vanaf begin 2008 heb ik een weblog waarop ik een paar maal per week mijn gedachten, commentaar op Haagse gebeurtenissen en ditjes en datjes kwijt kan. Later komt daar Twitter bij. Het schrijven zelf vind ik leuk en, belangrijker dan dat, het geeft mij de mogelijkheid om me rechtstreeks, zonder journalistieke inmenging of duiding, tot grote groepen kiezers te wenden. Op mijn blog, en later op Twitter, beschrijf ik van welke films ik houd, wat ik heb gelezen en wat me bezighoudt in het internationale nieuws. Ik kan er heel rechtstreeks met mensen in discussie die het met me oneens zijn. Daarmee kan ik zichtbaar maken dat ik niet pas in het eendimensionale beeld van de gefronst kijkende politicus aan de interruptiemicrofoon dat een paar seconden op het late journaal is te zien, maar dat ik vaak twijfel, me weleens vergis en me ongemakkelijk voel bij het publieke beeld dat er van mij bestaat. Ik kan rechtstreeks onjuiste informatie in krantenartikelen corrigeren en ik kan eigen nieuws lanceren dat door parlementaire journalisten is afgewezen omdat GroenLinks te klein is of omdat het niet past in de eigen journalistieke agenda.

Op televisie neemt het aantal talkshows toe en ik word daar een graag geziene gast. Voor de redacties ben ik een van de weinige geopinieerde vrouwen die zij kennen en die bereid is om over heel verschillende onderwerpen te praten. Anders dan in de meeste journalistieke reportages worden mijn uitspraken niet ingekort of geïnterpreteerd maar heb ik zelf de regie over de beeldvorming.

Ongeveer tegelijkertijd wordt 'shockblog' GeenStijl een belangrijke factor in Den Haag als interviewer Rutger Castricum er met een camera verschijnt. Afkomstig uit de stal van *De Telegraaf* laat GeenStijl geen gelegenheid onbenut om GroenLinks en mij belachelijk te maken. Zeker in de beginperiode als ik te boek kom te staan als 'Femke kaakklem', 'Femster' en 'La Halsema' en GroenLinks synoniem is aan 'Lekker lauwe granenkoffie en zuurdesembroodjes met eko-kaas van vrije uitloop-koeien' is het meer cabaret dan vernietigend commentaar.

Ik gedij goed op de harde, openlijk bevooroordeelde vragen waarmee Rutger Castricum me tegemoet treedt. Anders dan bijvoorbeeld bij de *Trouw*-journalisten waar de vooroordelen bedekt blijven onder een dun vernis van journalistieke onafhankelijkheid maakt hij er helemaal geen geheim van niks met GroenLinks op te hebben. Mij biedt dat ruimte om clichébeelden te bestrijden. Op zijn beurt accepteert hij ook dat hij niet zo serieus wordt genomen. Als hij me bijvoorbeeld komt interviewen over de Europese Unie, zeg ik tegen hem: 'Rutger, daar heb je geen biet verstand van en het interesseert je ook niet, dus zullen we dat maar overslaan?' Daar gaat hij dan meestal mee akkoord om me daarna goedgehumeurd te treiteren. Of zoals hijzelf het wonderlijke contact samenvat: 'Femke Halsema is altijd lekker ad rem. Ik kan daar erg om lachen. Op Prinsjesdag vroeg ik: "Hoe vind je dat nou, dat ik hier achter dat hek sta?" Ze zei: "Ik vind eigenlijk dat jij permanent zo'n hek bij je moet hebben." Dat vind ik heel grappig.'

Nu er meer openingen voor mij zijn om me zelfstandig, zonder eerst geduid te worden, te mengen in het publieke debat, neemt mijn angst voor de negatieve oordelen van parlementair journalisten af. GroenLinks komt in veiliger vaarwater. De fractie is stabiel en in de peilingen staan we voor het eerst in een lange periode op winst. De partij is op orde en de periode van incidenten met disfunctionerende politici lijkt achter de rug. In 2007 dreigt er even een affaire rond Mariko Peters te ontstaan als Harm Ede Botje, een journalist van *Vrij Nederland*, beweert informatie over belangenverstrengeling te hebben. Een aantal jaren eerder heeft zij namelijk als diplomate in Afghanistan advies uitgebracht aan het Prins Claus Fonds over een subsidie aan de man met wie zij daarna is getrouwd. Onduidelijk is of er al verliefdheid is als zij positief adviseert of dat deze later begint. Er zijn ook schimmige berichten over een boze ex-vrouw die vooral via extreemrechtse sites belastende informatie over Mariko's man verspreidt. Op verzoek van *Vrij Nederland* en GroenLinks zoekt het ministerie van Buitenlandse Zaken uit of er inderdaad wat aan de hand is. Als het ministerie concludeert dat van belangenverstrengeling geen sprake is, ziet *Vrij Nederland* af van publicatie en begraaf ik de kwestie. Daarna kan ik, denk ik, niet meer worden overvallen door incidenten. De enige die nog een verleden heeft dat weleens tot discussie leidt is de voormalige activist Wijnand Duyvendak, maar alle kwesties uit zijn verleden zijn genoegzaam en allang bekend en door twee opeenvolgende selectiecommissies getoetst. Ik ben er dan ook niet echt op bedacht als er in de zomer van 2008 een rel in de media losbreekt.

Voor Wijnand is het boek dat hij schrijft, *Klimaatactivist in de politiek*, belangrijk. Hij wil ermee laten zien dat hij sinds zijn wilde jaren als twintiger is veranderd in een bedachtzame politicus, zoals GroenLinks in dezelfde periode evolueerde van een partij van boze 'aksievoerders' tot redelijke, oplossingen zoekende politici. Samen met het boek dat ik aan het schrijven ben over een duurzame economie hopen we milieu en klimaatpolitiek uit de hoek van de goed bedoelende moralisten en dogmatische activisten te kunnen trekken. Wijnand heeft nooit erg geheimzinnig gedaan over zijn actieverleden. Op de site van de Kamer staat dat hij in de jaren tachtig actief was in de kraakbeweging en de antimilitaristische groep Onkruit. Hij was redacteur van weekblad *Bluf!*, het huisorgaan van actievoerend Nederland, medewerker van het comité Shell uit Zuid-Afrika en redacteur bij uitgeverij Ravijn. In 1984 werd hij veroordeeld tot een gevangenisstraf van zestig dagen vanwege een inbraak in een militair complex in Dordrecht. Bij zijn aantreden als Kamerlid in 2002 kreeg dit enige media-aandacht zonder dat het tot werkelijk nieuws leidde. Ik kan me dan ook niet voorstellen dat dit nog een kwestie wordt. Zijn activisme is inmiddels vijfentwintig jaar geleden, vond plaats in een andere tijd, en er is nooit enig bewijs geweest voor het gebruik van geweld.

In het voorjaar van 2008, als hij mij de eerste hoofdstukken laat lezen, hebben wij wel woorden over zijn boek. Zelf heb ik in de jaren tachtig geen andere actie-ervaring opgedaan dan in een enkele studentendemonstratie, waar ik bij de eerste dreiging van geweld een veilig café in ben gedoken. Ik heb moeite me te verplaatsen in de woede en de scherpslijperij van de activisten van destijds en vind dat Wijnand in de beschrijving ervan veel te weinig afstand neemt. Ik houd hem voor dat als ik al moeite heb om begrip op te brengen, de reactie van lezers die weinig ophebben met GroenLinks veel negatiever zal zijn. Hij geeft zich te weinig rekenschap van de veranderde tijd waarin links activisme allang niet meer romantisch en dapper wordt gevonden maar in verband wordt gebracht met bijvoorbeeld de moordenaar van Fortuyn. Nu hij zijn verleden oprakelt zal hij, zeg ik tegen hem, zich werkelijk moeten verantwoorden voor zijn wetsovertredingen als hij steun wil vinden voor zijn opvattingen nu.

Wijnand heeft daar moeite mee. Hij begrijpt mijn zorgen maar wil ook niet doorschieten in een legalistische opvatting waarin burgerlijke ongehoorzaamheid onder geen enkele omstandigheid wordt getolereerd. Ik waarschuw hem dat hij zichzelf en GroenLinks kan beschadigen. Uiteindelijk belooft hij mijn waarschuwing ter harte te nemen. In de maanden erna wordt er weinig aandacht aan het boek besteed. Wijnand werkt in stilte en de uitgever en zijn persvoorlichter lezen mee.

De ochtend nadat ik laat van vakantie ben thuisgekomen, belt Tom mij dat er commotie is over een persbericht dat Wijnand en zijn persvoorlichter een dag eerder, op 5 augustus 2008, de deur hebben uitgedaan. Ik ben verbaasd dat dit buiten mij om is gebeurd en schrik me een ongeluk als ik het bewuste persbericht, een aankondiging van zijn boekpresentatie, lees. Daarin meldt Wijnand dat zijn 'eerste milieuactie vlak bij het Binnenhof uit 1985 stamt en een inbraak was in het ministerie van Economische Zaken'. 'De buitgemaakte plannen voor nieuwe kerncentrales sloegen in als een bom,' vervolgt hij. 'Minister Van Aardenne kwam in het nauw; de actie was een groot succes. Niemand heeft ooit geweten wie er in deze actiegroep zaten.'

'Sloegen in als een bom' en 'een groot succes' zijn niet de woorden van een reflectieve parlementariër die achteraf verantwoording aflegt maar die van een triomfantelijke activist. En dat is niet het enige. De partijvoorzitter laat de pers meteen weten dat Duyvendak in zijn gesprek met de selectiecommissie in 2002 volledige openheid van zaken heeft gegeven, waardoor 'het nieuws over de inbraak geen verrassing is'. Dat is het wel voor mij. Ik weet alleen van de inbraak waarvoor hij heeft gezeten en die publiek bekend is. Dat hij betrokken was bij nóg een inbraak nadat hij zijn straf heeft uitgezeten, is voor mij nieuws. En dat Wijnand ondanks mijn waarschuwing en zonder mij erin te kennen dit als opgewekt nieuws naar buiten brengt, maakt dat ik trillend van woede met Tom aan de telefoon zit.

Alle inspanningen om GroenLinks redelijk en geloofwaardig te maken, ook voor gematigde en jonge kiezers die geen wortels hebben in de actiebewegingen van de jaren zeventig en tachtig lijken op slag vergeefs. Zoals ik weet van de eerdere grote affaire die ik van dichtbij meemaakte – de ingebeelde ziekte van Tara Singh Varma – kleeft slecht nieuws vele malen sterker en langer aan ons dan alle gunstige berichten die ik over GroenLinks de wereld in slinger. En ik weet ook dat in de zomer, in 'komkommertijd', als parlementair journalisten smachten naar Haagse nieuwtjes, dit soort berichten zich razendsnel, verspreiden. Niet alleen vind ik dat GroenLinks hiermee een klap wordt toegebracht, ik word er persoonlijk ook moedeloos van. Na jaren te hebben gevochten tegen verdachtmakingen van extremisme en illegaliteit, nu wij ons als partij juist hebben bevrijd uit de polarisatie die na de moord op Fortuyn ontstond, heb ik het gevoel dat ik opnieuw het moeras van vuile insinuaties word ingezogen. En dat wil ik per se niet.

Wijnand is ook geschrokken door de reacties op het persbericht en noemt dat in een publieke verklaring meteen dom en naïef. Hij betreurt het, zegt hij, dat het nieuws over de inbraak zo naar buiten is gekomen omdat hij er in zijn boek juist afstand van neemt. Wijnand hoopt dat het rumoer na zijn verklaring beperkt blijft tot de 'rechtse' media, *De Telegraaf* en *Elsevier*. Ook dat is naïef. Het ANP-bericht dat over het incident wordt gemaakt, verschijnt op de sites van alle kranten en bij een gebrek aan nieuws beginnen journalisten achtergrondmateriaal te verzamelen en kondigen zij aan in de weekendbijlages en de daaropvolgende week uitgebreide artikelen te plaatsen. Na een dag de aanzwellende persaandacht te hebben aangezien zet ik Wijnand onder druk om luid en duidelijk afstand te nemen van de inbraak: beklemtonen dat het persbericht dom was is niet genoeg. Met moeite laat Wijnand zich overhalen. Hij vindt dat ik de kwestie te zwaar opneem en moet wachten tot het overwaait. Ik houd voet bij stuk en 's avonds zit Wijnand bij Clairy Polak in de studio van NOVA. Dat interview gaat niet goed. Even scheutig als hij is in zijn berouw over de onverstandige communicatie, zo zuinig is hij in de erkenning dat inbreken op een ministerie onacceptabel is. Hij vindt wel dat zijn geloofwaardigheid een deuk heeft opgelopen maar laat er onduidelijkheid over bestaan waardoor dat nu eigenlijk komt. De dag na zijn televisieoptreden staat de telefoon roodgloeiend. Vrijelijk speculeren journalisten over zijn vertrek en delen mij mee dat hij onhoudbaar is. Er wordt een nieuw element toegevoegd aan de vragen en dat is of ik eigenlijk wel regie heb als het zo lang duurt voordat ik een oordeel vel. Omdat de meeste journalisten op dat moment weinig anders hebben te doen dan deze kwestie volgen, klinkt het verwijt van 'traagheid' elk uur scherper, alsof met de bedenktijd van een paar dagen GroenLinks kapseist en zinkt.

De dag erna daagt bij Wijnand dat er in de pers en op internet, waar zich inmiddels een leger van schreeuwers heeft verzameld, geen vergevingsgezindheid bestaat over een inbraak die vijfentwintig jaar eerder om politieke en ideëele redenen is gepleegd. Misschien dat er in kringen van voormalige krakers en activisten sentimenteel en trots herinneringen worden opgehaald aan hun vroegere 'ongehoorzaamheid', daarbuiten bestaat er geen begrip. Het is onmogelijk om zijn vrienden van weleer in hun opvatting van burgerlijke ongehoorzaamheid trouw te blijven en tegelijkertijd de woedende, berouw eisende meute van het lijf te houden. De 'affaire-Duyvendak' zoals die inmiddels heet, biedt een groot gezelschap gelegenheid om voor eens en voor altijd af te rekenen met links activisme, variërend van voormalige linkse maar inmiddels conservatief geworden actievoerders, fortuynisten tot rechtse houwdegens die er destijds al korte metten mee wilden maken. In de stille augustusmaand is het voor elke verveelde journalist en blogger op zoek naar nieuws ook een heerlijke rel.

We overleggen bij hem thuis. Ik zeg dat hij mij ruimte moet geven om GroenLinks te beschermen tegen de herrie die om hem heen ontstaat. Persoonlijk heb ik er ook behoefte aan om publiekelijk afstand van hem te kunnen nemen. Ik voel me bedonderd omdat ik niet van de inbraak wist en luid en duidelijk heb gewaarschuwd voor de situatie die nu ontstaat. En ik ben ook nijdig omdat de harde reacties, het gesar en de bloeddorst van steeds meer journalisten mij dwingen om juist voor Wijnand op te komen. Van de affaire rond Tara Singh Varma heb ik geleerd dat je de regie niet moet overlaten aan journalisten maar zelf snel en beslist moet handelen. Diezelfde avond geef ik op het NOS-journaal Wijnand een publieke reprimande. Met zijn betrokkenheid bij de inbraak in 1985, zeg ik, 'brengt hij GroenLinks schade toe'. Deze is 'moreel en politiek verwerpelijk'. Wijnand kan aanblijven als Kamerlid maar hij moet de 'deuk in zijn geloofwaardigheid', zoals hij deze zelf noemt, repareren.

Mijn verklaring brengt niet de gehoopte rust. In de dagen erna verandert de verontwaardiging over zijn bekentenis in gekte. GeenStijl doet de handschoenen uit en besteedt gemiddeld twee artikelen per dag aan Duyvendak waarin 'de Andreas Baader van GroenLinks', 'de Karadzić van extreemlinks' en 'terrorist' tot de mildere omschrijvingen horen. *De Telegraaf* graaft oude verdachtmakingen over Wijnands betrokkenheid bij aanslagen van de terreurgroep RaRa op en publiceert deze zonder een spoor van bewijs en zonder wederhoor te plegen. Op de internetfora regent het bedreigingen. In een paar dagen tijd verandert Wijnand in de beeldvorming van een voormalige en niet heel opvallende actievoerder die zich niet erg handig heeft verantwoord in een nationale bedreiging en in een symbool voor de verrotte staat van links. Het meest opvallend is dat de aanvallen zich niet beperken tot de rechtse pers. Ook in *de Volkskrant* wordt er ongemeen hard geoordeeld. Columnist Hans Wansink noemt Wijnand 'de Gerry

Adams van de milieubeweging' en in het hoofdredactioneel commentaar op dezelfde dag wordt GroenLinks, onder verwijzing naar Farah Karimi en Sam Pormes, 'een reclasseringsinstelling voor politieke delinquenten' genoemd.

Ondertussen hebben zich ook GroenLinksers geroerd die kwaad zijn over mijn verklaring in het NOS-journaal. 'Paniekerig' noemt Europarlementariër Joost Lagendijk die: 'Tig GroenLinksers hebben weleens ingebroken.' Andere oud-krakers en activisten vallen Wijnand aan en noemen hem laf omdat hij de actiemethoden van toen afwijst. De zogenaamde steunbetuigingen aan zijn actieverleden helpen GroenLinks noch Wijnand. Deze bevestigen nog eens, zoals brievenschrijvers in kranten en op internetfora betogen, dat GroenLinks een dubbele standaard hanteert voor haar eigen en andermans wetsovertredingen. Wel heeft mijn verklaring geholpen om een scheiding aan te brengen tussen de 'oude' activisten en het moderne GroenLinks waarbij ik moet 'laveren tussen rebellen en rechtsstaat', zoals *de Volkskrant* het analyseert.

Inmiddels is er een week verstreken sinds Wijnand zijn persbericht verstuurde en bevinden wij ons in het oog van een orkaan die zijn grootste kracht nog moet bereiken. Juist op het moment dat wij hopen dat de aandacht verslapt, verschijnt in NRC *Handelsblad* een brief van een oud-ambtenaar van het ministerie van Economische Zaken waar Wijnands inbraak plaatsvond. Al eerder zijn er verwijten geuit over de publicatie van namen en adressen van betrokken ambtenaren in het tijdschrift *Bluf!* met de oproep hun rust te verstoren maar deze lijken Wijnand niet te beschadigen. Totdat deze oud ambtenaar, George Verberg, schrijft: 'U heeft succes gehad met uw oproep tot het terroriseren. In mijn toenmalige woonhuis is een poging tot brandstichting gedaan door in petroleum gedrenkte en in brand gestoken lappen door de brievenbussleuf in mijn voordeur te duwen. Gelukkig hadden we een plavuizenvloer.' Omdat Wijnand de brief heeft kunnen inzien voor publicatie heeft hij al een spijtbetuiging verzonden aan de heer Verberg en aan de krant voordat deze bij lezers op de mat valt. Hoewel hij zich erg schaamt voor de pijn die hij heeft veroorzaakt hoopt hij dat het excuus volstaat en hij door kan als Kamerlid.

Tot dan toe ben ik geneigd om, onder verwijzing naar de veranderde tijd en de publieke verantwoording, Wijnand te blijven steunen. Maar de brief, de intimidatie van destijds en het leed dat ermee is berokkend, doen voor mij de deur dicht. Dezelfde middag dat de krant verschijnt treffen Wijnand, Kees en ik elkaar bij Tom thuis. Het is een emotioneel gesprek. Wijnand verzet zich. 'Het is lang geleden,' zegt hij, 'dit heb ik helemaal niet bedoeld. Ik heb ook niet tot brandstichting opgeroepen.' Hij wil het kunnen repareren met zijn werk in de Kamer, zegt hij. 'De Kamer is geen plek voor persoonlijke genoegdoening,' antwoord ik. Het gesprek stokt, het hoge woord is er niet uit, we kijken elkaar aan. Dan zeg ik: 'Wijnand, als jij besluit te blijven dan zal ik je steunen, maar ik vind dat je weg moet gaan. Ik denk dat je onder het vergrootglas van de media geen kans hebt om je te herstellen en ik denk dat je GroenLinks in je val meesleurt. Dat kan ik niet accepteren.' Wijnand kijkt voor zich uit. Het blijft stil. Dan zegt hij: 'Ik wil het thuis kunnen bespreken.' Een paar uur later belt hij en deelt me mee dat hij uit eigen beweging zal vertrekken en vraagt me om die uitleg te steunen. Ik ben somber door de afloop maar ook onmiskenbaar opgelucht.

De volgende dag geven we gezamenlijk een persconferentie. We behandelen elkaar met zoveel mogelijk egards. Wijnand wil koste wat kost vermijden dat hij een bittere indruk maakt en ik voel me schuldig en ongemakkelijk omdat ik hem onder druk heb gezet om te vertrekken. Wijnand zegt tot de conclusie te zijn gekomen dat het beeld dat van hem bestaat hem te veel tot last zal zijn in de Tweede Kamer. De jaren tachtig zijn nog niet verwerkt en er is een groot gebrek aan verantwoording over die periode. Hij besluit: 'Ik heb graag de handen vrij om het debat daarover te voeren.' Met zijn vertrek is mijn boosheid verdwenen en ik zeg het heel erg te betreuren dat Wijnand de Kamer verlaat omdat ik Wijnand heb ervaren als 'een buitengewoon integer Kamerlid'.

Ook met Wijnands vertrek komt de affaire niet ten einde. Een dag later verschijnt op de website Fok! een column van een zekere Driek Oplopers met als kop 'Femke moet dood'. Deze zelfbenoemde satiricus meldt dat hij het 'erg zou toejuichen als iemand eventjes buitengewoon integer het woonadres van Femke opsnuffelt en die tent buitengewoon integer in de fik steekt. Dat wijf verdient niet beter.' Ik informeer de politie en de nationale beveiliging weer eens, er wordt een politieauto voor mijn deur geparkeerd en wij zitten een week met de gordijnen dicht.

Een week na zijn aftreden, op de oorspronkelijke datum, presenteert Wijnand zijn boek *Klimaatactivist in de politiek* in de Openbare Bibliotheek in Amsterdam. Wij hebben nog een aantal keren met elkaar gebeld, maar de spanningen van de voorgaande weken en mijn verzoek aan hem om zich terug te trekken hebben de verhouding weinig goed gedaan. De stemming is dan ook ongemakkelijk, nog eens versterkt door de vele journalisten die als gieren rondcirkelen, zoekend naar ruzie en nog een rel. Als Wijnand zijn inleiding houdt dwarrelen er eerst pamfletten van een hogergelegen balkon. Niemand besteedt er veel aandacht aan. Dan stormen er plotseling mensen naar voren. Ze smijten een taart in Wijnands gezicht. Ik zit vooraan, zie het gebeuren en ren naar Wijnand toe. De taartgooiers, leden van de extreemrechtse organisatie Voorpost, zijn 'm gesmeerd, Wijnand zit onder. Hij gedraagt zich rustiger dan ik me voel. Nadat hij zich schoon heeft gemaakt hervat hij zijn inleiding.

Niemand van de aanwezigen ontgaat de verwijzing naar Pim Fortuyn die acht jaar eerder werd getaart. Toen waren het extreemlinkse activisten, nu vindt extreemrechts dat Wijnand met gelijke munt mag worden betaald. Opvallend is wel dat na de aanval op Wijnand de solidariteitsbetuigingen achterwege blijven. Behalve een korte, en deze keer wel zakelijke melding in korte berichten, verschijnen er geen journalistieke commentaren over. Eenzelfde tegenstrijdigheid bespeur ik bij *De Telegraaf* die spuwt van verontwaardiging over de publicatie van adressen door activisten in de jaren tachtig, maar zelf zonder enige gêne als vergelding het adres van Wijnand publiceert.

Nadat Wijnand zijn Kamerlidmaatschap heeft opgezegd, verschijnt er een hoofdredactioneel commentaar in *de Volkskrant*: 'Langzaam lijkt in Nederland een stemming te ontstaan waarin alle buitenparlementaire "aksie" uit de jaren tachtig als verwerpelijk geldt. Dit is onterecht. De publieke verantwoording door activisten uit die tijd, waartoe Duyvendak heeft opgeroepen, is een goede zaak. Maar een heksenjacht geeft geen pas.' Het is een opvallend vroom redactioneel na weken van actiejournalistiek tegen Wijnand. En een dag later wordt de 'heksenjacht' heropend als oud-politieagent, voormalige taxibaas en veroordeelde crimineel Dick Grijpink de kans krijgt om op de voorpagina van *de Volkskrant*, zonder wederhoor zijn gram te halen. Hij noemt Duyvendak een gluiperd die verantwoordelijk is voor het geweld van RaRa en in zijn hele leven nog geen dag eerlijk werk heeft gedaan. Wijnand, inmiddels ambteloos burger, kan zich daar niet tegen verweren.

De affaire laat bij mij een nare smaak achter. Zonder twijfel heeft Wijnand de gelegenheid geschapen voor een afrekening. Hij heeft de achtbaan in werking gezet, zoals hij het zelf zegt, en na de brief van ambtenaar Verberg is zijn positie onhoudbaar. Wijnand heeft het vertrouwen dat GroenLinks in hem heeft gesteld geschaad en dat is op zichzelf voldoende reden om te vertrekken. Maar daarmee is de meedogenloze manier waarop een aantal Haagse journalisten met Wijnand afrekent niet zomaar gerechtvaardigd. Dit was namelijk niet meer de harde maar faire beoordeling van een activistenverleden, maar een wraakactie tegen links, tegen activisme en tegen een tijdperk, en misschien wel met het grootste fanatisme uitgevoerd door de degenen die er ooit zelf toe behoorden.

Als het parlement eind augustus 2008 opent en de Kamerleden zich verzamelen in de plenaire zaal, kijken Ineke van Gent en ik elkaar bij de ingang aan. We schamen ons, voelen ons besmet door de rel die voor alle andere Kamerleden zomervertier is geweest. We zijn ons er ook scherper dan voorheen van bewust dat de omgeving ons niet gunstig gezind is. 'Rug recht,' zeggen we tegen elkaar. 'We zijn geen politicus geworden om andere politici te behagen, en al helemaal niet voor die drie- of vierhonderd parlementair journalisten die hier op een kluitje voetballen.' En er is een hele schrale troost. Op de peilingen heeft de kort durende mediarel geen effect gehad. GroenLinks groeit.

13

Crisis en geluk

Het is de eerste keer in tien jaar dat Kees afwezig is bij de Algemene Politieke Beschouwingen waarmee het parlementaire jaar opent. Elk jaar zit hij vooraan in de blauwe stoeltjes. Eerst naast Paul Rosenmöller, daarna naast mij, verscholen achter stapels papier, druk meeschrijvend en als het nodig is rekenend. Dat is, zeker voor mij, geen overbodige luxe. Ik heb een goed geheugen voor gebeurtenissen, wetsteksten en uitspraken van ministers, maar cijfers gooi ik gemakkelijk door elkaar en vergeet ik, al worden ze me bij herhaling verteld. Zeker in mijn eerste Kamerjaren, als ik weinig ervaring heb met het lezen van begrotingen, raak ik nogal eens verstrikt in statistieken en tabellen.

Kees vangt mijn onhandigheid met gemak op. Gaten in een begroting of ministers die zich rijk rekenen ontsnappen zelden aan zijn aandacht. De tegenbegrotingen die hij voor de GroenLinks-fractie opstelt zijn kunststukken: elk jaar laat hij zien dat het mogelijk is om economische groei, een kleinere staatsschuld en duurzaamheid met elkaar te combineren. Andere politieke fracties hebben Kees' voorbeeld gevolgd en langzamerhand zijn de tegenbegrotingen van de parlementaire oppositiefracties een instituut op zich geworden. De minister-president moet in zijn beantwoording van de vragen van de fractievoorzitters serieus ingaan op de door het Centraal Planbureau doorgerekende alternatieven. Tegenbegrotingen dwingen het kabinet zich beter te verantwoorden voor de eigen financiële keuzes. Tegelijkertijd geldt dat een fractievoorzitter die zijn oordelen over de bezuinigingen en investeringen van het kabinet niet staaft met een eigen, solide alternatief gemakkelijk ten prooi valt aan spot: oppositievoeren zonder financiële discipline is een zwaktebod geworden.

Kees' politieke betekenis stopt niet bij de financiële controle van het kabinetsbeleid. Als beleidsmedewerker weet hij al in de vroege jaren negentig de GroenLinks-fractie ervan te overtuigen om tegen de invoering van de euro te stemmen. In 1997, een jaar voordat hij Kamerlid wordt, mobiliseert hij zeventig vooraanstaande economen die in een uitgebreide verklaring in *de Volkskrant* wijzen op de economische en maatschappelijke nadelen van de euro. De verklaring heeft zoveel effect dat de toenmalige minister van Financiën, Gerrit Zalm, zich gedwongen voelt om de groep te diskwalificeren als 'gevaarlijk'. Sinds zijn entree in de Kamer ageert Kees met hem typerende bravoure tegen de marktwerking en deregulering als stokpaardjes van paars en vanaf 2000 waarschuwt hij regelmatig voor de grote risico's van het internationale casinokapitalisme.

Ik leun zwaar op Kees. Door de jaren heen is onze vriendschap heel hecht geworden. We kennen elkaars partners en kinderen goed, gaan met elkaar op vakantie, verven elkaars huis na een verhuizing, reizen elke dag samen van Amsterdam naar Den Haag en bespreken dan de politiek en alle conflicten en roddels die erbij horen. Na de verkiezingen in 2006 wordt Kees vicefractievoorzitter als het congres zijn werk heeft beloond met een tweede plaats op de kieslijst. Geleidelijk is onze rolverdeling ook uitgekristalliseerd. Voor mij is het ondenkbaar dat ik grote beslissingen neem zonder Kees' inhoudelijke commentaar en instemming. Ik accepteer dat Kees superieur is in feiten, cijfers en economische analyse, zoals hij aanvaardt dat ik meer een generalist ben en een betere intuïtie heb over onze politieke richting. Ik weet dat hij mij soms onnauwkeurig vindt, hij weet dat ik gek word van zijn niet aflatende lust financiële details op te sommen.

Als Wijnand eind augustus 2008 vertrekt wordt zijn Kamerzetel ingenomen door de econome Jolande Sap. Tot grote frustratie van Kees stel ik voor dat zij de portefeuille financiën en economische zaken overneemt. Kees verwijt me dat ik hem jaren werk en zijn geleidelijk opgebouwde gezag afneem. Ik begrijp Kees' woede maar vind mijn argumenten sterker en zet door. Met Jolande komt er een groot talent de fractie in, een mogelijke opvolger – zoals juist Kees haar eerder bij mij heeft geïntroduceerd – die zich moet kunnen waarmaken. Zij is analytisch, beargumenteert haar opvattingen soepel en heeft gevoel voor politieke verhoudingen. Kees en ik zijn bezig aan onze derde parlementaire termijn en volgens de regels van GroenLinks betekent dit dat we daarna moeten stoppen. Hoewel we het congres nog eens beleefd om een extra termijn mogen vragen, hebben wij zonder twijfel onze langste politieke tijd achter ons liggen. Met Wijnands vertrek is ook de portefeuille verkeer en waterstaat, ruimtelijke ordening en energie – kortom de milieuportefeuille – vacant geraakt en ik zie maar één Kamerlid dat de kennis en het gezag heeft om deze succesvol over te nemen en dat is Kees. Het kost me dagen praten voor Kees' boosheid tempert en hij morrend akkoord gaat. Als compromis gun ik hem wel dat hij woordvoerder 'financiële markten' wordt, een onderwerp, zegt hij, 'waarop de komende tijd nog weleens iets zou kunnen gebeuren'.

Het verlies van de financiële portefeuille is niet de reden dat Kees afwezig is tijdens de Algemene Beschouwingen. Op de eerste dag van het twee dagen durende debat bevalt zijn vrouw Natasja van een zoon, die Lucas wordt genoemd. Het is Kees' derde kind na een oudere dochter uit een eerdere relatie en een tweejarig zoontje. Hij belt me 's ochtends vroeg dolgelukkig. Natasja is in goeden doen en Lucas is gezond. In de plenaire zaal, net voordat de beschouwingen beginnen, loop ik naar Kamervoorzitter Gerdi

Verbeet toe. Ik vraag haar of zij bij de rituele opsomming van afwezige Kamerleden er, als een klein geboortecadeautje, melding van wil maken dat Kees een zoon heeft: Lucas is dan de jongste inwoner van Nederland die in de parlementaire handelingen terechtkomt. Hoewel het ongebruikelijk is om privé-informatie in de Kamer te delen geeft zij gehoor aan mijn verzoek.

Een week later blijkt dat Kees zijn afwezigheid goed heeft getimed. De miljoenennota die het kabinet verdedigt is maar heel kort houdbaar. Op 15 september 2008, twee dagen voor de Algemene Beschouwingen, vraagt de Amerikaanse zakenbank Lehmann Brothers surseance van betaling aan. Aan de Nederlandse politiek gaat dit onopgemerkt voorbij, zoals ook eerdere signalen over de ineenstorting van de Amerikaanse financiële markt tot weinig rumoer leiden. Twee weken later is dat anders. Met dank aan zijn babyzoon brengt Kees veel nachten slapeloos door. Daardoor ziet hij live op CNN de regering-Bush en het Amerikaanse congres openlijk ruziemaken over een stabilisatiepakket voor de noodlijdende banken. De Amerikaanse politici zijn zichtbaar in paniek en weten niet hoe het verder moet. Een paar dagen daarvoor heeft Wouter Bos, als minister van Financiën, namens de Nederlandse staat een aandeel genomen van vier miljard in de noodlijdende bank Fortis. 's Nachts nog besluit Kees een debat aan te vragen met minister-president Balkenende en minister Bos over de internationale kredietcrisis die losbarst. 's Ochtends heel vroeg belt hij mij. 'Chefsache,' zegt hij, 'je moet aan de bak: dit is een internationale crisis die zijn weerga niet kent en het is voor GroenLinks het moment om het debat te voeren over de gevolgen van het ongereguleerde internationale kapitalisme.'

Een dag later, op dinsdag 30 september, debatteert de Kamer op initiatief van GroenLinks. Ik open het debat met een tekst die ik samen met Kees heb voorbereid. De wereldwijde financiële crisis analyseren wij als een direct effect van vijfentwintig jaar economisch neoliberalisme. De onverantwoorde opvatting was dat financiële markten zo vrij mogelijk moeten kunnen opereren door deregulering en belastingverlagingen. Er is astronomisch veel geld verdiend met onbegrijpelijke financiële producten. Maatschappelijk verantwoord ondernemen was een uitzondering. De prijs die wij hiervoor betalen, is enorm. 'En er is,' zeg ik in de Kamer, 'geen reden voor triomfalisme, nu de Icarus van het casinokapitalisme zijn vleugels heeft verbrand en neerstort. Daarvoor is de economische en maatschappelijke schade, met name bij de kwetsbare mensen wereldwijd, veel te groot.'

Voor mij is de internationale kredietcrisis, het besef dat bijvoorbeeld de verkoop van giftige hypotheken in de Verenigde Staten ertoe kan leiden dat grote banken in Nederland omvallen, een schok. Eerder heb ik vaak wat vermoeid geknikt bij Kees' terugkerende filippica's tegen de uitwassen van het kapitalisme en de aasgieren bij de banken. Het zal zo'n vaart niet lopen, heb ik telkens gedacht, hij weet er gewoon te veel van af en overdrijft de risico's. Het tegendeel is waar: ondanks zijn zware woorden heeft Kees het drama eerder onderschat dan overtrokken. Het internationale financiële systeem wankelt en als het instort dan zal dit de Nederlandse economie en welvaart hard raken. In de jaren ervoor is na de dreigende recessie in 2002 en 2003 de economie juist weer wat aangetrokken. De eerste kabinetten-Balkenende hebben hard bezuinigd op de sociale en culturele voorzieningen en dat heeft een wissel getrokken op de verhoudingen in het land. Ik koester, net als vele anderen, de stille hoop dat grotere en eerlijker verdeelde welvaart, samen met investeringen in bijvoorbeeld onderwijs en zorg, Wilders de wind uit de zeilen neemt en de culturele polarisatie afremt. De aankondiging van een financiële en economische crisis die mogelijk zwaarder is dan we bijvoorbeeld in de jaren tachtig hebben meegemaakt, slaat die hoop weg.

In de maanden daarna wordt de gewone Kamerroutine verdrongen door nerveuze, vaak geheime overleggen. Het is, na de aanslag op de Twin Towers en de moorden op Fortuyn en Van Gogh, de vierde keer in krap tien jaar dat de Kamer beheerst wordt door een crisis. Bij deze crisis zijn de emoties en paniek weliswaar kleiner dan daarvoor, maar daar staat tegenover dat de toekomst onzeker is. In de fractie besluiten wij, zoals ook tijdens de eerdere crises, om onze oppositionele koers bij te stellen. Tegenover het CDA/PvdA-kabinet is onze toon al vriendelijker geworden dan in de jaren waarin Balkenende met de fortuynisten en de VVD regeerde en nu besluiten wij als fractie eensgezind dat er geen ruimte is voor grote politieke tegenstellingen. Er moet snel en vastbesloten worden gehandeld. Minister van Financiën Wouter Bos verdient steun bij onvermijdelijke beslissingen zoals de kostbare nationalisatie van ABN AMRO voor bijna 17 miljard euro (een bedrag dat daarna nog oploopt tot 30 miljard). Wij stemmen daar welbewust mee in en willen onze medeverantwoordelijkheid voor de grote schuld die ontstaat niet bagatelliseren. Een probleem is wel dat Bos het ons niet even makkelijk maakt om steun te geven. Bij zijn beslissing ABN AMRO te nationaliseren wordt de Kamer, onder verwijzing naar tijdsdruk, voor het blok gezet. Ook bij de lening van 10 miljard die hij aan ING verstrekt en de kredietgaranties van 200 miljard die hij afgeeft is de Kamer telkens slecht en meestal op de valreep in het geheim geïnformeerd.

Voor Kees is de manier waarop het kabinet opereert al in oktober 2008 reden om te pleiten voor een parlementair onderzoek naar het ontstaan en het verloop van de crisis. Hij vindt dat als de eerste brand is geblust heel nauwkeurig moet worden gereconstrueerd hoe het Nederlandse bankwezen zo kwetsbaar heeft kunnen worden en Nederlandse bankiers zich ongestoord zo hebben kunnen misdragen. Samen schrijven we een opinieartikel dat door alle fractievoorzitters in de oppositie wordt ondertekend en waarin we oproepen tot een parlementair onderzoek. Uiteindelijk krijgt dit, na een halfjaar onderhandelen, ook de steun van de coalitiepartijen PvdA, CDA en ChristenUnie waardoor de onderzoekscommissie in de loop van 2009 wordt geïnstalleerd.

Ook al scharen wij ons achter het kabinet als de eerste noodmaatregelen worden getroffen, wij willen de kredietcrisis niet als een natuurramp voorbij laten trekken waarna iedereen weer overgaat tot de orde van de dag. 'De crisis kwam van rechts,' zeg ik tijdens een debat, welbewust verwijzend naar die eerdere beladen opmerking over de kogel, 'nu kunnen de oplossingen niet ook van rechts komen.' Het financiële en economische neoliberalisme faalt voor het eerst voor iedereen zichtbaar en onontkoombaar en dat moet ruimte scheppen om de koers te verleggen naar een beter gereguleerde economie en een minder competitieve samenleving.

Dat is, niet toevallig, ook het centrale thema van het boek dat ik op het hoogtepunt van de crisis, in november 2008, uitbreng. Net als Wijnand Duyvendak heb ik daar vooral aan gewerkt in de eerste helft van 2008 met de bedoeling het voorafgaand aan de Algemene Beschouwingen in september te presenteren. Als Wijnands boek in augustus ontaardt in een rel en in zijn aftreden, besluit ik het mijne vast te houden totdat de mediastorm geluwd is. Al is de crisis in Nederland nog niet in volle hevigheid losgebarsten als ik mijn boek in het voorjaar schrijf, ik sta wel stil bij de kredietcrisis in de Verenigde Staten als een voorbode van wat ons land te wachten staat. Het boek heet *Geluk!* en heeft als ondertitel *Voorbij de hyperconsumptie, haast en hufterigheid.*

Anders dan in eerdere geschriften bedrijf ik er cultuurkritiek in. Tot die tijd heb ik de staat van de cultuur of de sfeer in de samenleving niet werkelijk bekritiseerd, anders dan door het moderne individualisme juist te verdedigen tegen conservatieve critici. Mijn taak als parlementariër is om de staat, de markt en alle andere instituties die macht hebben, te controleren en corrigeren en niet om de Nederlandse bevolking te bekritiseren. Met het boek *Geluk!* maak ik me los uit die nauwe definitie en neem ik stelling tegen de dominante cultuur van hyperconsumptie die de moderne samenleving domineert. Tegelijkertijd wil ik blijven waken voor moralisme over het onwenselijke gedrag van anderen. Ik ben niet beter, schrijf ik. Ik ben een product van de cultuur die ik bekritiseer. Of zoals ik het in *Geluk!* zeg: 'Consumeren is lekker. Het troost en het is de kortste weg naar een gelukkiger leven. Met make-up en kleding beloof ik mezelf een stralend en zelfverzekerd uiterlijk, keukenspullen zijn het begin van aandachtige en liefdevolle avonden koken voor vrienden en met elk nieuw boek neem ik me voor dat de tv uit blijft. Als ik na verloop van tijd de beloften niet heb waargemaakt begin ik fris met nieuwe aankopen en nieuwe voornemens.' Alleen misluk ik in die opzet, 'want hoewel bijna elk consumptieartikel wordt gekocht om meer te ontspannen, beter te eten en gezonder en tevredener te leven, is juist mijn koopgedrag mijn leven meer gaan beheersen. Consumeren heeft een groter beslag gelegd op mijn financiën en schaarse vrije tijd.' Wat voor mij als individu geldt, betoog ik, geldt ook voor de samenleving in zijn geheel. We leven in een hyperconsumptieve samenleving 'die drijft op de onvervulde begeerte naar nieuw bezit'. Hyperconsumptie is een ideologie geworden die door de markt en de overheid enthousiast wordt uitgedragen. Ons wordt dagelijks voorgehouden dat geluk en maatschappelijke erkenning kunnen worden bereikt door onze welvaart, onze koopkracht en ons consumentenvertrouwen omhoog te stuwen. Maar, schrijf ik, 'ondertussen verandert ons land geleidelijk in een competitieve en harde samenleving waarin de macht van snel verdiend geld en leven op krediet bepalend zijn. Dat is ook een samenleving waarin kwetsbare mensen achterblijven, wellevende omgangsvormen het onderspit delven, de publieke sfeer en natuur en milieu het kind van de rekening zijn.' Het is, stel ik, 'een slechte koop' omdat de welvaart groeit maar ons welzijn en geluk achterblijven.

In het boek schets ik het alternatief van een meer ontspannen samenleving, met gematigder maar duurzame economische groei. Ik pleit voor de introductie van een alternatief model voor economische groei dat niet meer enkel is gebaseerd op het bruto nationaal product maar waarin ook de toename van welzijn, gezondheid, onderwijsniveau en geluk wordt gemeten. Tegenover de toenemende druk, haast en stress die ons sociale leven kenmerken verdedig ik kortere werktijden, betere verlofregelingen en een eerlijker verdeling tussen werkenden en werklozen. In plaats van een kleiner wordende groep mensen die steeds harder werkt moeten er meer mensen aan het werk. En ik pleit voor de verschuiving van onze uitdijende private rijkdom naar de publieke sfeer: grote investeringen in zorg en onderwijs maar ook in de aanleg van pleinen, parken en sportvelden.

Als het boek in november 2008 verschijnt heb ik er meer dan een jaar, tussen de bedrijven door aan gewerkt. Met Bart Snels, de directeur van het wetenschappelijk bureau, heb ik er op zijn werkkamer vele uren over gepraat. Ik heb een boekenkast aan vakliteratuur verslonden en op het resultaat ben ik trots. Ik vind dat ik in *Geluk!* de emancipatieopvattingen uit de jaren zeventig die mijn ouders koesterden en de filosofie over publieke, gedeelde rijkdom die Joop den Uyl in diezelfde periode verkondigde, heb weten te verenigen met moderne opvattingen over gematigde en duurzame economische groei. Inhoudelijk is daarmee voor mij ook de cirkel rond. Nu de crisis tegelijkertijd zijn hoogtepunt bereikt en niet alleen de welvaart verdampt maar er ook serieuze twijfel ontstaat over ongereguleerd kapitalisme en consumentisme op krediet heeft mijn boek bovendien, vind ik, grote urgentie gekregen. Nu moeten we de kans grijpen om onze economie en samenleving van koers te doen veranderen.

Bij de media en het publiek vinden mijn enthousiasme en trots alleen geen weerklank. Journalisten treden me lacherig tegemoet.

Dat ik zoveel jurken koop, zoals ik op de eerste pagina's in het boek erken, dat vinden ze toch wel wat. Net als die make-up. Is dat niet raar voor de leider van een groene partij? Zou ik niet een ander voorbeeld moeten geven? Milieubewuster in ieder geval? Mijn hoop om door openhartig te zijn, door me niet beter voor te doen dan ik ben, een open discussie over onze gedeelde consumptiedrift te beginnen, slaat als een boemerang in mijn gezicht. Ik begrijp wel dat de tegenstelling die er bestaat tussen de leefstijl die ik propageer en het voorbeeld dat ik zelf geef, tot verwarring leidt. Niet alleen demonstreer ik de hardnekkigheid van hyperconsumptie, de indeling van mijn dagen laat zich bepaald niet omschrijven als ontspannen.

Wat ook niet helpt is dat het boek een eenvoudige en hapklare sloganeske boodschap mist. Het is een studieus boek en bezit weinig wervende kracht. Op een enkele korte journalistieke recensie en kritische interviews over mijn levensstijl na, verdwijnt het boek daarna in het niets.

De lauwe ontvangst van *Geluk!* raakt me echter minder dan ik zelf verwachtte. Eraan te werken gaf mijzelf een groot gevoel van geluk en dat raakt, ondanks de afwezigheid van publiek, niet aangetast. De centrale boodschap van het boek, het verlangen anders te gaan leven, heeft zich in mij genesteld en dat vergroot de emotionele afstand tussen mij en de Haagse waan van de dag.

Mijn relatieve onthechtheid is tegengesteld aan de gemoedstoestand van Kees. Als kersverse woordvoerder 'financiële markten' beleeft hij, enigszins onverwacht, het hoogtepunt in zijn tienjarige bestaan als parlementariër. Hij is dag en nacht in touw, in debat met de minister, denkend en schrijvend over het antwoord dat de crisis verdient of in gesprek met economen en financiële experts tijdens het 'crisisdiner' dat hij samen met een bevriende journalist met enige regelmaat belegt. Hij schrijft een manifest, 'The Green Deal', waarin hij uitrekent dat de crisis niet alleen maar hoeft te leiden tot bloedeloze bezuinigingen maar ook het begin kan zijn van een grote vergroeningsoperatie. Hij gebruikt de gedachten uit mijn boek over een alternatieve economie en samenleving en laat door eenvoudige ingrepen in de belastingen en zorgvuldige bezuinigingen en investeringen zien dat dit geen toekomstmuziek hoeft te zijn. Ondertussen lobbyt hij bij de coalitiepartijen voor een parlementair onderzoek.

In de jaren dat we samenwerken ben ik eraan gewend geraakt dat Kees bij vlagen een ongeremde, nerveuze werkdrift aan de dag legt. Soms put hij zich zo uit dat hij ziek wordt en door mij gedwongen moet worden om naar huis te gaan. Deze keer lijkt hij, ondanks de slechte economische vooruitzichten, vooral te genieten van de grote intellectuele en politieke uitdaging die zich aan hem presenteert. Zelfs het chronische slaaptekort dat bij een jong gezin hoort heeft daarop geen effect.

Als Kees mij begin april 2009 's ochtends heel vroeg belt ben ik niet verbaasd. Bijna elke dag is er een gedachte die hij moet toetsen, een voorstel dat hij wil voorleggen. Robert is op dat moment met een vriend op reis. De kinderen slapen bij de buren omdat ik de avond ervoor pas laat ben thuisgekomen uit een vergadering.

'Hé Kees,' zeg ik, 'what's up?'

Eerst hoor ik niets. Dan hoor ik hem schreeuwen: 'Lucas is dood.' Ik denk hem verkeerd te hebben begrepen en roep: 'Wat zeg je nou?'

'Toen ik wakker werd was Lucas dood,' zegt Kees, zijn stem verwrongen, nauwelijks verstaanbaar.

De plotselinge dood van de zeven maanden oude Lucas verandert alles. Als ik twee weken later voor het eerst weer in de Kamer kom verdraag ik de sfeer nauwelijks. De zenuwachtigheid voorafgaand aan de mondelinge vragen waarmee de Kamer op dinsdag opent, de opgeklopte ontmoetingen tussen Kamerleden die voor het oog van de altijd draaiende camera's in de plenaire zaal net wat speelser worden en vooral de oppervlakkige interesse waarmee ik na afwezigheid word begroet. Mijn jarenlange verblijf in de Kamer kan me soms misschien de illusie hebben gegeven dat het een vertrouwde en familiale omgeving is geworden, nu bekijk ik alles weer met vreemde ogen.

Kees blijft thuis. Lucas' dood berooft hem van alle energie. Het verdriet is zo groot, zo slecht te verdragen, dat er geen ruimte overblijft voor de obsessieve concentratie, de bereidheid om tot diep in de nacht te werken die bij het Kamerlidmaatschap hoort. Kees kan dat niet meer opbrengen.

Samen met Jolande neem ik de honneurs waar. Nadat CDA, PvdA en ChristenUnie akkoord zijn gegaan met een parlementair onderzoek naar de kredietcrisis moet er een commissie worden geïnstalleerd. Het voorzitterschap ervan rouleert langs de verschillende politieke partijen. De beurt is aan de SP, die nooit eerder een parlementair onderzoek heeft geleid. GroenLinks komt niet in aanmerking omdat in 2001 Kamerlid Marijke Vos het onderzoek naar de bouwfraude leidde. Toch doe ik een poging om Kees voor te dragen. Hij heeft de belangrijkste aanzet tot het onderzoek gegeven en weet er meer van af dan welk Kamerlid ook. Begin juni, twee maanden na Lucas' overlijden, praat ik er een paar keer met hem over, probeer ik hem er halfslachtig van te overtuigen dat er een unieke kans voor hem ligt. Ik geloof er niet echt in en hij nog minder. Toch vind ik dat ik het aan Kees verplicht ben om mijn best voor hem te doen, hoe slecht het moment ook is gekozen. Als ik bij de andere fractievoorzitters pols hoe Kees' kandidatuur ligt laten zij doorschemeren dat zij, ongeacht zijn plaats in de parlementaire pikorde, twijfelen aan zijn vermogen om op dit moment zo'n zware taak op zich te nemen. Ze hebben gelijk en ik laat het lopen.

In september 2009, een jaar na het uitbreken van de crisis, keert Kees terug in de Kamer. Hij probeert zijn werk weer op te pakken, mengt zich in discussies, schrijft stukken en windt zich bij tijd en wijle ouderwets op. Hij helpt Jolande bij het opstellen van de tegenbegroting. Maar toch, het vuur is weg.

In Kees' afwezigheid heb ik besloten de eer hoog te houden en hard te werken. De financiële crisis dreigt over te gaan in een Europese crisis waarin een aantal kwetsbare Zuid-Europese staten onderuitgaan. In Nederland wordt zichtbaar dat de economie grote gevolgen ondervindt van de kredietcrisis. Tijdens de Algemene Beschouwingen trek ik hard van leer. Ik spreek van een 'hebberige en kortademige cultuur, waarin de jacht op materieel gewin allesbepalend is geworden en hyperconsumptie als hoogste geluk wordt beschouwd. Het is een cultuur die wordt voorgeleefd door topverdieners, die zich hebberig en zonder publieke dienstbaarheid gedragen.' En ondertussen, zeg ik, 'leven we op een te grote ecologische voet, putten we onze aarde uit ten koste van miljoenen armen, branden onze bossen af, jagen onze grondstoffen er in een noodgang doorheen en zadelen ons nageslacht op met schulden en met een onleefbare wereld. Achter de kredietcrisis, de klimaatcrisis, de energiecrisis en de voedselcrisis gaat een waardecrisis schuil.'

Anders dan in andere jaren is mijn inbreng beslister en meer kortaf. Ik heb weinig geduld met de parlementaire rituelen en procedures en de 'eeuwige leegte van Balkenende' zoals ik het samenvat. De belangrijkste reden is dat Nederland zich inmiddels in de zwaarste economische crisis sinds de jaren dertig bevindt. De werkloosheid verdubbelt en honderdduizenden mensen verliezen hun baan. Op deze grote problemen reageert het vierde kabinet-Balkenende passief. Onophoudelijk komen er verhalen uit het kabinet naar buiten over de ruzies tussen CDA en PvdA en de dramatisch slechte verhouding tussen Balkenende en zijn vicepremier en minister van Financiën Wouter Bos. Door zijn snelle, overtuigende reactie op de financiële crisis is Wouter Bos heel populair. De PvdA is gestegen in de peilingen en Bos wordt bij herhaling door de kiezers en door de parlementaire pers uitgeroepen tot politicus van het jaar. Bij het CDA en de premier leidt dit tot weerzin tegen elk initiatief dat de PvdA neemt. De afgunst tussen de twee partijen is zo groot dat ze elkaar verlammen en behoudens enkele onvermijdelijke bezuinigingen de crisis op zijn beloop dreigen te laten.

Anders dan in andere jaren ontleen ik ook geen plezier aan het poken in die slechte verhouding tussen CDA en PvdA. Het boeit me niet. In diezelfde weken vind ik een bericht van een oude, heel dierbare vriendin op mijn voicemail. Zij heeft mij dagenlang geprobeerd te bereiken, maar omdat ik altijd druk ben en zelden de telefoon opneem heeft zij uiteindelijk ingesproken. Ik hoor haar vertellen dat ze een agressieve vorm van borstkanker heeft, dat ze onmiddellijk moet worden geopereerd. Dat ze ziek is, dat ik niet opnam toen ze het me wilde vertellen en dat ik haar niet heb kunnen troosten, spijt me vreselijk. Ik neem een besluit. Ik wil anders gaan leven, en er niet alleen over schrijven. Lucas' overlijden is heel vers, Kees' verdriet is tastbaar en confronterend. Ik wil niet meer worden opgegeten door de politiek ten koste van de tijd die ik kan doorbrengen met mijn familie en vrienden. Ik heb nu ruim tien jaar roofbouw gepleegd op mezelf en op de verhoudingen met de mensen van wie ik hou. Ik zeg tegen mijn collega's dat ik met onmiddellijke ingang elke week een dag minder zal werken om bij mijn vriendin te kunnen zijn totdat ze beter is. En dat is wat ik doe.

Aan het einde van 2009 komt ook opnieuw de beslissing over voortzetting van het lijsttrekkerschap in beeld. De verkiezingen zijn weliswaar pas voorzien voor 2011, maar de onderlinge verhoudingen in het kabinet zijn zo slecht dat niemand nog gelooft dat CDA en PvdA samen de rit zullen uitzitten. Ik zeg dat ik, onder voorwaarden, nog één keer lijsttrekker zal zijn en me het recht voorbehoud om halverwege te kunnen opstappen. Een van die voorwaarden is dat ik minder dan in de voorgaande jaren aanwezig ben, dat ik vaker nee kan zeggen. Ik kan niet jaar na jaar mijn leven met Robert, mijn kinderen en vrienden in de wacht zetten. Dat wil ik niet meer.

Kees komt tot een ander besluit. En daarmee verbreken wij de belofte die wij meer dan tien jaar geleden aan elkaar hebben gedaan: samen erin, samen eruit. Hij stopt. Op het congres in april 2010 neemt hij afscheid: 'Het is mooi geweest. Ik heb mijn best gedaan. En ik heb genoten. Maar het is tijd voor een pas op de plaats. Of zoals een dierbare vriend van mij onlangs zei: "Ga jij nou even op de bank zitten en naar de muur staren." En hij voegde daar vrolijk aan toe: "Dat zou ik trouwens ook Jan Peter Balkenende aanraden."'

14

Met de kennis van nu...

In de nacht van vrijdag 19 op zaterdag 20 februari 2010 valt het vierde kabinet-Balkenende. Daar heeft de oppositie nauwelijks aan te pas hoeven komen. Sinds de financiële crisis is losgebarsten is de verhouding tussen CDA en PvdA nog slechter geworden dan deze al was. Balkenende, diens adjudant Verhagen en Wouter Bos leggen elke terughoudendheid af in de weerzin die ze voor elkaar hebben. Uit het kabinet komt een eindeloze stroom roddels, dikwijls doorzichtig bedacht door CDA- en PvdA-spindoctors, waarin de tegenpartij dom en kortzichtig opereert. Als Wouter Bos door pers en publiek wordt gekozen tot beste politicus – en door het 'rechtse' magazine *Elsevier* zelfs tot 'Nederlander van het jaar' – omdat hij snel en doortastend de Nederlandse banken voor omvallen heeft behoed, worden de verwijten over en weer openlijker. CDA'ers verwijten Bos arrogant en solistisch gedrag en in ruil noemen PvdA'ers Balkenende incapabel en ongeïnformeerd. In de Kamer wordt in het begin gegniffeld over het gekijf, maar na de financiële crisis krijgt ergernis de overhand. 'Terwijl er miljarden in banken worden gepompt, lijken de belangrijkste spelers in het kabinet elk contact te mijden en hun gekrenkte ego's te koesteren. De kinnesinne leidt er ook toe dat het kabinet na twee jaar eigenlijk niet meer regeert. De financiële crisis en de snel oplopende staatsschuld dwingen tot ingrijpende hervorming van de arbeidsmarkt, de sociale zekerheid en de woningmarkt. Het is niet meer betaalbaar of verantwoord dat Nederlanders op hun vijfenzestigste stoppen met werken en een fors belastingvoordeel incasseren als ze een huis bezitten. CDA, PvdA en ChristenUnie spreken een veto uit over elk voorstel van de ander waardoor 2009, het jaar na het uitbreken van de crisis, voorbijgaat in politieke apathie. De enige beslissing die de kabinetsleden samen nemen is de instelling van twintig ambtelijke werkgroepen aan wie zij het bedenken van maatregelen voor het bestrijden van de crisis overlaten.

Hoon verenigt de oppositie van links tot rechts. Ik oordeel tijdens de Algemene Beschouwingen in september 2009 dat het kabinet-Balkenende zichzelf 'failliet heeft verklaard'. Juist in deze tijd van crisis zou het kabinet moeten kiezen, maar het schuift in plaats daarvan alles 'op de lange baan en in de schoenen van commissies van ambtenaren'. Het optreden van Balkenende noem ik van een 'ondraaglijke leegheid'. In dat oordeel word ik ruimschoots overtroffen door VVD-fractievoorzitter Mark Rutte. Hij zegt aan de interruptiemicrofoon tegen Balkenende: 'Regeer of stap op. Vandaag maakt u duidelijk dat u niet gaat regeren, dan is er maar één conclusie denkbaar – opstappen.'

Elk parlementair debat kent de rituele, soms uitvergrote tegenstelling tussen regering en oppositie. Parlementaire controle op beleidsmaatregelen en wetsvoorstellen gaat naadloos over in electorale politiek. Mijn kritiek combineer ik met een zo aanstekelijk mogelijk pleidooi voor hervormingen uit het GroenLinks-programma en uit mijn net verschenen boek, hopend dat ik daarmee kiezers verleid het kabinet te verlaten. Als Rutte de zwakte van het kabinet benadrukt dan wil hij daarmee ook zijn potentiële kiezers doordringen van zijn eigen kracht. Voor elke parlementariër in de oppositie is er een kwetsbare balans tussen harde kritiek en kritische steun. Als je te vaak afbrekende taal gebruikt en nooit eens met een grapje de verhoudingen verzacht, dan gaan ministers het vermijden om je vragen te beantwoorden, ze ridiculiseren je voorstellen en dan marginaliseer je je in het Kamerdebat. Soms kun je een appel doen op de Kamervoorzitter om een inhoudelijke, ministeriële reactie te forceren, maar meestal leidt dat tot de dooddoener dat 'de minister over zijn eigen antwoorden gaat'.

Meer nog dan welsprekendheid en vasthoudendheid is manoeuvreerkunst uiteindelijk de kern van goede parlementaire oppositie. Daarbij laat het coalitiebestel weinig ruimte voor initiatief vanuit de oppositie. Parlementariërs kunnen initiatiefwetten en -nota's schrijven, alleen de kans dat ze daarvoor een meerderheid vinden is klein. De coalitiepartijen hebben zich gebonden aan een gedetailleerd regeerakkoord en geven hun stem niet aan een voorstel dat daarmee in strijd is. Zij stemmen ook vrijwel altijd tegen als een minister een negatief advies geeft over een voorstel van de oppositie. De onderwerpen die de oppositie succesvol tot de eindstreep van de parlementaire besluitvorming brengen, worden dan ook vaak spottend 'kruimelwerk' genoemd: datgene wat de coalitiepartijen overlaten. Daar staat tegenover dat elke goede minister zich realiseert dat hij de oppositie liefst wat meer dan kruimels moet gunnen. Oppositieleden ergeren zich luidruchtig aan de geslotenheid en het onderlinge handjeklap van de regeringspartijen, zeker als voorstellen alleen om politieke en niet om inhoudelijke redenen worden genegeerd. En al heeft de oppositie weinig macht, ze hebben vaak wel het luisterend oor van de pers en de kiezers omdat ze minder omfloerst hun standpunten naar voren brengen dan de coalitiepartijen die een breekbaar politiek compromis verdedigen. Een zekere balans in kritiek en steun is dan ook in beider belang, van coalitie en oppositie.

In het najaar van 2009 is van zo'n balans geen sprake meer. Door de ruzies en besluiteloosheid in het kabinet en tussen de coalitiefracties komt alles stil te liggen. Voorstellen vanuit de oppositie, vooral van de VVD, D66 en GroenLinks, om het crisistij te keren met grote economische hervormingen stuiten op een ongezien 'nee' van de coalitiemeerderheid. PvdA, CDA en ChristenUnie durven het geen van alle aan om zelfs maar het kleinste voorstel welwillend te beoordelen omdat dit de onderlinge verhoudingen verder onder druk zet. Als een gevolg van de politieke verlamming in het kabinet zijn de oppositiepartijen gedwongen tot nietsdoen terwijl niet alleen de staatsschuld maar ook de werkloosheid en armoede snel toenemen. Dat leidt tot machteloze boosheid en een gedeeld ressentiment dat Mark Rutte kernachtig verwoordt: 'Regeren of vertrekken.'

Tijdens de Algemene Beschouwingen zet Mark Rutte zijn harde taal kracht bij door een motie van wantrouwen in te dienen tegen het hele kabinet. Voor de bestuurlijke VVD is dat uitzonderlijk en Mark Rutte demonstreert er niet alleen mee dat hij minder regentesk is dan zijn voorgangers maar ook dat hij geen enkel vertrouwen meer heeft in de CDA-premier met wie de VVD de twee voorgaande perioden regeerde. De motie is echter een symbolisch statement, omdat de coalitiemeerderheid er niet over piekert deze te steunen.

Anders dan de SP en de PVV stemt GroenLinks op mijn dringende verzoek en net als D66 tegen. Hoe graag ik het kabinet ook zou zien vertrekken, een motie van wantrouwen vind ik op dat moment misplaatst. Rutte, die tijdens de Algemene Beschouwingen wil demonstreren dat hij als voorzitter van de grootste oppositiefractie ook de leider van de oppositie is, is daar boos over. Ook in mijn fractie is er onbegrip dat ik dit moment om het kabinet naar huis te sturen – al is het maar symbolisch – laat passeren. Dat ik geen inhoudelijke redenen heb voor mijn tegenstem maar vind dat Rutte het machtigste instrument van de Kamer misbruikt, maakt het nog lastiger uit te leggen. In het onwaarschijnlijke geval dat zo'n motie wordt aangenomen is de minister die deze krijgt tegengeworpen gedwongen om af te treden. In de motie van

Rutte wordt zelfs het hele kabinet de wacht aangezegd en moeten er na het aftreden nieuwe verkiezingen worden uitgeschreven. Juist vanwege die macht vind ik dat er heel voorzichtig mee moet worden omgesprongen: als de motie van wantrouwen met mate wordt gebruikt dan weet elke bewindspersoon dat het menens is als het wel gebeurt, ook als de motie het niet haalt. Vanaf de eerste dagen van mijn Kamerlidmaatschap ben ik een hartstochtelijke verdediger van de formele en informele spelregels die het democratische debat in het parlement begeleiden. Zo vind ik dat elke minister zich moet realiseren dat hij een rechtsstatelijk instituut personifieert. Hij is niet toevallig iemand met een mening die tijdelijk een belangrijke plek inneemt maar dé minister, een gezagsdrager die de geschiedenis en koers van zijn departement meetorst. Elke minister is verantwoordelijk voor het gedrag van zijn ambtenaren en voor de fouten die door zijn voorgangers zijn gemaakt, zelfs als hij daar geen weet van heeft gehad. Of die verantwoordelijkheid de minister ook werkelijk wordt nagedragen is een kwestie van proportie: als het historische incident ernstiger is, het departement het bijvoorbeeld langere tijd en opzettelijk heeft verzwegen, kan een latere minister er alsnog door in problemen komen. Die historische verantwoordelijkheid kan geforceerd en tegenover de betrokken minister die wordt afgerekend op gedrag van een voorganger onrechtvaardig overkomen. Maar het is de enige manier waarop de regeringsmacht door het parlement en daarmee door de bevolking kan worden gecontroleerd. In het geval van foute oorlogshandelingen, geschonden mensenrechten of corruptie is het belangrijk dat iemand, ook al is het jaren later, verantwoording aflegt en de macht teruggeeft.

Tegenover die lastige ministeriële verantwoordelijkheid staat dat elke minister door de Kamer wordt vertrouwd totdat het tegendeel blijkt. Grote en zelfs onoverbrugbare politieke meningsverschillen worden uitgevochten in de Tweede Kamer. Die horen bij het gewone politieke verkeer en zijn geen reden om de minister naar huis te sturen. Van wantrouwen is pas sprake als een minister het gewone Kamerverkeer hindert door leugens, het achterhouden of vervormen van informatie of door bedrog. Als ik een paar jaar eerder, in 2006, minister Verdonk de wacht aanzeg is dat niet omdat ik het met haar oneens ben over het intrekken van het paspoort van Hirsi Ali maar omdat zij de democratische spelregels schendt en parlementaire controle daarmee verhindert: ze heeft de Kamer onjuiste informatie gegeven en haar macht misbruikt door een verklaring van Hirsi Ali te eisen.

De motie van wantrouwen van Rutte vind ik lichtzinnig. Hoe groot de onvrede ook is over het uitblijven van maatregelen om de financieel-economische crisis te beteugelen, het conflict erover hoort bij het gewone politieke verkeer. Een verschil van mening is iets anders dan een vertrouwensbreuk.

Behalve de principiële afweging om heel terughoudend te zijn in moties van wantrouwen heb ik nog een reden. Van de paar keer dat ik achter het katheder tegen een minister de formule 'zegt het vertrouwen op en gaat over tot de orde van de dag' heb uitgesproken, weet ik dat het een emotioneel moment is. Ook al haalt de motie het niet en realiseer je je dat het opzeggen van het vertrouwen een symbolische, rituele daad is, er zit wel iemand tegenover je in Vak K die beschadigd raakt door het zwaarste oordeel dat een parlementariër kan vellen. Het besef dat je iemand schade kunt berokkenen dwingt, vind ik, tot voorzichtigheid. Anders verdien je het vertrouwen als parlementariër net zo min.

Een halfjaar later laat ik alle schroom varen. Bij het ontbreken van een politieke agenda voor de komende jaren zet het rottingsproces in de kabinetsverhoudingen versneld door. Tijdens de onderhandelingen over het regeerakkoord in 2006 is afgesproken dat de Kamer geen onderzoek zal instellen naar de politieke steun die de regering in 2003 heeft gegeven aan de inval in Irak. Terecht heeft Wouter Bos dat een 'grote nederlaag' genoemd aangezien de PvdA daar in de voorafgaande oppositiejaren, samen met onder andere GroenLinks, juist voor heeft gestreden. Het is ook nog eens een verontrustende nieuwigheid dat in de onderlinge afspraken tussen coalitiepartijen de bevoegdheden van Kamerleden worden ingeperkt. In de jaren die erop volgen lopen de SP, D66 en GroenLinks eindeloos te hoop tegen de botte weigering van Balkenende en zijn ministers om verantwoording af te leggen over het onjuiste bericht van massavernietigingswapens, de afspraken die er waren met de Verenigde Staten of de rol van de toenmalige minister van Buitenlandse Zaken Jaap de Hoop Scheffer. In opeenvolgende jaren leidt dat ook tot heftige conflicten tussen Balkenende en mij omdat ik zijn systematische weigering om zich te verantwoorden in het algemeen onbegrijpelijk en in deze oorlogskwestie onverdraaglijk vind. Tijdens het slotdebat voor de verkiezingen in 2006, dat op zijn uitdrukkelijke verzoek gaat over normen en waarden, werp ik hem voor de voeten dat hij zelf het verkeerde voorbeeld geeft omdat hij 'weigert de waarheid te vertellen over de manier waarop Nederland de oorlog met Irak is in gesjoemeld'. Balkenende noemt mijn kritiek 'onwaarachtig'.

De weigering van het kabinet wordt onhoudbaar als journalist Joost Oranje van NRC *Handelsblad* begin 2009 een geheime memo publiceert van topambtenaren van Buitenlandse Zaken. Daaruit blijkt dat al in 2003 ambtenaren waarschuwden dat een volkenrechtelijk mandaat voor de Irak-inval ontbrak. De oorlog was, zoals door alle tegenstanders vanaf het begin werd gezegd, illegaal en de argumenten die het kabinet bedacht om de politieke steun toch te rechtvaardigen waren volgens de ambtenaren 'juridische gymnastiek'. Kort daarna erkent de Amerikaanse onderminister Armitage dat de Nederlandse politieke steun had geholpen bij de benoeming van Jaap de Hoop Scheffer tot secretaris-generaal van de NAVO een paar maanden na de inval. Als vervolgens ook nog de Eerste Kamerfractie van de PvdA steun dreigt te geven aan een parlementair onderzoek blijft Balkenende weinig anders over dan bakzeil te halen. Of zoals hij het zelf onnavolgbaar uitlegt: 'De dynamiek rond dit onderwerp begon een eigen leven te leiden.' Inmiddels is er vanuit de Kamer al zestien keer om een parlementair onderzoek gevraagd en alle zestien keer is dat als gezeur en als vragen naar de bekende weg afgewezen.

Het kabinet besluit tot instelling van een onderzoekscommissie onder leiding van de voormalige president van de Hoge Raad Willibrord Davids. Ik reageer in eerste instantie kritisch op de vermeende onafhankelijkheid van de commissie, zeker als Balkenende voorzitter Davids suggereert om in zijn commissie ministers van staat zoals Ruud Lubbers en Wim Kok een plek te geven. Davids schuift die suggestie wijselijk terzijde.

Bijna een jaar later, begin 2010, blijkt dat zorg over de onafhankelijkheid onnodig was: de commissie-Davids komt met een helder en vernietigend rapport over het optreden van de achtereenvolgende kabinetten-Balkenende. Volgens de commissie ontbrak er inderdaad een internationaal juridisch mandaat voor de oorlog. En dat niet alleen. De Kamer was bij herhaling selectief, onjuist en onvolledig geïnformeerd. Het argument van het kabinet om steun te geven – de aanwezigheid van massavernietigingswapens – was 'van een zekere onwaarachtigheid' omdat al snel bekend werd dat die er helemaal niet waren. En premier Balkenende had geen regie en liet de besluitvorming over aan vakministers.

De conclusies leiden tot politiek gespartel. In een razendsnelle reactie in de media schuift Balkenende vooral de beschadigende oordelen terzijde. Daarop reageert de PvdA-fractie woedend en eist een gemeenschappelijk, gematigder kabinetsstandpunt. Als dit er enkele weken later ligt zijn alle messen geslepen. Het is duidelijk dat het CDA geen rebellie van coalitiepartner PvdA accepteert. De PvdA-ministers en -fractie vinden op hun beurt dat het CDA het zelf mag oplossen omdat zij zich altijd hebben verzet tegen de Irak-inval. In de oppositie liggen de belangen verschillend aangezien de VVD als coalitiepartner, en ook Wilders als toenmalig VVD-lid, hebben ingestemd met de Irakoorlog. Voor de andere oppositiepartijen geldt dat zij eindelijk gelijk hebben gekregen. Wel ruiken alle oppositiepartijen bloed. Niet eerder heeft het CDA, premier Balkenende voorop, zo alleen gestaan nu de trouwe Kamermeerderheid van coalitiepartijen wankelt en een onafhankelijke commissie zijn leiderschap onder vuur heeft genomen.

Al voor het begint weet ik dat dit het belangrijkste parlementaire debat is waaraan ik in al die jaren deelneem. Nu de commissie-Davids met terugwerkende kracht ons gelijk uit 2003 vaststelt, neem ik het CDA de naderhand nooit meer betwiste of betwijfelde politieke keuze nog meer kwalijk. In het debat som ik op hoe dramatisch slecht Irak en de regio er sinds 2003 voorstaan. Er zijn meer dan 100.000 doden gevallen, 4 tot 6 miljoen vluchtelingen en ontheemden, de samenleving is tot op het bot ontwricht en een eeuwenoude cultuur is verwoest. Er zijn verhoogde spanningen in de regio die al tot de onveiligste van de wereld behoort en er is een toename van gewelddadige, terroristische aanslagen en technieken, die exportproducten zijn geworden. Er is bovendien, zeg ik in het debat, ‘sprake van aftakeling van het gezag van de Verenigde Naties en het volkenrecht en onttakeling van een Atlantisch bondgenootschap dat mensenrechten en democratie hoog in het vaandel had. De beelden van gemartelde Irakezen in de gevangenis van Abu Ghraib waren wel het meest akelige voorbeeld daarvan.’

Ik realiseer me ook dat dit hét moment is om de bestuursstijl van Balkenende een genadeklap toe te brengen en na zeven jaar van vergeefse pogingen tot een inhoudelijk, betekenisvol debat ben ik daarvoor heel gemotiveerd. Het debat is een inhoudelijke en politieke afrekening én een moment om de macht van het parlement te herstellen door het kabinet te dwingen verantwoording af te leggen en verantwoordelijkheid te nemen voor een onjuiste oorlogsbeslissing en daarmee eindig ik dan ook mijn inleiding tijdens het debat: 'Het rapport-Davids overziend, stelt GroenLinks vast dat het kabinet in 2002 en 2003 in zo'n drie kwartier het principebesluit nam om politieke steun te geven aan een illegale oorlog, waarbij de regie van de minister-president zo goed als ontbrak en waarbij de Kamer onjuist en onvolledig is geïnformeerd om haar steun te manipuleren voor een oorlog die een echec werd. Het kabinet, en in het bijzonder de premier, hebben hiermee het gezag van het democratisch bestuur ondermijnd. Professor en Kamerlid Balkenende formuleerde het in 1999 als volgt: "Het bij herhaling niet of niet voldoende informeren van het parlement bedreigt een betekenisvolle werking van de vertegenwoordigende democratie." Hij concludeerde: "In de huidige beleids- en bestuursstijl, met name in de verhouding tussen regering en parlement, wordt in toenemende mate de rechtsstatelijkheid verruild voor een postmodern relativistisch rechtsbesef. Alles kan, als het maar werkt." Ik had het niet beter kunnen zeggen. Dit is precies wat er aan de hand is en was. Omwille van binnenlandse politieke compromissen en Atlantische witte voetjes is een loopje genomen met de waarheid en is werkelijke waarheidsvinding nog eens jaren tegengehouden: alles kan, als het maar werkt. De premier draagt hiervoor de volle ministeriële verantwoordelijkheid. Dat deed hij toen, dat doet hij nu. Staatsrechtelijk en in vlees en bloed.'

Tijdens het debat blijkt Balkenende daar heel anders over te denken. Hij introduceert de zinsnede 'met de kennis van nu...' die hij te pas en te onpas, tijdens het debat en erbuiten tegen de pers debiteert. Hij erkent, zegt hij, 'met de kennis van nu', dat het beter was geweest als er wel een mandaat van de Veiligheidsraad was geweest maar met 'de kennis van toen' heeft hij juist gehandeld. Het is pertinente onzin – ook toen regende het waarschuwingen – die enkel een politiek doel dient: het vege lijf van de premier te redden. Soms zegt hij hetzelfde in andere woorden: 'Ik wil duidelijk markeren dat dit kabinet niet de besluitvorming van 2003 kan overdoen. Dat is nu eenmaal een historisch gegeven. Evenmin kan dit kabinet de recensent zijn van het toenmalige kabinet.'

Het debat ontaardt in een gevecht dat uren duurt. Later wordt berekend dat ik Balkenende drieëndertig keer interrumpeer, bijna zonder uitzondering om hem te dwingen zijn ministeriële verantwoordelijkheid te erkennen. Of zoals ik het daar verwoord: 'Premier Balkenende nummer vier blijkt niet in staat om een oordeel te vellen over premier Balkenende de Eerste. Dat is toch gek, omdat beide dezelfde personen zijn.' Maar naarmate ik cynischer word, wordt Balkenende vager: 'Wanneer het zo is dat zaken niet kunnen kloppen omdat de gegevens niet bekend waren, is daarin tekortgeschoten. Ik zeg "als, als". Wat in die tijd speelde, was natuurlijk toch de grote mate van onzekerheid. Wij wisten het niet.'

Samen met vooral Alexander Pechtold en Agnes Kant verdrink ik in de wolligheden die Balkenende routineus over ons uitstort in de veilige wetenschap dat de zwijgende PvdA en ChristenUnie hem net voldoende politieke steun geven om na het debat door te gaan.

Met dit politieke opportunisme overschrijdt hij voor mij een grens. Aan het einde van het debat dien ik een motie van wantrouwen in tegen de premier met als belangrijkste motivatie dat 'de parlementaire democratie wordt bedreigd nu er geen erkenning plaatsvindt van het verschaffen van onjuiste, onvolledige en selectieve informatie en daaraan dus ook op geen enkel moment politieke consequenties worden verbonden'. Het is in de parlementaire geschiedenis niet eerder gebeurd dat het vertrouwen in de premier zelf, en niet in een vakminister of in het hele kabinet wordt opgezegd. De motie wordt verworpen: de coalitiepartijen stemmen tegen, net als de VVD en de SGP. Voor mij is de motie veel meer dan een rituele politieke handeling. De herhaalde weigering zich te verantwoorden, het gebrek aan historisch besef waardoor een desastreuze oorlogsbeslissing zonder verklaring blijft, vind ik niet verteerbaar. Er is, zeg ik aan het einde van het debat, 'geen sprake van deemoedigheid'. En die had er wel moeten zijn.

Vier dagen later, op 20 februari 2010, valt het kabinet. De directe aanleiding is niet de verantwoording over de Irak-inval maar een hoogoplopend conflict over de missie in de Afghaanse provincie Uruzgan. Tegen de zin van de PvdA in wil het CDA instemmen met het verzoek van de NAVO om nog één keer, tot augustus 2011, de militaire operatie te verlengen. Het is geen inhoudelijk conflict over de oorlogsvoering in Afghanistan of het lot van de Nederlandse soldaten, maar over de vraag wie de waarheid spreekt over de besluitvorming. Volgens Verhagen hebben de PvdA-ministers eerder ingestemd met het verzoek tot verlenging, vicepremier Wouter Bos bestrijdt dit hevig. Hij zegt al langer duidelijk te hebben gemaakt tegen te zijn. In een op de valreep georganiseerd spoeddebat spreken Balkenende en Bos elkaar openlijk tegen en suggereren zij, daarin gesteund door hun partijgenoten Maxime Verhagen en Bert Koenders, dat de ander liegt. Geen van de Kamerleden in de oppositie heeft er nog veel aan toe te voegen, behalve dat het een beschamend tafereel oplevert. Er is geen eenheid van kabinetsbeleid meer nu de ministers weigeren gezamenlijke verantwoordelijkheid te dragen voor hun beslissingen. In plaats daarvan wordt in de plenaire zaal een toneelstuk opgevoerd door partijpolitici die hopen dat hun vlucht uit een impopulair kabinet hun stemmen oplevert bij de gemeenteraadsverkiezingen een kleine maand later.

Met de val van het vierde kabinet komt er ook in één klap een einde aan de missie in Uruzgan en lijkt Nederland na jaren geen internationale rol meer te spelen. De GroenLinks-fractie heeft altijd tegen de Uruzgan-missie gestemd. Hoewel de regering deze een opbouwmissie noemt, ondersteunen de Nederlandse militairen namelijk ook de agressieve Amerikaanse militaire operatie Enduring Freedom waardoor een groot aantal Afghaanse burgers de dood vindt. Tegelijkertijd vinden wij het een slechte ontwikkeling dat nu elke Nederlandse bemoeienis met Afghanistan eindigt, terwijl het land zich in een heel kwetsbare overgangssituatie bevindt na het verjagen van het talibanbewind. Er is nauwelijks een functionerende rechtsstaat, de politici zijn overwegend corrupt en de belofte van vrijheid, vooral voor vrouwen, is niet gestand gedaan. In de weken na de val, als de voormalige ministers elkaar schuld blijven toeschuiven, blijkt dat de PvdA in een laatste poging tot een compromis heeft geprobeerd steun te vinden voor een verzoek van de NAVO om bij een weigering de Uruzgan-missie te verlengen, in ieder geval politietrainers naar Afghanistan te zenden. Samen met Alexander Pechtold maakt onze buitenlandwoordvoerder Mariko Peters een motie waarin de regering wordt verzocht om te onderzoeken of als bijdrage aan de wederopbouw het zinvol is om politietrainers naar Afghanistan te sturen. De 'Kunduz-motie' – zoals deze later bekend wordt – is deels inhoudelijk gemotiveerd en deels een strategische toets voor de PvdA die dit zelf heeft voorgesteld en volhoudt in Afghanistan te willen blijven investeren. De motie wordt met een grote meerderheid aangenomen, alleen zonder steun van de PvdA. Het demissionaire kabinet laat na een eerste onderzoek van de mogelijkheden weten dat ze de besluitvorming over de Kunduz-motie overlaat aan een nieuw kabinet.

Een paar maanden later tref ik Jan Peter Balkenende in het Torentje, waar hij als demissionair premier de wacht houdt tot er een opvolger aantreedt. Na ons eerste mislukte gesprek ben ik er nog een enkele keer geweest. Onveranderlijk was het gesprek moeizaam en gereserveerd. Deze keer is dat anders. Inmiddels zijn de verkiezingscampagnes in volle gang. Bij de gemeenteraadsverkiezingen hebben de drie coalitiepartijen, zoals te verwachten was na de ruzies in het kabinet, verloren. Wel behoudt het CDA de meeste gemeenteraadszetels van alle partijen en doet de PvdA het beter dan was te verwachten op basis van de peilingen voor de verkiezingen. Wouter Bos concludeert zelfs monter dat de PvdA terug is: 'We waren al doodverklaard en begraven maar zijn met strijd, zelfvertrouwen, nederigheid en idealisme teruggekomen.'

Dat verhindert Bos niet om zich een week na de gemeenteraadsverkiezingen toch terug te trekken. 'Mijn motieven,' zegt hij in een verklaring, 'liggen thuis. Als ik door zou gaan en premier zou worden na 9 juni, zie ik mijn eigen kinderen niet opgroeien. Dat is het me niet waard. De politiek eist een zware tol van je privéleven.' Een paar dagen later maakt Job Cohen, burgemeester van Amsterdam, bekend beschikbaar te zijn als politiek leider van de PvdA.

Ik bekijk de machtswisseling in de PvdA met gemengde gevoelens. Bos' vertrek stemt me enigszins nostalgisch. We zijn als leeftijdsgenoten in 1998 gelijktijdig begonnen en hebben, zij het niet altijd even harmonieus, in twaalf jaar veel samen meegemaakt. Het argument voor zijn vertrek maakt me ook een beetje jaloers. Zijn uitgesproken keuze voor zijn gezin, de publieke boodschap die hij daarmee aan zijn kinderen afgeeft is mij niet gegund. Uitgesproken door een vrouw zou het argument als een zwaktebod kunnen worden ervaren en daarmee zou ik ook een verkeerd voorbeeld kunnen geven aan jonge vrouwen die in mijn voetsporen willen treden.

De dood van Kees' zoon en de ziekte van mijn lieve vriendin hebben in de maanden voorafgaand aan de val van het kabinet de terugkerende twijfel over de zin van mijn politieke bestaan weer doen oplaaien. Alleen anders dan op eerdere momenten waarop de verleiding van weggaan groot was, twijfel ik deze keer niet aan mijn eigen capaciteiten, noch ben ik bang om weggestuurd te worden door mijn eigen partij. Sinds een klein jaar heb ik de wind in de rug.

In peilingen blijk ik een heel populaire politieke leider en niet alleen voor mijn eigen kiezers maar ook en vooral voor de kiezers van andere partijen. In de Kamer heb ik aan gezag gewonnen, zelfs al interrumpeer ik dikwijls nog evenveel en driftig als in mijn eerste jaren. Dat komt in de eerste plaats door de 'vlieguren' die ik heb gemaakt, de honderden debatten die ik in de loop van de jaren heb gedaan. Ik ken alle dossiers, net als de geschiedenis van de debatten erover, en ben daardoor snel en voor de ministers gevaarlijk. Wat ook helpt is mijn samenwerking met Pechtold en in mindere mate met Rutte, met wie ik – ook bij onderwerpen waarover we tegengestelde meningen hebben – dikwijls een-tweetjes bedenk om het kabinet in het nauw te brengen. Vooral Pechtold en ik doorkruisen nooit elkaars interrupties met heel andere onderwerpen, maar bouwen samen de aanval tegen de regering op. We gunnen elkaar wat, geven aardige oordelen over elkaar en bevestigen daarmee elkaars kwaliteiten en vermogen tot samenwerking. Zeker in de maanden dat het kabinet bezig is te vallen opereren Pechtold en ik in de Kamer zo hecht dat we in de wandelgangen de bijnaam Knabbel en Babbel krijgen.

In dezelfde periode ontvang ik ook de Thorbeckeprijs voor 'politieke welsprekendheid'. Het is de meest prestigieuze politieke prijs die maar eens in de twee jaar wordt uitgereikt en waarin ik illustere voorgangers heb als Hans van Mierlo, Frits Bolkestein en Paul Rosenmöller. Bij de uitreiking zegt juryvoorzitter Frans Weisglas: 'Met een mix van vaak gespeelde boosheid, creativiteit en werkelijke charme weet zij tegenstanders in een debat in de hoek te drijven. Maar zij kan het ook opbrengen om af en toe haar ongelijk uit te spreken en haar eigen rol en positie te relativeren.'

Boven op die waardering omhelzen de media mij als een lieveling. Het ene na het andere lange interview verschijnt in de kranten en weekbladen en met grote regelmaat word ik uitgenodigd in actualiteitenprogramma's en talkshows om maatschappelijke en politieke gebeurtenissen te becommentariëren. Een paar dagen na de val van het kabinet roept PvdA'er Felix Rottenberg in *De Wereld Draait Door* zelfs dat Nederland mij nodig heeft als premier. Het vleit me en maakt me vrolijk zonder me werkelijk het hoofd op hol te brengen. Uit ervaring weet ik dat populariteit zo weer voorbij kan zijn, zoals er ook maar krap een jaar zit tussen de verkiezing van Wouter Bos tot 'Nederlander van het jaar' en zijn vertrek als politicus nadat hij als minister is afgetreden.

Mijn populariteit heeft ook nauwelijks gevolgen voor die van GroenLinks. Terwijl ik in DWDD word uitgeroepen tot de ideale premierskandidaat wint GroenLinks bij de gemeenteraadsverkiezingen maar heel bescheiden. De kritische debatanalist Lars Duursma merkt daarover op: 'Het politieke spel lijkt Halsema vanaf de zijlijn te analyseren. Meer nog dan als politiek leider, profileert ze zichzelf als politiek analist. Tijdens Kamerdebatten is Halsema feller en legt ze meer nadruk op voor haar belangrijke thema's, maar debatteert ze vanuit dezelfde rol.' Hij concludeert dat ik faal om een breder publiek te bereiken omdat ik te rationeel argumenteer en daardoor verhinder dat 'mensen er iets bij voelen'.

Dat commentaar is niet nieuw en daarvan ben ik me ook bewust als ik bewierookt word. Sinds het begin van mijn fractievoorzitterschap heb ik me verzet tegen populisme, tegen het gebruiken van de sentimenten over 'Henk en Ingrid' en andere vaak kwetsbare burgers voor het eigen politieke gewin. In de loop van de jaren ben ik daarover niet minder dwars geworden, alleen heb ik mijn populistische tekort verevend met beter uitgewerkte, abstracte opvattingen. En dat heeft me een eigen, onafhankelijke positie gegeven in de politiek, niet alleen ten opzichte van politieke concurrenten maar ook ten opzichte van mijn eigen partij. Of zoals Mark Rutte het vriendelijk zegt: 'Je hebt GroenLinks en je hebt Femke, zij is een partij van zichzelf.'

Alleen, om na jaren van worstelen met negatieve oordelen te worden gebombardeerd tot het leukste meisje van de klas, heeft op mij ook een ander effect. Ik begin me een beetje te vervelen. De angst om te breken of te worden afgebroken valt weg en het politieke bestaan is bijna comfortabel. Ik werk hard, geef mijn meningen en interviews, leg bezoeken af door het hele land maar voel me niet meer uitgedaagd zoals dat jarenlang wel het geval was. In een interview in *Vrij Nederland* zeg ik zelfs: 'Ik [ben] mezelf in de loop der tijd meer als een product gaan beschouwen – waarbij ik er wel enig plezier aan kan ontlenen om dat product te perfectioneren.'

In de gesprekken die ik in het voorjaar van 2010 met het partijbestuur en de selectiecommissie voor de Tweede Kamerverkiezingen voer geef ik dan ook aan dat het bijna op is. Niet omdat ik me zoals eerdere keren uitgeput of verdrietig voel maar omdat de routine te groot aan het worden is. Ik wil GroenLinks nog wel aan een overwinning helpen, zeker nu deze zich voor het eerst in jaren lijkt aan te dienen. En net zo graag wil ik GroenLinks op het pluche proberen te krijgen nu, na de breuk tussen PvdA en CDA, alle coalities tot de mogelijkheden behoren. Maar in de komende jaren vertrek ik ook.

Terwijl ik optimistisch de verkiezingscampagne in ga, neemt in het Torentje bij Jan Peter Balkenende de ontreddering toe. Op de dag dat het kabinet valt heeft het CDA-bestuur besloten om hem opnieuw tot lijsttrekker te kiezen. In de maand daarna begint het te rommelen: lokale CDA'ers zeggen openlijk geen vertrouwen meer te hebben in de politicus die al zijn kabinetten voortijdig zag stranden.

In de PvdA heeft Job Cohen een geweldige start gemaakt. Na zijn staatssecretariaat voor Vreemdelingenzaken heeft hij zich ontwikkeld tot een heel populaire burgemeester van Amsterdam. Hij staat bekend als rustig, aardig en zich boven de partijen stellend. Na het geruzie tussen CDA en PvdA vinden kiezers zijn innemende kalmte een verademing. Daarbij hoeft de PvdA zich weinig zorgen te maken om de SP, waar Agnes Kant is afgetreden na slecht verlopen gemeenteraadsverkiezingen. Haar opvolger, Emile Roemer, is nog onbekend en geldt nauwelijks als een concurrent. Alexander Pechtold maakt zich ook weinig zorgen. Nadat D66 in 2006 werd teruggebracht tot drie zetels kan hij alleen maar winnen. De vraag is wel hoeveel. Aan de rechterkant van de politiek maakt Mark Rutte zich fluitend op voor de verkiezingsstrijd. De herinneringen aan de akelige gevechten met Rita Verdonk zijn verbleekt en Rutte wordt door vriend en vijand geroemd om zijn politieke behendigheid en slimheid. Zijn enige zorg is Geert Wilders, die onverminderd populair is en volgens de peilingen zijn tweede grote overwinning op rij gaat behalen.

Als de verkiezingscampagnes in april eenmaal op gang komen, gaat al snel het gerucht dat de PvdA en de VVD een politieke deal hebben gesloten: Cohen is gezien terwijl hij de kamer van Rutte verliet. Tijdens de eerste debatten lijkt die deal bevestigd te worden. Rutte en Cohen richten zich in venijnige debatten alleen tot elkaar en negeren alle anderen. Ze zijn er zichtbaar op uit om er net als in de vorige verkiezingen een premiersstrijd van te maken. Als kiezers beheerst raken door de vraag 'wie de grootste wordt' weten de twee strijdende partijen dat alle stemmen hun kant op komen. Ik zie het met lede ogen aan. Ook tijdens eerdere verkiezingen kostte de premiersstrijd GroenLinks veel stemmen. Linkse kiezers durfden het simpelweg niet aan om op een kleine linkse partij te stemmen als dat betekende dat het CDA of de VVD en niet de PvdA de premier zou leveren. Daarbij denk ik dat Cohen een onverantwoord risico neemt. In zijn eerste debatten lijkt hij niet de juiste toon te vinden, hij hakkelt en beweegt ongemakkelijk. Rutte, snel en ervaren, is hem makkelijk de baas. Als Cohen niet uitkijkt, denk ik, dan maakt hij Rutte nog tot premier.

Als ik de agressieve paringsdans tussen VVD en PvdA een paar weken heb aangezien, neem ik in overleg met mijn campagneteam een besluit. Op straat, voor de Kamer, spreek ik Jeroen de

Graaf aan, de belangrijkste adviseur van Balkenende. 'Ik denk dat Balkenende en ik elkaar eens een keer moeten helpen,' zeg ik. Hij is minder verrast dan ik verwacht en nadat ik mijn opmerking heb toegelicht zegt hij dat Jan Peter en hij precies dezelfde gedachte hadden. Deze keer komt de afspraak met de premier binnen een paar dagen tot stand.

Eenmaal in het Torentje ontvouwt zich voor het eerst in de acht jaar dat we tegenover elkaar staan een opener gesprek. Het plan is eenvoudig. Wat Rutte en Cohen kunnen, dat kunnen wij ook. In hun gekunstelde tweestrijd wordt het CDA consequent genegeerd als een onbelangrijke speler. Dat leidt ertoe dat CDA-stemmers de stap zetten naar de VVD. Het belang van Balkenende om de VVD niet te groot te laten worden is ook het mijne. Niet alleen is de kans dat de PvdA dan wint groter en als de PvdA al voor de verkiezingen een grote voorsprong heeft op CDA en VVD dan is de kans kleiner dat GroenLinks-kiezers op het laatste moment overstappen.

We spreken af dat we elkaar aanvallen op onderwerpen die voor ons beider profiel gunstig zijn. Bijvoorbeeld over het drugsbeleid hebben wij heldere tegengestelde meningen en een conflict daarover helpt ons allebei. Er zijn ook onderwerpen die de VVD en de PvdA graag willen mijden en die daarom goed voor ons zijn om aan te kaarten. We spreken af het debat met elkaar te zoeken, in plaats van met de VVD en de PvdA, zodat we niet genegeerd kunnen worden. Onze medewerkers zullen opletten als zich actualiteiten en kansen aandienen om ons te profileren.

Van het plan komt niets terecht. Acht jaar zorgvuldig opgebouwde argwaan, gekoesterde ontkenning van elkaar laat zich niet in een paar maanden repareren tot geraffineerde samenwerking. En het moment is slecht gekozen. Terwijl ik zelfverzekerd afkoers op de eerste echte overwinning in mijn inmiddels twaalf jaar durende politieke loopbaan, lijkt Balkenende elke dag meer grip te verliezen. In debatten mist hij overwicht en zelfvertrouwen en in het verkiezingsgeweld van Rutte en Cohen is hij nauwelijks zichtbaar of blundert hij opzichtig. Tijdens het grote verkiezingsdebat dat RTL in Carré in Amsterdam organiseert zegt Balkenende tegen interviewster Mariëlle Tweebeeke als hij het antwoord op een vraag niet weet: 'U kijkt zo lief.' Bij de borrel vertel ik de andere interviewer, Rick Nieman, dat ik na afloop van het debat half ernstig, half grappend tegen Balkenende heb gezegd dat ik hem een knietje zou hebben gegeven. Ik heb me nog niet omgedraaid of Nieman maakt dat bekend, wat voor mij onfortuinlijk is. Niet alleen word ik daardoor deel van Balkenendes blunder die op tv eindeloos wordt herhaald, in zijn kamp wordt mijn opmerking niet erg gewaardeerd. Mij spijt de opmerking. Balkenende is duidelijk uit zijn element en dat is niet het moment voor een grap ten koste van hem.

Bij de verkiezingen wint GroenLinks drie zetels, wat na alle magere jaren als een daverende zege wordt gevierd. Het CDA wordt gehalveerd. Al op de uitslagenavond kondigt Balkenende zijn vertrek aan. Ten overstaan van een afgeladen zaal met bedrukt kijkende CDA'ers zegt hij: 'Deze verkiezingsuitslag noopt tot het nemen van politieke verantwoordelijkheid.' De cynische reactie die opkomt druk ik onmiddellijk weg als ik zie dat Balkenende zijn hoofd even tegen dat van zijn vrouw legt. Dezelfde avond bel ik hem, wens ik hem sterkte en bedank ik hem voor de samenwerking.

15

De strijd om het pluche

Een wenteltrap leidt naar het dak van de Eerste Kamer. Daar aangekomen kunnen we ons lachen niet inhouden: Mark Rutte, Alexander Pechtold en ik. Zelfs Job Cohen, die een paar minuten later arriveert, lijkt zijn slechte humeur beneden te hebben achtergelaten. Buiten op het plein hangen journalisten tegen de dranghekken aan, wachtend op nieuws over de formatie. In de statige kamer met de ovale tafel op de eerste verdieping waar de onderhandelingen nu twee weken aan de gang zijn, wachten de informateurs Jacques Wallage en Uri Rosenthal. Zij hebben geen idee waar we zijn en wij maken ons vrolijk over de beteuterde gezichten die we vermoeden. We moesten even weg uit de gespannen atmosfeer beneden waar de informateurs de vergaderorde koste wat kost bewaren, ook als dat niet nodig is. Spontane ingevingen worden afgehamerd, formalisme en gewichtigdoenerij regeren en de pikorde van grote en kleinere partijen wordt nauwkeurig in de gaten gehouden om te voorkomen dat Alexander of ik domineren.

Het waait, de zon weerkaatst op het dak en als het niet heiig was geweest dan hadden we tot aan de zee kunnen kijken. Ik steek een sigaret op. Alleen op het dak kan ik roken zonder gefotografeerd te worden. We praten door elkaar heen, snel en gehaast. Als we twintig minuten later beneden komen zegt Rutte tegen de informateurs: 'We zijn eruit. We willen nog maar acht programmaministers, die vanaf één plek als team het land besturen. Er mogen twaalf of veertien staatssecretarissen bij.' Wallage en Rosenthal kijken ons stomverbaasd aan.

Voor de onderhandelingen van Paars Plus heb ik samen met Alexander Pechtold hartstochtelijk gepleit. Een kabinet van VVD, PvdA, D66 en GroenLinks dat het hele politieke midden omspant, lijkt mij het beste in staat om een antwoord te geven op de financieel-economische crisis. De overheid kampt met een snel oplopende staatsschuld en er zijn ruwweg drie manieren om deze te verminderen. Er kan fors bezuinigd worden op publieke en sociale voorzieningen. Dit geeft direct enig soelaas maar creëert ook grote, nieuwe problemen als armoede en sneller oplopende werkloosheid. De belastingen kunnen worden verhoogd maar dat heeft economische nadelen en is politiek onbespreekbaar. Of er wordt gekozen voor grote economische en sociale hervormingen waardoor de uitgaven van de overheid dalen en de inkomsten stijgen. Bijvoorbeeld door verhoging van de AOW-leeftijd met een aantal jaren nemen de uitgaven van de overheid fors af en datzelfde geldt voor het beperken van de aftrekposten voor hypotheekrente en pensioenpremies. Hoewel geen enkele partij aan alle drie maatregelen ontkomt zijn er grote variaties in de mate waarin partijen bijvoorbeeld willen bezuinigen of de belastingen willen verhogen.

GroenLinks heeft haar kaarten vooral gezet op grote hervormingen. Niet alleen denken wij de overheidsfinanciën daarmee ook op de lange termijn steviger te maken maar daarnaast de economie een duurzame richting op te kunnen duwen. Wij willen bijvoorbeeld dat mensen gaan betalen voor autorijden in plaats van voor autobezit door een kilometerheffing in te voeren. We zijn daarnaast voorstander van een hogere AOW-leeftijd en van afschaffing van de hypotheekrenteaftrek.

Ik ben ook een aanhanger van Paars Plus omdat ik denk dat na de jaren van politiek geruzie linkse en rechtse partijen samen een antwoord moeten geven op de toenemende polarisatie. In een ingezonden artikel in *de Volkskrant* net na de gemeenteraadsverkiezingen begin maart heb ik een waarschuwing afgegeven aan mijn collega's: 'Politici, polariseer het land niet kapot!' Ik maak me grote zorgen over de vlucht naar de politieke flanken, naar PVV en SP, schrijf ik, waardoor de 'regeerbaarheid van het land onder zware druk staat': 'Politieke instabiliteit is hand in hand gegaan met culturele polarisatie en economische onzekerheid, waarbij de klassieke machtspartijen hebben nagelaten een verweer te formuleren tegen opkomend rechts en links populisme.' En ik roep mijn collega-politici op om in opvattingen, toon en stijl een cultuurbreuk te forceren door inhoudelijke verschillen niet als onverzoenlijk op te kloppen, van politieke verschillen geen persoonlijke vetes te maken zoals PvdA en CDA hebben gedaan en van de Kamerverkiezingen geen premiersverkiezingen te maken.

Vanaf het begin van de campagne voor de landelijke verkiezingen vergroot ik – in het *Volkskrant*-artikel en bij andere mediaoptredens – bewust mijn rol uit als politiek analist, als routinier die boven het gekissebis uitstijgt. In het campagneteam van GroenLinks zijn wij ons ervan bewust dat mijn bijna apolitieke positie voor- en nadelen heeft. Het grootste nadeel is dat ik vooral een aantrekkelijke politicus ben voor mensen die niet op GroenLinks willen stemmen. Een variant op de uitspraak 'GroenLinks is niet mijn partij maar u vinden we wel goed' hoor ik dagelijks op straat. Met mijn aanwezigheid bestrijd ik het vooroordeel over GroenLinks als een verzameling fanatieke wereldverbeteraars, vooral bij kiezers aan de andere kant van het politieke spectrum. In de peilingen wordt GroenLinks tegelijkertijd maar bescheiden winst voorspeld.

Een belangrijk voordeel is dat ik me zichtbaar prettig voel naarmate ik meer als een commentator en minder als een partijpoliticus naar voren treed. Al zal de winst die we behalen dan geringer zijn, daartegenover staat mijn grotere gezag en populariteit. Of zoals *de Volkskrant* de verandering duidt die ik heb doorgemaakt: ‘van een gelijkhebberige politicus tot een vrouw met aanzien’.

Doordat mijn positie is veranderd neemt de macht van GroenLinks in Den Haag toe. Door andere partijen – ook het oude establishment van PvdA, CDA en VVD – wordt GroenLinks niet meer weggeduwd als een niet serieus te nemen partij in de marge. Veel meer dan in eerdere jaren is de partij een kandidaat om te regeren. In het campagneteam hebben wij besloten om dat zoveel mogelijk te benutten. Voor de verkiezingsposters hebben wij gekeken naar afbeeldingen van vrouwen met macht, zoals Hillary Clinton en Angela Merkel. Het resultaat is dat ik nogal conservatief word afgebeeld in een zachtgrijs colbert terwijl ik met de armen in de zij de kiezer ernstig en vastberaden aankijk. Om elke laatste twijfel weg te nemen over de daadkracht die ik verbeeld is gekozen voor de slogan ‘Klaar voor de toekomst’. Dat is een subtiele correctie op de slogan van de vorige verkiezingen waarin wij vooral ‘zin in de toekomst’ hadden.

Anders dan ik hoop neemt tijdens de campagne voor de landelijke verkiezingen de polarisatie juist toe. Week na week kloppen PvdA en VVD de onderlinge verschillen op. Balkenende probeert daarop zonder succes in te breken en Wilders valt traditiegetrouw het hele politieke establishment aan. Alle andere partijen, zelfs de relatief grote SP, worden weggedrukt in de premiersstrijd tussen Rutte en Cohen en hebben, naarmate de campagne vordert, steeds meer moeite om zichtbaar te zijn. De verkiezingsuitslag laat grote politieke fragmentatie zien. De VVD heeft fors gewonnen en is met 31 zetels de grootste partij geworden. Voor de grootste partij is dat echter opvallend klein. De PvdA heeft haar zeteltal behouden en heeft 30 zetels, gevolgd door de PVV met 24, het CDA met 21 en de SP met 15. GroenLinks en D66 hebben beide 10 zetels. Anders dan de afgelopen decennia is er geen sprake meer van twee of drie grote partijen die onderling een akkoord sluiten maar zijn er een heleboel middelgrote partijen. Er is geen meerderheid meer voor een tweepartijenkabinet. Wat wel kan is een kabinet van VVD, CDA en PvdA maar Job Cohen zegt onmiddellijk dat niet te willen. Dat is niet vreemd na het geruzie tussen het CDA en de PvdA de afgelopen periode. Een tweede optie is een kabinet van VVD, CDA en PVV. Mark Rutte, de grote overwinnaar en daarmee ook de spelbepaler na de verkiezingen, geeft daaraan de voorkeur. Dat geldt niet voor Maxime Verhagen die na het vertrek van Balkenende als nieuwe fractievoorzitter van het CDA de eerste man is. Een jaar eerder heeft Verhagen nog gezegd dat hij 'niet wil leven in het land van Wilders' en in het CDA bestaat er grote weerzin tegen Wilders' kruistocht tegen de islam. Een belemmering is ook dat de PVV geen zetels heeft in de Eerste Kamer, waardoor dit kabinet daar geen meerderheid zou hebben.

Al voor de verkiezingen spreken Alexander Pechtold en ik af om samen op te trekken tijdens coalitieonderhandelingen. We hebben beiden grote voorkeur voor een Paars Plus-kabinet, of 'paarsgroen' zoals wij het bij GroenLinks consequent noemen omdat een plusje ons te min is. Het CDA heeft inmiddels bijna een decennium geregeerd en dat heeft vooral fantasieloze bezuinigingen opgeleverd, een naargeestige politieke cultuur van ruzie en geroddel en een antipolitiek maatschappelijk klimaat waarin politici synoniem zijn aan 'draaiers'. Ik beschouw Mark Rutte, net als Alexander Pechtold, als een bondgenoot. Dat is veel minder een kwestie van gezamenlijke opvattingen dan van politieke stijl en ambitie. We delen onze afkeer van de bestuurdersmentaliteit die vooral de christen- en sociaaldemocraten kenmerkt. We willen af van de talloze geheime overleggen 'in de achterkamers' om het democratische debat te vermijden, het rondvertellen van nare nieuwtjes om tegenstanders in diskrediet te brengen en het ongegeneerde lobbyen om eigen partijgenoten op machtige bestuurlijke posities te krijgen. In het najaar van 2009, een halfjaar voordat het vierde kabinet-Balkenende valt, hebben we samen met de andere fractievoorzitters een reis gemaakt naar Suriname. Daar trekken we zoveel met elkaar op dat het ook de meegereisde journalisten opvalt, die onderling een 'roti-akkoord' tussen ons voorspellen. Dat klopt in zoverre dat Alexander en ik de reis gebruiken om het taboe op een paars kabinet, dat sinds de Fortuyn-revolutie heerst, te doorbreken. Zeker met de toevoeging van GroenLinks kan dat een andere, moderne en niet-regenteske allure krijgen, althans dat hopen wij. We zijn leeftijdsgenoten, leden van de generatie Nix en producten van de ontzuiling, die genoeg hebben van kunstmatige polarisatie tussen partijen die daarna voor de zoveelste keer met elkaar gaan regeren. We willen uitstralen dat we elkaar respecteren, dat we bereid zijn om samen te werken en dat wij geen deel uitmaken van de traditionele Haagse kaste die vooral uit is op het eigen partijpolitieke gewin. Alexander en ik zijn daar uitgesproken in, Mark Rutte lijkt ons erin te steunen.

Alexander en ik realiseren ons dat D66 dichter bij de VVD en GroenLinks dichter bij de PvdA staat, maar we zijn het erover eens dat we beter eerst een compromis met elkaar kunnen sluiten dan ieder voor zich de strijd aan te binden met de grotere partijen. In de jaren voorafgaand aan 2010 zijn GroenLinks en D66 naar elkaar toegegroeid. In onze twee partijen leeft dezelfde verontwaardiging over de xenofobie en islamhaat van Wilders, en over de stilte erover bij het traditionele politieke establishment van VVD, CDA en PvdA. Sinds de crisis wedijveren we in het belang dat we hechten aan grote economische hervormingen, en ook daarin onderscheiden we ons van het meer behoudende deel van het parlement dat zich uitstrekt van de SP tot de PVV. We vinden dat verhoging van de AOW-leeftijd en het inperken van de aftrek van hypotheekrente en pensioenpremies voorrang moeten krijgen. We vinden dat er veel geld moet naar onderwijs en dat een baan vinden belangrijker is dan de jaarlijkse polderoverleggen over 1% inkomensstijging. En we denken dat dit opweegt tegen de verschillen die er ook zijn in onze opvattingen over belastingen en de herverdeling van welvaart of de wens om harde grenzen te stellen aan milieuvervuiling.

Na de verkiezingen benadert Job Cohen ons beiden met hetzelfde strategische verzoek. Hij wil afspreken dat PvdA, D66 en GroenLinks elkaar vasthouden in de komende kabinetsonderhandelingen. Zowel Alexander als ik blijf daar vaag over. We willen heel graag dat de PvdA zich onomwonden uitspreekt voor Paars Plus maar we willen Mark Rutte niet van ons vervreemden door een homogeen links blok tegenover hem te plaatsen. Als we ook maar de kleinste kans willen hebben op een Paars Plus-kabinet dan moet Rutte zich serieus genomen voelen.

Er is nog een reden om de PvdA op afstand te houden. Pechtold en ik zijn beiden na de verkiezingen ook nog gebeld door Maxime Verhagen, met de vraag of wij eventueel willen deelnemen aan een kabinet met CDA, VVD en de ChristenUnie. We hebben hem een gelijkluidend antwoord gegeven. Het heeft bepaald niet onze voorkeur, zeggen we, maar als dit uiteindelijk de enige manier is om de PVV uit de regering te houden dan willen we erover nadenken. In dat geval laten we de PvdA vallen. Voor D66, dat acht jaar eerder ook met de VVD en het CDA regeerde, is dat niet zo opzienbarend maar voor GroenLinks is het revolutionair: niet alleen dat we een coalitie overwegen met twee rechtse partijen maar vooral bereid zijn over de PvdA heen te stappen. PvdA'ers gaan ervan uit dat GroenLinks als een klein zusje loyaal opereert, zonder dat – overigens – met dezelfde trouw te beantwoorden. Voor hen is het onbestaanbaar dat GroenLinks onafhankelijk van hen regeert en het is precies die bestuurlijke arrogantie waardoor ik afstand houd en de fractie nu haar eigen koers kiest.

Mark Rutte geeft dubbele signalen af. Hij laat mij persoonlijk weten voorkeur te hebben voor Paars Plus maar vindt dat hij de PVV niet kan passeren. Hij is ook, en begrijpelijk, bang voor de electorale gevolgen voor de VVD als de miljoenen rechtse kiezers hun stem beloond zien met een centrumlinks kabinet. Als we met elkaar bellen dan zoekt hij mijn begrip dat een Paars Plus-kabinet meer voor de hand ligt in een volgende periode als hij zich eerst als premier heeft kunnen bewijzen en de PVV als regeringspartij zijn aantrekkingskracht is kwijtgeraakt. Ik denk dat hij zich rijk rekent en een risico neemt door de PVV toegang tot de regering te geven. Voor de aanname dat regeren Wilders minder populair maakt, heeft hij geen enkel bewijs, net zo goed vestigt hij daarmee definitief de macht van de PVV.

Op zijn verzoek wijst de koningin VVD-senator Uri Rosenthal aan als informateur. Voor GroenLinks en D66 is dat slecht nieuws. Rosenthal staat bekend als een conservatieve liberaal die eerder zal kijken naar CDA en PVV dan naar progressieve partijen. Koningin Beatrix geeft Rosenthal de opdracht een kabinet te onderzoeken waarin de grootste partij en de grootste winnaar plaatsnemen maar dat tegelijkertijd een 'vruchtbare samenwerking' kan hebben met de Staten-Generaal. De koningin geeft hiermee een lastige boodschap af. De grootste winnaar is de PVV, maar met die partij in een kabinet is vruchtbare samenwerking met de Eerste Kamer niet mogelijk omdat de PVV daar geen zetels heeft.

Rutte heeft de verhoudingen ook nog eens onder druk gezet door voor en na de verkiezingen te hameren op een snelle formatie. Dat is logisch na de jaren van politieke lethargie maar, gezien de verkiezingsuitslag, weinig realistisch.

De eerste weken na de verkiezingen gaan op aan politieke schijnbewegingen. VVD, CDA en PVV komen een aantal keren bij elkaar, maar Verhagen stelt voorwaarden aan regeren met de PVV die Rutte en Wilders niet willen vervullen. Pogingen om een middenkabinet van VVD, CDA en PvdA te formeren stranden onmiddellijk op de weigering van Job Cohen om daaraan deel te nemen. Onvermijdelijk komt daardoor na een aantal dagen ook Paars Plus in beeld. Na aandringen door Alexander en mij laat Mark Rutte zich overhalen om in ieder geval eens met elkaar aan tafel te gaan zitten om te kijken of zo'n kabinet tot de mogelijkheden behoort. Hij doet dat met tegenzin en noemt het demonstratief een 'snuffelfase' om te vermijden dat de VVD-achterban er lucht van krijgt dat hij naar links buigt. Met ons ziet hij het wel zitten zegt hij, 'maar die PvdA wil toch niks'. Eerder, tijdens de campagne, heeft hij het PvdA-programma al weinig subtiel 'de langste zelfmoordbrief uit de geschiedenis' genoemd, waardoor samenwerking nu ongeloofwaardig lijkt.

Onder leiding van Rosenthal zitten wij anderhalve dag bij elkaar. Bij aanvang meldt Rutte dat elk kabinet waaraan de VVD deelneemt een bezuiniging van 18 miljard moet inboeken zonder dat de lasten voor burgers worden verzwaard, de hypotheekrente-aftrek wordt beperkt of een kilometerheffing wordt ingevoerd. Voor alle andere partijen is dit een bijna onmogelijke opgave. D66 bezuinigt in haar verkiezingsprogramma nog 16 miljard, PvdA en GroenLinks aanzienlijk minder. Als de VVD alle lastenverzwaringen boycot, betekent dit dat de kwaliteit van de publieke voorzieningen fors wordt aangetast. GroenLinks en PvdA willen bijvoorbeeld dat gezinnen met hoge inkomens geen kinderbijslag meer ontvangen. Daarmee houdt de staat namelijk geld op zak en kunnen bezuinigingen op de kinderopvang worden vermeden. Aangezien dit een nivellerende maatregel is – de afstand tussen de hoge en lage inkomens wordt erdoor verkleind – is die voor Rutte onbespreekbaar. Hetzelfde geldt voor de hypotheekrenteaftrek en de kilometerheffing: weliswaar worden de lasten voor huizenbezitters en autorijders hoger maar daar staat tegenover dat bijvoorbeeld minder bezuinigd hoeft te worden op de volkshuisvesting en het openbaar vervoer. Cohen laat meteen weten dat Rutte een patstelling creëert die verder praten zinloos maakt. Alexander en ik laten het open. We erkennen dat het zo goed als onmogelijk is om aan de eis van Rutte te voldoen maar we hopen tijd te winnen. Als we langer met elkaar praten dan neemt het onderlinge vertrouwen toe, denken wij, en dan worden die eisen wel vloeibaar. Wellicht zijn er ook creatieve oplossingen te verzinnen waardoor Rutte zich comfortabel voelt met drie meer linkse partijen. Maar wat we ook zeggen, het is zinloos. Informateur Rosenthal kijkt het anderhalve dag aan en beperkt zich tot de terugkerende vaststelling dat dit weinig zinvol is. Mark Rutte is afwerend en Job Cohen is geïrriteerd omdat hij zich geschoffeerd voelt door de – vindt hij – niet serieus te nemen eisen van de VVD. Cohen is ook weinig gevoelig voor ons herhaalde argument dat elk alternatieve kabinet, waaraan dan hoogstwaarschijnlijk de PVV deelneemt, slechter nieuws is voor de PvdA.

Nadat Rosenthal zijn opdracht heeft teruggegeven aan de koningin, stelt zij eind juni 2010 Herman Tjeenk Willink aan. Voor de aanhangers van Paars Plus is dat goed nieuws. Veel minder dan Uri Rosenthal, die door Mark Rutte vooral is gevraagd om de rechtse koers van de VVD te bewaken, is Tjeenk Willink verwikkeld in Haagse politiek. Hij vindt vooral dat de politieke verhoudingen moeten stabiliseren. Op zijn initiatief komen Rutte, Cohen, Pechtold en ik op donderdagavond 1 juli in het geheim samen in zijn achtertuin. Het is prachtig zomerweer, hij schenkt wijn en heeft voor afhaalpizza's gezorgd terwijl in het tuinhuisje zijn partner aan het schilderen is. Later zal deze zeggen dat hij het opvallend vindt dat Rutte niet veel zegt maar zichtbaar van de gezelligheid en de koekjes geniet. De sfeer is opgewekt en optimistisch, zelfs tussen Cohen en Rutte heerst er die avond harmonie.

Opnieuw komen de eisen van Rutte op tafel en deze keer geven we alle drie, ook Job Cohen, aan te begrijpen dat Rutte de VVD-achterban gerust zal moeten stellen. We willen ons inspannen, zeggen we, om de 18 miljard bezuinigingen bij elkaar te sprokkelen. In ruil vragen we Mark om open te staan voor grote sociale hervormingen, en ook met ons na te denken over een heel geleidelijke beperking van de hypotheekrenteaftrek. Die avond is Rutte niet afwerend. Tjeenk Willink geeft Alexander en mij ruimte om ons enthousiasme voor Paars Plus over te brengen. Alexander praat vooral over de modernisering van de arbeidsmarkt, ik over de nieuwe duurzame economie die we kunnen aanjagen door bijvoorbeeld het belastingstelsel te veranderen. Onze afgesproken strategie is dat we juist de electorale underdogpositie van een paars kabinet willen gebruiken om de anderen over te halen. Als kiezers weinig verwachten van dit nieuwe kabinet dan is er juist ruimte om veranderingen door te voeren. In Engeland heeft de jonge conservatieve leider Cameron samen met zijn liberale collega Clegg net een zeker voor conservatieven baanbrekend duurzaam economisch regeerprogramma opgesteld. Die kant willen wij ook op, betogen Alexander en ik: een andere politieke cultuur vestigen doordat politieke tegenstanders samen de impasse doorbreken en creatieve, onverwachte voorstellen doen.

In de loop van de avond neemt het optimisme toe. Rutte laat weten dat hij er nog eens over wil denken, en de optie van Paars Plus met zijn fractie zal bespreken. De volgende dag gaat het licht op groen. VVD, PvdA, D66 en GroenLinks kunnen gaan onderhandelen onder leiding twee informateurs die door VVD en PvdA worden geselecteerd. Mark Rutte laat Uri Rosenthal terugkeren terwijl Job Cohen zijn oude vriend, de vroegere PvdA-leider Jacques Wallage kiest. Met die keuze zijn Alexander en ik niet erg gelukkig. Beide heren symboliseren juist de regenteske politieke cultuur waarmee dit kabinet zou moeten afrekenen. Tegelijkertijd realiseren wij ons dat we niet te veel gevechten tegelijkertijd moeten willen voeren.

De onderhandelingen over Paars Plus beginnen op 5 juli, als ook de schoolvakanties losbarsten. Voordat het kabinet viel had ik een vakantiehuis geboekt in Noord-Italië, hopend op een zomervakantie zonder komkommerincidenten en politieke crises. Robert en de kinderen vertrekken nu zonder mij. Dat ik weer eens afwezig ben geeft deze keer geen hartzeer. Robert is net als ik doordrongen van het unieke moment dat voor GroenLinks en voor mij aanbreekt en de kinderen weten dat zij in Italië neefjes en vriendjes treffen. Voor mij is het prettig dat zij op vakantie zijn zodat ik me zonder schuldgevoel of gezinsverplichtingen volledig op de onderhandelingen kan storten.

De formatie hebben wij in de fractie maandenlang voorbereid. Wij hebben formatiedossiers gemaakt waarin we alle informatie over de belangrijkste politieke onderwerpen hebben verzameld, samen met ons standpunt, de onderhandelingsruimte die we hebben en de verschillende compromissen die we kunnen sluiten. We hebben een lijst gemaakt met minimale vereisten voor een regeerakkoord voordat wij ermee kunnen instemmen, en die hebben we al dikwijls onderling besproken. Onze onderhandelingsgroep bestaat uit geroutineerde Kamerleden en medewerkers die inmiddels al jaren met elkaar optrekken. Jolande Sap is als econoom en financieel specialist mijn secondant in de onderhandelingen. Elke ochtend vroeg rijden wij samen naar Den Haag en bereiden wij de gesprekken van die dag voor. Ineke van Gent is beschikbaar voor de sociaaleconomische en ethische onderhandelingen. Als ik in de onderhandelingen zit, bestiert zij ondertussen de fractie en zorgt zij met de medewerkers ervoor dat alle onderwerpen worden voorbereid. Tofik Dibi neemt, samen met Eerste Kamerlid Tineke Strik, migratie en integratie voor zijn rekening. Hoewel Kees al is vertrokken als Kamerlid keert hij terug voor de onderhandelingen over duurzaamheid en het belastingstelsel. Op de achtergrond opereert Bart Snels, die een jaar eerder op mijn verzoek is gestopt als directeur van het wetenschappelijk bureau om de strategische positie van Tom van der Lee over te nemen die na twintig jaar een andere baan heeft aanvaard. Hij praat dagelijks met de spindoctors van de andere fracties, informeert bij journalisten wat men van de onderhandelingen verwacht, verzamelt de informatie die medewerkers aanleveren en schrijft samen met mij passages die in een eventueel regeerakkoord kunnen worden gevoegd.

Ik vraag Andrée van Es, de voormalige politiek leider van de PSP, om samen met Jolande een sollicitatiecommissie te vormen voor toekomstige bewindslieden. Andrée is net als Jolande zelf niet beschikbaar. Andrée is kortgeleden wethouder in Amsterdam geworden en Jolande heeft beloofd om in de Kamer te blijven om mij in de komende Kamerperiode te kunnen opvolgen. Zij komen 's avonds bij elkaar en praten met kandidaten die in diezelfde dagen door mij zijn gebeld met de vraag of ze beschikbaar zijn.

Ons kleine team verkeert permanent in feestvreugde. Boven op de verkiezingsoverwinning doet zich voor het eerst in de geschiedenis van GroenLinks de mogelijkheid voor om te gaan regeren. We zijn ons ervan bewust dat de kans dat de onderhandelingen mislukken groter is dan die op succes, maar wij zijn niet van plan ons uit het veld te laten slaan. We genieten vooral van de creativiteit die de onderhandelingen vereisen. Alle grote en kleine plannen van de afgelopen jaren worden afgestoft en weer in stelling gebracht, van onze voorstellen voor een moderne AOW tot belasting- en integratievoorstellen. Wij zijn ons ervan bewust dat we slim moeten zijn als we de onderhandelingen willen laten slagen en er zoveel mogelijk uit willen halen en daar hebben we allemaal zin in. Voor mij is het ook een euforisch moment. Ik ben er werkelijk van overtuigd dat de partijen samen in staat moeten zijn om een doorbraak in de politieke verhoudingen te bewerkstelligen. De financieel-economische crisis heeft voor grote maatschappelijke onzekerheid gezorgd, tegelijkertijd kan deze juist worden benut om hervorming van de arbeidsmarkt en de economie te forceren. Dat GroenLinks nu als een serieuze partner is uitgenodigd aan de onderhandelingstafel geeft mij ook genoegdoening. Ik kan daarmee, hoop ik, de fout uit 2006 herstellen toen ik te veel voorwaarden aan deelname verbond en GroenLinks buitenspel kwam te staan. Mijn voornemen is deze keer om, eenmaal aan de tafel gezeten, niet meer op te staan maar tot het einde te blijven onderhandelen.

Aan de tafel in de Eerste Kamer zetten de verhoudingen zich snel. Met zijn vieren vormen wij de harde kern van onderhandelaars en wij zitten twee aan twee tegenover elkaar: Job en ik naast elkaar tegenover Mark en Alexander. Soms worden wij daarbij geflankeerd door onze secondanten, meestal zijn deze elders met elkaar in gesprek. Aan het hoofd van de tafel zitten de informateurs, Rosenthal aan de zijde van Mark, Wallage aan de zijde van Job. Aan het andere hoofd zitten twee griffiers die nauwkeurig verslag maken van alles wat wij zeggen. Midden op tafel staat een pot snoep die elke dag wordt bijgevuld. Zeker de eerste dagen is die pot het populaire middelpunt, daarna tracht iedereen – met uitzondering van Job Cohen – deze zoveel mogelijk te negeren.

Elke dag begint volgens hetzelfde stramien. Rosenthal en Wallage vatten de vorderingen van de vorige dag samen en stellen een werkwijze voor de komende uren voor. Deze wordt even vaak wel als niet gehonoreerd. Anders dan de informateurs willen, verschuiven wij de moeilijkste opgave waarvoor wij staan, de door de VVD gewenste bezuiniging van 18 miljard, namelijk naar de financiële woordvoerders. Zij krijgen de taak om vooral een technische inventarisatie te maken van de mogelijkheden. Dat betekent dat wij aan de 'hoofdtafel' niet bij elk voorstel direct kunnen roepen dat het 'onacceptabel' is waardoor de onderhandelingen vastlopen. Evenmin wensen wij ons te houden aan de onderwerpsgewijze indeling die zij maken voor de onderhandelingen. Wij besluiten dat wij het onderling allereerst eens moeten worden over de aard van het kabinet en van het regeerakkoord. Dat gaat heel snel. Wij willen een beperkt regeerakkoord dat ruimte laat aan afwijkende standpunten en parlementaire initiatieven voor alle deelnemende partijen. Dat betekent dat bijvoorbeeld de VVD op sommige onderwerpen een rechtse meerderheid mag vormen met CDA en PVV, terwijl de PvdA en GroenLinks steun kunnen zoeken bij de SP en het CDA.

In plaats van elkaar op alle onderwerpen de wet voor te schrijven spreken we af welke gedeelde waarden we niet met voeten mogen treden bij moties of afwijkend stemgedrag van de Kamerfracties. Zo mogen rechtsstatelijke beginselen, internationale verdragen en bestaande privacyrechten er bijvoorbeeld niet door geschonden worden.

Om te verhinderen dat er in het kabinet ruzie ontstaat over het stemgedrag van de coalitiefracties stellen we daarnaast een lijst op met gevoelige kwesties die in ieder geval in het regeerakkoord geregeld moeten zijn. Deze variëren van de strafbaarstelling van illegaliteit, de bouw van kerncentrales tot het legaliseren van softdrugs. Omdat we allemaal onze vrijheid willen houden om afwijkende standpunten in te nemen, dienen we ons te beperken tot de belangrijkste onderwerpen. GroenLinks mag het bijvoorbeeld belangrijk vinden dat de maximumsnelheid niet omhoog en zelfs naar beneden gaat maar als ik eis dat dit in het akkoord komt dan moet ik de VVD wellicht gunnen dat de verkeersboetes omlaaggaan. Bij elke kwestie die ik toevoeg verlies ik ook wat en in veel gevallen is dat het niet waard.

Al in de eerste dagen van de onderhandelingen besluiten we ook een lijst te maken met immateriële kwesties die we als Paars Pluskabinet eindelijk kunnen regelen. Soms betreft het grote en gevoelige zaken zoals verruiming van de euthanasiewet tot geestelijk lijden of de erkenning van lesbisch ouderschap, andere keren gaat het om belangrijke symboliek zoals het schrappen van het verbod op godslastering. Ik hamer erop dat de vrijheid van gelovigen beter bij wet vastgelegd moet worden door een verbod op geloofsdwang en op gedwongen huwelijken in te stellen. Beide onderwerpen heb ik in de voorgaande jaren in het parlementaire debat geïntroduceerd zonder daarvoor steun te vinden bij de regeringen-Balkenende. De lijst met immateriële onderwerpen werkt als bindmiddel en vermindert het gevoel, vooral bij de VVD, dat een Paars Plus-kabinet een onaantrekkelijk 'moetje' is.

Hoewel de informateurs alle onderhandelingen aan de 'hoofdtafel' willen concentreren besluiten wij al snel om meerdere werkgroepen van specialisten aan het werk te zetten. Voor sociale zekerheid en arbeid, verkeer en vervoer, veiligheid en migratie en integratie verzamelen zich Kamerleden uit de vier partijen die ons voorstellen aanreiken. Dat leidt tot snel resultaat omdat de nadruk ligt op het vinden van creatieve en praktische oplossingen voor schijnbaar onoverbrugbare, politieke meningsverschillen. Na anderhalve week liggen er voorstellen voor de herziening van de sociale zekerheid, het verminderen van de werkloosheid, investeren in het onderwijs en is er op hoofdlijnen overeenstemming over migratie en integratie. De financiële woordvoerders zijn er zelfs in een week in geslaagd om tien miljard aan bezuinigingen in te boeken.

De snelle inhoudelijke vorderingen kunnen niet verhinderen dat het optimisme over het slagen van de formatie weglekt. In de eerste plaats komt dat door de meningsverschillen die er wel zijn. Behalve verhoging van de AOW-gerechtigde leeftijd verklaart Mark Rutte alle structurele hervormingen van de economie taboe. GroenLinks, D66 en in mindere mate de PvdA pleiten voor de invoering van een kilometerheffing. Dit is, gestaafd door onderzoek, de enige manier om werkelijk iets aan de files te doen. Verkeer dat doorrijdt drukt bovendien minder op het klimaat en dat heeft een gunstig effect op de economie. De maatregel brengt geld op en dat is hard nodig om de staatsschuld te verminderen. Voor Rutte is deze lastenverzwaring onbespreekbaar. Na herhaaldelijke discussies aan de hoofdtafel besluiten wij een aantal fractie-experts bij elkaar te zetten die kunnen nagaan of er misschien een voor alle partijen acceptabel compromis kan worden geformuleerd. Mark vraagt het Kamerlid Charlie Aptroot, die de veelzeggende bijnaam Asfalt Aptroot heeft, om daaraan deel te nemen. Als de PvdA vervolgens Diederik Samsom afvaardigt die er in de Kamer menig conflict met zijn VVD-collega op heeft zitten is duidelijk dat dit tot niks leidt. Kees Vendrik, die namens ons aan de onderhandelingen over de kilometerheffing deelneemt, meldt na een eerste bijeenkomst dat de twee onmiddellijk ruzie hebben gemaakt. Dat Job Cohen Samsom daarna met vakantie stuurt mag ook niet meer baten: de VVD weigert het onderwerp verder te bespreken.

Over de hypotheekrenteaftrek, de andere grote, structurele hervorming, verlopen de onderhandelingen nog moeizamer. Iedereen, ook Rutte, erkent dat het in stand houden van de aftrek onbetaalbaar is en ertoe leidt dat huizen onbetaalbaar worden voor jongeren en mensen met lagere inkomens. Alleen heeft hij tijdens de campagne keer op keer beloofd dat bij hem de hypotheekrente veilig is en hij is als de dood dat zijn kiezers weglopen als hij deze belofte breekt. De discussie hierover is venijnig. Vooral Alexander Pechtold neemt Mark Rutte zijn onbeweeglijkheid kwalijk. Hij zelf heeft kiezers verloren aan de VVD door in de campagne beperking van de aftrek te verdedigen. Dankzij D66 is de VVD de grootste geworden en nou mag Mark, vindt Alexander, weleens een beetje politieke moed tonen. Als Rutte onwrikbaar vasthoudt aan een nee wordt Alexander kwader. De discussie over de hypotheekrenteaftrek gaat daardoor de andere overheersen.

Dat geldt niet voor de discussie over de multiculturele samenleving, maar deze heeft wel invloed op de onderlinge verhoudingen. Over de maatregelen bereiken we redelijk snel overeenstemming. De VVD ziet af van de strafbaarstelling van illegaliteit, GroenLinks en D66 gaan onder protest akkoord met aanscherping van de eisen voor gezinshereniging. We lijken zelfs een oplossing te vinden voor de wens van de VVD om een boerkaverbod in te voeren: ik stel voor om daarmee akkoord te gaan in ruil voor het accepteren van hoofddoekjes in publieke functies zoals bij de politie. Tot mijn grote verbazing stemt de VVD daarmee in. Onenigheid is er vooral over de toon die de toekomstige premier wil kiezen als Wilders allochtonen en moslims in de Kamer aanvalt. In de eerste week vragen Alexander en ik aan Mark Rutte of hij een eigen allochtone minister of staatssecretaris, in het bezit van een dubbel paspoort, zal verdedigen tegen Wilders. Dat is geen denkbeeldige kwestie omdat hij een paar jaar eerder in een debat oordeelde dat de PvdA-staatssecretarissen Aboutaleb en Albayrak alleen door hun paspoort op te geven 'honderd procent voor Nederland' kozen. Mij heeft dat destijds geschokt omdat ik Mark beschouw als een internationaal georiënteerde liberaal die beter weet dan loyaliteit afhankelijk te maken van een paspoort.

Ook nu houdt hij eraan vast dat een dubbel paspoort niet kan. Alexander en ik verbazen ons erover dat hij blijkbaar niet weet dat Marokko en Iran het hun voormalige landgenoten niet toestaan hun oude nationaliteit op te geven. Nog meer raak ik verbijsterd omdat hij het voor Turkse en Marokkaanse Nederlanders praktisch onmogelijk maakt om minister te worden. Als ik hem vraag of hij voor een Marokkaans-Nederlandse staatssecretaris zou opkomen, blijft hij vaag. De discussie verhardt. Mij noch Alexander gaat het enkel om nieuwe bewindslieden. Wij willen zeker weten dat 'onze' premier alle Nederlanders, ongeacht hun herkomst, zal vertegenwoordigen. Ik verwijs naar de klas die hij elke vrijdag lesgeeft en waar veel allochtone kinderen in zitten. Wat zegt hij tegen zijn eigen leerlingen? Horen ze er niet bij? Kunnen ze nooit minister worden? Of burgemeester? We komen er niet uit. Bij mij resteert een gevoel van ongemak dat allochtone Nederlanders zich straks onvoldoende vertegenwoordigd voelen door de premier die er ook namens mij zit.

Als ik aan het einde van de dag met Alexander langs de Hofvijver wandel, blijken wij dezelfde onrust te delen. 'Zou Mark Rutte wel een geschikte premier zijn?' vraagt Alexander zich hardop af. Hij lijkt andere kandidaten voor het premierschap, D66'ers, op het oog te hebben. Ik kies ervoor om het antwoord schuldig te blijven.

Tijdens de onderhandelingen levert de omgang met allochtonen het pijnlijkste meningsverschil met Rutte op. Mark, Alexander en ik kunnen het persoonlijk goed vinden en onderbreken de lange vergaderingen vaak om elkaar te plagen, grappen te maken en de spanning te breken. Door de anderen wordt dat niet altijd op prijs gesteld. Naarmate we meer dagen samen doorbrengen komen de onderlinge verhoudingen onder druk te staan, en dat is een tweede reden waarom het optimisme over het slagen van de formatie geleidelijk verdwijnt.

Na anderhalve week spreken we een avond af om met elkaar te eten in een besloten restaurant. Op de agenda staat de visie van het kabinet en de hoop is dat we, door alle concrete onderwerpen even terzijde te schuiven, een doorbraak kunnen forceren. Samen met Bart Snels heb ik een conceptinleiding voor het regeerakkoord geschreven met als werktitel 'Daadkrachtig en vernieuwend, voor een sterker Nederland'. In een aantal korte paragrafen hebben wij geprobeerd de wensen van alle partijen recht te doen en tegelijkertijd gezamenlijk elan te kweken. Het stuk is vooral bedoeld om het enthousiasme voor Paars Plus te versterken. Dat lijkt ook te lukken totdat Mark, Alexander en ik, tussen twee gangen door, even op het aangrenzende terras gaan zitten. Alexander kijkt me peinzend aan en zegt dan, met een lieve, onschuldige blik: 'Wat zie je er goed uit vanavond, je lijkt nu echt op je poster.' Ik laat de opmerking even bezinken en schiet dan in de lach over zijn subtiele venijn. Mark en ik kijken elkaar aan, terwijl Alexander doet alsof zijn neus bloedt, en we beginnen onbedaarlijk te lachen. Door de spanning van de onderhandelingen en de toenemende vermoeidheid kunnen we niet meer ophouden. Terug aan tafel blijft de lach kriebelen en proberen we ons om de beurt in te houden terwijl het gesprek doorgaat. Job Cohen raakt al snel zichtbaar geërgerd. Meer dan de anderen heeft hij last van vermoeidheid. 's Avonds vergadert hij liever niet en de snelle uitwisseling van grappen tussen Mark, Alexander en mij brengt hem van slag. Terwijl wij nog nahikken valt hij uit. Hij heeft er schoon genoeg van, geen vertrouwen dat dit kabinet tot stand komt en geen zin om zijn tijd te verdoen met zinloze etentjes. Nadat we eerst een beetje beschaamd zwijgen neemt daarna ergernis het over. Vooral Mark laat er geen misverstand over bestaan dat hij niet begrijpt wat de PvdA nou wil. De PvdA wijst alle alternatieven voor Paars Plus af, heeft zich er bij de informateur een aanhanger van betoond maar staat in de onderhandelingen alleen maar op de rem.

Mark heeft niet helemaal ongelijk in zijn kritiek. Cohen zegt tijdens bijna elke pauze dat hij de VVD niet vertrouwt en er niet in gelooft dat die partij eruit wil komen. Tijdens discussies leunt hij vooral achterover en veert alleen op om een voorstel te verwerpen. Alleen, wat voor Cohen geldt, geldt zeker ook voor Rutte. Hij laat zich de voorstellen van anderen aanleunen en zegt dan meestal, na lang meepraten, nee.

Naarmate de dagen van onderhandelingen verstrijken worden de onderlinge verhoudingen moeizamer. Alexander en ik zien ons geconfronteerd met twee onwillige partners die tegelijkertijd de troefkaarten in handen hebben. Als de vertegenwoordigers van kleinere partijen kunnen wij creatieve voorstellen doen en compromissen suggereren, maar de twee grote partijen moeten bereid zijn een stap te zetten.

Uiteindelijk kijken wij machteloos toe terwijl Job Cohen humeurig op de pot snoep aanvalt en Mark Rutte zich steeds vaker terugtrekt met informateur Rosenthal in de aanpalende kamer. Daarbij wordt de rol die de informateurs spelen problematisch. Uri Rosenthal en Jacques Wallage zijn aangesteld als neutrale procesbegeleiders maar zij zijn tegelijkertijd de politieke vertrouwelingen van Rutte en Cohen en gedragen zich daar ook naar. Het bewaken van de vergaderorde betekent voor hen vooral dat de grootte van onze partijen de volgorde van onze inbreng bepaalt. Bij elk onderwerp letten zij er nauwkeurig op dat eerst Mark, dan Job, vervolgens Alexander en als laatste ik aan het woord komen. Alexander en ik verzetten ons daar luidruchtig tegen. Niet alleen betekent het namelijk dat serieuze vorderingen stagneren nadat Job en Mark zich met de nietszeggende herhaling van hun onwrikbare standpunten tegenover elkaar hebben ingegraven, bovendien wordt de stemming slecht omdat ze elkaar dan ook nog eens verwijten niets te willen. Bij herhaling verbreken Alexander en ik de vergaderorde en onderbreken wij onze collega's in de hoop om in plaats van opeenvolgende monologen een opener gesprek op gang te brengen. Vooral Jacques Wallage neemt aanstoot aan onze opstandigheid en laat dat in telkens hardere bewoordingen weten. Zijn ergernis richt zich vooral op mij. Als hij mij weer eens heeft toegesnauwd dat ik mijn mond moet dichthouden, stuur ik Alexander Pechtold, die tegenover mij zit, een sms'je. Om contact te houden en strategie te bepalen doen we dat vaker. Nu schrijf ik: 'Als W mij nog 1 keer zo afkat dan hang ik 'm aan zijn voeten uit het raam'. Alexander schiet in de lach, tot nog grotere ergernis van Wallage. Ik kijk onverstoorbaar de andere kant op.

Een paar dagen later komt mijn onmin met de informateur tot een uitbarsting. Langzamerhand wordt het onontkoombaar dat we op een mislukking afstevenen. Ik ben niet bereid dat te accepteren en probeer, net als Alexander, met nieuwe voorstellen lucht in het overleg te pompen. Als ik 's ochtends het woord neem en meld samen met Kees Vendrik een voorstel voor een belastinghervorming te willen doen dat een antwoord op de patstelling over lastenverzwaringen en hervormingen kan zijn, onderbreekt Wallage me ruw. Ik ben niet aan de beurt, zegt hij, en moet leren mijn mond dicht te houden. Verbijsterd kijk ik hem aan. Ik meen dat de informateur dienstbaar is aan het gesprek tussen ons, politici. Zijn autoritaire toon vind ik niet acceptabel. Langzaam sla ik de zwarte ordner die voor mij op tafel ligt dicht en zeg: 'Ik trek me voor vanochtend terug uit de onderhandelingen.' Ik sta op en verlaat de kamer. Als ik naar buiten loop komt Job Cohen achter me aangerend. Of ik er alsjeblieft nog even met hem en Wallage over wil praten, anders loopt het werkelijk uit de hand. Ik geef toe en loop naar de rookruimte in het gebouw van de Eerste Kamer waar Wallage zich even later ook meldt. 'Je praat te veel,' zegt Wallage nogmaals. Een beetje gelijk geef ik hem daar overigens wel in, al wil ik dat op dat moment niet toegeven. Ik heb de neiging om nare spanningen weg te kletsen, en aangezien de onderhandelingen daar inmiddels bol van staan ben ik vaker aan het woord. Op een briefje dat Alexander mij een paar dagen eerder pesterig toeschoof stond: 'La Halsema leutert voort. Een puntje en nog een puntje'.

Hoewel ik zijn ergernis dus ook wel begrijp, houd ik Wallage voor dat als Alexander en ik niet regelmatig de negatieve sfeer doorbreken het einde van de onderhandelingen snel in zicht is. Maar vooral staat zijn toon mij niet aan. Hij lijkt niet in de gaten te hebben dat hij zich tegenover mij veel meer vrijheid permitteert. 'Dat komt omdat ik in een ver verleden als medewerker van de Wiardi Beckman Stichting je ondergeschikte ben geweest,' zeg ik. Wallage erkent dat dit hem parten kan spelen. 'Daarnaast,' vervolg ik, 'kan ik me niet aan de indruk onttrekken dat het een rol speelt dat ik de enige vrouw in het gezelschap ben.' Geschokt kijken Wallage en Cohen me aan. 'Je kan veel van me zeggen, maar niet dat ik seksistisch ben,' zegt Wallage. Dan gaat de deur open en komt Mark Rutte binnen. 'Femke zegt dat mijn gedrag seksistisch is,' zegt Wallage steun zoekend. 'Natuurlijk,' antwoordt Rutte blijmoedig, 'daarom doe je baziger tegen haar.'

De spanningen en de onderlinge verwijten zijn uiteindelijk niet de belangrijkste oorzaken van het mislukken van de formatie. Dat is wel de politieke onwil om het te laten slagen. Terwijl het bedrag dat wij gezamenlijk willen bezuinigen inmiddels is gegroeid tot bijna zestien miljard en er bijvoorbeeld overeenstemming is over verhoging van de AOW-gerechtigde leeftijd, cirkelt de discussie eindeloos om de weigering van de VVD de hypotheekrenteaftrek te beperken en te willen nadenken over maatregelen die de files kunnen bestrijden. Kees Vendrik lanceert het idee, daarin gesteund door D66, om het belastingstelsel fors te vereenvoudigen tot nog maar twee niveaus. Mensen met een inkomen tot een ton betalen in de toekomst nog maar vijfendertig procent belastingen, iedereen die meer verdient vijftig procent. Om te vermijden dat er grote ongelijkheid ontstaat worden mensen met de laagste inkomens ontzien, terwijl er voor de allerrijksten een vermogensbelasting bij komt. Een 'vlaktaks' – of in dit geval een 'tweetaks' – is een oude wens van de VVD en betekent voor veel mensen in Nederland een aanzienlijke lastenverlichting. Omdat bij een vlaktaks geen aftrekposten horen kun je tegelijkertijd, bijna ongemerkt, de hypotheekrenteaftrek afschaffen. Om de belastinghervorming te kunnen betalen is het daarnaast noodzakelijk om een kilometerheffing in te voeren, zonder daarmee het belastingvoordeel voor de meeste Nederlanders teniet te doen.

Als Kees zijn voorstel presenteert, reageren Rutte en Cohen aanvankelijk enthousiast. Dat is veranderd als zij na een pauze met hun fracties hebben gepraat. Cohen is bang voor groeiende ongelijkheid en Rutte keert terug bij zijn weigering om de hypotheekrenteaftrek ter discussie te stellen. Alexander en ik vragen of we het voorstel eerst kunnen laten doorrekenen door het Centraal Planbureau op de economische en inkomenseffecten die het zal hebben. Zowel Cohen als Rutte weigeren dit, met als belangrijkste argument dat ze bang zijn voor de beeldvorming als het voorstel uit zou lekken. Met de weigering de tweetaks te onderzoeken komt het einde van de formatie in zicht. Op dat moment is het voor iedereen duidelijk – ook voor mij en Alexander – dat de wil een regeerakkoord te sluiten er bij de PvdA en vooral de VVD niet is. Zoals Mark Rutte het samenvat: 'Zelfs al onderschrijven jullie het hele VVD-programma, dan nog word ik bij de volgende verkiezingen geslacht.' Daarin ijlen de woorden na van de rechtse VVD'er Henk Kamp, met wie ik Mark Rutte vaak 's ochtends zie wandelen voordat hij bij ons aan de onderhandelingstafel aanschuift: 'Als je hebt gewonnen op rechts dan regeer je ook met rechts.'

De volgende ochtend rapen we de scherven bij elkaar. Eerst maken we de stand van de onderhandelingen op. Het lijkt niet meer uit te maken dat we eigenlijk al ver zijn gevorderd. Zolang we geen volledig akkoord hebben, hebben we eigenlijk niets. Ik ontvang een sms'je van Alexander, dat ik met een schuin oog onder tafel lees: 'Valt je iets op aan Mark?' 'Nee,' antwoord ik. 'Hij draagt een stropdas... we breken zo op,' schrijft Alexander.

De informateurs vragen ons om aan te geven of we nog vertrouwen hebben in een goede afloop. Voor het eerst vind ik het niet erg om als laatste aan de beurt te zijn. 'Wij geven de moed niet op,' sms ik Alexander, 'wij blijven zitten.' 'Eens,' antwoordt hij.

Plotseling wordt de sfeer plechtig als achtereenvolgens Mark en Job omstandig uitleggen dat het er niet in zit. Zij 'betreuren het', 'hadden het graag anders gezien' maar moeten 'helaas' vaststellen dat de politieke tegenstellingen 'onoverbrugbaar' zijn. Alexander meldt dat hij wel degelijk gelooft dat we in staat zouden zijn om samen een ambitieus hervormingsakkoord te sluiten en dat hij het ongelooflijk jammer vindt dat PvdA en VVD afhaken. Ik sluit me daarbij aan en gebruik mijn laatste spreektijd om een oproep aan Mark Rutte te doen. 'Durf een Cameron te zijn,' zeg ik met het nodige drama. Deze leeftijdsgenoot en liberale verwant heeft het in Engeland aangedurfd om tegen de keer en met grote electorale risico's een visionair akkoord op te stellen. Maar na dik twee weken onderhandelen weet ik ook dat mijn oproep geen effect meer heeft.

16

De anticlimax

Twee dagen nadat de onderhandelingen over Paars Plus zijn afgebroken, bezoek ik opnieuw een informateur. Deze keer heeft de koningin Ruud Lubbers gevraagd om te onderzoeken welke 'reële meerderheidsvarianten' er zijn. Ik heb de hoop nog niet helemaal opgegeven dat de VVD zich alsnog bekent tot Paars Plus, maar het is duidelijk dat Rutte nu eerst naar rechts, naar het CDA en de PVV kijkt. Ik wil zo snel mogelijk naar Robert en de kinderen in Italië kunnen. De laatste onderhandelingsdagen ben ik somber geweest door het bericht dat Robert in het vakantiehuisje heel ziek op bed ligt. Hij heeft hoge koorts en zware buik- en hoofdpijn maar de geconsulteerde arts begrijpt niet wat er aan de hand is. Na enig aandringen hoef ik niet te wachten tot ik officieel, als vertegenwoordiger van de op zeven na grootste partij aan de beurt ben, maar mag ik sneller, na VVD, PVV en PvdA, met Lubbers spreken.

Het is een vreemde ontmoeting. Lubbers heb ik een paar keer en alleen oppervlakkig ontmoet. Hij gedraagt zich familiair, alsof ik een oude bekende ben die hij te lang niet heeft gezien. Als ik tegenover hem zit vraagt hij me wat ik zou doen als ik, zijn achtergrond kennende, in zijn positie zou verkeren. Ik geef, nogal verbaasd, een ontwijkend antwoord. Ik ben daar om mijn politieke advies te geven, niet om de imagoproblemen van een informateur te verhelpen. Hij houdt aan en zegt: 'Het kan toch niet zo zijn dat ik met mijn staat van dienst een kabinet met de PVV mogelijk maak.' Ik kan me zijn weerzin wel voorstellen, maar vind dit voor een informateur die politici onbevooroordeeld tegemoet moet treden een merkwaardige opmerking. Bovendien vind ik het vreemd dat hij zich, gezien die bezwaren, tot informateur heeft laten benoemen.

Ik herhaal mijn wens van de afgelopen weken: een Paars Pluskabinet lijkt mij de beste keuze voor het land. Maar, voeg ik er deze keer aan toe, ik realiseer me dat dit nu moeilijk is geworden. GroenLinks staat open voor alle varianten, met uitzondering van regeren met de PVV, zoals ik vanaf het begin van de verkiezingscampagne heb gezegd. Mij lijkt het logisch als de vijf partijen die tot nu toe in beeld zijn als serieuze regeringskandidaten – VVD, CDA, PvdA, D66 en GroenLinks – gezamenlijk door Lubbers worden uitgenodigd. Maar, voeg ik eraan toe, 'hoe vervelend ook – en daar denk ik niet lichtvaardig over –, begrijp ik ook dat een onderzoek naar een rechts kabinet van VVD, CDA en PVV nu onvermijdelijk is'. De PVV is de grootste winnaar van de verkiezingen en deze partij consequent uitsluiten van onderhandelingen leidt tot 'democratisch bederf'. Lubbers maakt er aantekening van zonder op mijn advies te reageren.

De volgende ochtend vroeg vlieg ik naar Noord-Italië waar Robert inderdaad heel ziek op bed ligt. In de week die volgt neem ik de zorg voor de kinderen over en probeer ik me te ontspannen, terwijl Robert langzaam opkrabbelt. Alleen gaat de telefoon continu. Als ik net in Italië ben gearriveerd belt Alexander woedend. Na mijn vertrek heeft Lubbers de gesprekken met de andere fractievoorzitters niet meer afgewacht. Hij is naar buiten getreden met de mededeling dat PvdA, VVD, PVV en GroenLinks hem geen andere mogelijkheid laten dan een rechts minderheidskabinet te onderzoeken. Alle meerderheidsvarianten worden volgens Lubbers door de PvdA en GroenLinks geboycot. Omdat een minderheidskabinet van VVD en CDA, met gedoogsteun van de PVV, buiten de opdracht valt die hij van de koningin heeft gekregen, heeft hij Rutte, Verhagen en Wilders gevraagd om zonder hem de komende week verkennende gesprekken te voeren.

Ik ben stomverbaasd en geïrriteerd. Lubbers gebruikt mij als een pion in zijn schaakspel. Hij wil slagen in zijn koninklijke opdracht om een kabinet tot stand te brengen zonder er zelf de verantwoordelijkheid voor te nemen dat de PVV daarmee toegang tot de regeringsmacht krijgt. Als ik hem bel antwoordt hij in vage bezweringen: hij 'herinnert zich het gesprek anders', 'zag geen andere mogelijkheden' en 'zo'n vaart zal het niet lopen'. Als hij merkt dat ik heel boos ben, zegt hij vinnig dat ik niet moet denken dat het om mij gaat.

Een week later melden Rutte, Verhagen en Wilders dat zij na de eerste verkennende gesprekken met zijn drieën verder willen praten. Er is een principieel verschil van mening over de islam als godsdienst of – zoals Wilders beweert – als gevaarlijke ideologie, waardoor zij geen meerderheidskabinet willen vormen maar kiezen voor een 'gedoogconstructie': VVD en CDA vormen samen een minderheidsregering en Wilders zal deze vanuit de Kamer steunen. Verhagen bedient zich daarbij van dezelfde argumentatie als Lubbers. PvdA en GroenLinks laten het CDA geen andere keuze: zij boycotten elke alternatieve meerderheidsregering.

Met de beslissing verder te willen onderhandelen komt er een einde aan de opdracht van Lubbers die, zoals het gebruik is, een eindverslag van zijn bevindingen maakt. Vlak voordat ik met Robert en de kinderen naar huis ga, lees ik in Italië het conceptverslag dat mij per mail is toegestuurd om mijn citaten te controleren. Opnieuw is mijn advies verdraaid. Er staat dat GroenLinks niet wenst mee te werken aan een kabinet met CDA en VVD of welke andere meerderheidsvariant – behoudens Paars Plus – dan ook.

Deze keer bel ik niet met Lubbers maar met de griffier, Kajsa Ollongren, die aantekeningen van ons gesprek heeft gemaakt.

'Als het verslag niet wordt gecorrigeerd,' zeg ik, 'dan zal ik eisen dat de notulen van ons gesprek openbaar worden gemaakt.' Zij zal het met Lubbers opnemen, antwoordt ze. Een aantal uren later krijg ik een nieuwe versie waarin in een minimale omschrijving staat dat ik opening laat voor andere kabinetten waarin zowel de VVD, het CDA als GroenLinks zitting nemen. Met tegenzin ga ik akkoord, wetende dat de notulen – zeker op korte termijn – toch niet openbaar zullen worden gemaakt.

Op 3 augustus 2010 vindt in de Kamer een afsluitend debat plaats met informateur Lubbers over de manier waarop hij de opdracht van de koningin heeft uitgevoerd. Ik maak daaraan weinig woorden vuil behalve dat 'het volledige verlies aan regie en het stuurloos ronddobberen, uitmondend in een onderzoek naar een minderheidskabinet, weinig fraai zijn, net als het zwartepieten nadien'.

CDA-leider Verhagen blijft benadrukken dat hij geen andere keuze heeft dan te onderhandelen met de PVV. Ik confronteer hem er tijdens het debat nadrukkelijk mee dat hij alternatieven heeft, zelfs zijn eigen favoriete variant: VVD, CDA, D66, GroenLinks, ChristenUnie. 'Het is geen geheim,' zeg ik, 'dat wij niet heel erg enthousiast worden van de rechtse variant waar wij ook deel van uitmaken maar wij vinden dat ons land een stabiel en vooruitstrevend meerderheidskabinet verdient 'Dus, mijnheer Verhagen,' concludeer ik, 'komt u bij mij de komende maanden niet aan met het verhaal dat er geen alternatief was voor de doodlopende weg die u nu bezig bent in te slaan.' Tijdens het debat negeren Verhagen en Rutte de opening die ik bied opzichtig. Ook de parlementaire pers besteedt er geen aandacht aan, gefascineerd als men is door de macht die Geert Wilders in de schoot valt nu hij de inhoud van het regeerakkoord mag bepalen zonder zich aan de regeringsmacht te hoeven branden.

In de dagen die volgen verzamelt zich grote frustratie in mij. Dat Paars Plus is mislukt vind ik minder erg dan het CDA-gekonkel waaraan ik ten prooi val. Net als de PvdA wordt GroenLinks gebruikt om voor de CDA-achterban acceptabel te maken dat er wordt onderhandeld met de PVV. Alleen zo kan Verhagen rechtvaardigen dat hij zich lachend laat fotograferen met dezelfde Geert Wilders die hij nog geen halfjaar eerder 'haatzaaien' verweet. Ik ben teleurgesteld in Mark Rutte die, om het rechtse electoraat tevreden te stellen en de PVV de wind uit de zeilen te nemen, de kans laat liggen om een veranderingsgezind kabinet te vormen. Liever dan politieke moed te tonen maakt hij de opvattingen van Geert Wilders over moslims en allochtonen salonfähig.

Na een week piekeren besluit ik Ernst Hirsch Ballin te bellen, de CDA-minister van Justitie in het vierde kabinet Balkenende, met wie ik de afgelopen jaren een goede band heb gekregen. Ik veronderstel dat hij toegang heeft tot de CDA-onderhandelaars en misschien druk kan uitoefenen. Hij is verbaasd als ik uitleg dat GroenLinks het CDA nadrukkelijk een alternatief voor regeren met Wilders biedt, hoewel dit voor ons een groot politiek risico vormt. Hirsch Ballin hoort ook uit CDA-kring telkens dat een rechts gedoogkabinet de enige mogelijkheid is. Een paar dagen later raadt hij me aan om toch nog eens met Maxime Verhagen te bellen. Dat doe ik, maar het gesprek is kort. Verhagen wijst me door naar Ab Klink, de minister van Volksgezondheid die optreedt als zijn secondant. Hijzelf, zegt Verhagen, wil zich nu concentreren op de onderhandelingen en deze niet vermengen met andere gesprekken.

Ik bel Ab Klink. Hij is in verwarring. Ook hij leeft in de veronderstelling dat er geen alternatief is voor de PVV en hij merkt tegelijkertijd, zegt hij, dat hij in de onderhandelingen op zijn morele grenzen stuit. We praten lang en in de dagen erna belt hij een aantal keren terug. Hij zegt dat hij geen vat meer heeft op Maxime Verhagen. Deze is ervan overtuigd met de VVD en de PVV de juiste keuze te maken en beschouwt twijfel aan deze beslissing als deloyaal. Klink heeft er hinder van dat hij onvoldoende af weet van migratie en integratie om daarover voluit de discussie met Wilders aan te kunnen gaan. Ik zeg graag bereid te zijn hem daarmee te helpen en doe hem het telefoonnummer van Tineke Strik, GroenLinks-senator en migratie-expert, aan de hand, met wie hij inderdaad belt.

Ab Klink vraagt me om zoveel mogelijk ruchtbaarheid te geven aan het alternatief van CDA, VVD, D66, ChristenUnie en GroenLinks. Ik bespreek dat met mijn fractiegenoten en met de partijvoorzitter omdat de overwegend rechtse signatuur van zo'n kabinet in GroenLinks heel gevoelig ligt. Iedereen is het erover eens dat we dit risico moeten nemen. Maar de journalisten die ik bel beschouwen het als een gelopen race: de aandacht gaat naar de onderhandelaars en naar het protest dat geleidelijk vanuit de achterban en de fractie van het CDA klinkt. Een enkeling zegt ook wat de anderen denken, namelijk dat ik gewoon een slechte verliezer ben die niet accepteert dat de kaarten anders zijn geschud.

Ik bel met Alexander Pechtold en André Rouvoet, de partners in dat eventuele alternatieve kabinet, en vraag of ze met mij een open brief aan CDA-onderhandelaar Verhagen willen schrijven. Daarmee wordt namelijk ook voor de CDA-achterban duidelijk dat er wel degelijk een alternatief is voor regeren met de PVV. In het concept dat ik al gereed heb, stel ik dat we niet op de uitkomst van onderhandelingen vooruitlopen behalve dat hij met ons, in tegenstelling tot Wilders, zeker weet dat de democratische rechtsstaat wordt gerespecteerd. Beiden twijfelen en weigeren uiteindelijk omdat ze de politieke risico's voor hun eigen partij te groot vinden. Alexander voegt eraan toe dat wij daarmee zelf definitief Paars Plus opgeven. Daarin heeft hij gelijk, alleen denk ik dat dit sowieso een gepasseerd station is.

Daarmee is mijn rol in het formatieproces van 2010 uitgespeeld. De resterende weken kijk ik machteloos naar de ruzies in het CDA, het vertrek van Ab Klink uit de onderhandelingen en de uiteindelijke totstandkoming van het regeerakkoord waar, volgens Mark Rutte, 'rechts Nederland zich de vingers bij aflikt'.

Onbedoeld geef ik in diezelfde dagen rechts Nederland nog een reden om zich te verkneukelen. Een paar maanden eerder hebben Robert en ik samen met een aantal ouders ruzie gekregen met het bestuur van de zwarte school waarop de kinderen zitten. Zonder instemming van de ouders en zonder de kinderen voor te bereiden, zijn op een willekeurige vrijdagmiddag toetsen afgenomen om achterstanden te meten. Volgens het commerciële onderzoeksbureau dat het bestuur ervoor heeft ingehuurd zijn de resultaten dramatisch. Voor onze ogen stort de school in. De directeur zit dan al overspannen thuis, de juffen aan wie wij gehecht zijn wordt de wacht aangezegd. Bijna alle kinderen waarmee onze tweeling startte worden van school gehaald.

Het is het dieptepunt na jaren van geploeter. Vanaf het begin is duidelijk dat de omgangsvormen op school een probleem zijn. De schoolpopulatie is namelijk niet alleen 'zwart' maar vooral homogeen islamitisch. De kinderen worden door hun veelal analfabete en orthodoxe moeders die afwerend zijn tegenover de autochtone ouders naar school gebracht. Vooral de vaders worden genegeerd, iets wat Robert al snel ergert. De islamitische moeders maken zich zorgen over onze levensstijl en de invloeden waaraan we hun kinderen bloot stellen als ze bij ons komen spelen. Op het verjaardagsfeestje van Bruno en Suzy weigeren sommige kinderen iets te eten: ze hebben strenge instructies van huis mee gekregen. Daarbij buigt de school naar de zin van ons, de nieuwe ouders, te ver mee in de orthodoxe wensen van de meerderheid van de ouders. Tijdens het jaarlijkse kerstdiner voor de kinderen is er voor de ouders thee en koekjes in de ouderkamer. Als ik samen met een andere moeder een fles wijn mee naar binnen neem, worden we naar het portiek voor de school terugverwezen.

In september 2009 heb ik al een forse botsing gehad met een

aantal moeders en de schooldirectie. In een interview met Kustaw Bessems van dagblad *De Pers* heb ik me laten verleiden tot gepeperde uitspraken over de school. Mijn kinderen zijn, zeg ik voor de tweede keer, 'geen sociaal experiment': 'De school boekt goede resultaten, ze hebben hun vriendjes en vriendinnetjes. Maar islamitische meisjes mogen vaak niet bij ons thuis komen spelen, omdat mijn vriend 's middags de kinderen opvangt. Dat is tot dusver geen probleem, omdat mijn dochter andere vriendinnetjes heeft, maar mocht zij daardoor eenzaam worden, dan kijken we verder.'

Wat ik van de hoofddoek vind, vraagt Bessems vervolgens. Anders dan andere politici die het onderwerp zoveel mogelijk mijden heb ik dikwijls gepleit voor de mogelijkheid voor vrouwelijke agenten en advocaten om hoofddoekjes te dragen. Emancipatie dwing je namelijk niet van bovenop af, vind ik, maar je verleidt vrouwen ertoe door werk en kansen. Dat herhaal ik, alleen voeg ik er deze keer iets aan toe: 'Als ik op de school van mijn kinderen kom, valt het mij weleens moeilijk – ik kom echt voort uit de feministische beweging – dat ik dan tussen allerlei gesluierde vrouwen zit. Ik zal hun rechten niet aantasten daarin. Maar ik kan niet wachten op het moment waarop ze in vrijheid hun hoofddoek zullen afslingeren. Ik zie het liefst elke vrouw in Nederland hoofddoekloos. En volstrekt vrij. Ik geloof niet dat welke God ook kledingeisen stelt. Dat zijn de mannen geweest die het geloof uitleggen.'

De dag na het interview belt de directeur van de school. Ze heeft klachten van verschillende ouders gekregen en ik moet me komen verantwoorden. Er wordt een bijeenkomst belegd die uitloopt op felle verwijten. Zoals bij veel vrouwen die het interview lezen, bestaat ook bij de moeders op school het misverstand dat ik hen zou willen dwingen hun hoofddoekje af te doen. Dat is niet het geval. Ik vind dat ze het volste recht hebben en wil dat ook verdedigen, alleen ben ik er geen fan van.

Het interview is een domme zet. Niet omdat de opmerkingen controversieel zijn en leiden tot woedende reacties van GroenLinksers, feministen en moslimvrouwen. Dat kan me eigenlijk niet zoveel schelen. In de voorgaande jaren ben ik me meer bewust geworden van het onrecht dat vrouwen wordt aangedaan onder verwijzing naar de islamitische leer. Begin 2005 heb ik samen met Ayaan Hirsi Ali 'de gesluierde monologen' van Adelheid Roosen in de Kamer laten opvoeren om Kamerleden in aanraking te brengen met de ervaringen van islamitische vrouwen. Met Naïma Azough heb ik kleine bijeenkomsten belegd met islamitische vrouwen om over hun levens en over de noodzaak van emancipatie te praten. Daarbij heeft ook de terugkerende confrontatie met de vooroordelen van de ouders op school effect gehad op mijn politieke opvattingen over de islam. Hun intolerantie jegens mij en andere ouders, de waarschuwingen die hun kinderen over ons ontvangen ben ik als een groter probleem gaan zien. Als ik mijn kinderen ophaal na een middag spelen ben ik dikwijls getroffen door de armoede en door de onvrijheid van vrouwen die, op hun beurt, hun kinderen niet bij ons kunnen ophalen omdat ons huis – drie straten verderop – te ver weg is. In een lezing over gewetensvrijheid in 2010 zeg ik het onacceptabel te vinden als moslimvrouwen om geloofsredenen worden gedwongen 'een leven te leiden dat strijdig is met alle vrijheden en grondrechten die wij hoogachten: gelijkberechtiging van man en vrouw, de vrijheid van expressie, de vrijheid van geloofsafval'.

Dat ik in het interview de vinger heb gelegd op vrouwenonderdrukking in mijn eigen omgeving betreur ik niet. Wel dat ik mijn kinderen, hun school, vriendjes en dagelijkse leven in de politieke discussie heb getrokken. Na het interview verslechteren de verhoudingen met andere ouders verder. Moeders voelen zich beledigd en dat heeft effect op de kinderen. Deze komen minder bij ons thuis, onze kinderen worden minder vaak uitgenodigd. Ook in de buurt, als ik met mijn kinderen boodschappen doe of op het speelplein achter ons huis zit waar veel kinderen uit school met elkaar spelen, word ik op hoge toon aangesproken of anders opvallend genegeerd.

Als er in de zomer van 2010 ook nog eens ruzie met het bestuur ontstaat is voor ons de maat vol. De school loopt leeg waardoor onze kinderen tegen onze zin bij elkaar in de klas terechtkomen. Wij besluiten net als de andere ouders om de kinderen weg te halen en op een andere school in de buurt te doen.

Het duurt niet lang voordat het bericht dat wij onze kinderen van een zwarte school hebben gehaald *De Telegraaf* bereikt. Ik wil niet veel kwijt over het bestuurlijke conflict en de spanningen met de andere ouders. 'Het gaat namelijk over de privacy van mijn kinderen,' zeg ik in reactie. Dat is een zwak argument. Een jaar eerder heb ik zelf de privacy van de kinderen opgeheven door de school als voorbeeld in een interview te gebruiken. Als ik hun privacy nu opvoer hebben maar weinig media daar een boodschap aan. De verantwoordelijkheid voor de stoet aan blogs over mijn 'hypocrisie' om mijn kinderen van hun zwarte school te halen wijt ik dan ook in de eerste plaats aan mezelf. Maar mijn weerzin tegen de oordelen waaraan mijn gezin en ik elke dag blootstaan, neemt er enorm door toe. Er zit een grens aan de oppervlakkige meningen en het geschreeuw dat elke dag over me wordt uitgestort en die heb ik wel bijna bereikt.

Voor mij doemt ook nog eens een nieuwe periode van oppositie op in een gepolariseerd parlement. Nu VVD en CDA zich hebben uitgeleverd aan de PVV die gedoogsteun geeft, is de kans dat GroenLinks gehoor vindt bij het kabinet, laat staan dat er een vruchtbaar gesprek op gang kan komen, heel klein. Geert Wilders laat er geen misverstand over bestaan dat het doel van zijn gedoogsteun is de 'vreselijke linkse partijen' buitenspel te zetten, waarmee hij de speelruimte van Rutte en Verhagen nog kleiner maakt.

De mislukking van Paars Plus en de akelige politieke trucs die het CDA heeft uitgehaald liggen me zwaar op de maag. Ik realiseer me dat ik niet meer de aangewezen persoon ben om dit politieke gevecht aan te gaan. Al eerder, als ik eind juli een week in Italië ben, heb ik voor mezelf geanalyseerd dat voor mij de jaren van harde oppositie echt voorbij zijn. Als GroenLinks was gaan regeren dan was ik weliswaar als fractievoorzitter in de Kamer gebleven, maar dan was mijn rol toch een andere geweest. Nu moet ik weer elke dag de alertheid en lust opbrengen om de confrontatie aan te gaan. Bij de gedachte te moeten ageren tegen de grofheden van Wilders, de bestuurlijke arrogantie van het CDA en het electorale opportunisme van Rutte, raak ik van tevoren al vermoeid. Alle denkbare onderwerpen, van kleinere klassen tot de bestedingen voor ontwikkelingssamenwerking, heb ik al vaker dan één keer zien langskomen. En vervelender dan de onvermijdelijke herhaling van standpunten en conflicten die op me wacht, is dat met het aantreden van het rechtse kabinet de onderlinge linkse concurrentie weer oplaait.

In de loop van de jaren ben ik blijven pleiten voor linkse of progressieve samenwerking. Tussen 2003 en 2006, als D66 met CDA en VVD regeert, kies ik voor de PvdA en de SP. Daarna, als Pechtold aantreedt en D66 afstand neemt van het Balkenende-bezuinigingsprogramma, verschuift mijn voorkeur. De SP ontwikkelt zich te veel als een conservatieve en enigszins autoritaire partij en ik vind dat in het conservatieve klimaat juist behoefte is aan een veranderingsgezind, links-liberaal blok. De oproep van Jos de Beus, Paul Kalma en Paul Scheffer vijftien jaar eerder om tegenover het snel opkomende culturele conservatisme een progressieve doorbraak te forceren, ben ik niet vergeten. Nu Wilders met steun van de VVD en het CDA het centrum van de macht nadert lijkt me dat progressieve partijen geen tijd kunnen verdoen met onderlinge concurrentie om een minderheid van de stemmen. Als begin september het gedoogkabinet onafwendbaar wordt, roep ik in het tv-programma *Buitenhof* de PvdA en D66 op om gezamenlijk een plan tegenover het rechtse regeerakkoord te plaatsen: 'Waar de rechtse partijen elkaar vooral vinden in wrok en emotie tegenover linkse partijen komen de noodzakelijke hervormingen niet tot stand,' zeg ik daar.

Met Alexander praat ik dan al een paar jaar over samenwerking tussen onze partijen. Hij is eerst afhoudend omdat hij wil aantonen dat D66 nog bestaansrecht heeft na de drie zetels die er na de verkiezingen in 2006 over zijn gebleven. Maar als zijn positie in de Kamer sterker wordt en D66 snel stijgt in de peilingen wordt hij gevoeliger voor het argument dat onze machtspositie belabberd is zolang we elkaars stemmen afpakken. We zijn er allebei ook van overtuigd dat er een grote groep links-liberale mensen in Nederland is die zich nergens thuis voelt en niet kan kiezen tussen de progressieve partijen. Een onderzoek door het wetenschappelijk bureau van GroenLinks ondersteunt die gedachte ook: als GroenLinks en D66 zouden samengaan dan zouden niet alleen veel PvdA-stemmers maar ook VVD'ers en CDA'ers overstappen. Een probleem is wel dat Pechtold weerzin heeft tegen de PvdA en net als veel van zijn partijgenoten achterdochtig is dat de leidende PvdA'ers het kleinere D66 alleen zullen gebruiken en, als het eenmaal verzwakt is, afdanken. De slechte verhoudingen tussen D66 en de PvdA vinden hun oorsprong in de afloop van het tweede paarse kabinet, maar wat niet helpt is dat Job Cohen zijn lijsttrekkerschap heeft aangekondigd op de ochtend na de dood van Van Mierlo. De PvdA stal de aandacht die naar de oprichter van D66 had moeten gaan, en Pechtold kan dat de partij moeilijk vergeven. Tijdens de onderhandelingen over Paars Plus heeft hij zijn bezwaren tijdelijk begraven maar het kost mij veel overtuigingskracht om hem daarna opnieuw op het spoor van de PvdA en Cohen te zetten.

Uiteindelijk doen wij Cohen samen het voorstel om alsnog een alternatief Paars Plus-akkoord te maken dat de compromissen bevat die zijn bereikt voordat de onderhandelingen werden afgebroken. Dit akkoord laten we doorrekenen door het Centraal Planbureau zodat het niet honend terzijde kan worden geschoven. Wel moeten wij allemaal opnieuw water bij de wijn doen, maar in ruil daarvoor is onze gezamenlijke zeggingskracht tegenover het gedoogkabinet het grootst. Mark Rutte wordt er aanhoudend mee geconfronteerd dat er een redelijk alternatief is, net als de kiezers die bovendien een sterk front van oppositiepartijen zien.

Samen met Pechtold probeer ik Job Cohen te overtuigen. Hij twijfelt sterk omdat hij bang is dat samenwerking met D66 voor zijn kiezers een reden is om op de SP te stemmen. Ik begrijp de angst, maar word er ook ongeduldig van. GroenLinks staat aan een minstens zo groot risico bloot maar nu, terwijl Wilders het eerste kabinet-Rutte in de houdgreep heeft, is het niet het moment om de strijd met de linkse concurrent aan te binden. Cohen zegt erover na te denken. Na een paar dagen laat hij weten enkel mee te willen doen als de SP ook aan boord komt. Pechtold en ik hebben er beiden niet zoveel vertrouwen in, maar besluiten akkoord te gaan. We veronderstellen dat de SP zal afhaken als wij bijvoorbeeld verhoging van de AOW-leeftijd agenderen.

We komen een aantal keren bij elkaar zonder veel vorderingen te maken. Het zijn lusteloze bijeenkomsten waar boven een lauw kopje koffie wordt gehakketakt. Aanpassing van de AOW wordt zonder veel toelichting geboycot door de SP en de PvdA piekert er niet over de arbeidsmarkt te hervormen, terwijl daarover in de Paars Plus-onderhandelingen een compromis was gesloten. Cohen noch Roemer lijkt aanstalten te maken werkelijk te willen onderhandelen, eerder lijken ze te hopen dat vertraging ertoe leidt dat D66 opstapt.

Voordat er iets op papier staat, barst de zogenaamde samenwerking uiteen. Ik word gebeld door Peter Kee, de parlementair redacteur van *Pauw & Witteman*, dat Ronald Plasterk diezelfde avond, op 22 september 2010, naar buiten brengt dat er een 'linkse tegenbegroting' in de maak is. Plasterk is net de financiële woordvoerder van de PvdA-fractie geworden en wil blijkbaar een sterke entree in de Kamer maken. Kwaad bel ik Job Cohen hoe Plasterk dit in zijn hoofd haalt. Door het nu ijdel naar zich toe te trekken komt er juist geen akkoord tot stand. Cohen belooft Plasterk erop aan te spreken maar kan niet beloven dat deze nog van zijn tv-optreden zal afzien. Inmiddels heeft Alexander het ook van Peter Kee gehoord en hij is, zoals te verwachten, woedend. Dat wordt nog erger als diezelfde dag Roemer op de radio bekendmaakt dat er een linkse tegenbegroting komt waar ook D66 aan meedoet.

Cohen meldt dat Plasterk per se naar *Pauw & Witteman* wil maar zich op de vlakte zal houden. Ik bel Alexander en die zegt: 'Dan stap ik eruit. Ze spelen gewoon een spelletje met me.' Een aantal uren voordat *Pauw & Witteman* begint brengt hij een persbericht uit: 'Plasterk en Roemer zijn met onmiddellijke ingang ontslagen als woordvoerders van de D66-fractie.' En om er nog minder misverstand over te laten bestaan heeft hij er fijntjes aan toegevoegd dat hij niets opheeft met de 'socialistische koers' van de beide partijen.

's Avonds bij *Pauw & Witteman* houdt Plasterk de schijn op. Er komt, zegt hij, een alternatief voor het bezuinigingsplan van het kabinet. Vol leedvermaak kijk ik toe als parlementair journalist Kustaw Bessems hem vervolgens om de oren slaat met het persbericht van Pechtold. 'Als u me niet gelooft, dan houdt het op,' verweert Plasterk zich zwakjes.

Voor mij doet het de deur dicht dat ijdele kortzichtigheid het na een paar weken van moeizame gesprekken wint van werkelijke samenwerking. De media weten er ook wel raad mee. 'Linkse vuist breekt vinger', kopt de opiniesite Joop. 'Na een dag geeft links het op', analyseert *de Volkskrant* en 'Linkse tegenbegroting nu al stuk', schrijft GeenStijl.

In een artikel in *Vrij Nederland* over 'De nieuwe polarisatie' geef ik begin oktober lucht aan mijn frustratie: 'Ik ben niet de politiek in gegaan om koste wat het kost mijn eigen niche te verdedigen. We moeten hervormingsgezind zijn en niet krampachtig vasthouden aan oude linkse ideeën. Als we als progressieve partijen eindelijk een échte meerderheid willen halen, moeten we vooral een aantrekkelijk alternatief zijn voor gematigde VVD'ers en CDA'ers.' Ik realiseer me goed dat dit voorlopig niet zal gebeuren en begin met het voorbereiden van mijn vertrek.

Lastig aan een tussentijds vertrek is dat ik daarmee de belofte aan de kiezers verbreek om vier jaar Kamerlid te zijn. In het verleden heb ik hard geoordeeld over anderen die lichtzinnig omsprongen met hun kiezersmandaat en dat maakt mijn beslissing discutabel. Ik bespreek dat met Kees, Tom en diens opvolger Bart Snels. We zijn het erover eens dat het minder zwaar weegt na ruim twaalf jaar dan na een heel korte periode. Zij doen me ook het argument aan de hand dat een tussentijds vertrek juist getuigt van verantwoord leiderschap. Wetende dat dit mijn laatste termijn is, geef ik Jolande de kans om ervaring op te doen als fractievoorzitter. Hoewel ik me realiseer dat het een gelegenheidsargument is – het blijft de maanden daarna ook een beetje knagen – neem ik het dankbaar over. De doorslag geeft dat GroenLinks heel stabiel is. De inhoudelijke conflicten zijn achter de rug, in een groot aantal gemeenten zit GroenLinks in het bestuur en in de Kamer worden we serieus genomen. Jolande begint op een gunstig moment nu de voorwaarden zijn geschapen voor electoraal succes.

Daarna praat ik met Jolande en vertel haar dat ik aan het einde van het jaar, voordat het kerstreces begint, wil vertrekken. Zij weet dat het moment eraan komt en is, na de mislukking van Paars Plus en van de progressieve samenwerking, niet verbaasd dat ik nu opstap. Sinds het voorjaar bereidt zij zich mentaal en inhoudelijk voor. We hebben samen de coalitieonderhandelingen voor onze rekening genomen, ze is inmiddels vicevoorzitter en ik betrek haar bij alle beslissingen die ik neem. We maken afspraken wie te informeren over mijn vertrek en hoe alles geleidelijk over te dragen. We hebben nog tweeënhalve maand voordat het echt zover is en vanaf het moment dat ik mijn beslissing met haar deel voeren we elke week urenlange gesprekken. Samen brengen we Ineke van Gent op de hoogte. Zij zit ook in het fractiebestuur en zal, vanwege haar lange Kamerervaring, Jolande zoveel mogelijk helpen en begeleiden. Voor Ineke is mijn beslissing emotioneel. Wij hebben vanaf 1998 samengewerkt en zijn in de loop van de jaren vrienden geworden. Ongeveer één keer per jaar kwamen onze heel verschillende karakters in botsing en spraken we een week niet met elkaar, om het daarna met veel witte wijn goed te maken. Voor haar is het een rare en beetje melancholieke gedachte dat zij blijft terwijl Kees, Tom, ik, eigenlijk iedereen uit haar politieke generatie, weg is.

Tegenover alle andere fractiegenoten houd ik het voorlopig geheim. De nieuwe Kamerleden, Liesbeth van Tongeren, Bruno Braakhuis en Linda Voortman, zijn vlieguren aan het maken in de plenaire zaal. Met hen heb ik nog niet echt een band. Die heb ik wel met het vierde nieuwe Kamerlid, Jesse Klaver, die zich eerder op mijn aandringen kandidaat heeft gesteld. Hij weet dat ik hoop dat hij ooit GroenLinks gaat leiden maar dat is nu – Jesse is vierentwintig – niet aan de orde. Mariko Peters, woordvoerder buitenland, is zwanger is van een tweeling en staat op punt om met verlof te gaan. Wel twijfel ik erover om Tofik Dibi in vertrouwen te nemen. Hij en ik hebben een emotionele band. In een interview een paar jaar eerder heeft hij mij eens 'zijn tweede moeder' genoemd en daarop heb ik quasibeledigd gereageerd. Het is niet onwaar. Hij is getalenteerd, eigenzinnig en moedig in de koers die hij kiest in debatten over integratie en de multiculturele samenleving. Hij kan veel lol maken maar tegelijkertijd is hij gesloten, en lijkt hij bij tijd en wijle kwetsbaar. Ik maak me altijd zorgen en moeder – als ik de kans krijg – inderdaad over hem. Ik weet dat hij van iedereen de grootste moeite zal hebben met mijn vertrek, ook omdat hij minder overtuigd is van Jolande. Tofik en ik zijn eenstemmig over integratie, culturele tegenstellingen en de rechtsstaat. Hij verdedigt hartstochtelijk de liberale lijn van vrijheidsrechten en is bezorgd dat de econoom Sap die onderwerpen links zal laten liggen. Juist omdat ik zijn emoties ken besluit ik te wachten het hem te vertellen. Ik durf er niet helemaal op te vertrouwen dat hij rustig reageert.

Voordat de datum van mijn vertrek definitief wordt geef ik Jolande en Ineke nog ter overweging dat, als zij dat nodig vinden, ik wel langer wil blijven. In het voorjaar van 2011 zijn er Provinciale Statenverkiezingen. Het kan Jolande kwetsbaar maken als de uitslag daar plotseling tegenvalt. Tegelijkertijd is de kans aanwezig dat die verkiezingen de val van het eerste kabinet-Rutte inluiden als VVD en CDA geen meerderheid in de Eerste Kamer halen. Aangezien ik sowieso, vanwege de interne regels van GroenLinks, geen lijsttrekker meer mag worden, staat Jolande dan echt voor het blok. Bij vervroegde verkiezingen zal ze, als ik langer aanblijf, dan direct een landelijke campagne moeten voeren. Dat overkwam mij toen ik aan het einde van 2002 plotseling Paul Rosenmöller opvolgde en dat wil ik haar graag besparen.

Jolande en Ineke praten daar samen over en laten me dan weten dat ik weg kan. Voor mij is dat een opluchting. Nu ik hardop heb uitgesproken dat ik wegga, verlang ik hevig naar het moment dat ik de deur achter me dicht kan trekken. De gedachte om nogmaals campagne te voeren, om flyerend en stralend GroenLinks aan te prijzen, staat me tegen.

In de twee maanden voorafgaand aan mijn vertrek is er in de Kamer weinig dat aandacht vraagt. De regering zet voorzichtig de eerste schreden en traditiegetrouw is de Kamer afwachtend, om niet het verwijt over zich af te roepen dat ze de bewindslieden geen enkele kans geeft. Alleen rond de PVV ontstaat een grote rel als blijkt dat een van de Kamerleden, Eric Lucassen, is veroordeeld voor ontucht en ervan wordt verdacht zijn buren te hebben geterroriseerd. Het is niet de eerste PVV'er die met geweld in verband wordt gebracht na verdenkingen tegen bijvoorbeeld Marcial Hernandez voor een kopstoot, Hero Brinkman voor geweld tegen een kelner en een aannemer en Dion Graus voor mishandeling van zijn partner. Daarnaast zijn er nog Kamerleden die kwesties hebben met verduistering en faillissementsfraude. Behalve dat dit het beeld versterkt van de PVV als een louche gezelschap is de zaak-Lucassen politiek gevoelig. De gedoogconstructie van het eerste kabinet-Rutte steunt op een meerderheid van één stem. Als Wilders zou besluiten, wat logisch is, om Lucassen uit de fractie te zetten en deze weigert zijn zetel af te staan, dan stort het wankele bouwwerk in.

De kwestie leidt nog één keer tot een massieve confrontatie tussen Wilders en mij als ik hem tijdens een Kamerdebat eind november 2010 verwijt met twee maten te meten. De oordelen die hij, als leider van een law-and-orderpartij velt over gewone Nederlanders contrasteren scherp met zijn toegeeflijkheid voor zijn eigen Kamerleden. Volgens Wilders 'lusten de honden geen brood' van mijn inbreng omdat ik zijn collega's beoordeel als 'halve criminelen, wat ze niet zijn'. Het is een kwalificatie die ik bewust, en met vilein plezier, onbeantwoord laat. Het doet namelijk denken aan Richard Nixon, die op het hoogtepunt van de Watergate-affaire riep: 'I am not a crook', een ontkenning waarmee hij het beeld van de oplichter juist zelf bevestigde.

Er is één andere kwestie die zorg verdient voordat ik wegga en dat is de motie van Mariko Peters en Alexander Pechtold die een halfjaar eerder is ingediend tijdens het debat over het vervolg van de militaire missie in Uruzgan die leidde tot de val van het vierde kabinet-Balkenende. In de motie werd aan de regering gevraagd om de internationale behoefte aan een 'civiele politietraining en -opleiding' te verkennen zodat Nederland betrokken kon blijven bij het herstel van Afghanistan. Eerder had de PvdA hier zelf in exact dezelfde woorden voor gepleit, dus was te verwachten dat men voor zou stemmen. Maar anders dan een Kamermeerderheid stemde de PvdA tegen.

In het najaar van 2010 is de motie kwetsbaar geworden omdat de oorlog in Afghanistan feller wordt gevoerd, waardoor de kansen op een civiele missie kleiner worden en de PvdA ondertussen geen moment onbenut laat ervoor te waarschuwen dat Nederland een oorlog dreigt te worden in gerommeld. Dat zijn verwijten die de afgelopen jaren vooral door tegenstanders zoals ik tegen de Uruzgan-missie zijn gebruikt. De motie ligt bij ons in de fractie en in de partij dan ook gevoelig. Iedereen is het erover eens dat het onverantwoord is om Afghanistan te laten terugzakken in het terreurbewind van de taliban, tegelijkertijd is er grote twijfel of politietrainingen nou wel een oplossing zijn. De angst is dat trainers machteloos staan of dat ze juist worden opgetuigd tot militairen die uiteindelijk zullen gaan vechten.

In november besluit het eerste kabinet-Rutte dat de motie wordt uitgevoerd. Aangezien de PVV geen belangstelling heeft voor het versterken van de democratie in Afghanistan tegenover islamitische terroristen moet Rutte steun vinden in de Kamer. Ik word, net als Alexander Pechtold, uitgenodigd op het ministerie van Defensie. Daar legt de nieuwe minister, Hans Hillen, samen met Peter van Uhm, de commandant der strijdkrachten, voor dat men wil verkennen of de provincie Kunduz geschikt is voor een politiemissie. Op mijn verzoek worden Jolande en ik korte tijd later nogmaals uitgenodigd door Van Uhm, om meer uitleg te krijgen over de missie. De politietrainers zullen onder militaire begeleiding staan, waarbij het aantal militairen de civiele medewerkers, vanwege de veiligheid, zal overtreffen. Jolande en ik horen het met gemengde gevoelens aan. Onmiskenbaar is de intentie niet om te vechten maar de situatie daar sluit dat ook niet uit. Ik laat Van Uhm, en daarna ook de minister van Defensie weten dat wij het logisch vinden dat men de mogelijkheden in Afghanistan verkent maar dat dit helemaal niet betekent dat wij instemmen. Daarvoor wachten wij het definitieve voorstel van het kabinet dat in januari wordt verwacht.

Daarmee meen ik alle ruimte te hebben geschapen voor Jolande en de fractie om een beslissing te kunnen nemen als ik vertrokken ben. Het kabinet weet dat er een gerede kans is dat GroenLinks nee zal zeggen, afhankelijk van de mate waarin de missie naar vechten neigt. Jolande noch ik verwacht dat deze beslissing commotie zal geven. Als het een internationale civiele missie wordt, dan gaat GroenLinks akkoord. Wordt het een militaire missie, dan is het antwoord nee.

In dezelfde maanden dat ik mijn werk afrond en mijn vertrek voorbereid, bestaat GroenLinks twintig jaar. Dat wordt op 22 november 2010 gevierd met een boek, een bijeenkomst en een speech van mij. Anders dan de mensen in de zaal weet ik dat dit de laatste keer is dat ik als GroenLinks-leider spreek. Ik besluit om dat moment niet te verspillen aan nietszeggendheden maar nog één keer – zoals me vaak is verweten – voor de troepen uit te lopen. Een laatste keer pleit ik zonder enige terughoudendheid voor progressieve samenwerking nu rond het eerste kabinet-Rutte een sfeer van afrekening en rechts revanchisme hangt. Ik ben daarbij minder geïnteresseerd in de vorm van GroenLinks in de toekomst dan 'hoe door samenwerking de progressieve macht groter kan worden dan het zeteltal van de afzonderlijke delen'. We moeten, zeg ik, het kunstje van Keerpunt 72 durven herhalen. Dat was de enige keer in de Nederlandse politieke geschiedenis dat progressieve partijen de agenda bepaalden. Destijds, in 1972, sloten

PvdA, D66 en de PPR een stembusakkoord waarna een gezamenlijk programma voor de spreiding van kennis, macht en inkomen werd gepresenteerd dat leidde tot de vorming van het kabinet-Den Uyl. Ik analyseer dat er links van het politieke midden van oudsher twee hoofdstromingen zijn. Een sociaal-progressieve en een sociaal-conservatieve stroming. Tot de eerste behoren GroenLinks en D66 die, hoewel GroenLinks verdergaat in het herverdelen van welvaart en kansen, een 'opgewekt geloof in verandering en in de verworvenheden van de moderne samenleving' delen. Daartegenover staat de sociaal-conservatieve SP die moderne ontwikkelingen vooral als negatief beoordeelt: 'Europa levert een gevaar op, net als globalisering en hervorming van de verzorgingsstaat.'

Hiertussenin staat de PvdA die altijd twee zielen in de borst heeft gehad maar deze sinds Wim Kok tijdens Paars de ideologische veren afschudde niet meer weet te verzoenen. Ik eindig met een oproep aan de PvdA: 'Kiest zij voor het sociale conservatisme van de SP waardoor zij vooral D66 wegduwt, of kiest zij voor de progressieve krachten van GroenLinks en D66?'

Mijn oproep geeft Cohen reden om nog een keer narrig te reageren. De PvdA hoeft helemaal niet te kiezen, laat hij dan ook weten, en zeker niet daartoe gedwongen door GroenLinks. Ik heb niet de illusie om met zo'n speech werkelijk de politieke verhoudingen te veranderen, wel hoop ik nog een boodschap aan de eigen partijleden te geven. GroenLinks is het product van een geslaagde fusie twintig jaar eerder. De aanhangers ervan hebben al eens laten zien dat ze politiek resultaat belangrijker vinden dan partijtrouw. En wat mij betreft gebeurt dat in de toekomst weer.

Begin december zoekt Tofik mij op. Hij heeft het vermoeden, zegt hij, dat ik snel weg zal gaan. 'Ja,' zeg ik, 'over twee weken kondig ik mijn vertrek aan.' Hij reageert veel kalmer dan ik verwachtte. Hij begrijpt het, zegt hij, en hij vindt het ook wel tijd. Niet alleen voor mij, concludeer ik tijdens ons gesprek, maar ook voor hem. Inmiddels heeft hij zijn stijl gevonden, soms begint hij mijn correcties ook een beetje hinderlijk te vinden en wil hij zijn eigen richting bepalen.

Daarna gaat het snel. Vijf dagen voor mijn vertrek neem ik de rest van de fractie – Kamerleden en medewerkers – in vertrouwen. De sfeer in de vergadering is nostalgisch. Niemand is erg verbaasd, alleen een enkeling vindt het sneller dan gedacht, het is een onvermijdelijk einde van een lange periode. Dat stemt een beetje droef maar tegelijkertijd is de leiderschapswissel, die ook tot nieuwe verhoudingen in de fractie zal leiden, spannend. Jolande wordt zonder wanklank of discussie door haar collega-Kamerleden tot nieuwe voorzitter gekozen.

Op vrijdag 17 december kondig ik in perscentrum Nieuwspoort mijn vertrek aan. Aan Robert heb ik gevraagd of hij thuis wil blijven omdat ik bang ben dat ik moet huilen als ik hem zie. Gelukkig heeft hij zich daar niet aan gehouden en zit hij samen met Kees op de achterste rij. Mijn speech heb ik, voor mij heel ongewoon, dagen eerder al geschreven. Ik ben me er scherp van bewust dat dit, net als verloren en gewonnen verkiezingen en grote debatten, een bepalend moment is in mijn politieke loopbaan. Het is een laatste gelegenheid om mezelf als politicus te presenteren, want door te vertrekken geef ik het publieke platform op dat ik al die jaren heb gehad. Ik verwijs naar de uitspraak van Karl Popper die ik acht jaar eerder als nieuwe fractievoorzitter ontdekte: 'Er is een plicht tot optimisme.' En ik vervolg: 'Tegen pessimisme heb ik me altijd verzet, tegen cynisme nog meer. Het antwoord op angst en somberte in onze samenleving mag geen beklemming en repressie zijn. Mijn antwoord was en is dat we juist nu onze vrijheid versterken en vieren. Zoeken naar vrijheid was mijn leidraad in al die jaren van politieke en maatschappelijke turbulentie. Hoe kunnen we ervoor zorgen dat juist nu, terwijl de omstandigheden lastig zijn, mensen meer kansen krijgen, meer keuzevrijheid? En juist de mensen die in de knel zitten. Daarbij hoort dat je het vrije woord verdedigt, ook en vooral voor je politieke tegenstanders. Ik beschouw dat als een voorwaarde voor een vreedzame en open samenleving. Hoe onbeschaafd en oeverloos de woordenstroom soms ook is.'

Die avond laat word ik voor een afscheidsinterview verwacht bij *Pauw & Witteman*. Daarvoor eet ik met Robert en een paar collega's en vrienden bij restaurant Lof op de Haarlemmerdijk. Terwijl het gezelschap opgewonden pratend de dag verwerkt, ga ik alleen naar buiten om een sigaret te roken. Het heeft de hele dag hevig gesneeuwd. De straat is wit, op de lantaarnpalen en de geparkeerde fietsen ligt een dikke laag sneeuw. Alle geluid van fietsers en voorzichtig rijdende auto's klinkt gedempt. Ik leun tegen het raam van het restaurant, kijk om me heen en haal diep adem.

17

De karavaan trekt voort

Half januari 2011 komt Wouter Bos een avond langs. Hij is tien maanden eerder dan ik weggegaan en ik vraag hem hoe het is om nu buiten de politiek te staan. 'Het is een opluchting,' zegt hij, al mist hij het groepsgevoel van medewerkers en collega-Kamerleden tegenover politieke tegenstanders. Dat begrijp ik. Zeker later, als ik al een aantal jaren weg ben uit de politiek, verlang ik weleens terug naar het clubgevoel dat lange tijd in onze fractie bestond. Het is niet de reden waarom het gesprek met Wouter me nog lang bijblijft. Dat is een andere opmerking. 'Ik dacht dat het allerergste was om meteen vergeten te worden,' zegt hij. 'Nu weet ik dat dit niet het ergste is.'

Op dat moment heeft Job Cohen, zijn opvolger, het moeilijk. Terwijl hij als staatssecretaris en burgemeester werd bewierookt, aardt hij slecht als parlementariër. De beloofde verkiezingsoverwinning van 2010 is uitgebleven, in de onderhandelingen heeft hij naast de macht gegrepen en in de oppositie wordt hij bespot omdat hij te bedachtzaam en te traag zou zijn om Rutte van repliek te dienen. In krantenanalyses wordt Bos in herinnering geroepen, als een vaardig politicus maar ook als iemand die de PvdA kwetsbaar heeft gemaakt door Cohen naar voren te schuiven.

Voor mij daarentegen is aan de voorwaarden voldaan om snel de vergetelheid in te glijden. De machtswisseling tussen Jolande

Sap en mij een maand eerder was voorbeeldig. 'Soepel', 'geolied' en 'goed voorbereid', luidden de commentaren. Als Kamerlid had Jolande haar gezag al gevestigd en daar bouwt ze meteen na mijn vertrek ontspannen op voort. Ik bezie dat met ambivalentie, waarover ik me tegelijkertijd schaam. Ik wil graag dat het goed gaat, dat GroenLinks sterker wordt en dat zij een volgende bestuurlijke fase inluidt. Na de maanden van voorbereiding hebben Jolande en ik als vrienden afscheid genomen. Ze weet dat ze me op elk moment van de dag kan bellen. Ik heb tegen haar herhaald wat mijn voorganger, Paul Rosenmöller, tien jaar eerder tegen mij zei: 'Uiteindelijk is er één persoon die weet hoe je je werkelijk voelt, en dat ben ik.' Maar ik betrap mezelf erop dat ik het ook zeg omdat ik nog even in de herinnering wil blijven en niet meteen in haar schaduw wil verdwijnen. Dat is de staat van mijn gemoed als, kort na Wouters bezoek, de discussie over een nieuwe missie in Afghanistan losbarst.

Na het kerstreces stuurt het kabinet het voorstel voor een trainingsmissie in de Afghaanse provincie Kunduz naar de Tweede Kamer. Op 10 januari, de avond voor mijn officiële afscheid van de Tweede Kamer, woon ik nog een fractievergadering bij om door mijn collega's uitgeluid te worden. Dat schiet er lelijk bij in omdat de Kamerleden nerveus zijn over de nieuwe fase die aanbreekt, de onderlinge taakverdeling en de beslissing die ze moeten nemen over Kunduz. Ik probeer nog invloed uit te oefenen op de beslissing door bij mijn collega's te pleiten tegen de missie. Daarvoor heb ik twee redenen. De eerste volgt logisch uit de kabinetsbrief: dit is niet wat wij een jaar geleden in de motie bedoelden met een civiele missie. Door de gespannen situatie krijgt de missie een militair karakter en kan er geen enkele garantie worden gegeven dat Nederlandse militairen die worden meegestuurd buiten de gevechten zullen blijven. En als tweede blijkt uit opiniepeilingen dat een meerderheid van de Nederlandse burgers de missie niet steunt. Ook al zijn peilingen wisselvallig en niet altijd even betrouwbaar, ik vind dat je militairen en politieagenten hun leven niet mag laten riskeren als de Nederlandse bevolking hen niet steunt. De fractieleden luisteren beleefd, zonder werkelijk met me in discussie te gaan. Ik word me er op slag van bewust dat ik nauwelijks meer recht van spreken heb. Dat heb ik opgegeven door te vertrekken.

In de dagen erna zoek ik een aantal keren contact met Jolande. Mijn voorstel is om samen een politieke en mediastrategie te ontwerpen om zonder beschadiging nee te kunnen zeggen tegen Kunduz. Voorafgaand aan de hoorzitting op maandag 24 januari ga ik thuis bij haar langs. Ze is het met me eens dat de risico's te groot zijn. Het is een ongewis militair avontuur, waarbij de opbrengst van politietrainingen klein is. De NAVO krijgt een grote rol toebedeeld terwijl wij ons tegen de dominantie van het bondgenootschap in Afghanistan juist jaren hebben verzet. Het is bovendien electoraal een grote gok, zeker voor een nieuwe en nog onbekende fractievoorzitter.

Jolande en ik spreken af dat zij na de hoorzitting duidelijk maakt dat de kans dat GroenLinks de missie steunt heel klein is. In de dagen daarna zal ze de zorgen van GroenLinks telkens indringender formuleren, gebruikmakend van de verdeeldheid in de fractie. Niet alleen Ineke is namelijk traditioneel tegen, ook Tofik voelt er weinig voor. Ik druk Jolande op het hart om niet te onderhandelen met het kabinet over voorwaarden om alsnog akkoord te gaan. In mijn hoofd zit de afgang van GroenLinks tien jaar eerder toen wij aan onze steun voor de inval van Afghanistan onuitvoerbare en oncontroleerbare voorwaarden verbonden om de eigen achterban gerust te stellen.

Het loopt anders. Direct na de hoorzitting op maandag 24 januari 2011 zegt Jolande tegen de pers dat 'de kansen kleiner' en 'de zorgen groter' zijn geworden en een dag later, na de wekelijkse fractievergadering, zet zij dit kracht bij. Maar op woensdagochtend heel vroeg belt Bart Snels, de spindoctor van de fractie, me enthousiast op. 'Jolande heeft vannacht onderhandeld met Rutte en al onze eisen zijn ingewilligd.' De duur van de politietraining wordt verlengd en er komt aandacht voor alfabetisering en vrouwenrechten. Ik kan niet delen in zijn vrolijkheid. 'Dit wordt een ramp,' zeg ik, 'jullie moeten hier onderuit.' Alle eisen die GroenLinks stelt zullen net zo gemakkelijk weer verdampen als de situatie in Kunduz verslechtert. De internationale verhoudingen voegen zich niet naar de wensen van GroenLinks, dat hebben we de vorige keer geleerd. Bij een militaire missie zeg je uiteindelijk eenvoudig ja of nee, en draag je vervolgens alle onplezierige gevolgen. Deze en andere argumenten herhaal ik als ik Jolande, Tofik en Ineke bel. Ik vind weinig gehoor en Jolande verkeert in een overwinningsroes. 'Er is geen weg meer terug,' zegt ze, 'ik ga zo meteen ook aan de pers melden dat Rutte al onze voorwaarden inwilligt.' Ik bel opnieuw met Bart. 'Alsjeblieft, breng dit nog niet naar buiten, want dan zit je eraan vast,' zeg ik. 'Wacht het debat af.'

Mijn oproepen zijn vergeefs. Bij Jolande, Bart en een aantal Kamerleden overheerst de triomf van een grote overwinning op het kabinet. Mijn negatieve commentaar mist zijn effect en klinkt – daarvan ben ik me bewust – zurig, als dat van de voormalige leider die haar opvolger het succes niet gunt. Toch probeer ik het nog een paar keer. Tijdens het Kamerdebat, dat nog in dezelfde week plaatsvindt, willigt Mark Rutte inderdaad alle eisen in. Ik doe een laatste poging om Jolande op andere gedachten te brengen. Het risico bestaat dat haar jonge fractievoorzitterschap in het teken komt te staan van Kunduz, zeker als na een aantal maanden het mensenrechtelijke karakter van de missie verwatert door de aanhoudende oorlog. Er is maar een heel kleine Kamermeerderheid voor en dat is voor een riskante missie als deze wel heel kwetsbaar. 'Dat is een argument om je steun helemaal in te trekken,' zeg ik. Het heeft geen zin. Dezelfde avond stemt de GroenLinks-fractie in, met uitzondering van Ineke.

In de partij steekt een storm van kritiek op. Veel mensen vinden de missie heilloos en ongeloofwaardig en meer dan vijfhonderd leden zeggen hun lidmaatschap op. Het door Jolande telkens herhaalde argument dat de vrouwenrechten erdoor worden versterkt, stuit op scepsis. Door parlementair journalisten wordt Jolande juist gewaardeerd als moedig en doortastend. Voor- en tegenstanders van de missie, in en buiten GroenLinks, zijn het er wel over eens dat Jolande voor mij een moeilijke klus klaart. Ik heb haar 'met de beslissing opgescheept', 'in een onmogelijke positie gebracht' door – zoals overal wordt verkondigd – deze missie te willen.

Thuis verbijt ik me. Jolande noch andere Kamerleden corrigeren het beeld van mij als de architect van de steun aan de Kunduz-missie. Ik begrijp dat ze de gelederen gesloten moeten houden maar baal van de positie waarin ik terechtkom. Tegen journalisten die me bellen voor een reactie houd ik me op de vlakte omdat ik Jolandes positie niet wil ondermijnen. Een oud-fractievoorzitter die haar opvolger becommentarieert is ook onappetijtelijk. Zeker als zij nog maar net is begonnen en kampt met een 'lastige erfenis', zoals de journalistieke samenvatting van de commotie luidt.

Op vrijdagavond, een week na de stemmingen, komt Jolande bij me langs. Ons gesprek is eerst ijzig. Ik voel me slecht behandeld en vind dat Jolande GroenLinks, zichzelf en mij nodeloos beschadigt. Ze komt om zich te verzekeren van mijn steun op het congres, een week later op 5 februari. Eigenlijk wil ik daar helemaal niet meer naartoe. Het zou het moment zijn waarop feestelijk afscheid van mij wordt genomen met toespraken en een borrel na afloop. Die is door de congresorganisatie al van het programma geschrapt omdat inmiddels duidelijk is dat er vooral geruzied zal worden over Jolandes lot.

In de loop van de avond zet ik mijn chagrijn opzij. Ik begrijp wel degelijk dat Jolande een snelle, eenzame beslissing heeft moeten nemen. Haar argument dat ze niet aan de leiband van de partij wilde lopen begrijp ik ook. Het verschil van mening over Kunduz blijft maar mijn oordelen slik ik in: die verdient ze niet. We spreken af dat ik 's middags, als het debat over Kunduz achter de rug is, toch nog naar het congres kom.

Het congres wordt live uitgezonden. 's Ochtend kijk ik thuis tv terwijl Jolande zich verweert. Dat doet ze indrukwekkend. Ondanks ons meningsverschil ben ik plaatsvervangend trots. Ik vind haar optreden overtuigend en dat zeg ik haar later ook. De motie van afkeuring die door kritische GroenLinks-leden is ingediend haalt het niet. Wel wordt er een motie van treurnis aangenomen waarin tegelijkertijd vertrouwen in Jolande en de fractie wordt uitgesproken. Jolande lijkt daarmee de eerste slag als fractievoorzitter te winnen. In de namiddag neem ik afscheid van het congres. 'Ik spring er nu af,' zeg ik tegen de leden, 'maar de karavaan trekt voort: houd koers, heb moed, wees trots!' Direct daarna ga ik naar huis.

Begin maart 2011 rijd ik naar Groningen om voor een groep vrouwelijke bankmedewerkers over vrouwelijk leiderschap te spreken. De winter is net achter de rug, de zon schijnt waterig en de velden zijn zachtgroen. Ik heb Nick Cave opstaan, de cd *No More Shall We Part* die ik in 2002 van Robert kreeg nadat het een paar maanden uit was. Elk nummer ken ik uit mijn hoofd en kan ik meezingen: 'And no more shall we part, It will no longer be necessary, And no more will I say, dear heart, I am alone and she has left me'. Het is alsof ik het voor het eerst hoor. Ik zet de auto langs de kant van de weg, doe het portier open en leun met mijn benen naar buiten. Ik luister, zoals ik dat in jaren niet heb gedaan, zonder haast of onderbreking, stil.

Het is niet het enige moment dat ik me realiseer dat de politiek – de spanning en het harde werken – me heeft misvormd. Ik ben verleerd om simpele handelingen een voor een met aandacht en zonder haast te verrichten. Brood smeerde ik terwijl ik naar het nieuws luisterde, als ik at telefoneerde ik, net zoals ik de tv vanuit een ooghoek bekeek terwijl ik tegelijkertijd iets anders deed. Nu ik de regie over mijn agenda terug heb begint die geagiteerde drukdoenerij me vreemd voor te komen. Maar de adrenaline, waardoor ik ook al die tijd heb toe gekund met weinig slaap, is niet zomaar uit mijn systeem verdwenen. Nog maanden nadat ik ben gestopt word ik vroeg wakker met een snel kloppend hart. Jarenlang heb ik de angst waarmee ik opstond bedwongen door 's ochtends vroeg alle risico's te inventariseren. Wat staat er in de krant? Wat kan er gebeuren waarover ik geen controle heb? Wie kan er uitspraken doen die me kwetsen? Ik ben gewend om razendsnel kranten te scannen op politiek nieuws, op bekende namen, op een verwijzing naar GroenLinks, mijn collega's of mijzelf. Voor televisie en internet zijn er vergelijkbare rituelen: de snelle scan op Twitter en nieuwssites en het blind intoetsen van Teletekst, meerdere keren per dag. Het is angst voor politiek onheil dat zich aankondigt, of juist opwinding over een kans om te scoren door eerder dan andere partijen een politieke gebeurtenis te agenderen in de Kamer. Maar het is in de loop van de jaren vooral een gewoonte geworden. Robert en de kinderen weten niet beter dan dat ik opsta van tafel om te telefoneren, gesprekken onderbreek om het journaal te zien en altijd en overal – in de speeltuin, op het strand, op familiebezoek – controleer wat er op internet speelt. In de loop van de jaren heeft Robert geleerd dat protest zinloos is. Maar leuk vinden hij en de kinderen het niet. Er hing, als een gevolg, vaak nervositeit om mij heen die hen ook besmette en die tot irritaties leidde.

Nadat ik ben gestopt met de politiek is het op slag gedaan met hun tolerantie. Het nerveuze gedoe, alsof de wereld ophoudt te bestaan als ik niet tussen nu en dertig seconden iemand terugbel en de meningen van anderen die mij soms uren van slag kunnen brengen: vooral Robert wil het niet meer in ons huis. Hij wil dat ik, zoals zoveel andere mensen, mijn werk buiten de deur ga houden. En hij wil vooral dat ons welzijn thuis niet meer wordt bedorven door het digitale geschreeuw van anonieme internettrollen.

Daar is ook een concrete aanleiding voor. Een paar maanden voor mijn vertrek, 's avonds laat op 28 september 2010, is er op mijn Twitter-account een bericht binnengekomen van een zekere Allah_U_Akbar: 'Femke? Zal je toekijken als ik je kleine dochterje (sic) helemaal uit elkaar trekt (sic)?' Wat er precies staat dringt niet meteen tot me door. Dan realiseer ik me dat Suzy, mijn kleine zesjarige dochter, wordt bedreigd en word ik er misselijk van.

Een krom dreigement via een publiek kanaal, het is niet het ergste dat ik ontvang. Het is wel de eerste keer dat een van onze kinderen zo genadeloos in het ranzigste deel van mijn politieke bestaan worden gezogen. De kinderen worden korte tijd beveiligd en net als bij andere bedreigingen doe ik aangifte. De betrokken landelijke diensten behandelen deze in eerste instantie als een gewone politieke bedreiging, zoals dezelfde dader die ook tegen Job Cohen en Alexander Pechtold heeft geuit. De dader, die zijn sporen nauwelijks heeft verdoezeld, wordt snel gepakt.

Toch besluiten Robert en ik nogmaals aangifte te doen, deze keer niet met het standaardformulier voor bedreigde politici maar hoogstpersoonlijk op het politiebureau. Robert meldt zich daar als de vader van een bedreigd kind. Ik ben namelijk niet bedreigd, maar ons kind, dat geen weet heeft van politiek. We willen dat erkend wordt dat dit anders, erger is. Daarmee markeren wij een grens: deze schending van ons gezinsleven, de aantasting van ons kind, zullen we persoonlijk bevechten.

Even symbolisch is de verklaring die we begin april 2011 afleggen in de rechtszaal ten overstaan van de dader. Hij blijkt een werkloze hbo'er van midden dertig te zijn die bij zijn moeder woont en fanatiek de PVV aanhangt. Hij krijgt zeventien dagen cel en tachtig uur werkstraf. Na afloop zie ik hem samen met zijn moeder in de hal voor de rechtszaal staan. Beiden kijken ze me woedend aan, alsof ik – en niet hij zelf – iets akeligs heb gedaan.

In de rechtszaal heb ik dan vlak daarvoor mijn verklaring beëindigd: 'Ik kan niet accepteren dat door het werk als parlementariër, dat ik uit idealisme en overtuiging heb gedaan, degenen die mij het allerliefste zijn in een atmosfeer van grofheid, intimidatie en bedreiging terechtkomen. Dat mijn gezin onveilig is omdat iemand, ergens, anoniem aanstoot neemt aan mijn democratische opvattingen. Dat mag in een rechtsstaat niet zo zijn.'

Het is een beetje tegenstrijdig om in een publieke verklaring die met ons medeweten door de pers wordt opgenomen, te eisen dat ons privéleven en onze kinderen met rust worden gelaten. Het is echter veelzeggend voor wie ik ben geworden: een publieke persoonlijkheid die altijd te traceren en te beoordelen is. En iemand die dat ook toestaat en zelfs aanmoedigt. Zeker sinds ik een blog en een Twitter-account heb, heb ik veel meer informatie over mezelf naar buiten gebracht. Ik geef er mijn mening over van alles en nog wat, ook over apolitieke onderwerpen. En zolang ik politicus ben komt het mijn populariteit ten goede dat ik net als de rest van Nederland met een glas wijn op de bank zit te giechelen om het rare overhemd van een talkshowpresentator. Nadat ik ben gestopt houd ik mijn socialmediagedrag in stand, al kan ik minder goed de vraag beantwoorden waarom ik dat eigenlijk doe.

Natuurlijk speelt ijdelheid een rol, maar dat is het niet alleen. Tegen vrienden die me vragen waarom ik me blijf blootstellen aan de grofheid die ik op Twitter ontmoet, en waarom ik me blijf mengen in discussies die ik onmogelijk kan winnen, verwijs ik spottend naar de film *In Bed with Madonna*. Daarin zegt Madonna's toenmalige vriend Warren Beatty dat zij niet bestaat als de camera niet draait. Als mijn zucht naar publieke beoordeling aanhoudt, ook als deze geen enkel politiek doel meer dient, word ik me ervan bewust dat ik zo ook mijn bestaan bevestig. Na al die jaren voor de camera's te hebben gestaan ben ik gaan denken dat ik vooral van waarde ben als het publiek me ziet. Het is een hang naar publieke erkenning, de angst om vergeten te worden, samen met het gevoel te falen als ik me niet laat horen. Ik heb ook zo lang de opvattingen van andere mensen vertegenwoordigd dat het een tweede natuur is geworden, een plicht die ik vervul, ook als niemand erom vraagt. Zelfs jaren nadat ik de politiek heb verlaten betrap ik mezelf weleens op de – megalomane – gedachte mensen in de steek te laten als ik mijn mening niet geef over bijvoorbeeld de aanslagen in Parijs, de islam of de oorlog in Syrië.

Langzaam begin ik me te realiseren dat ik de politiek wel kan verlaten maar dat daarmee de politiek mij niet zomaar verlaat. Mijn dagelijkse gedrag is ervan doordesemd, mensen die me ontmoeten zien me in de eerste plaats als een politicus en dat bevestig ik elke keer als ik mijn mening geef. Dat benauwt me maar ik weet niet goed hoe ik het moet veranderen.

Bij mijn vertrek heb ik geen uitgewerkt plan. De gebruikelijke route voor een oud-politicus is om bestuurlijke functies te kiezen waardoor je in het domein blijft van de Haagse politiek: adviesraden, lobbykantoren en brancheorganisaties hunkeren naar politici die hun netwerk te gelde willen maken. Het elkaar baantjes toeschuivende ons-kent-ons-circuit dat in de buitenwereld een slechte naam heeft, is in Den Haag nog zeer populair. Voor zittende politici en bestuurders is het onderhouden van contacten met oude bekenden prettig en een voormalige politicus houdt daarmee de weg open naar een ministerschap, het lidmaatschap van de Eerste Kamer of misschien een burgemeesterschap. Het advies dat ik van headhunters en oud-collega's dan ook krijg, is om mijn politieke loopbaan te exploiteren, om te oogsten of te 'cashen', zoals een enkeling zelfs zegt.

Dat is niet wat ik wil. Ik wil er juist demonstratief niet meer bij horen. Ik wil studeren, schrijven, misschien een televisieserie maken, in ieder geval onafhankelijk zijn. Aan de Universiteit Tilburg kan ik een halfjaar worden aangesteld als bijzonder hoogleraar en een halfjaar later komt er eenzelfde aanbod van de Universiteit Utrecht. Beide keren grijp ik het aanbod met beide handen aan. Een paar maanden na mijn vertrek belt Philippe Remarque, de hoofdredacteur van *de Volkskrant*. Hij heet me welkom, ik mag gaan schrijven, de krant ligt voor me open. Ik stap er met twee benen in, verleid en gevleid. Ik moet me bij de krant tot een zelfstandig denker kunnen ontwikkelen, zegt hij. Al snel blijkt hoe lastig dat in werkelijkheid is. Ik wil niet meer over politiek schrijven, geen politicus in de buitendienst zijn. Ik wil ook geen column op de opiniepagina, geen plaats in de parade van gedateerde politici die hun opvolgers de les lezen. Ik wil bovenal geen meningen ventileren maar analyseren. Daarmee maak ik mijn eigen bewegingsvrijheid heel klein. Temeer daar elk stuk dat ik schrijf, ook als het alleen over cultuur gaat, door journalisten en op social media wordt geanalyseerd op zijn politieke betekenis. Op Twitter reageer ik daar vervolgens weer op, me vaak te laat realiserend dat ik daarmee de discussie over mij juist voed. Ik overvraag lezers door te willen dat zij op slag vergeten dat ik jarenlang uitgesproken aanwezig was in het publieke debat.

En alle hartelijkheid van *de Volkskrant* ten spijt, ook voor medewerkers blijf ik een politieke bron, lekker dichtbij. Ik word gebeld als er onmin is bij GroenLinks. Vriendelijk wordt me dan verzocht of ik achtergrondinformatie wil geven of deze en gene wil bellen. Mijn verweer dat ik een andere weg ben ingeslagen en niet meer het collectief vertegenwoordig wordt niet heel serieus genomen en daarvoor is het ook te halfslachtig. Zeker als ik een jaar na mijn vertrek, op 31 december 2011, in een eenmalig interview in de NRC de politieke balans opmaak en analyseer dat GroenLinks 'worstelt' en Jolande het als mijn opvolger moeilijk heeft.

Behalve dat ik daarmee mijn onafhankelijkheid ondermijn, worden de uitspraken me vooral door GroenLinks-leden aangerekend als deloyaal. De verhoudingen in de fractie zijn na de beslissing om de Kunduz-missie te steunen snel verslechterd. De snelle beslissing, de druk waaronder deze is genomen en de harde kritiek vanuit de partij hebben zich als een gif ingevreten. Nu en dan bereiken me berichten over de ruzies tussen vooral Jolande, Tofik en Ineke. Als ze me bellen en om advies vragen schipper ik. Alle drie hebben ze goede redenen om boos op elkaar te zijn. Tofik vindt dat er te veel emotionele druk op hem is uitgeoefend om in te stemmen met de Kunduz-missie. Ineke vindt dat Jolande haar onvoldoende vertrouwt en haar advies niet genoeg waardeert. En Jolande vindt dat ze helemaal geen ruimte krijgt om haar eigen accenten te leggen. In het najaar van 2011 ontspoort hun onderlinge verhouding. In de zomer is er een grote komkommerrel ontstaan over de verhouding die Kamerlid Mariko Peters jaren eerder heeft gekregen in Afghanistan met de man met wie ze inmiddels is getrouwd. Mariko blijkt wel degelijk over een subsidie voor hem te hebben beslist terwijl ze al verliefd waren. De commotie die hierover ontstaat heeft Jolande en de fractie na een voorjaar van ruzie verder uitgeput. Tijdens de Algemene Beschouwingen in september illustreert Jolande, op advies van Tofik en Ineke, met een stekkerdoos hoe het kabinet de stekker uit de gedoogconstructie zou moeten trekken. Dat komt haar op harde en ongeremde spot te staan die maanden aanhoudt.

Eind november belt Jolande me in paniek. Ze dreigt afgezet te worden door de fractie en weet niet wat ze moet doen. Haar lot ligt vooral in handen van Tofik en Ineke die hun geduld verliezen. Op mijn aandringen gaan we met zijn drieën eten. Somber luister ik de hele avond naar de verwijten die Ineke en Tofik Jolande maken. Soms hebben ze gelijk, maar de heftigheid en hardheid waarmee ze hun kritiek brengen staan niet in verhouding.

Geleidelijk word ik kwaad. Ineke verwijt Jolande dat ze na het stekkerincident een dag thuis is gebleven om bij te komen en niet meteen de fractie heeft toegesproken. 'Maar Ineke, hoe kun je dat nou zeggen?' breng ik ertegen in. 'Weet je niet meer hoe somber ik af en toe kon zijn als ik hard was aangevallen in de kranten?

Weet je niet meer dat ik weleens een week thuisbleef omdat het niet ging? En weet je niet meer dat jij dan juist begrip had?' Ineke trekt langzaam bij, maar dat geldt niet voor Tofik. Hij blijft onverzoenlijk boos. Toch spreken ze af het nog eens met elkaar te proberen.

Het etentje heeft me moedeloos gemaakt. 'Hoe is het mogelijk,' zeg ik tegen Kees aan de telefoon, 'dat ze al dat werk van jaren, al die inspanning om GroenLinks op te bouwen tot een serieuze partij zo verkwanselen?' In de maanden die volgen, als Jolande en de fractie op voet van oorlog met elkaar blijven verkeren, krijgt de misère in GroenLinks ook persoonlijk vat op mij. Sommige journalisten wijzen mij met terugwerkende kracht aan als hoofdschuldige van het geruzie dat steeds meer naar buiten komt. Ik had niet weg mogen gaan, ik had mijn opvolger niet met Kunduz mogen opzadelen, enzovoort. Ik vind de verwijten oneerlijk maar kan me er niet tegen verweren omdat ik na het ene interview in NRC *Handelsblad* me niet meer publiekelijk wil uitlaten over GroenLinks. Als een gevolg ervan kamp ik met een gevoel van vergeefsheid: ruim twaalf jaar in de politiek en wat heeft het opgeleverd?

In april 2012 keert het tij even als Jolande samen met D66 en de ChristenUnie het kabinet-Rutte weet te verleiden tot een alternatief akkoord nadat de gedoogconstructie met de PVV is ontploft. Jolande herstelt haar politieke gezag als de slimme econoom en moderne, pragmatische politicus die ze is. Ineke onderhandelt samen met haar en raakt weer in haar element. Zelfs Tofik lijkt zijn bezwaren op te bergen nu Jolande met zijn instemming vastberaden naar het centrum van de politiek marcheert.

Ik heb ondertussen weinig contact. Af en toe komt Jolande een glas wijn drinken maar door het onderlinge geruzie ben ik vervreemd geraakt van de rest van de fractie. Dat wordt alleen maar erger als de ruzies weer beginnen, en deze keer erger. Na de val van het kabinet, in de aanloop naar de volgende verkiezingen, bereidt Jolande zich voor om lijsttrekker te worden. Als een donderslag bij heldere hemel kondigt Tofik aan zich als tegenkandidaat te stellen. Hij heeft moeite met haar stijl en toon en verdraagt het niet om nog eens onder haar leiderschap te moeten opereren. Het is een hopeloze onderneming, waar Tofik niet van af is te brengen. Ik ben bang dat hij zich zal beschadigen en probeer hem op andere gedachten te brengen, maar hij negeert mijn advies. Vanaf de zijlijn kijk ik onmachtig en telkens bozer toe, zeker als het partijbestuur met intimidatie probeert te verhinderen dat Tofik zich verkiesbaar stelt. Dat stoort me zo dat ik me wel publiekelijk meng in het conflict en via Twitter laat weten dat ik als lid gewoon wil kunnen stemmen. Dat komt me op schreeuwende telefonades van partijbestuursleden te staan die vinden dat ik me er niet mee heb te bemoeien.

Dan is de wet van Murphy al in werking getreden: alles gaat fout wat fout kan gaan. Partijbestuur, fractie en kandidaat-lijsttrekkers maken allemaal ruzie met elkaar en meten dat breed uit. Nadat Tofik in een lijsttrekkersreferendum heeft verloren gaat Jolande vermoeid en kwetsbaar de campagne in. Op haar dringende verzoek treed ik nog een keer naar voren. Een dag voor de verkiezingen neem ik op tv deel aan een discussie. Jolande bezit 'veerkracht en doorzettingsvermogen', zeg ik bij herhaling. Het enige dat het nieuws haalt is mijn opmerking dat het voor Jolande ook 'lastig was een populaire leider op te volgen' waarmee ik onbedoeld juist haar kwetsbaarheid benadruk. Het helpt niet. Een dag later, op 12 september 2012 zijn er van de tien zetels die we in 2010 bij elkaar hebben gesprokkeld nog maar vier over.

Het is een bitter moment. Anderhalf jaar na mijn vertrek is het zorgvuldig opgebouwde inhoudelijke gezag en de geleidelijke erkenning van Groen Links als een niet te negeren partij in machtsonderhandelingen verdwenen. GroenLinks is een verzameling ruziemakende individuen op een restant aan zetels. Ik schaam me over het gebrek aan professionaliteit, het tekort aan dienstbaarheid maar vooral over de omgangsvormen: het geroddel, de anonieme en afbrekende commentaren van fractieleden in de krant en de machinaties om Jolande pootje te haken. En zoals Wouter Bos het eerder analyseerde, ik ben nog niet vergeten en dat is voor mij slecht nieuws. GroenLinks-lid Christian Jongeneel schrijft op de site Joop dat ik met mijn tv-optreden 'een mes in de rug van Jolande heb gestoken' en hij krijgt gretig bijval. Ik besluit dat ik alleen nog Jolande wil steunen, maar met GroenLinks niks meer te maken wil hebben.

En dan komt plotseling de macht langs. Terwijl in GroenLinks de ruzie doorgaat over het lot van Jolande – mag ze aanblijven of niet? – word ik twee weken na de verkiezingen 's avonds laat gebeld door Lodewijk Asscher. Rutte heeft inmiddels geleerd van zijn avontuur met Wilders en onderhandelt met de PvdA. Lijsttrekker Diederik Samsom heeft een hele goede campagne gevoerd en de PvdA is met 38 zetels de tweede partij. Samen hebben de PvdA en de VVD, die 41 zetels heeft, een meerderheid van 79 zetels in de Tweede Kamer. Lodewijk Asscher en ik hebben een paar keer koffie gedronken, de laatste keer toen hij twijfelde om vanuit de lokale Amsterdamse politiek de overstap te maken naar Den Haag. Als hij belt geldt hij al als de gedoodverfde PvdA-vicepremier.

'Wil je een plek in het nieuwe kabinet overwegen?' zegt hij zonder aankondiging. Ik schiet in de lach: een slechter moment voor zo'n wonderlijke vraag is er niet te kiezen. 'Binnenlandse Zaken en de nieuwe portefeuille van Ontwikkelingssamenwerking en Buitenlandse Handel zijn beschikbaar,' gaat hij verder. Het aanbod is persoonlijk aan mij gericht en kan ik niet overdragen aan een andere GroenLinkser. Terwijl hij het uitlegt, denk ik na. 'Nee, de VVD heeft er nog niet mee ingestemd,' beantwoordt hij mijn vraag, 'en andere partijen worden niet gevraagd.' Eigenlijk weet ik meteen dat ik nee zal zeggen. Een ministerschap ambieer ik niet. Ik ben gestopt om een ander leven te leiden, niet om binnen twee jaar terug te keren naar Den Haag. Ik wil mijn kinderen zien opgroeien en niet op vrijdagavond laat met een zware loodgieterstas vol stukken door een auto met chauffeur thuis worden afgezet, om maandag voor dag en dauw weer te vertrekken.

Maar mijn politieke instinct wordt tijdens het telefoongesprek wakker. Als ik niet meteen nee zeg, ontstaat er misschien toch onderhandelingsruimte, kan ik eventueel andere kandidaten in beeld brengen. 'Binnenlandse Zaken kun je wegstrepen,' zeg ik tegen Asscher, 'daarvoor zal ik niet zulke politieke risico's nemen.' Maar het nieuwe ministerie is een ander verhaal want daarin komen veel ambities van GroenLinks samen. Het biedt de mogelijkheid om ontwikkelingssamenwerking te moderniseren, duurzame economische groei te introduceren in combinatie met eerlijker handel. 'Over 48 uur moet ik je antwoord weten,' zegt Asscher voordat hij ophangt.

Ik bel Robert. 'Weet je zeker dat je het niet wilt?' vraagt hij nog, 'want dan regelen we het wel, zoals we dat altijd hebben gedaan.' Ja, ik weet het zeker. Dan bel ik Kees en Tom. We spreken de volgende avond bij mij thuis af en ik beloof genoeg wijn in te slaan.

Die avond giert de adrenaline door de kamer. Ik mag dan wel weigeren om minister te worden, maar dat hoeft de anderen er niet van te weerhouden om mij over te halen. Bovendien, ik kan de onderhandelingen in gaan en kijken waar het schip strandt. Het is een briljant idee van de PvdA, vinden we allemaal. Door mij binnen te halen krijgt de PvdA toegang tot de vier resterende GroenLinks-zetels en wordt daarmee in de Tweede Kamer groter dan de VVD. In de Eerste Kamer komt het nieuwe kabinet met de vijf zetels die GroenLinks daar nog heeft dichter in de buurt van de meerderheid. We bedenken strategieën om maximale invloed te hebben op het formatieproces. Willen we zeggenschap over het regeerakkoord? Hoe krijgen we dat dan voor elkaar? Of is een vakministerschap eigenlijk wel een veilige eerste stap? Wanneer vertellen we het aan de fractie? En hoe zorgen we dat het GroenLinks-congres instemt als het serieus wordt? De kans dat het er werkelijk van komt schatten we allemaal in als miniem maar dat vermindert ons plezier niet om er vrijuit over te fantaseren.

Diep in de nacht stappen Kees en Tom uitgelaten en aangeschoten op de fiets. Nadat ik de deur heb dichtgetrokken zoek ik mijn telefoon. Er is één nieuw sms-bericht dat uren eerder, om halftien, is binnengekomen. Het is van Lodewijk Asscher: 'Krijg zojuist bericht uit Den Haag dat de VVD je blokkeert, hoop dat het een opluchting voor je is, voor mij is het een teleurstelling.'

Twee weken later wordt Jolande door het partijbestuur gedwongen om af te treden. Bram van Ojik, die nummer twee staat op de lijst, volgt haar op als fractievoorzitter.

Ook Tofik, Ineke en Mariko zijn gestopt en daarmee zijn alle politici waarmee ik nauw heb samengewerkt van het toneel verdwenen. Terwijl Van Ojik ervoor zorgt dat de rust terugkeert in de fractie en de partij neem ik werkelijk afstand, eerst geëmotioneerd over de chaos en daarna, als deze minder wordt, kalmer. Ruim twee jaar na mijn vertrek accepteer ik dat het afscheid van twee kanten komt: ook GroenLinks slaat een nieuwe richting in. Het is, besluit ik, hoog tijd om mijn politieke loopbaan met meer afstand te beoordelen.

EPILOOG

Winst en verlies

De Nederlandse politiek is een doorlopende winst-en-verliesrekening. Triomf staat tegenover nederlaag, winst voor de een is verlies voor de ander. Een negatief saldo – te vaak, te hevig verloren – kan een politiek bankroet betekenen, gretig aangekondigd door journalisten die de scores bijhouden. Elke politicus kent de benauwende ervaring zijn idealen en ambities gereduceerd te zien tot een slechte peiling of, erger, een tegenvallend verkiezingsresultaat: 'U hebt de Nederlandse bevolking niet weten te overtuigen, hè?'

Voor een politicus is strijdlust onmisbaar. De wil om te winnen, om meerderheden en een plaats op het pluche te verwerven, is een kern van democratische politiek. Het is alleen niet de enige. Democratie is meer dan alleen winst en verlies, het is ook een houding en een procedure voor wellevende omgang met elkaar. In een democratisch debat ben je gedwongen om een eindje met elkaar op te lopen, schreef ik lang geleden. Daarna besluit je of je samen verder loopt of elkaar gedag zegt. De wandeling is in een democratie even belangrijk als de uiteindelijke bestemming.

Na mijn vertrek merkte ik dat ik was gaan lijden aan de ziekte van de politiek: bijna alles – elke gebeurtenis, elk gesprek – beschouwde ik als een wedstrijd. Of zoals Robert af en toe nog tegen me zegt als ik mijn 'debattoon' weer eens opzet: 'Hallo, we zijn hier niet in de Tweede Kamer.' Als ik mijn weg vind buiten de politiek in nieuwe werkkringen en met nieuwe collega's beginnen mijn stelligheid, ongeduld en snedigheid – gewilde eigenschappen in de politiek – me te hinderen. 'Ik leg nog elke dag bravoure af,' zeg ik tegen een vriend die me vraagt hoe het gaat. 'Ik weet minder zeker, twijfel vaker en laat me makkelijker overtuigen.' Ik hoef niet meer zo nodig te winnen. Op dit soort momenten – als ik me ontsnapt weet uit het gevecht om winst en verlies – is het een bevrijding de politiek te hebben verlaten. Tegelijkertijd houd ik er onverminderd van.

In de eerste maanden van ons Kamerlidmaatschap, als Kees en ik 's avonds laat in de trein naar huis zaten, schoten we weleens zomaar in de lach. 'Kijk ons nou toch,' zeiden we dan tegen elkaar, 'we hebben gewoon een minister klemgezet.' Het was een mengeling van ongeloof en ontzag over het voorrecht om parlementariër te zijn. Naarmate ik langer Kamerlid was bedekte ik de verwondering vaker met routine en zelfverzekerdheid, maar ze heeft me nooit helemaal verlaten. Nu ik buiten de politiek sta keert die vaak terug, samen met een groot gevoel van trots: daar in die zaal te hebben gestaan, een platform te hebben gehad voor mijn ideeën en overtuigingen, wetende dat er – meestal – naar me werd geluisterd.

Een vraag die ik vaak krijg is of ik ben veranderd door de politiek. Het politiek correcte antwoord moet dan 'nee' luiden, omdat de stille veronderstelling meestal is dat politiek je bederft en corrumpeert. Maar natuurlijk en onvermijdelijk verander je als je, zoals ik, het parlement twaalf jaar lang beschouwt als je tweede thuis. De spanning waaraan je blootstaat, de publieke aandacht die je krijgt en die soms vleiend en soms vervelend is, het harde werken en de altijd aanwezige angst voor een grote nederlaag vormen en misvormen je.

Alleen, net zo min als ik mijn prestaties kan becijferen, ben ik goed in staat om een oordeel over mijn karakter en zwaktes te geven: dat is aan anderen. Wel denk ik dat een politicus die langer wil overleven in Den Haag er baat bij heeft twee eigenschappen te ontwikkelen.

De eerste is dienstbaarheid. Strijdig met het populaire beeld van de zelfingenomen kwast die zich bij haringparty's en barbecues laat fêteren, vereeuwigd op de societypagina's van *De Telegraaf*, vergt politiek opoffering. De politicus die te veel met zichzelf bezig is, met zijn status en imago, gaat vroeger of later ongenadig onderuit. Hij vergaloppeert zich in ijdele uitspraken, raakt in opspraak of belandt in heilloze ruzies. Alleen als je bereid bent om je eigen belangen ondergeschikt te maken aan die van het politieke collectief waarvan je deel uitmaakt en als je dienstbaar bent aan de behoeften en verlangens van kiezers, kun je werkelijk effectief worden. Twaalf jaar politiek is voor mij een lange oefening in dienstbaarheid geweest. Soms slaagde ik, maar even vaak zaten dwarsheid, gekwetste trots en ijdelheid me in de weg.

Net zo lastig is het, als tweede, om te leren je werkelijk in te leven in de gedachten en meningen van anderen, zeker als je die stuitend vindt. De meeste mensen, en politici zijn daar geen uitzondering op, brengen hun leven door tussen min of meer gelijkgestemden. Op school, in de buurt, op het werk of in de liefde zoek je mensen op die op je lijken, in de waarden die ze verdedigen, de meningen en de smaak die ze hebben. Eigen aan het parlement, aan de democratische cultuur is dat je dagelijks omgaat met en je moet verhouden tot mensen die wat jij belangrijk vindt negeren of die juist jouw uitlatingen onverdraaglijk vinden. In die soms massieve botsing van waarden en ideeën een vriendelijke tussenweg vinden, is wat ik aan democratische politiek het moeilijkste maar ook het mooiste vind. En, overigens, niet alleen aan politiek.

Verantwoording

'Dit schrijf ik in een paar maanden, geloof me nou maar,' zei ik meer dan twee jaar geleden tegen mijn uitgever Laurens Ubbink. Dat heeft hij geweten. Het duurde en duurde, soms lag het maanden stil, en als hij, langzaam ongeduldig wordend, ernaar vroeg dan ontweek ik hem. Het bleek veel lastiger dan alleen mijn herinneringen te ordenen en te analyseren. Je geheugen bedriegt je vaak. Sommige gebeurtenissen vonden eerder of juist later plaats, gesprekken had ik in mijn herinnering vervormd en veel belangrijke momenten was ik vergeten. Alles wat ik op de voorgaande pagina's schrijf heb ik zo grondig mogelijk gecontroleerd door navraag te doen, archieven door te spitten en het internet af te speuren. Maar onvermijdelijk zal mijn beschrijving van een gebeurtenis weleens afwijken van de herinnering die een lezer eraan heeft. Als je schrijft is er, volgens de Amerikaanse journaliste Joan Didion, een verschil tussen de feitelijke en de emotionele waarheid. In het laatste geval gaat het om de beschrijving van gebeurtenissen vanuit een persoonlijke, emotionele ervaring: misschien scheen de zon die dag niet zo fel op het dak van de Eerste Kamer, maar dat is wel hoe ik het me herinner. Het waren uiteindelijk ook emoties die het schrijfproces verlengden. Dikwijls wilde ik niet, zelfs niet in gedachten, terugkeren naar de politiek.

Dat het boek er toch is gekomen, daarvoor bedank ik dan ook

eerst Laurens die met zijn geduld en goede adviezen mij telkens op het juiste spoor zette. Dat geldt ook voor literair agent Paul Sebes die, samen met zijn compagnon Willem Bisseling, mij de afgelopen jaren begeleidde. Daarnaast dank ik mijn kritische meelezers: Natasja van den Berg, Daniëlle Hermans, Lidy Nicolasen en Jeroen Smit. Martin van Es leende mij op Terschelling zijn rustige schrijfplek uit en bij Artisa mocht ik ook een week schuilen. Redacteur Fieke Janse bedank ik voor haar nauwgezette commentaar en correcties en Simon Dikker Hupkes voor het selecteren van de foto's.

In dit boek beschrijf ik veel mensen met wie ik jarenlang werkte. Dat zijn vooral degenen die, net als ik, vol in het licht stonden. Fractiemedewerkers en Kamerpersoneel zijn onderbelicht gebleven. Tegenover die onrechtvaardigheid kan ik, als schrale troost, alleen mijn grote waardering plaatsen.

Dit boek draag ik op aan Robert, mijn bondgenoot, mijn liefste.

Fotoverantwoording

Katern 1

PAGINA 1	Bob Bronshoff
PAGINA 2	*boven:* Bob Bronshoff
	onder: Toussaint Kluiters/ANP
PAGINA 3	*boven:* Bob Bronshoff
	onder: Martijn Beekman/ANP
PAGINA 4	*boven:* Bob Bronshoff
	onder: Hans Kouwenhoven/ANP
PAGINA 5	Stephan Vanfleteren
PAGINA 6	*boven:* Gerhard van Roon/Hollandse Hoogte
	onder: Peter Hilz/Hollandse Hoogte
PAGINA 7	Frank van Rossum/ANP
PAGINA 8	Bob Bronshoff

Katern 2

PAGINA 1	*boven:* Koen Suyk/ANP
	onder: Valerie Kuypers/ANP
PAGINA 2	*boven:* Martijn Beekman/ANP
	onder: Valerie Kuypers/ANP
PAGINA 3	Bob Bronshoff
PAGINA 4	Bob Bronshoff
PAGINA 5	*boven:* Ilvy Njiokiktjien/ANP
	onder: Dirk Hol/ANP
PAGINA 6	Robin Utrecht/ANP
PAGINA 7	*boven:* Bob Bronshoff
	onder: Werry Crone/Hollandse Hoogte
PAGINA 8	Evert-Jan Daniels/Hollandse Hoogte

Appendix

Zetelverdeling Tweede Kamer 1998-2012

Partij	1998	2002	2003	2006	2010	2012
PvdA	45	23	42	33	30	38
VVD	38	24	28	22	31	41
CDA	29	43	44	41	21	13
D66	14	7	6	3	10	12
GroenLinks	11	10	8	7	10	4
SP	5	9	9	25	15	15
LPF	-	26	8	-	-	-
PVV	-	-	-	9	24	15
ChristenUnie	5*	4	3	6	5	5
SGP	3	2	2	2	2	3
Leefbaar NL	-	2	-	-	-	-
PvdD	-	-	-	2	2	2
50PLUS	-	-	-	-	-	2

Kabinetten 1998-2012

Kok-II	1998-2002
Balkenende-I	2002-2003
Balkenende-II	2003-2006
Balkenende-III	2006-2007
Balkenende-IV	2007-2010
Rutte-I	2010-2012
Rutte-II	2012-

* Voor 1998 zijn de zetels van RPF en GPV bij elkaar opgeteld.